中国历史文化名人传

潜龙在渊
章太炎传

伍立杨 著

作家出版社

中国历史文化名人传

组委会名单

主任：李　冰
委员：何建明　葛笑政

编委会名单

主任：何建明
委员：何西来　李炳银　张　陵　张水舟　黄宾堂

文史组专家成员（按姓氏笔划为序）

王春瑜　王家新　王曾瑜　孙　郁　刘彦君　李　浩　何西来
郑欣淼　陶文鹏　党圣元　袁行霈　郭启宏　黄留珠　董乃斌

文学组专家成员（按姓氏笔划为序）

王必胜　白　烨　田珍颖　刘　茵　张　陵　张水舟　李炳银
贺绍俊　黄宾堂　程步涛

出版说明

　　中华民族五千年文明史中，涌现了一大批杰出的文化巨匠，他们如璀璨的群星，闪耀着思想和智慧的光芒。系统和本正地记录他们的人生轨迹与文化成就，无疑是一件十分有必要的事。为此，中国作家协会于2012年初作出决定，用五年左右时间，集中文学界和文化界的精兵强将，创作出版《中国历史文化名人传》大型丛书。这是一项重大的国家文化出版工程，它对形象化地诠释和反映中华民族文化的基本精神，继承发扬传统文化的精髓，对公民的历史文化普及和建设社会主义文化强国都具有重要而深远的意义。

　　这项原创的纪实体文学工程，预计出版120部左右。编委会与各方专家反复会商，遴选出在中国文化发展史上产生过重大影响的120余位历史文化名人。在作者选择上，我们采取专家推荐、主动约请及社会选拔的方式，选择有文史功底、有创作实绩并有较大社会影响，能胜任繁重的实地采访、文献查阅及长篇创作任务，擅长传记文学创作的作家。创作的总体要求是，必须在尊重史实基础上进行文学艺术创作，力求生动传神，追求本质的真实，塑造出饱满的人物形象，具有引人入胜的故事性和可读性；反对戏说、颠覆和凭空捏造，严禁抄袭；作家对传主要有客观的价值判断和对人物精神概括与提升的独到心得，要有新颖的艺术表现形式；新传水平应当高于已有同一人物的传记作品。

为了保证丛书的高品质，我们聘请了学有专长、卓有成就的史学和文学专家，对书稿的文史真伪、价值取向、人物刻画和文学表现等方面总体把关，并建立了严格的论证机制，从传主的选择、作者的认定、写作大纲论证、书稿专项审定直至编辑、出版等，层层论证把关，力图使丛书经得起时间的检验，从而达到传承中华文明和弘扬杰出文化人物精神之目的。丛书的封面设计，以中国历史长河为概念，取层层历史文化积淀与源远流长的宏大意象，采用各个历史时期最具代表性的文化符号与雅致温润的色条进行表达，意蕴深厚，庄重大气。内文的版式设计也尽可能做到精致、别具美感。

中华民族文化博大精深，这百位文化名人就是杰出代表。他们的灿烂人生就是中华文明历史的缩影；他们的思想智慧、精神气脉深深融入我们民族的血液中，成为代代相袭的中华魂魄。在实现"中国梦"的历史进程中，必定成为我们再出发的精神动力。

感谢关心、支持我们工作的中央有关部门和各级领导及专家们，更要感谢作者们呕心沥血的创作。由于该丛书工程浩大，人数众多，时间绵延较长，疏漏在所难免，期待各界有识之士提出宝贵的建设性意见，我们会努力做得更好。

《中国历史文化名人传》丛书编委会

2013 年 11 月

章太炎

目录

题记

　　他对同僚也甚体贴入微，霭若春风，同时却又怪话连篇，无理取闹。他从事革命是以笔耕、笔战方式出现，但他的文字影响所及，几乎是直接导致了近代最著名的政治暗杀大案。

　　他和康南海康有为同样是与古为新，但在古文今文立场上就截然对立。

　　他的学术思想于朗而邃密深沉，他以为史学乃民族心魂的体现和寄托，离开史学而空言民族心魂将徒具皮囊。如此切要之学，关涉天下兴亡、国脉民命之荣衰。

　　他是文化圈的巴尔扎克，他是学术界的恺撒大帝，他是言论界的麦克阿瑟……他具有充量的史所罕见的驱遣文字的力量，他一支秃笔有如齐天大圣的金箍棒，指挥裕如，横扫一切，搅得周天寒彻。

　　在革命引发的历史转型期，他至少在言论界导出了一个新世界，但他却忽然说革命军兴革命党亡，他是说怪话的大王，他常常发神经一样轻侮他的同僚，谓之群盗，谓之鼠窃狗偷。

　　梁启超的文字风靡一个时代，但他的文字比梁氏还要充实而有光辉。

　　梁启超的学术可谓一代超人，但他掉起书袋来梁氏就顿成小儿科了。

　　他无比严谨，一个异体字也讲究至极；但他却又极端地大而化之，记者曾问他中国火葬始于何时，他坦然答道，潘金莲和西门庆火烧武大郎即是……

　　人对污名之来避之唯恐不及，他却斩截自承：兄弟我就是神经病。

　　袁世凯软禁他的时候，他以手杖肆意挥击古物，古瓦名瓷，纷纷倒地，碎片崩弹，听声为乐。

他浑身是胆，他的学术、智慧渗透到每一细胞，但在政轨操作、权谋运用上，有勇无谋，近于小儿。他的学术，就功力和境界而言，可谓总结汇合了前代，却也封存了后代。

他就是章太炎，一个伟大的文士，更是不屈的斗士，也是坚毅的战士。

序篇

文章深处培养
的爆炸声浪

邹容不在了，章太炎还在租界监狱中苦磨煎熬。

这时是一九〇五年的九月底，发生了一件惊天动地的党人刺杀事件，即吴樾刺杀五大臣。

五大臣者：镇国公载泽、户部侍郎戴鸿慈、兵部侍郎徐世昌、湖南巡抚端方、商中右丞绍英。一九〇五年九月二十四日（农历七月二十六日），五大臣自正阳门车站登车，吴樾化装为仆从。为着贴近五大臣，"提衣包欲登花车，为卫兵所阻。适因接驳车辆，车身猛退，而所携之炸弹，撞针受震，未及抛掷，轰然一声，血花铁片，飞溅人丛，烈士已肠穿肢断，面目模糊，尽其党人最后之义务矣。惜乎，所谓清之五大臣者，受伤而未死"①。当时的炸弹技术含量低，行李车与车厢挂接，车厢猛然震动，炸弹即被引爆。此次爆炸，当场炸死三人。载泽、徐世昌略受轻伤，绍英伤势较重。戴鸿慈因有仆人王是春在前，颈受轻伤，顶戴花翎皆被削去。

血雨硝烟，迷蒙燕市，烈士殉国之际，年仅二十六岁。挚友赵声

① 《辛亥人物碑传集》，第95页。

（字伯先）得噩耗，大恸曰："天乎！丧吾良友。"柳亚子说："吴樾一击，鼠首未殉，而鸾翮先铩，至今谈者酸鼻。"[1]

吴樾烈士是安徽桐城人，字孟侠，生于一八七八年，他的乡人前辈方以智、钱澄之、孙麻山辈都是揭橥民族大义、抱节不屈的智识先进，这里又是人文荟萃之乡。碑传上说他"性和平，貌俊美，少读私塾，天资敏慧"。《清稗类钞》会党编也称他"品学颇高，恒以暗杀党之先锋自任"，一九〇二年考入保定高等学堂。求学期间学业大进，曾组织国民教育会支部，并创办《直隶白话报》。一九〇五年在北京正式参加了杨守仁等组织的北方暗杀团，他交友非常慎重，非知以心，往往终日相对无语。与他披肝沥胆、许为生死之交的义侠之士，都先后牺牲了，他的至交陈天华蹈海牺牲，汪熔殉难于庚子汉口战役，施从云就义于滦州独立之役。一九〇五年上半年，他一气呵成，撰就慷慨盘郁、激昂悲壮的《暗杀时代》。但这篇篇幅相当长的现代奇文在他牺牲后两年，才正式发表在《民报》一九〇七年四月增刊《天讨》上面，就此文观之，可见他决意牺牲早已蓄之有素，洵非一时之冲动。他最主要的暗杀目标，是清廷的得力鹰犬，江宁将军、陆军部尚书铁良。为此，特赴东北，与他的知交辽东大侠张榕密议。

吴樾殉国后，遗骸葬在安庆大观亭旁山冈上，孙中山先生题书"浩气长存"。秋瑾为之痛哭招魂，说他"百炼刚肠如火热"。他的诗文清廷实深畏惧，因多销毁，现仅有十四篇传世，而《暗杀时代》是其中分量最重者。烈士之行为之所以不啻是惊天动地的狮子吼，而与一般社会匹夫奋袄、江湖联群相形高下悬殊，乃因其不但执冷热武器，决疽溃痈，更早已将深刻思想悬之露布，达之飞檄，使世间有情，恍然惊觉。

《暗杀时代》是清末民初为着正义的暗杀，最为详审、精密、辩证、全面的一篇论著，并且极具可操作的指导意义。其文之所作，又有结纳天下豪杰相与扶持砥砺之意。它的风格，既有磅礴雄放、豪健遒劲的阳刚之美，又郁积着激愤悲怆的深悲大痛，字字千钧，仿佛贯穿太空隐隐

---

[1] 《磨剑室文录》，第 267 页。

不息的雷霆之声。析理明如水镜鉴物，结论则似顺势运斤，其志可嘉，其风可慕，全篇冶议论情感于一炉，文采斐然可观。中国近代第一流的学者章太炎先生在《讨满洲檄》中尝指出清廷十二大罪状，说他们"传嗣九叶，凶德相仍"，《暗杀时代》则据之进一步发挥。

全篇近两万字，分十四节，分别是：序言，暗杀时代，暗杀主义，复仇主义，革命主义，揭铁良之罪状，杀铁良之原因，杀铁良之效果，敬告我同志，敬告我同胞，复妻书，与妻书，与章太炎书，与同志某君书。

其魄力之雄伟，真足以推倒一世豪杰，开拓万古心胸。

第十三篇《与章太炎书》，以观先生行、读先生言而生发"顶礼膜拜"之大敬畏心。章太炎先生是近代有大思想、大学问、大气魄的革命家、哲学家，在知识分子及青年阵营中影响深巨。作者冀盼太炎先生在潜意识中能知道四万万人还有他这一个崇拜者。从前无缘谒见，但曾期望国族独立之日相聚，现在作者已抱决死之心，期望化为泡影，"而今已矣！"这是何等苍凉的感伤。原来还打算以文章当面求教于太炎先生，也只是一场梦幻罢了，这时章太炎因一九〇四年的《苏报》案，被清廷投入图圄，在狱中仍秘密筹划组织光复会。作者写此文时离章太炎刑期还有一年。所以作者写道："危哉！先生。计先生出狱之期在迩，饮食起居，不可不防他人之隐害。"爱戴眷注之情，直可悬诸日月。《暗杀时代》这篇论文，他也希望太炎先生日后能够了解。"此中之大意，问之同志某君便知"。

吴樾写道："暗杀者，吾党之战兵也。复仇者，吾党之援兵也。"

该长文第十四节系写给赵声，因此去必然牺牲一己之性命，故其对赵声的寄望乃是"异日提大军北上，而为某兴问罪之师者，必吾子也"。

对于章太炎，则全是文章寄托、文章影响、文章崇拜。一节千字文，数处提及想请章公修改文章，或以其文求教于章。

因与太炎先生尚未有一面之雅，但因太炎理念文章影响，"先生之心志，早为某所洞悉而顶礼膜拜之矣"。他断定邹容在狱中死于清吏之毒杀，委托章太炎日后代为祭奠邹容之灵，邹是不自由中求自由而死，他本人亦将为求自由而粉碎一己之躯干。

对于章太炎，青年人诵其诗，读其书，知其人，长时间有一种把栏杆拍遍，一条万古水、向我手心流之郁勃！

文字鼓吹的内在动力，令一代青年，翕然感慕，怡然风从，九死无悔。

同盟会、南社革命文人一扫国人不武之积风，挺身而诛暴吏，遗泽后世，倡明公理，发皇人权，较诸古之任侠，更为果敢勇毅。其精神资源，可以说直接来自于章太炎，或曰章太炎们。

某种意义上，章太炎可以说是吴樾事件的导成者，《暗杀时代》的这个章节将感情、由来、进行方式交代得很清楚，且与太炎具有千丝万缕的密切联系。青年人心中的舆论偶像，革命领袖与学术大师双子星座集于一身。

第一章
明末先贤预置的火种

——太炎的青少年时代——山水、思想、人物——复兴意识潜伏民间——拜师读经——时务报时代——与保皇派最早的冲突

章太炎幼年生长之地，差不多和黄公望《富春山居图》所描绘的相契合，堪称浙中福地，居民外来者、迁徙至此者实繁有徒。

这里就是余杭东乡的仓前，山川朗秀，水路纵横，远眺杭州西湖诸峰，黛色隐约，仓前的前面却是广阔的平原，此间的居民，尤其是明代迁徙而来的士绅家族，还保持着数百年前谨愿的风气。仓前的地形，也颇得力于官塘河，灵淑钟毓、活力充沛的水流，昼夜不绝地奔腾向前，仓前人自有一种含蓄而宏伟的气度，壮大的胆识，就因为得到山水间宏越气势的缘故。

仓前至今仍是余杭区的一个镇，镇上老街保存尚完好，塘河两岸还有不少水埠头的遗迹，只是早已不见了当年商船云集的繁华。塘河又称官塘河，民间叫作运粮河，水量不小，雨季浪翻水滚，居然是白茫茫

的一片，其景致颇有"碧溪摇艇阔，朱果烂枝繁"的意思，现在当地人尚在河中举办每年一度的龙舟大赛。杨乃武与小白菜一案所涉及的钱氏爱仁堂药铺旧楼，外壁上的钱姓墙界字样清晰可辨。太炎的故居在老街正中，还保存着清末时节的建筑状貌。门前放置多棵铁树盆栽，清寂安静，人迹罕至。

元末文学名家宋濂论浙中山水，尝谓："洵天地间秀杰之区也，产于斯者，族每繁衍而悠长，高智远略之士，多由他郡徙居之，若大羽之乔林，巨鳞之沧海。"约略可以说明地理因素对于文化学术的决定性掌控作用，丹纳的《艺术哲学》尝提出种族、时代、环境三元素，因为地域氛围的不同，才造成各国文学迥异的特质。这种差异，不外是地理环境、气候、物产、民族习性、饮食、文化传统、血统等等的分别所造成。

但宋濂的这句话，在明末为弥天的血光所阻碍而大打折扣了。

南宋末期，北方强族南进杀戮，先是国事蜩螗，后来也有一段时间的偃武修文。章家住在仓前的镇上，他们在明初由浙江分水（今桐庐）地方迁移而来。太炎自谓："吾家当明之盛，始迁余杭，族居东乡四五百祀，子孙朴谨，未尝有大过。先曾祖以下三世，尤以才行学谊称。"早前的生活，尚称悠闲、俭朴、恬静，葆有耕读人家良好的读书的风气。

太炎的姓名、字号，诸如章枚叔、章学乘、章炳麟，似都不如章太炎更为世所知。而太炎之名，实为后起，因其钦慕顾炎武之学问人格，才改名绛、号太炎。

在其曾祖父、祖父两代，各有特点，而其影响则趋向一致。太炎的曾祖章均，长于置办田亩，有良田千亩，又出巨资兴办苕南书院，宗族子弟，多在此学习。他的祖父章鉴，藏书巨量，有宋元明椠本五千卷以上，召集一班子弟，晨夕诵读。此外，祖父研习医术医书多有心得，渐为斫轮老手，为亲族治病常常妙手回春，太平军扫荡江南，完全撕破一般社会结构，至于图书、资财，一时扫地已尽。此前章氏一族在仓前的，约有三百多口人，此时大为减少。他的祖父竟至无以为生，幸得一手诊脉绝活，赖以生存。乡亲有染上疫病者，脉搏已停、气息已脱，只须章鉴老先生一剂汤药，即可起死回生。太炎对于中医学一生都有兴趣，其根源在此。

到了太平天国过后，家里的田亩所剩无几，但他的父亲章濬，仍是读书不辍，不废书香的传承，可以说是三代嗜书如命。章濬一度在杭州知府谭钟麟治所当幕僚，事在咸丰同治年间。而其幕僚眼光、智慧堪称不俗，同治初年，左宗棠督师到了富阳的闲林镇，章濬奉献可供军用的详尽地图，并陈善后之策，对其用兵收拾局面，颇有助益。其后戮力置办田亩，渐渐接近其祖也即太炎曾祖时期的规模，晚年乡居，为人治病，闲时作诗自娱。太炎父亲立有家训，尝谓"妄自卑贱，足恭谄笑，为人类中最偏下者。吾自受业亲教师外，未尝拜谒他人门墙，汝曹当知之。"可见其彰明较著的独立性，太炎处世风调，实多得宜于此。

杰出人物的出现，乃由于时间、空间相摩相荡、交互作用的结果。现实与史地的因素，成长经历对于心性的激发，任何时代所出现影响历史的大人物，总呈现不同的形态，明末有马士英、阮大铖，也有史可法、瞿式耜。清末既有慈禧太后，也有章太炎。

史迹有如磨刀石，风景、山水、思想，所影响的又不止他一个人，何以余杭的山水人文滋养一位重如磐石的大人物，缘于史迹斑斑，其所作用于人，仿佛磨刀石般，使其锋利。

最早的老师，是朱有虔，是他的外祖父。这时他才十一二岁的样子，开始把《十三经》依次授读。而太炎不甘寂寞的心性在此时不期然而然流露出来。书架上的图书如《东华录》，通常不适宜少儿阅读，而他发现了偷读的一方特殊天地。此书较《清实录》更为翔实，尤其其中所载戴名世、吕留良、曾静、查嗣庭等文字狱惨案，在太炎心中激起漫天尘暴，切齿腐心，痛愤逾恒，异种乱华，从此变成他心中的第一恨事，自此无法平息。他外公因教他读经，一次说到"夷夏之防，同于君臣之义"，《春秋》有谓"内诸夏，而外夷狄"的观点，可见两者正是泾渭分明的。太炎正好读了《东华录》中的文字狱案，他就问道："前人有谈此语否？外祖曰：'王船山、顾亭林已言之，尤以王氏之言为甚，谓历代亡国，无足轻重，惟南宋之亡，则衣冠文物，亦与之俱亡。'余曰：'明亡于清，反不如亡于李闯。'外祖曰：'今不必作此论，若果李闯得明天下，闯虽不善，其子孙未必皆不善，惟今不必作此论耳。'……依外祖之言观之，可见种族革命思想，原在汉人心中，惟隐而不显耳。"舅父、外祖父向他灌输了王夫之、顾炎武等人关于异种乱华的民族革命思想，君主专制为天下之大害的民主思想。

少儿时代，民族主义、光复旧物的理念何以深埋于太炎的灵府？好像先天受赐一般？按说晚明时节被屠戮的惨苦，钱谦益、王铎等人还曾亲眼目睹，反而和侵入者亲密合作起来，而两三百年后的章太炎，却几乎先天地，冲冠眦裂、不依不饶、没有中间道路、没有商量的余地？这就有个体之于敏悟力、感知力的迟钝和尖锐的渊然分别。对于苦难的感知的深度，异变为一种无形而强大的意志，而同时，反抗的意志也渐次生成，且越加坚韧雄厚。

不错，太炎和他外公的冥契交流中，说到革命的思想，原在汉人心中，隐而未显。正与孙中山先生《三民主义》中所讲会党的起源是一模一样的。中山先生说：

> 我们讲到会党，便要知道会党的起源。会党在满清康熙时候最盛。自顺治打破了明朝，入主中国，明朝的忠臣义士在各处起来抵抗……康熙末年以后，明朝遗民逐渐消灭，当中一派是富有民族思想的人，觉得大事去矣，再没有能力可以和满洲抵抗，就观察社会情形，想出方法来结合会党。他们的眼光是很远大的，思想是很透澈的，观察社会情形也是很清楚的。他们刚才结合成种种会党的时候，康熙就开"博学鸿词科"，把明朝有知识学问的人几乎都网罗到满洲政府之下。那些有思想的人，知道了不能专靠文人去维持民族主义，便对于下流社会和江湖上无家可归的人，收罗起来，结成团体，把民族主义放到那种团体内去生存。这种团体的分子，因为是社会上最低下的人，他们的行动很鄙陋，便令人看不起，又用

文人所不讲的言语，去宣传他们的主义，便令人不大注意。所以那些明朝遗老实在有真知灼见。至于他们所以要这样保存民族主义的意思，好比在太平时候，富人的宝贝自然要藏在很贵重的铁箱里头，当然要把宝贝藏在令人不注意的地方；如果遇到极危急的时候，或者要投入极污秽之中，也未可知。故当时明朝遗老，想保存中国的宝贝，便不得不把他藏在很鄙陋的下流社会中……因为当时明朝的遗老看见满洲开博学鸿词科，一时有知识有学问的人差不多都被收罗去了，便知道那些智识阶级的人是靠不住，不能藏之名山，传之其人。所以，要在下流社会中藏起来，便去结合那些会党。在会党里头，他们的结纳是很容易、很利便的。他们结合起来，在满洲专制之下保存民族主义，是不拿文字来传，拿口头来传的。

若说少年时代的太炎，他的民族复兴意识是大人教诲、灌输，那大人、老辈，其思想又从何而来？答案就在孙中山所说的民间社会的潜伏。丢在污秽中的宝贝，是时候要大大方方端出来洗刷亮相的时候了。而太炎在经书中找到的根据，更使得排满的思想，往来激荡于胸。

明末知识分子、军政精英的抵抗运动逐次衰微了，他们所遗下的宝贝里面最重要的即是反抗的火种，年轻的章太炎，即是这火种中燃烧极为旺盛的一个，他冷燃起先贤预置的熊熊烈焰。

十七岁前，他父亲命他到县里参加童子试，不知他是否由于极度反感，竟昏厥倒地，到他数年后首次结婚成家，乃又犯病，遂为人所知，其实该病早露端倪。科举盛行时，不习举业，根源在接受了他父辈的做人的独立性，并随年龄渐长而扩展之，但其眩晕病患也来得恰是时候，从此有理由不再走此仕途，恰如陆放翁诗云"五世业儒书有种，一生任运仕无媒"。这个时候，他的读书的次序，已由幼年的训诂、少年时代的经书，发展到此时的史传和诸子百家。当然，做人的独立性也表现在初成年时的读书事业的选择上面，即令生发反清之心，吐露光复之言，其父也不加禁止。

诸子的研读，大抵在全上古三代秦汉三国六朝文的范畴，秦汉前后的文章敦实厚重，对于胸襟的扩展壮大，葆有奇效。他选择读书环境，绝见其博大的气象，那时他喜欢携书前往周边的山林里面，在深山乔木间，让山水的气息浸透古贤的文字。竹雨松涛，瓜黄李碧，一水飞光，千峰流翠，对于读书思索的深度大有助益。可以说他在弱冠前后，一心一意，读经法古，同时参以诸子、史传，此时康有为首次向皇帝上书，影响士林巨大，他的眩晕的病症偶有复发，酿成一种长期伴随他的慢性病，虽然读书思考未受波及，但他一生脾气蛮大，不能说没有该病症的影响。然而他此时生发了明显的写书的欲望，又多少可见康有为的影子，当时康有为已公开提出变成法、通下情，凡在京师的大大小小的知识分子，多惊走耳语，以为康氏得了严重的病狂症，然而这对于太炎却无所谓，他的眩晕症，对此具有免疫力。

到了二十三岁的时候，那是光绪十六年（1890）的春正月，他父亲一病不起，很快驾鹤西去。太炎亲以深衣装殓慈父。还在他幼年时，父亲在他读书间隙，就和他谈起过死后的事情。谈到生死，他父亲很从容，但强调，在他身后，装殓前必须着深衣，虽然曾任清朝职官，万不可着清朝章服！又说他们家进入清朝已有八代人，每有亡故，均殓以深衣。这种切割乃是民族传承的心脉所在，其言对太炎的震动极大。在他父亲身后，即遵从遗命，以深衣殓装。深衣即直筒式长衫，衣、裳相连，上下缝合，其特征是被体深邃，为汉人古服，与清人服装大异。

父亲的亡故，太炎悲痛逾恒，父亲对其影响特大，这年他已经二十三岁，但因父亲去世，自称此时成为孤儿，可知父在他心中的分量，对于清廷更加痛恶。对于一般知识阶层通常要走的仕进之途，公然弃若敝屣了。

擦干伤心的眼泪，遂前往近处的杭州，找到他后来再传弟子俞平伯的曾祖父俞樾，在俞先生主持的诂经精舍受业。

章太炎拜俞樾为师的时候，后者已是七十来岁的老人。当时俞樾主持西湖孤山的诂经精舍，原是阮元资助建立的。其时章太炎正当弱冠之年，在此开始他的七年的寒窗研读生涯。其间经历甲午海战，备受刺激。他所研读的经籍训诂，无一不打上纷乱时代的投影。

俞先生的学问渊深博大，其学术脉络，传承自顾炎武、戴东原、王念孙这一脉，为有清一代朴学巨子。俞先生绝缘声色，具有独行赴渊的深邃人格魅力，太炎断断续续从学八年，在相对很长的这段时间里，出入相得，以师事敬之。俞先生治学，与前人不同，与时人有异，所谓学无常师，左采右获，年深日久，自成一家。一天俞先生询问他的读经心得，说道："《孝经》有先王有至德要道，先王谁耶？郑注谓先王为禹，何以孝道始禹耶？"

《孝经郑注》乃是东汉末年经学大师郑玄（郑康成）的传世之作。俞樾这一问，问得深沉，而太炎也几乎不假思索，答道："《经》云先王有至德要道以顺天下者，明政治上之孝道异寻常人也。夏后世袭，方有政治上之孝道。故孝道始禹。"

对于这样的解经，扯到政治上，俞樾也不加干涉，反而时予称善，或颇以为然。同时期，太炎也尝从同乡前辈谭献问学。谭献，字仲修，号复堂，杭州人。他比章太炎大三十多岁，曾在安徽等地做地方小官，这时正值辞官归隐的乡居岁月。谭献为有清一代大词人，而其文章则导源于秦汉，是故太炎甚觉亲近。

太炎后来和汤国梨结婚，媒体或后人捧场多说是他的初婚，又说他四十多岁初婚可谓晚婚的典型，实为不审之言。太炎的自订年谱，说他在二十五岁这年，纳妾王氏。并未有妻，却称纳妾，实为一大怪事。似乎在冥冥中，为后娶的汤国梨留下名正言顺的地位。

这时他对于战国诸子文字音训的考订，已积累厚厚的两大册，以札记体行文，从训诂到经义再到史地、历法、典章制度……以方法论而言，乃是乾嘉以来治学的正路。

纳妾的次年，大女儿出生了，后来还有两个女儿，这三个女孩的名字都起得古怪，大女儿㸚、二女儿叕、三女儿㠭，分别读作章 lǐ，章 zhuó，章 zhǎn。这里面，渗透着他在诂经精舍课艺作业的投影。这些课艺乃是对经籍文字的诠释，工程量相当庞大。

读书、学业、婚姻、子女，填满了太炎的时间，他在二十七岁时交上一个腹笥充盈的好友夏曾佑。夏氏也是他的同乡，比太炎大五岁，和梁启超、谭嗣同为莫逆之交。夏曾佑辩才无碍，颇多怪论，两人怪得相似、怪成一处，后来太炎更怪得出奇，不无夏氏的影子。夏曾佑精研《成唯识论》，认为只有法相宗才算真佛学，他劝太炎买佛教典籍来研读，且一再叮嘱。他是第一个劝太炎读佛典的人。

甲午战争爆发，中国一败涂地，次年暮春签订《马关条约》，大清朝只是金玉其外、败絮其中，内忧外患一时俱来，民情震恐。康有为恰值在京应试，遂联合各省举人发动公车上书。稍后，呈递《上清帝第四书》提出"设议院以通下情"的主张。八月中旬，筹建强学会，秋季正式成立。

也是在甲午战败的刺激下，太炎才开始集中浏览东洋西洋书籍，强学会得到张之洞的支持，予以拨款襄助。对于此会的构架，康有为是以财务垫定为经、名人要人担纲为纬，南北两处开设，即北京强学会及上海强学会。太炎递交十六圆银元会费，就近加入上海强学会。加入的原因，因康氏所有议策，对于知识阶层具有巨大吸引力，太炎也不例外。

康有为的政治主张，隐藏在其《新学伪经考》中。当时，该书已出版五年，悬挂公羊派的旗号，宣扬托古改制思想。他以为这个时候的汉学乃王莽新朝所遗，古文经传，都是伪造，其学说来源于清中期经学家刘逢禄。刘氏以《春秋公羊传》为中心，承接董仲舒、何休学说，强调务通大义，不专章句。到康有为那里，更加恣肆不羁，在清末颇吸人耳目。早年曾过杭州，把他的书拿给俞樾看，俞樾笑着给太炎说，你还说你私淑刘歆刘子骏，这位康有为专门与刘歆为敌，你俩真是冰炭水火啊。

太炎所致力，在《春秋左传》。他的《〈春秋左传〉读》即是驳难今文经学派刘逢禄的。太炎的古文经学，自有其立场背景，就算郑康成他也不尽赞同，他的老师俞樾，对于公羊春秋，并不否定，但他以为"经即古文，孔子即史家宗主。汉世齐学，杂以燕、齐方士怪迂之谈，乃阴阳家之变"。

太炎前些日子曾侍坐谭献，尊之而请教之，但谭献是倾向今文经学的。所以，稍后他遍寻荀子、贾谊、司马迁、刘向诸家勾稽《左传》的古义。王充《论衡·案书》估衡刘向对于《左传》的研究，说他"刘子政（向）玩弄左氏，童仆妻子皆呻吟之"。其意是谓刘向悉心研习《左传》，受其影响，家里童仆妻儿都曾一起诵读之。太炎说"夫左氏神趣深博，言约谊隐，故览文如诡，寻理即畅"。探寻文章，仿佛在柱曲深蔚的迷境；寻其理致，好像在芜烟蔓草之中。他顺着诸家的理路侦询，才写成《〈春秋左传〉读》。后来曾把这书的叙录交给刘师培，登在《国粹学报》上。

康有为的《新学伪经考》诋毁古文经为刘歆伪书，经学巨子瑞安孙诒让极为鄙视，刚才太炎写了驳议数十条，不好公开就拿给孙先生看，孙诒让说，康有为氏哗众取宠，取媚于时，可能会领三五年的风骚，且由他去吧。

太炎没有把腹诽的结果公开，但心上自然是老大的不高兴。康有为是个什么玩意儿啊！他还要和他们交游。留一点空间吧。果然，就在他邻近三十岁的时误，就要和康梁共事了。叶浩吾衔梁启超之命，面晤太炎，请其入社。一八九七的一月份，他离开杭州的诂经精舍，转往上海，任职时务报。

《时务报》虽称为报，实为一种杂志。早前《时务报》甫创刊未几，梁启超即托人专程到杭州，邀他共同创业。他还有些奇怪，说是您咋知道我？那人就说，您不是曾加入强学会吗？他们都一直记着您的呀。

他们，是指夏曾佑、汪康年、梁启超等人，时务报的元老。

太炎在时务报职务是记者。梁启超的办刊思想是为了批判秕政，至于救世之法，可简括为废科举兴学校，也即育人才、开学校、变官制。康有为的光环实在太大，一天他试着询问梁启超，你们康老师的宗旨究竟焦点在哪里呀？梁氏答说，简而言之，变法维新、创立孔教。太炎心里面顿时又不大高兴，盖以变法维新确为当务之急，而创立教派却有煽动教祸之嫌疑。

《时务报》很受坊间欢迎，发行量一度冲到一万两千多份，梁启超后来回忆盛况，极为夸张地写道："一时风靡海内，数月之间，销行至万余份，为中国有报以来所未有，举国趋之，如饮狂泉。"和清末民初泰半要人、名人、闻人一样，太炎也是从新闻界奋斗出身。《时务报》的发起人汪康年是他老朋友，他的心曲大半向他吐露，而于康、梁，则隔膜渐深。

在一处办报，人际之间看得更清，心理距离却越远。梁启超等昌言孔教越烈，太炎就越反感。康氏追随者放言，他们的老师字长素，就是长于素王的意思，各弟子自取名号，咸言超回、轶赐，太炎不禁想起一个人来。那时汉朝的向栩，此公好读《老子》，时而习静打坐，时而狂放不羁，发起狂来顶系红绳，披头散发，常年跪坐木板，膝印仿佛古物之包浆，老润发亮。久之不言，忽然狂啸，如有客来，殷勤招呼，转瞬即不理不睬视同路人，兴起即打驴上街，召集乞丐胡吃海喝……以其卓诡不伦，那时也有视他为高人的。一天太炎实在是忍不住了，就对康老的弟子说道，你们老师，和那个向栩，倒像是一个人！康老的徒弟们闻言大怒，纷纷厉声谴责。

这时浙江平阳的宋恕宋平子也来到上海，和太炎一谈之下，大为倾心，就此订交。宋恕带来了谭嗣同的《仁学》刊本，太炎觉得谭氏文章杂糅，脉络欠清楚，不怎么喜欢。宋恕深研佛典，劝太炎也研习之，太炎就说起夏曾佑前年的读佛建议，涉猎了《妙法莲花经》《涅槃经》，自觉未能深入，宋恕就劝他读三论宗，也不见深入，偶然看到《大乘起信论》，豁然开悟，自此常读不辍。

西学东渐，西风猎猎，而太炎觉得时人辄将算术物理与政治方略混为一谈。在他看来，"技与政非一术，卓如辈本未涉此，而好援引术语以附政论，余以为科举新样耳。唯平子与乐清陈黼宸介石持论稍实……康氏之门，又多持《明夷待访录》，余常持船山《黄书》相角，以为不去满洲，则改政变法为虚语。宗旨渐分。"

这个细节，可以说太炎的学术研究，正有转向著述的倾向。他和康、梁的分歧，关乎学术运用能否转圜，学术不能直接生搬硬套。

他所做的记者，自然不是通常意义上的社会新闻的报道者，而是大笔如椽的政论者。当《时务报》出到第十八册的时候，刊出了他的《论亚洲宜自为唇齿》："中国生其霸心，发愤图自强，综核名实，使卒越劲，使民悫愿，使吏精廉强力，日本将亲睦之不暇，而又何寇焉……夫发愤为天下雄，则百年而不仆；怠惰苟安，则不及十年而亦仆。吾所议者，为发愤者言也，非为怠惰苟安者言也。"

随后的第十九册又刊载他的《论学会大有益于黄人亟宜保护》："变郊号，柴社稷，谓之革命；礼秀民，聚俊才，谓之革政。今之亟务，曰：以革政挽革命。"

此时的思想还是未全脱离康、梁的变法改制，但对于太炎来说，这是忍着性子，和他们周旋，这种赞同，事实上相当勉强。晚年检定心情，就说对于康、梁此时的托古改制他心里根本"余甚非之"。

学术观点的歧异，在太炎与康梁，毋宁说人格心性的分歧才是根本。

对于康有为无处不在的教皇情结，太炎以为是病狂呓语，不值一哂。先有裂痕，逐渐扩大，直到很快形成鸿沟，全然无法弥缝。最后谈到各人所持学术观点时，已各将对方恨之入骨了。学派除了影响力，徒众的多少也很关键。在这两方面，此时的章太炎都不如康、梁。太炎的弟子仲华这时也在上海，常常论及康派的种种不是，但他学问才力都不够，未能充分驳斥。梁启超的门人梁作霖得知后，就公开斥骂，说仲华是陋儒，是狗曲；而他们的康圣人，得到上天眷顾，葆有预示帝王受命的符兆，此一符命在十年之内，必然实现。说这话时，目光炯炯，仿若岩下闪电，他举首远望，仿佛得到上天莫大的秘密启示……太炎对此，以为就是一群粜壳郎推着一团屎橛子，两眼放光，跳踉叫嚣，愚蠢狂欢，荒谬僭妄，不可理喻。

太炎胸中的郁愤，实在无法消解，就在熟人间议论，说康、梁辈要说他们是邓析、吕慧卿、少正卯的样子，有一点像，然到底还是拟于不伦。要说他们是钟惺、李贽那样，狂悖恣肆，荒诞不经，则还真是那么一回事！殊不料，隔墙有耳，这话很快传到康、梁圈子。一场祸事接踵而至了。

章太炎本已自承为疯病，但他更指康有为病狂至极。他给谭献写信，说康有为想当比皇帝还厉害的教皇，康有为的目光直而亮，狂悖滋甚，分明是精神病的症状。

矛盾很快激化，根子当然在学术思想的歧异。此前谭嗣同也来，并形容梁启超即贾长沙、章太炎为司马相如，没有提到章的朋友仲华，章很不高兴。先是写文章斥骂，再是当面不愉快，再就打起来了。因章骂康派为教匪，而对方回骂他为陋儒小狗！康派的梁作霖就说，当初在广东的时候，有个孝廉骂我们康先生，就在大庭广众之下，不是被我们打惨了吗！打！由梁启超等带队，一伙人来到时务报，咆哮叫唤，一番拳脚，砸向章太炎和仲华，章也不示弱，予以反击。章太炎的《自订年谱》说那些人来打架，未说梁启超亲与。但据金宏达的《太炎先生》一书说，梁启超还挨了章太炎的一耳光。此事发生后，章太炎便离开上海，移师杭州，为的是康、梁仗势欺人，恐怕又要打起来。

太炎刚进时务报的时候，因阅西报，得知孙中山在伦敦蒙难。

一八九四年十一月，孙先生在檀香山成立兴中会。次年春，复在香港建立兴中会总部，规定誓词为"驱除鞑虏，恢复中国，建立合众政府"。

清廷盯上了孙先生，不久便发生孙先生伦敦蒙难的事情。

一八九六年的秋天，孙先生要从美国到利物浦上岸。然后，便乘火车到伦敦，及抵达，已是晚上九点多钟，他就自个儿到一家旅馆休息。不料，这一切，都被暗探侦悉，而报告给中国使馆。

本来先前在美国的时候，出使美国的大臣杨儒，就和清廷电报往来，设法抓人，甚至还在日本、香港、旧金山、广州等处布置，设想一切孙先生可能到达的地方，要他们万勿放过。本来他们以为要抓一个人是很容易的，谁知时代变了，要在民主国家抓一个政治犯，他们必将付出惨痛代价，于是他们就试图勾引孙先生购买军火，以便栽赃，谁知竹篮打水，先生是空手赴英，于是驻英的清廷走卒，忙着到处撒网。

现在清吏终于在使馆的楼上将孙先生诱捕。威胁要将孙先生押到广东，进行审判，然后正法，或者，装在货物包里，从船上抛入大海，没有人会知道。甚至，就在使馆中，就可以杀人，杀后便可回国领取大赏。孙先生见他如此嚣张，乃不得不正告他，如果他要杀人灭口，将来在广东的会党，必对其家族采取严厉报复。这才打掉了这些人的嚣张气焰。

天无绝人之路，一个较为忠厚的英国仆人，叫作柯尔，在使馆打杂，他进来探视的时候，孙先生便极为精练地从基督的意义讲到专制的凶残，而他所进行的政治改革，就是解救专制下的苦难。这样富有感动力的言辞，终将柯尔打动了。次日柯尔取走了要转交康德黎的信件，后来的史家称为"这一张维系着中华民国创造者生命的救命书"。

康德黎先生清早起来，看见门缝下的字条，非常惊讶，立即到了警署和总警察厅，但他们还是爱莫能助。这时，柯尔又传来消息，清使馆准备以押解疯子的名义，将孙先生杀戮于押解途中。

康先生一方面雇请侦探在使馆外守候，防止他们把孙先生押解上船，一方面寻求报界支持。给《泰晤士报》的新闻线索是"中国使馆之诱捕案"，但是绅士气十足的《泰晤士报》，却还不肯发表。

好在又过了一天，英国外交部长终于知道这严重的情形了，于是派遣了保护人员，监视中国使馆。

接着《地球报》上出现了这样的标题："骇人听闻——使馆诱捕革命家"。

英国舆论界出来干涉了。然后，英国外交部正式派员向中国使馆要人。先生被释的那天，无数的新闻记者和欢迎的群众围着他。

因打架事件，太炎明显处于下风，对方人多势众，影响力巨大。太炎不由得对孙逸仙这个人发生一种莫名的期待。当时看报，他曾问梁启超，孙是何人？梁氏简要概括道：此人誓言倾覆满洲。顿了顿，他又说，讲革命的，陈胜、吴广那样的人。太炎一时无言，心中却起来一种山河可挽的壮志。打架事件后，情绪十分低落，忽然想起孙逸仙，乃暗自庆幸吾道不孤，稍觉安慰。

打架坚定了分离的决心，四月下旬离开时务报返回杭州，这段合作经历四个月不到。打架之事他先曾告知谭献，谭先生有所劝慰，继又告知汪康年。

这不仅是学派之间内讧的负气出走，也不仅是分道扬镳，更重要的是转变了一种人生的入世的根本态度："昔为间接之革命，今为直接之革命。"

在上海期间，太炎与宋恕最为相得，甚至说认识宋恕后，才真正开始了解佛藏。他说宋恕"性狂狷，任意气，不遇反为嗛退……然其文辞，多刺当世得失"。宋恕知人论世高人一等，但在当时的环境里，属于非常低调的大知识分子。

这段经历，引起当世名公的注意，谭嗣同给汪康年写信，说章太炎先生"读其文，真巨子也。大致卓公如贾谊，章似司马相如"。而黄遵宪也给汪氏写信说太炎系"高材生，大张吾军，使人增气。论甚雄丽，然稍嫌古雅。此文集之文，非报馆之文"。此为确论，报章专属文论，在清末民初，如戴季陶、雷铁崖等，在民国中期如张恨水、张慧剑等。

回杭后，到了初秋，《经世报》在杭创刊，太炎任编辑、撰述，这是他和报界的不解之缘。宋恕也在上海的经世报分馆任撰述，他写的发刊词有云"今赤县之民，渐知耻也，夫不耻者昏，徒耻者懦，耻莫若学，学莫若会，立学会莫若基报馆"。

以报馆为基础，以撰述为柱石，大笔如椽、横扫千军，宋恕的判断，也不啻为太炎一生的行谊作了预先的说明。

《经世报》第一册即刊载太炎的《变法箴言》"创巨而痛深者，宜专精厉意，审所以改弦更张，至人无余思则止"。"变法者，非口说也，必躬自行之；躬自行之而不可济，必赴汤火冒白刃以行之"。"悲夫！昔明之季，尝以谈禅为荣矣。志节虽盛，而其气龃龉，无能济变。其贤者则以王之厨馔、嫔御腥蝼膻恶而不可近，而视天下事若尘垢；不贤者则藉巧说琦辞以为名高，至于敌情之狡诈，兵力之盛衰，地形之险易，蓄藏之充虚，一切不省"。

此则有图穷而匕见的意味、痛定思痛的意思。

经世报之后，一个月内，《实学报》又创刊了，叙例由太炎执笔撰写。此时，他和报刊的关系已经一发不可收拾。有意思的是他写道："夫报章者，诚史官之支与余裔也……今为实学报，其必念夫墨子而后二千余年，旁魄熔凝以有是篇，必奭然为纪事之书最。"一周后，《实学报》第二册出版，刊载他的《后圣》《儒道》《儒兵》，皆为实学报馆通论，可知他的重量级文章已成为支撑版面的梁柱。随后又有《儒侠》问世，古时侠者不得厕九流，诸家摒弃之。但太炎强调侠者的不可无，"然天下有亟事，非侠士无足属。……世有大儒，固举侠士而并包之。而特其感慨奋厉，矜一节以自雄者，其称名有异于儒焉耳"。

当时的知识分子，不期然而然看出了这两家报纸和《时务报》的区别，文字古雅，不像《时务报》那样讨好世俗，并看出了报纸后面办报人之间的敌意。报纸的取向，在潜意识中，至少在办报的技术层面，仍以《时务报》为敌。其中张元济认为《实学报》足以打动守旧者的视听，又足以夺取貌新者之心，以为其声势必将日渐增大。

第二章

互动　寻求　观察

——谒见张之洞——戊戌政变：帝党与后党的攻防——
康、梁之出亡——从武昌到台湾——岛屿民性

　　一八九八年的春上，应张之洞之邀，太炎自杭州启程，经上海，到湖北武昌，谒见张之洞。后者指派太炎襄助办报，其时《正学报》欲在武昌筹办。但在太炎这里，却源于今古经文之分野与张氏有类同之看法。

　　该报的初衷，源于甲午海战失败的刺激，张氏先是支持康有为及强学会，及所属上海《时务报》、湖南《湘学报》，欲在湖北灌输西潮。然而又不欲受康、梁思想的笼罩，因而拟创办可以羁控的舆论阵地。起初，张氏委托梁鼎芬主持，"一切馆内事宜，凡选刻各报及各人撰述文字，均须节翁（梁鼎芬）核定方可印行"。梁氏对于康、梁的定位是"无父、无君、无人理之逆犯。罪通于天，愿天诛之；毒加于人，愿人殛之"，间接可见保守的成分，与康、梁大异其趣。其时，同光体诗派领袖陈衍，学人沈曾植、夏曾佑均在武昌张之洞幕府。张氏正忙着编写《劝学篇》，同时筹办《正学报》。

张之洞督粤期间已有办钢铁之念，并已着手实践，调至湖北后，乃将已购设备移到武昌，在光绪十六年（1890）于武昌宝武局公所设铁政局，太炎到鄂后即下榻于此。太炎甫至武昌，即自有其腹案。休说与张之洞无法同舟共济，就是和张氏的幕僚，那些名噪一时的大学者，也是同床异梦。

《艾如张董逃歌序》："永历既亡二百三十八年春，余初至武昌。从主者张之洞招也。是时青岛、旅顺既割，天下土崩……民志益涣……张之洞始为《劝学篇》，以激忠爱，摧横议。"

《艾如张》《董逃歌》均是太炎在这个时段的诗作，诗中屡言和清廷的九世之仇，势不两立的心境，自然和张氏的忠君爱上，完全南辕北辙。

来武汉之前，曾特意上书李鸿章，盼他能够旋转逆流。当时德国已占胶州湾，沙俄攻入旅顺、大连。他写道："瓜分之形，皦如泰山，恫天纲之解维，悲横流之靡届……窃愿以平日所学，参伍验之……其忧有甚于瓜分者，非内政修明，不足以自巩。"

前来武昌的初衷，源于今古经文的认同。张氏的幕僚钱恂，告诉太炎，说是张之洞也不喜欢公羊家，公羊学乃今文经学的重镇，而章太炎则推重《左传》，贬抑《公羊》，自古文经学里面钩沉出国民的民族意识；因而太炎听得钱恂这话，自然心生好感。

张之洞乃晚清名臣中的一时之选。太炎和他发生联系，自然引起当时士林以及后来的知识圈极大的兴趣，因而其情形也为众口津津乐道。

在冯自由笔下，太炎颇受张氏优渥礼遇，但又被梁鼎芬在其中挑拨，出现裂痕。梁氏时任两湖书院山长，他俩谈到康有为，梁氏说他想当皇帝；太炎冷冷说道，帝王思想人人都有不足为奇，奇的是康南海岂止是想做皇帝，他根本是想当教主，不特控制皇帝的思想，更控制将来的皇帝，以及未来的尘世。梁氏闻言，惊慌失措，于是跑到张之洞面前，大加攻击，说章太炎心术不正，多有犯上作乱之语，不堪借重。张之洞也不作声，馈赠五百两银子，使夏曾佑、钱恂劝他离开武汉。两人的隔阂，实因太炎公开对《劝学篇》的意见，他以为上篇多效忠清室的语句，下篇还算翔实。张之洞得知，心上老大不快。

至于在汪太冲的笔下，则是张之洞读了太炎的文论，心生敬慕，托人到上海寻访，才把他请到湖北的。当时太炎已经主张革命，声名略闻于世，张氏不敢在白天公开会面，乃悄悄约在钱恂寝室中，屏退左右，与太炎畅谈，为其思想所打动，以至于通宵达旦，不知东方之既白。

至于刘成禺笔下则创作演绎成分较大。他说章太炎已发表六万言的反清言论，抄给梁鼎芬看，梁氏阅之，震恐不已，发狂似的大叫反了反了、死罪死罪，连续叫了百多次，然后马上乘轿子赶往总督衙门，吁请捕拿章太炎，并当立即锁下入狱。刘成禺说他本人以及朱克柔、程家柽等人得知这个紧急消息，赶忙跑去见王仁俊，王氏时任张之洞创办的存古学堂教务长。精心结撰一篇说辞，说您王先生为《正学报》总负责，而章太炎是张之洞所聘总主笔，如今他的反清言论酿成大祸，朝廷肯定要往根源追索，这样必然累及张之洞，更会给反对张之洞之人以把柄。转圜的办法是有的，请您赶紧找梁鼎芬，就说章太炎是个疯子，把他赶走就算了。王仁俊赶到两湖书院，梁鼎芬正在派人缉拿太炎。王氏赶紧说，这个人是个百分百的神经病，应赶紧把他逐出湖北。于是梁氏带人到报馆，将太炎推拉而出，一切被褥衣物，都不准带，叫他赶紧滚蛋。

刘氏笔下夸饰较多，实则当时章太炎并没有六万言那么多的排满言论，而且他和梁鼎芬的关系也不至于那么恶劣。他的《正学报缘起》尝谓："南海梁鼎芬、吴王仁俊、侯官陈衍、秀水朱克柔、余杭章炳麟有忧之，于是重趼奔走，不期同时相见于武昌。"

武昌为天下之中枢，路途四通八达，声闻四处，在此办报，有许多便利，也利于传播。

然而无论怎样的期待，名士和名臣之间应有的一段佳话，但在章、张之间并没有出现。反而章太炎在一见之下，即对张之洞产生腹诽。其后更仿唐人笔调作诗讽刺张氏。

太炎在八月初返回上海，接掌《昌言报》笔政。其时梁启超、汪康年争夺《时务报》控制权，梁启超意欲鸠占鹊巢，觊觎报馆经济大权，同时见异思迁，无心报政，最终私心太重而落败。该报遂改名为《昌言报》。

太炎回到上海才半个多月，心中还纠结于武汉的际遇。此时戊戌政变发生了。

一八九八年，李鸿章、翁同龢、荣禄、刑部尚书廖寿恒、户部左侍郎张荫桓，奉光绪之命，约见康有为于总理事务衙门，研讨变法事宜。接下来发生的事情，可见帝党与后党的攻防脉络。

康有为上皇帝第六书，依托皇帝力量，促使改良派参与政权。

六月上旬，下诏定国是，公开明确宣布以变法为国家根本方针。中旬，光绪召见康有为。同时，慈禧太后迫使光绪下令，将帝党领袖翁同龢免职并开缺回籍，她则提升后党领袖荣禄为实权极大的直隶总督，统帅董福祥、聂士成、袁世凯三军。

这是变法之初，慈禧方面即已动手的两个关键细节。显然，变法之初，双方就在较劲。

帝党也在反击，六月下旬，御史宋伯鲁、杨深秀参奏后党总理各国事务衙门大臣许应骙，说他守旧迂腐，阻挠新政。光绪批示，要许氏讲清楚。

光绪在变法期间多次去颐和园请示、窥察慈禧的意向。有时一待两三天。此时又去。

因许氏被杯葛，后党感到大扫面子，干脆将荣禄实授直隶总督兼北洋大臣。

六月底，光绪命发给梁启超译书局经费，每月发经费二千两银子，命进所著《变法通议》，予以六品衔。

七月初，御史战火苗上升，双方御史在动作。帝党也在反击。

后党御史文悌弹劾康有为、宋伯鲁、杨深秀；光绪批示将文悌痛斥一通，革去他的御史职务。

七月十七日，大学士孙家鼐请降旨，饬令将康有为书中孔子改制称王的字样一律删除，光绪仅派人告知康有为。

七月二十六，光绪命将《时务报》改为官办，由康有为任督办。任命黄遵宪为驻日本公使。

这时，光绪赴颐和园请示，得知慈禧将自两月后举行阅兵式。

八月二十六日，准许梁启超设立编译学堂于上海，下令严厉谴责两江总督刘坤一、两广总督谭钟麟因循守旧，怠惰新法。

因礼部尚书怀塔布、许应骙等人阻挠礼部主事王照上呈条陈，命将该二人和礼部侍郎徐会沣等四人一同革职；而予以王照三品顶戴、四品京堂候补的奖励。

九月五日，光绪下令，给谭嗣同、刘光第、杨锐、林旭以四品卿衔，在军机章京上行走，参与新政事宜。此时，改良派完全获取起草皇帝文件的权力。

这些表明光绪进攻的步骤也甚严密。显然，对后党的攻击，光绪在以他的方式还击。

后党此时开始出重手，布置全面反扑。同在九月五日，怀塔布、杨崇伊结伴往天津，找荣禄密商对策。

十一日，光绪通知直隶按察使袁世凯前来北京应召见。此时，荣禄下令将调聂士成部驻天津，董福祥部驻长辛店，反扑的力量布置妥当。这一天，湖南举人曾廉，上书请杀康有为、梁启超。光绪将该上书交给裕禄转交谭嗣同命他逐条驳斥。康有为主张开制度局，即懋勤殿，谭嗣同和林旭主张开议院。光绪倾向康有为的意见，命谭嗣同根据康熙等朝有懋勤殿制度拟旨，查出典故，引入上谕。光绪将持此草案亲往颐和园请示慈禧。谭嗣同说，现在我知道皇帝是真的没有任何实权！

光绪也不是完全被动、也不是完全束手就擒，他也频频有所动作，但在这个时候拉拢袁世凯，一则有些晚了，一则所托非人，至少非常虚幻。

十三日，光绪命令陈宝箴严查两广总督谭钟麟的昏谬情形。十四日，赴颐和园，召见严复，同时，下密诏给康有为和杨锐，告以危险迫近，要他们筹划对策，次日回宫。

九月十六日，光绪赴颐和园，召见袁世凯，任他以侍郎候补，专办练兵事宜。十七日，光绪命令康有为立即到上海督办官报，实际是暗示他对方政变在即，催促他离开。

十八日，李鸿章的亲家杨崇伊上书请慈禧再度训政。其操作手法，犹如给慈禧铺设一个台阶。这一天，光绪还宫，下第二次密诏，交林旭带给康有为，当夜，谭嗣同密访袁世凯，要求他举兵杀荣禄，袁世凯伪装应承，甚至作慷慨激昂状。

十九日，慈禧还宫临朝。康有为访李提摩太，请他委托英国大使帮忙，无成。康有为又访伊藤博文，请其向慈禧游说。容闳访美国大使，请其帮助。

二十日，皇上召见袁世凯，袁世凯推说让张之洞赞助变法，他则回天津，将谭嗣同计划全盘托向荣禄。荣禄乘专车向慈禧告密。荣禄当即带兵进京；康有为于是日仓皇出逃。

二十一日，慈禧再度训政，慈禧以迅雷不及掩耳方式，以光绪名义下诏大肆抓捕。同时拘禁光绪于中南海之瀛台。

清朝咸、同以后，处理奏折、草拟谕旨的责任都归军机处。瞿兑之说，光绪时代，帝、后听朝，亲阅章奏，当下裁决者，即时由奏事太监口传谕旨。不能立即裁断者，交军机处，由大臣面奏取决。

谕旨公布者，叫作明发上谕。

密交督抚者，叫作军机处字寄，也叫廷寄。

谕诸外使臣者，叫作电旨。

廷寄，用于指示军略，训诫疆吏，委曲详尽，万里如见。

军机大臣应召答问如超过时间，皇上就会赏给一个垫子，此即赐坐之意。清末军机大臣，从人性上大致分为两种，一种老实笃厚的，白吃白喝无所用心。一种极度狡猾的，一意结党营私，培植私人势力。

军机处司员从各部中考取充实，就叫作军机章京，又叫作小军机，章京一职劳苦繁重。谭嗣同、刘光第、杨旭等作为小军机，也即军机章京，那就非常辛苦勤劳，他们之于公务，像李贺作诗一样，"是儿要呕出心来"，他们是章京中输入的最为新鲜健康的血液，是一代杰出的军机章京。但是诡谲的历史，给他们的机会太少太少。

刘光第和杨锐一样，都是四川人，童年时即"得窥陈编，略识圣贤之意"① 一八八三年他二十四岁时考中进士，授刑部主事。居京师以日常读书阅世所得，成《都门偶学记》一卷。三年后因母丧回乡守制，常在泸州、叙府一带游览观察山川，因步行富顺、泸州乡路，为瘈犬所伤，从乡人借厨刀削去伤口，乡人围观骇叹。

后来慈禧执意修筑颐和园，工程浩大，李鸿章迎合醇王之意，创设海军，名为筹备海防，实则将各省款项敛归游玩之费。光第在手札中痛切言之，自谓心事冥漠，"虽服官如服病也"。

到了戊戌年的九月初，他和谭嗣同、杨锐、林旭四人，均赏予四品卿衔，在军机章京上行走，参预新政。当时任命刚下来，刘光第即以才学疏浅相推辞，未能如愿，乃勉力从之。因获光绪信任，言路大开，章奏每天从外间送来的有数百通，他两日一班，三更后入值，终日披览，鉴识可否，以待光绪阅夺。

当时的陋习，凡是初入军机者，内卫都要向他们索取赏钱，刘光第这样守正不阿的品节，当然不会低头。军机首辅生日祝寿，同僚皆往拜，独刘光第不往；军机大臣裕禄擢礼部尚书，同僚皆往贺，独刘光第不贺，他说，时事如此艰难，我辈岂有暇奔走媚事权贵耶！"某藩司循例馈诸章京，光第独璧还之。每年军机处同僚例可分五百金以上，光第亦不取一文。"②

可怜刘光第这样一位卓然独立的知识分子，被捕后不经审讯就被砍杀。临刑之际，刽子手命他跪下听旨，他坚决不跪。"皂役捺之跪，倔强自若，且曰：未讯而诛，何哉？神色淡定如平日"。

慈禧反扑不遗余力。二十一日，梁启超避入日本使馆，次日在日本志士平山周的保护下逃离北京，平山是孙中山先生特地请托前来救驾的，随后与王照乘坐日舰东渡。二十三日，谭嗣同会晤李提摩太，商议救光绪，无计可施。杨深秀、张荫桓被捕。二十四日起，杨锐、林旭、谭嗣同、徐致靖、刘光第等被捕，慈禧命令缉拿削籍的文廷式押解来

---

① ② 《刘光第年谱》。

京。这时候，康有为已经到达上海。

改归知县庶吉士廖润绥上折，请求诛杀康有为、梁启超、张荫桓等。

被捕前杨深秀还上疏，质问光绪皇帝被幽禁的原因，请慈禧太后不要训政。

廖润绥再次上折，要求将张荫桓、徐致靖、康广仁、谭嗣同、林旭等五人速行惩办。

这天，康有为在广州的住宅被抄家查封。

御史黄桂鋆要求斩杀谭嗣同等五人，要求缉拿黄遵宪等五人。

九月二十九日，康有为到达香港，次日，他的夫人也潜逃来此。

十月二日，清军包围梁启超的家乡，缉拿家属亲友。全乡人奔走逃难。亲族中有一孕妇奔跑中扑地，致胎儿脱出，母子皆亡。三日，康有为老家被查封，附近人家惧怕祸事临头，逃走一空。几十天内，这个地方空无人烟。

这段时间，杨崇伊不依不饶，上折分析说，康有为、梁启超逃跑到外面，必然会和孙文搅在一起，应设法秘密侦查，此事可交由他本人办理。

在这样的境况中，康有为牛皮还是大得很，十月下旬，他从香港到了日本，孙中山先生请宫崎寅藏来迎接。其后，孙先生和陈少白等准备前往慰问康、梁，委托平山周等致意，康有为说他自己奉有光绪皇帝的密诏，不便同革命党往来，予以拒绝。孙先生并不气馁，又托日本友人，组织双方会谈，康本人拒不到会，仅派梁启超做代表，无甚结果。

一八九九年，清廷给日本压力，要求打击康有为，日本外务省赠其旅费，令其离境。旋往加拿大。夏天，他到了伦敦，住在前海军大臣柏丽斯辉子爵家里，康老还在努力，他想通过柏氏的关系，运动英国政府干涉清朝廷，扶持光绪重新执政。事情哪有那么容易呢？其后，渡大西洋，返回加拿大。

深秋，返回香港。清廷重金悬赏，购买康老的头颅。任命李鸿章为两广总督，授予全权，特许捉到康有为，即可封为公爵。曾国藩荡平太平天国，仅封一等侯爵，可见清廷恨康有为之入骨。其后，康先生在香港遇刺，但无大碍。

因戊戌六君子死难。太炎撰《祭维新六贤文》其中有云"长星既出，烧之薙之。系古亡徵，党人先罹……"到了深秋的十月下旬《昌言报》刊载太炎《书汉以来革政之狱》，洵为怀念戊戌六君子的揪心之作，列举古代、近世除旧布新政治变革的悲剧，以为控诉。

十一月初，太炎决计前往台湾。乃因戊戌事变之后，清廷搜捕余党，牵连甚广。通缉按地域划分，长江一带人数众多，章太炎亦在通缉名单之内。遂由日本诗人山根虎雄介绍，前往台湾充任台北日报记者。

渡海前，赋《杂感》诗，末段云：

独弦非可弹，临风发《商歌》，既不遭重华①，安事涕滂沱。蓬莱青未了，散发将凌波。

到了年底，梁启超在日本主编《清议报》，发刊词有云："我支那国势之危险，至今日而极矣。"梁氏虽反对慈禧、荣禄，却拥戴光绪复辟。

太炎在台，曾著文警示康、梁，意在劝其脱离清室，说是对于洋务粗略了解的孙文孙中山，"尚知辨别种族，高谈革命，君等列身士林，乃不辨顺逆，甘事虏朝，殊为君等惜"。（冯自由文）

到台一个月后，太炎写信给汪康年，谈到在台的最大感受，就是清廷的罗网鞭长莫及，颇得悠游卒岁的闲暇趣味。《昌言报》他任主笔，掉鞅言论战场的快意尚未充分发挥，就仓促来台，这时颇生纵笔昌言之思。同时也甚想念大陆文友如俞明震、钱恂、胡惟志等人，而在台文史大家甚少，有几位在台的日本学人还不错，惜乎"养气太少、而淡气太多，恐不足以资呼响矣"。所以太炎在台，更多的时间是在编订《訄书》，包括他历年的政论、学术文字。

《昌言报》被迫改变舆论导向，太炎念念不已。而对上海武汉等地

---

① 重华即舜，虞舜的美称。《书·舜典》："曰若稽古帝舜，曰重华，协于帝。"

因禁令不得刊登康、梁文章，也颇为气愤。在时代潮流的面前，这种专制的作风其实是在慢慢剥蚀。即以《清议报》为例，太炎说，国内禁止，但它在日本却不胫而走，风行一时。其中文章，每加过眼，并认为梁启超的文笔稍逊于前。三月中旬的《清议报》第八册，还刊载了太炎的五言古诗《台北旅馆书怀寄呈南海先生》，开头写道："一读登楼赋，悠然吾土思。回头忆畴昔，搔首愈踌躇。"结尾却说："斗转空凭眺，河清动凤悲。千年仲宣恨，荼苦更如饴。"茫然沉郁的心境郁乎其间。其后又写了答台湾学究的《答学究》一诗，这也和学究评价康、梁等人有关。在这些人看来，康、梁处事事机不秘，导致光绪大祸临头，这是不忠；进入宫廷挑起事端，以求自己的幸进，这是不恕。但是他们骂康、梁、却把国内志士一股脑儿地都骂了，对此太炎不以为然。他说"学究无足语，顾以诬亚东士大夫，则不可以结吾唇朦"。

这种缺乏同气相求、同等量级友朋的寂寞，甚至缺乏合格的对手的寂寞，半年后更加明显了。台湾这个地方当时还是典型的小国寡民的心态，岛民意识，就是井蛙自大。李鸿章甚至字字见血地予以定性，谓之鸟不语、花不香、男无情、女无义，可谓痛切之言。在清代官吏的笔下，台湾是这样的风景、这样的愁怀："炎风朔雪怀人日，狋鸟蛮花异国天。利涉尽堪援往事，生还难必是何年。"[1]太炎在此，也不例外。然而"狋鸟蛮花各自媚，那知世外多沧桑"，与太炎同时的傅增淯这样写道。[2]

居停半年时间，不甚爽快，乃动身赴日。

① 《清代琉球纪录集辑》。
② 见《晚晴簃诗汇》第二百卷。

第三章

初识孙中山

——谈论排满一见如故——中山先生的气度——不同人群的观察结论

太炎于一八九九年六月上旬离台赴日，从基隆起航，四天后到达名古屋。

当时，《清议报》在横滨编辑出版，太炎到日约一个月后，即在梁启超座上初见孙中山。梁启超是介绍人，冯自由记章、孙"相与谈论排满方略，极为相得"。而太炎觉出孙中山有浴血反清之念，叹为卓识。当时梁、孙往还频密，且在商量双方（康、梁和兴中会）合作事宜。谈及构架，拟以孙为会长，梁副之。梁氏当下变色，说是如此一来将置康先生于何地？孙中山反应很快："弟子为会长，为之师者，其地位岂不更尊？"梁氏折服，无话可说。

梁启超本人其时已无形中为孙的言论、气度所慑服。因彼时孙中山已有世界名声。孙先生到日本时，山田良政的弟弟写道："有一天，家兄突然对我们说，明天下午两点，有位中国的大人物要来，所以那时不要悲愤慷慨，兴奋过度！……"

后来，太炎因在苏州东吴大学的反满言论致祸，恩铭迄未放过，乃于一九〇二年的元月，东渡日本避祸。当时孙中山在横滨，而因唐才常起义事败的波及，秦力山也在此。梁启超不理睬力山，遂跑去见孙中山，相晤之下大为投机，时太炎与之同往。孙中山引导二人进入中和堂，军乐奏响，长条案边，百余人据之而饮。酬酢极欢，遂与孙中山订交。

其后又与孙中山抵掌论政，后收入《訄书》之《相宅》专记其事，这次讨论的焦点是古代土地制度和赋税的情形。总之，三代之井田、王莽变法之优劣、王安石青苗法、洪秀全之公仓，均在讨论之列。

太炎初见孙中山，已大佩服，但细味之，似也觉不足，他给汪康年写信，就说孙中山言语之间颇有闪烁的意念，似不能与张角、王仙芝这些人相提并论。

试比较当时知识先进与孙先生初识的感觉，较之太炎，或具参考、比照的价值。

《民报》编辑陈天华忧心如焚，乃于一九〇五年底在东京大森海湾投海殉国，那时太炎还在狱中。后来到了民报社，有次看见《民报》载有病己《敢死论》。此文对于陈天华投海不以为然，以为可以利用这种敢死的精神，奋身与统治者一搏。一己投海仅属匹夫匹妇之所为。言下显有讥意。太炎和他的角度完全不同，他以为这样的牺牲是必要的，唯有如此方能临事不惧。"凡事取法乎上，所成不过中流，自戕之风，当开之，不当戒之。"

同样对于党人自戕事件，试观孙中山态度，可略作比较。一九一一年八月初，志士杨笃生在英国利物浦投海自戕，他遗书给吴稚晖："有生无乐，得死为佳。"说得透辟、简捷，无以复加。他以列强瓜分中国及讹闻黄兴于黄花岗战死，大受刺激，神气沮丧，继而头痛浮肿，无以自制，遂投海自尽。陈天华则在孙中山和黄兴面前，有时无端地就大哭起来，他在日本海滨投海。孙中山闻之大为痛切，认为牺牲不能有造于社会者决不应为，他致吴稚晖函中说："弟观笃生君尝具有一种悲观恳挚之气，然不期生出此等结果也。"①

① 《孙中山全集》第一卷，第536页。

太炎反驳病己的观点，实则他的论调，对于党人自戕一事的处置，也不甚妥帖。而孙中山的笔下，可看出深深的惋惜，他显然不希望年轻的同志选择这种方式结束生命。

他俩倾盖订交以来，二十几年间，相互之间的关系非常复杂，既是战友、朋友、同僚、上下级，又是冤家，有时差不多成了敌人。

太炎对中山既有怨艾、狂骂、构陷，也有推许、倾倒、爱护，当他全心期待中山旋转乾坤，他感到寸阴若岁；当他的不满化为怨恨，他又垂头丧气；当他觉得备受冷落，他又痛心疾首。

终其一生，他与中山的关系总是爱恨交加。

太炎的处事，在行为方式上，简诞狷狂，就很少有忍气吞声的。佯狂玩世中，仿佛楚狂接舆一般，桀骜不驯。

太炎对同一阵营也骂，骂吴敬恒："善钳尔口，勿令舐痈；善补尔袴，勿令后穿"等语，形容刻骨，诙谐抵于恶毒。有一次，竟骂蔡元培为法国人，非中国人。

后来他和袁世凯闹翻，以花生米佐酒，去花生蒂时，大声说，"杀了袁皇帝头也"。其事杂见于刘成禺《洪宪纪事诗本事簿注》。疯、癫、狂、痴，倒也加深了他的思想的味道，这个恣睢放纵、豪气干云的"民国之祢衡"。

马君武先生敬重孙中山先生，以"亚洲第一人杰"概括中山的价值。此说之底蕴，源于"孙君具有一种魔力，能使欧美人士无论其居何等地位，一接谈之后，即倾倒赞美之"。这种饱满的人格魅力，来自孙先生所具的至诚、热忱、远谋、博学、明慧、勇毅种种综合素质。

美国学者更认为他是兼有富兰克林和华盛顿的优秀品质于一身的中国人。在中山先生的处事态度中，其中流贯的思想，为中国这个老大偏颇的社会所千载一遇、铁树开花。它是不同文化碰撞后最为善性的会通结合，既赋有传统民风的淳朴忠厚、坚忍明慧，又涵持西式自由、法制、民主政体之通达气质。

中山先生不可思议之人格魅力，除有天赋奇智以外，更由其素养、学识、敏锐、识力、亢爽、深情、沉着、率真、勇毅综合而成。那些后来成为大功臣、大革命家的留日学生，在当时与先生识，亲炙教诲，也就从"山有小孔，仿佛若有光"的小隧道，一下子进入了土地平旷、阡陌纵横的桃花源，顿有豁然眼明的开朗了。个人的行为绝非沧海一粟，当其涌上社会行为风浪的顶尖，即带动生命力寻求更为良性的循环。值此万木萧疏的时代，回望那智窍大开的时分，令人何等眷念不置啊！他在世界各地奔走革命期间，影响吸引各阶层人士，所在多有。一九○九年在美国巴蒙演讲足足演说三个多小时，听者多感动泪下。公宴会上，当地侨领及致公党首领簇拥着中山先生，推他坐首座。当时，有一位青年，跑到他跟前，恭敬叩头说："我要跟随先生，替先生挽皮包。"中山先生说，革命是要杀头的，你有这个胆量？青年答曰："杀头！我不怕！"这个青年就是现代国术家、技击家马湘先生，他是加拿大华侨领袖的子弟，一九一五年回国讨袁时，正式跟随中山先生，先后担任卫士、卫士长、副官等职，至孙先生在北京病逝为止。中山先生一九二四年离穗北上期间，曾绕道日本，船抵神户时，日本士官学校的百多名中国留学生前来迎迓，一致表示愿辍学归国听先生驱策。先生勉其用功研究，将来回国效力，学生又要公宴先生，先生以节省金钱时间相劝婉谢之。先生致力革命四十年间，这样为民众所理解崇仰的场面真是举不胜举。

孙中山先生素重西学，深谙洋习，对设议院、变政治更有深刻的理解。一八九六年伦敦蒙难（为清公使馆绑架），获英国人民及政府营救，对英国人民所崇尚的正义及公德良心更确信无疑，也使他对文明国家的进步、教育、民意的认识更加坚定。他对中西文化良性传统方面的有机继承发展使他不但建树伟大，更以献身国家的同时，表现出一种罕见的人格魅力，而时势给他的名利，却弃如弊屣，绝不介怀。彭西先生《国父援助菲律宾独立运动与惠州起义》① 尝谓："他伟大人格的特质，是在他个人立身行道方面的谦恭、朴实和克己的态度与精神。就是我们兴致来的时候，于日本的茶屋式中国料理中，在大批花枝招展的艺伎里面休息的时候，他正襟危坐，态度谦和庄重。对朋友们他是一往情深，在

---

① 《传记文学》台湾，第 7 卷，第 5 期。

宣传说理方面，谁也比不上他坦率、雄辩及说服的能力。他说明及宣传他的主张，温和而动听，并且以绝对诚朴的态度，含笑答复与他反对的意见。"

一九○一年六月至七月间，中山先生在日本接待来访的留日学生，有吴禄贞、钮永建（惕生）、程家柽、马君武、张雷奋、王宠惠等数十人，他们中多数尚未见过中山先生，一些人更倨傲轻狂，以为中山不过是龙蛇起陆的草莽英雄罢了，甚至懒得往访一晤。但很快，他们的看法转变了，深深感受到中山先生大木百寻、沧海万仞的伟岸气度。这转变的过程，颇堪说明问题。据《吴稚晖文存》记述："余三月至东京，五六月间，钮惕生偕吴禄贞、程家柽去横滨晤先生，我未以为甚合，及闻惕生言彼气度如何之好，我始惊异。"又在其《总理行谊》中记述：

> 一天，有位学农科的安徽程家柽（一个最大胆粗莽的革命家，民国三年被袁世凯骗了，杀在北京彰仪门），又有一位湖北吴禄贞，来寻钮先生，要邀我同到横滨去看孙文，我虽不曾骇成一跳，暗地里吃惊不小。我说：梁启超我还不想去看他，何况孙文，充其量一个草莽英雄，有什么讲头呢？他们三人微笑而去……傍晚他们回来了，我马上就问孙文状貌，是否像八蜡庙里的大王爷爷？钮先生说，一个温文尔雅，气象伟大的绅士。我说与梁启超较如何？程摇头道："梁是书生，没有特别之处。"其时钮先生说道："你没有看见，看见了定出于你的意料之外。"其时钮先生，以书院有名的学者，与后来《申报》的主笔陈冷血——梁鼎芬所称为二雄，亦受到张之洞看重，我就问他："难道孙文就有张之洞的气概么？"他说："张之洞是大官而已，你不要问；孙文的气概，我没有见过第二个，你将来见了，就知道了。"

甚至有仅见先生书法即已悦服者。章士钊记："一日，吾在王侃叔处，见先生所作手札长至数百言，用日本美浓卷纸写，字迹雄伟，吾甚骇异，由此不敢仅以草莽英雄视先生，而起心悦诚服之意。"①

同一时期，日本志士眼中的孙中山：

"当时在岭南士林中，有一个与孙逸仙齐名的人物，就是康有为，他们在思想上是相同的，都主张民权共和之说。但孙立基于西学，康则因袭汉学。一个受耶稣教的培养，一个受儒教的教育。前者质而后者华。质则重实行，华则喜议论。二者见解虽一致，其教养和性格却不同如斯。这就是孙所以为革命的急先锋，康所以为教育家的原因。"②

宫崎滔天首次见到孙中山，孙向他阐述革命的主张和缘由。说清廷积弊日深，致令大好河山任由他人宰割，所以有志之士，才无法袖手旁观，起来冒险犯难。宫崎描述道："静若处子的他，想不到竟如脱兔一般。不，一言重于一言，一语热于一语，终于显示出深山虎啸的气概。"

孙先生向他阐述共和乃是中国治世的真髓、先哲的遗业，认为中国国民之所以怀古，底蕴是追慕三代之治，其中就蕴藏着共和的精髓。而在当时，受清廷恶劣政治肆虐较轻的地方，还和三代之治暗相吻合，可视作一种简约的民主政治。宫崎以为，中山先生的谈话言简而意赅，并且句句贯义，语语挟风霜，其中又仿佛洋溢着无限的热情。使人在不知不觉间为之感动首肯，由佩服、钦慕，进而将希望完全寄托在他身上。

到了一九二一年出版的《太炎学说》，其中谈到青年人的弱点，就是把事情、事业看得太容易。遇到困难，就会废然而返。太炎谈论这事，一下子就想到了孙中山。他说："孙中山之为人，私德尚好，就是把事情太看容易。实为他的最大弱点。现在青年若能把这个弱点痛改，遇事宜慎重，决机宜敏速，抱志既极坚确，观察又极明了，则无所谓侥幸退却。"

及此不难看出，太炎和与他年相仿、道相若的同僚，对于孙中山认识的区别。不同的观察源，对于同一对象，生出悬殊颇大、甚至迥异的观察结果，这里边，有其选择性失明、私念促成的因素在内。

---

① 见《辛亥革命回忆录》，第1集，第243页，中华书局。

② 《三十三年之梦》，第109页，宫崎滔天著，广西师范大学出版社。

第四章

批判的武器：纵笔揭竿而起

——受牵连初次逃难——东大任教与谢本师——出亡日本——支那亡国纪念会——张园的不解之缘——爱国学社 邹容来了——猛击清廷 苏报案发——坐候逮捕

庚子事变，慈禧西逃。唐才常欲乘时起事，以勤王为名义，与容闳召集徒众，宣言独立，欲起兵于武昌。七月下旬，张园国会邀集沪上名流，集会于此，计有容闳、严复、章太炎、毕永年等八十余人。

国会宗旨以保国保种为号召，邀集爱国名士在张园召开中国国会。公推容闳为会长，严复副之，唐才常为总干事，林圭、沈荩等为干事。发表宣言，阐明宗旨：保全中国自立之权，创造新自立国；决定不认满清政府有统治中国之权；请光绪皇帝复辟。

太炎当场指陈其宗旨有问题。

太炎对唐才常说，要光复汉绩，应当大大方方，无须搞什么勤王之类假惺惺的名义。

因起义宗旨、观念问题，太炎和唐才常弄到绝交的地步。

不久，唐氏在武昌被杀。

唐才常只活了三十三岁。一八九八年，他和谭嗣同创办南学会，成为南方维新变法的顶梁柱。同年夏，欲赴北京参与新政，行至汉口，得知慈禧发动政变，维新失败后逃往日本，与康、梁、孙中山等人接触。一九〇〇年在上海组织正气会，后改名为自立会，联络长江中下游会党，入会者达十余万人，自任总司令，设总机关于汉口。因待康有为汇款接济，起义延期。

庚子年八国联军入京，慈禧西逃。保皇会在海外运动华侨，积有巨款，因为维新败北的创痛，密谋在武汉起事，由唐才常主持之。他在长江上下游有所布置，哥老会势力遍布长江，唐才常游说期其合作。哥老会头目说：我们若以勤王为号召，动起来后，情绪难以把握。必须动之以利益，才有办法。

唐才常不得已，同意其大戮三日，然后封刀安民的要求。大为世人诟病。

从武汉到上海，持一种富有票证为入党秘证，最高计划是将光绪从瀛台劫持出来，运到西安，重建王朝。因事机不密，八月二十一日晚被张之洞逮捕，次日被害。

两湖总督张之洞本来并不一定要杀他，但是湖北巡抚荫霖以其大逆不道，不杀不罢休。于是唐才常授首。

本来他们的势力已经不小，张一麐当年从宜昌西行，看到东湖县张榜揭示第五次富有票免究者二百多人，算起来，东湖一县就有一千多人，而全省数目之多，当令人吃惊。如此之多的会众，却甫起即败，令人浩叹。当慈禧一行因八国联军进攻而西向狂逃之际，到了河南省一带时候，曾给慈禧救驾的吴永在湖北境内看到一个告示，通缉富有票持有者的疑犯。富有、贵为两种票据，本来这是一个革命机关的手续，仿照哥老会开堂放票的办法，属于一个标志，首领是唐才常，是康有为的学生。因此在票据当中镶嵌"有为"二字。唐才常失败以后被杀，慈禧在逃难中还在通缉搜捕他的余党。

他本是张之洞两湖书院的门人，但张之洞却杀害唐才常等二十余人，自立军因之风流云散。维新派在革命派赞助下用武力开辟夺权道路的尝试遂告终结，他们也不愿再试了。康有为分析张之洞的心理，"既惧亡国大夫之诮，又羞蒙杀士之名，内疚神明，外惭清议"。虽也说在点子上，却也十分无聊，滚滚的人头，回天乏术。张之洞《劝学篇》，共二十四篇，内篇务本，以正人心，外篇务通，以开风气，括之以"五知"，知耻、知惧等等。另外，他也说要知变和知要，甚至说出"西艺非要，西政为要"。主张在维护纲常名教的原则下，谨慎参考"西艺"与"西政"，以此来补养专制制度之阙，以起内政之疾，但有一个清朝廷永远在上头，这些思考的折扣就大了。

晚清的知识分子以为，张之洞督楚十九年，其建设事业，规模闳远，鄂人颇称颂之。晚年政存宽厚，对官吏不能严加督饬，凡贫老者，咸委县缺、厘金以周济之，此辈以戒得之年，恣意贪婪，之洞不问也。这个就乡愿一点的观点来看也没什么，但他自述《劝学篇》的写作原委，"自乙未后，外患日亟，而士大夫顽固益深……邪说遂张，乃著《劝学篇》上下卷以辟之。大抵会通中西，权衡新旧。"①

这个却有点问题。

其说，有点像杨度在革命者和康、梁之外的第三条路线。但是杨度的第三条路却是要从夹缝中走出来——虽然他根本没有走出。

而张之洞却更走进了夹缝。

盖其西化虽未走偏，却远不到位；另外就名教、本源而言，虽看似到位，却严重走偏。盖其所说是清廷歪曲过的名教，是一种专制的变相的传统，是假传统。而真传统却在革命者那里，在孙中山、宋教仁、章太炎、蔡元培、胡汉民、陈英士……他们那里，一九〇二年的四月份，章太炎在东京举办中国亡国二百四十二年纪念会，此前他和唐才常共同组成自立会，但他以反对勤王为号召，当场剪去发辫，表示与改良派决裂，鼓吹种族革命，发掘人民的历史观念。此种观念又直接从顾炎武、黄宗羲那里承传开辟而来。他们才是真正正统的思想家。

① 《抱冰堂弟子记》。

清廷捕杀余党甚严，多人亡命日本。然因自认不算是同谋，太炎虽被牵连，倒也不大畏惧，没走远，只回到家乡，隐居不出，将初版的《訄书》细加校订。

躲在杭州郊区，到了次年元月，吴保初来说，侦探好像在四处寻觅您的踪迹，危险迫近，太炎有些紧张了，于是找到附近的寺庙，在庙中住了半个多月，没有出事，乃移驾上海，因形势紧急，老朋友胡惟志唬得赶紧毁约，以求自保，因原本计划下榻胡家，这时见他已有觳觫之状，只好临时到吴君遂家住下。待安顿好，宋恕等友人都前来问候。

宋恕笑了，您以一个儒生的身份，要想掀翻满洲三百年的帝业，不自量力到了什么样的地步呀！是不是明室遗老的魂魄缠身不去啊?！而在两年前，太炎曾对宋恕感叹，述其本心唯一大事"除胡虏以自植"。

此时，宋恕又表示其双重的担心，就是宪政一事。宪政的施行，除了腐朽利益集团阻碍之外，还有外国列强，亦并不乐观其成。倘若宪政真的推行，那么国力将会提速强固，这一点列强畏之如虎，可能会先动手，阻其于未行之时。

太炎以为，这些外在的都还不是核心。最可虑者，因官僚阶层人性的卑污沦丧，更是一种内在的阻碍。恶吏佞臣，拿黄宗羲的治法之文为幌子，拿荀子的治人之文为掩饰，内里不过是谄安阿附，以攫取权力为焦点，对于国族只有无尽的负面价值（参阅《检论》）。

这段对话的情形为吴君遂所见，他不禁深有感慨，赋诗赠太炎：

　　支那有一士，戢影居越西。
　　结念抱冰雪，宅心高虹霓。
　　慷慨怀前修，恻怆悯群黎。
　　……

这是一九〇一年的夏天，《正仇满论》出炉了，此文发表于革命色彩浓厚的《国民报》上，乃是与改良派决裂的标志。当时，康、梁正于海外组织保皇党，意图取得华侨的全力支持，大声论说其政见，唯恐他人漏听。他们以为中国积弱之因"分因之重大者，在那拉氏一人"，对于光绪则极度推崇。太炎不以为然，以为梁启超受制于忠君之念头，行为上就不免慌不择路，理势出了偏差，其学说必然偏宕不可信。

《正仇满论》为革命派与改良派分际的最早历史文献。其荦荦大端：

其一，针对梁启超的《积弱溯源论》而发："所谓新政者，亦任其迁延堕坏而已。何也？满、汉二族，固莫能两大也。"新政既不新，积弱的原因要另找。

其二，排满比排外更要紧。但在排满应当汇成反抗的洪流，民族主义的名目和锋芒俱应指向满人。

其三，只有浴血推翻清朝腐朽统治，中国方能发展为近代民主国家。

该文也是中国近代史上首篇公开指名批判清王朝和光绪皇帝的文章，引起坊间轰动。

稍后，吴君遂介绍太炎前往苏州东吴大学任教，甫至苏，即往谒见俞樾，因《正仇满论》等文，俞樾无法原谅他这个造反成性的学生，气极情绪难以平复。于是他这一趟感恩谢师之旅，竟然搞出一场谢本师的事故来。

此文前段说："先生为人岂弟，不好声色，而余喜独行赴渊之士。出入八年，相得也。"

后文则引述俞樾的斥骂："闻而游台湾，尔好隐，不事科举。好隐，则为梁鸿、韩康可也。今入异域，背父母陵墓，不孝；讼言索虏之祸，毒敷诸夏，与人书指斥乘舆，不忠。不孝不忠，非人类也。小子鸣鼓而攻之可也。"太炎自己的揣测评判："盖先生与人交，辞气陵厉，未有如此甚者。先生既治经，又素博览戎狄豺狼之说，岂其未喻而以唇舌卫捍之？将以尝仕索虏，食其禀禄耶！"

俞樾这些时日对太炎的言行已有腹诽，因而对其游台湾一事大加挞伐，指为远离父母陵墓，定性为不孝，对于他的反清的文字，则指为不忠。这些话的攻击性分量，相当吃重。从前八年是如何的出入相得，如今以如此陵厉的声势斥骂，势难维持，也不堪修复，于是声明脱离师生关系。

章太炎曾作《谢本师》一文，对于俞曲园先生表示脱离；当章太炎在孙传芳那里主持投壶典礼之际，他的弟子周作人就在《语丝》杂志刊发谢本师的文章，也把太炎给"谢"了，以为他的政治活动不高明。他由"谢"师的主角变成被谢的对象，他的感慨可想而知。周作人说："《民报》时代的先生的文章我都读过无遗，先生讲书时像弥勒佛似的趺坐的姿势，微笑的脸，常带诙谐的口调，我至今也还都记得……先生现在似乎已将四十余年来所主张的光复大义抛诸脑后了。我相信我的师不当这样，这样也就不是我的师……此后先生有何言论，本已与我无复相关，惟本临别赠言之义，敢进忠告，以尽寸心：先生老矣，来日无多，愿善自爱惜令名。"

章太炎谢（拒绝、脱离）俞樾（俞曲园），周作人谢章太炎，更搞笑的是俞平伯后来又把周作人也给谢了。平伯是曲园的曾孙，这真像一个圆周样的循环轨道呢。

包天笑《钏影楼丛话》记太炎东大生活，说他居住在螺丝桥头的小屋，早出晚归，在讲堂中上下古今，萃精聚神，回家时数次走入邻居家里，尚浑然不觉。

讲学的内容，多参以民族大义激励学生，收效不菲。一次论文出题《李自成胡林翼论》，竟被人记下一笔大账，将小报告打到江苏巡抚恩铭那里，差点当场失事；事情当然没有完，危险和威胁还在慢慢迫近。

恩铭不时过问此事，无奈之下，太炎只好又赶紧束装就道，东渡日本避祸。

这次到日本，即与孙中山初识，演出一场相见欢。

秦力山陪太炎同去，秦力山和蔡锷均曾服侍梁启超，其后秦氏观点大变，力主光复，遂与梁、蔡脱离，而与孙、章志趣相投。

光绪二十八年（1902）三月二十日太炎与马君武、秦力山、冯自由等发起支那亡国二百四十二年纪念会。此为早期学运大事。此事特意征询孙中山意见，并获赞同，孙中山由横滨赶赴东京参与此会。不意日本警方及公使蔡钧消息灵通，立马布置阻拦。纪念仪式遂改在横滨举行。

亡国纪念会，为的是鼓吹种族革命、揭橥历史观念。

署名发起章太炎、秦力山、冯自由、朱领溪、马和、周宏业、王家驹、陈桃痴、李穆等十人。

这一天是崇祯皇帝殉国忌日，地点在东京上野精养轩，仅报名参加者就有数百人。

当时清廷驻日公使是蔡钧，他得知这个情报，极为紧张，乃急往外务省要求制止。故警署约集太炎等发起者询问。首先问你等是哪国人？太炎泰然答道：我们都是支那人，不是清国人！

警长惊讶，继而摇头。他又问他们属于什么阶级，是贵族还是老百姓？仍是太炎悠然答道：都不是！我等是遗民，意即明朝遗民。警长知来者不善，又问：你们在此创设亡国纪念会，对于两国邦交伤害很大，我们奉命制止，明天的大会着即停止。

这样争下去无益，太炎等人遂另想办法。次日赴会者、报名未报名的，将近千人规模，中山先生也从横滨率领华侨精英与会。看到门外警探无数，遂返回横滨，补行纪念仪式，地点在横滨永乐酒楼。中山主持，太炎宣读纪念辞《支那亡国二百四十二年纪念会书》：

自永历建元，穷于辛丑。明祚既移，则炎黄姬汉之邦族，亦因以澌灭。顾望皋濡，云物如故。维兹元首，不知谁氏。支那之亡，既二百四十二年矣……

且曼珠八部，不当数郡之众。雕弓服矢，未若飞丸之烈。而蓟丘大同，鞠为茂草。江都番禺，屠割几尽。端冕沦为辫发，坐论易以长跽。茸兹犬羊，安宅是处。哀我汉民，宜台宜隶……

是用昭告于穆。类聚同气，雪涕来会，以志亡国。凡百君子，蝉嫣相属，同兹恫瘝。愿吾滇人，无忘李定国。愿吾闽人，无忘郑成功。愿吾越人，无忘张煌言。愿吾桂人，无忘瞿式耜。愿吾楚人，无忘何腾蛟。愿吾辽人，无忘李成梁……庶几陆沈之痛，不远而复……

嗟乎！我生以来，华鬓未艾。上念阳九之运，去兹已远。

复逾数稔，逝者日往。焚巢余痛，谁能抚摩？每念及此，弥
以腐心流涕者也！君子。

所抒写的是惨肩的事实和沉重的心境。清末革命党所办报纸多以黄
帝纪元，以表明不承认清廷的合法性，是以不使用清的正朔。太炎所使
用的纪年方式，其心脉所寄，即为中华正朔。

晚上，由兴中会做东，设席八九桌，公宴章太炎等人。纪念辞搅起
大家心中澜翻浪覆的涟漪，故而向太炎敬酒者甚多，这晚上他大概喝了
七十余小杯，颓然大醉，原本打算返回东京，现只得歇在横滨，像这样
的酩酊大醉，也一生并不太多，还有就是十五年后的滇川之行，在唐继
尧督署指导兼授学，竟醉至数日不起。

不久，日本报纸上登出消息，说是英国政府将递送康有为回国，先
曾联系外务部，就讹康氏一旦归国，将会被何种罪名处罚？太炎觉此事
蹊跷，写信给上海的吴君遂商量，请他在国内了解舆论对此事的倾向，
并加以判断，那就是，事情如果属实，那么必然是康有为本人唆使英国
政府如此作为。因为康氏近来滞留印度，境况萧条，自言将欲饿死，而
梁启超又住在日本，太炎认为梁氏的经济状况很好，颇有资产，但不肯
分给康有为。故而康有为乃欲以闯关方式返国，此乃静极思动，实亦潦
倒无奈。

到了盛夏，上海的动静已渐平息，太炎才动身回国。到了上海，即
投入工作，主要是为上海广智书局藻饰译文。这个书局是梁启超募集华
侨资金创设的，冯自由应这家书局之请，翻译德国那特硁博士的《政治
学》一书，该书从日文译本转译，凡四十万言，译文较生涩，乃延请太
炎为之润色。

冯自由注意到译文中的普遍现象。譬如社会一词，严复译作群，
冯氏译作人群或群伍。经济一词，有人译作生计或财政，社会经济后
来通用，当时依从日文名词。冯自由感到奇怪，太炎先生对此不表示
任何意见。

其实所谓日文名词者，根本是从中国上中古典籍里面攫取，并无所

谓什么日本原创名词。

王云五先生拈出众多所谓新名词，考出其来源，证明其在中国历朝古籍之中，屡屡见之，并不足奇。人们疏离古书，突于日本书籍上见其回流，颇觉陌生，云五先生说："在未尝多读古籍者视之，非认为初期传教士与译书者所创用则视若著作家或政治家之杜撰……似此数典而忘祖，殊非尊重国粹之道……在这许多名词中，有一部分为现代事物的代表，由此可以概见我国古代的发明与发现，由此也可以想见古代中外之交通与人类之殊途而同归……"①

云五先生分商业、政治、艺术、教育、哲学、社会、历史、科学等十数类，详细罗列了三百余个新名词，明确指出其来源，较著者有："文部"盖即吏部之意，见于《旧唐书·百官志》，"浪人"见于柳宗元《李赤传》，"意识"见《北齐书》，"实体"、"演绎"见《中庸》，"阶级"见《后汉书·边让传》，"代表"见徐伯彦文，"同志"见《后汉书·班超传》，"经济"见《文中子·礼乐》，"政治"见《书经·毕命》，"总统"见《汉书·百官志》，"民主"见孙楚文，"政府"见《宋史·欧阳修传》，"民法"见《书经》，"公法"见《尹文子》，"契约"见《魏书》，"条约"见《唐书·南蛮南诏传》，"主义"见《史记·太史公自序》，"计划"见《汉书·陈平世家》，"建设"见《礼记》，"时髦"见《后汉书》，"幽默"见《楚辞》……其他诸如艺术、共和、著作、拥护、纪律、世纪、卫生、处方、师范、牧师、天使、专利……众多新名词，都在并不生僻的古籍里头所在多有。

中国古籍词汇的语源学历史发展脉络，浩荡犹如大江，支流无数；日本译述者的翻新只是在下游支流增添一些水量而已。中国多量、丰盛的词汇，表意广泛深远，自有其语源学词族构成的内在规律，这些词汇诞生、形成以来，即在中国历朝历代文字中反复断续出现，词义有所修葺增进，葆有内在生命活力，并非昙花一现，专等日本译述者前来发掘。

太炎回国后在上海期间，又曾往张园讲座昭示大众。一次以"千金之子坐不垂堂"为题，讲述学术和人生人格。

---

① 《王云五论学文选·新名词溯源》。

千金之子，坐不垂堂，语出《史记·袁盎晁错列传》，乃属汉代民谚，意思是家中积累千金的富人，坐卧不靠近堂屋屋檐处，以免屋瓦掉下受伤。在《訄书》修订本中，他将此思想归在《消极》篇。胡适以为两千年以来的学术史，只有不到十本著作够得上精心构撰的学术著作，那就是《文心雕龙》《史通》《文史通义》等……以及章太炎的《訄书》。

《訄书》一八九九年冬在苏州交付刻版，这年太炎正好三十岁，次年在苏州出版，封面题签为梁启超，那时他们之间还有改良的共同心曲。一九〇六年再版，内容大幅增删，封面的题签也改成邹容手迹。

随后又在七月下旬，从上海返回杭州，在这期间，着力研究史学史、史学观。一直到秋天，对于《訄书》的修订颇为用心，删改甚多。

一年多后，该书出版修订本时，他因苏报案的牵连，已经身陷囹圄。

上次太炎因为大学课堂排满言论，仓皇遁往日本得以避祸。但到了一九〇三的暮春，又在上海惹祸，这次就彻底失事了。

春上浙江留日学生创刊《浙江潮》，言其宗旨是要输入文明，为中国放一层光彩。"务着眼国民全体之利益，于一人一事之是非，不暇详述，欲争自由，先言自治，然必于其本土之人情、历史、地理、风俗详悉无遗，而后下手之际，乃游刃而有余。"这里不难看见太炎和蔡元培等浙籍大佬的思想影响。

太炎是先认识孙中山，大约两年后的此时，才因蒋智由的介绍而认识蔡元培的。太炎时在上海爱国学社教书，这个学社，乃是蔡元培等人发起的中国教育会的二级机构。教育会的宗旨是开掘教育权，摈除专制对于国人智力的摧残。学社总理蔡元培、学监吴稚晖，地点在上海南京路福源里。自总理、学监以及全体教职员均属尽义务，至于个人生计，尚须另谋出路。譬如蔡元培的经济来源则是商务印书馆的编译所长职位，吴稚晖则在文明书局做事，太炎则向报馆卖文补贴。章太炎教授三四年级的国文，一二年级的国文由蒋维乔担任。因为在学社没有经济来源，教职员意见颇大，行将决裂，吴稚晖袒护教员，蔡元培不置可否，太炎则主张与学社脱离办学。

他俩在学社所租赁的后楼上的小阁楼寄居，屋子窄小仅可容身。楼下的集体厨房，每天三次做饭，烟熏火燎，两人无法忍受，只得携带笔墨纸张前往会客室备课。吴稚晖爱出点子，是位点子大王，吴、章都是文教界的一时之选，他们的首次冲突，即在此时发生。当时社中教员，将吴稚晖譬为《水浒》中的及时雨宋江，一次讨论学社与教育社的分合之事，吴稚晖出语滑稽，他的态度当然是偏袒学社教员方面。太炎当场就发飙了，拍桌大声吼道："稚晖，你要阴谋篡夺吗？效宋江之所为吗？不过，有我在此，你办不到！"吴稚晖本是滑稽大王也是辩论大师，此时竟做声不得，放下他一向的口若悬河，而太炎还在疯头疯脑，不依不饶。从此，只要有太炎出席的集会，吴氏都会躲远点。

发起人蔡元培承认该校创办即含有革命性质。乃是基于政治不良，国势日蹙，时日迁延几不可救药，办学也是谋革命，而革命精神的生发，应以教育为根本。

当时章士钊也随太炎研究掌故之学，太炎以为该生尚属可教。在章士钊心目中，章太炎是朴学巨子，而他自己，仅是一个合格的新闻记者而已。同时张继张溥泉、邹容邹威丹，忿而剪去留日学生监督姚文甫发辫，被逐回国，也在爱国学社做事，与太炎义结金兰，少年英发、义薄云天。太炎善待这些年轻人，欣赏其血气方刚的刚胆柔肠。张继为《苏报》撰稿，所写《祝北京大学堂学生》《读严拿留学生密谕有愤》等文，鼓吹革命，不胫而走。而邹容所写《革命军》一书，太炎亲自作序，章士钊题签。邹容最年少，只十七岁，和明末抗清志士夏完淳正是隔代相望的少年英雄之翻版。虽然年并不相若而道极相似，太炎主动提出四人当为兄弟，遂北望中原，一拜而定。

张园建于清末，种种稀奇的西洋玩意儿，诸如电灯、电影、摄影、作为体育项目的热气球等等，都是首先在此亮相，逐渐为人所知。起初它有相当的游乐性质，相当于今之公园；而其聚会功能，则又略似今之会馆；至于它的宴饮美食，则类似今天所谓私家菜。一八九六年的时候，李鸿章出洋，事前曾在张园宴客。张继给锡荣的信中说"今日弟往报馆，闻该学生等均在张园议事，怪敝馆不为登报"，则其团体集会的功能不难窥见。稍后南社也多次在此雅集。

教育会每周都要在张园聚会，公开演讲革命，太炎每每到场，而其排满言论最为激烈，瞩人耳目。各人的讲稿随后都在《苏报》发表。《苏报》早些年在日本驻沪领事馆注册，其后继掌报政的陈范，他的思想倾向革命，该报甚至辟有学界风潮专栏，乃是中国教育会和爱国学社纵笔使气的绝佳阵地。

当此时，东京的中国留学生正组织军国民教育会，意在养成尚武精神，实行民族主义。其中的军国民暗杀团，则是一些会员如黄兴、陈天华、龚宝铨等组成的会中会。该会的直接导因是抗法拒俄运动所促成。上海绅商各界，为了呼应留日学生的运动，也在上海集会，地点就是张园。

一九〇三年四月二十五日下午一时，各省寓沪绅商数百人在张园召开拒法会，会上有蔡元培、邹容等人演说；至三十日，张园有抗议沙俄侵占东三省的集会，会后以爱国学社为主，成立拒俄义勇队，邹容也早晚参加军事训练。

太炎停下国文课程，前往张园，连着开了三次会议。每次各有主题，首次议论拒法之事，二次开会议论拒俄之事，三次则议决当联合中国国民总会，设立义勇队以御外侮。到会者每次都有几百人。

参加张园集会的首脑，也有观点分歧，一派以冯镜如为首，他要建四民总会，即农、工、士、商之联合，要在上海建绿茵广场、高矗灯塔、输入西方卫生观念，因而"虽与阻法拒俄等会联结而生，然四民总会自是久远事业，与阻法拒俄之因事而立者不同"。冯氏曾为《清议报》总理，故其出发点偏向保皇，当其登台演讲，并无排满意识。邹容难以容忍，当场跳脚大骂。于是爱国学社学生竞相脱离四民总会。

太炎的思想意识表现在他的文章、演讲、谈论中，青年人多醉心奉行。如柳亚子、陶亚魂等，即以太炎的作文题——以传统史著中为皇帝立传的本纪体，来作自传。柳亚子所作即《柳人权本纪》。古人尝谓安贫乐道，但在不允许乐道或无道可乐的外力强制之下，则安贫也就毫无意义可言。知识分子被弄到束书不观，远离知识，或对开明政制建设无可贡献，或仅以尚在思考即遭打压扑杀，那就非但不能安贫乐道，就是生存的基本意义，也值得怀疑。所以革命青年在推翻清廷的政治运作过程中，以政治民主化作为其中心实质。所谓推翻满清朝廷，只是推翻其专制政体，而对满人生命则予以尊重。而政治民主化的关键和基础，又在保障人权，令人民有参政的自由与权利，令人人不受政治迫害和清算斗争，党人竭忠尽智，碎骨捐躯，其意在此。一九〇三年春柳亚子先生入上海爱国学社读书，章太炎是他的老师，太炎出题令作本纪自传。这时候柳亚子已自改名柳人权，表字亚卢，意思是主张天赋人权，同时自命为亚洲的卢梭。那次他写的便是《柳人权本纪》。①

不久，刘师培来了。他是进京参加会试，回程中逗留上海。先和章士钊等接触，当时章士钊、谢无量、陈独秀等人正在上海梅福里寓所闲谈，只见一个少年撞门而入，短衣散乱、状甚仓皇，没等问话，他先诉起苦来，此人即是刘师培。其后他和章太炎、蔡元培等学社诸子见面，谈论竟夕，遂赞成革命。其人观点激烈，主张攘除清廷，光复汉族，甚至将其名字改为刘光汉。刘师培逗留上海期间，正是邹容《革命军》脱稿的时节。太炎慨然为之作序。近两个月，邹容都和太炎住在一起，所以他的思想甚至他的文笔太炎都不陌生。邹容一点都不客气，他称太炎为友人，实则当时太炎的年龄恰是邹容岁数的两倍。在太炎那里，只要脾气对路，其他都是蕞尔小事。

邹容是巴县人，即今重庆渝中区，现今的重庆报纸写到他时，还说他是重庆人眼中的翩翩少年，但访问邹氏后人，他们却说真正的邹容，那是一个血气方刚的重庆仔，少年时的邹容是一个典型的"迁翻娃儿"，重庆方言中，迁翻乃是极为聪慧又非常顽皮的意思。据说他在发蒙时，就把《神童诗》中的"少小须勤学，文章可立身……"改为"少小休勤学，文章误了身。贪官与污吏，都是读书人"，可见其反叛精神之一斑了。

邹容的《革命军》灿烂耸动，惊人视听，却经过章太炎先生的修改。但改文章却又改出弥天大祸。革命阵营，弥望都是大知识分子，孙中山、黄兴、胡汉民、汪兆铭……但邹容毕竟太年轻，他的笔墨不如明

---

① 见《南社史长编》，第9页。

末少年英雄夏完淳。文采不及，思虑未周。加之一代青年志士，皆以获得章太炎指导为荣。

师生著作双璧，邹容《革命军》、章太炎《驳康有为论革命书》均由大同书局出版。苏报倾力推扬评介，遂成苏报案发生之导火索。

邹、章两人的脾气性格，大有相类之处。邹容自幼调皮捣蛋，稍长倜傥不羁，尤喜骂人，稍不称意，即大骂起来，他和学社学生年龄相仿，一天他就突然指着这些学生说，尔等成天浸染在上海的声色犬马之中，学些什么英文数学，我看你们都是些亡国奴的料子！这些学生立即将他围住痛打，邹容遂挣脱疾走。

《革命军》写成了，请太炎润色，太炎说，好！写得好！我抱持排满的观点好几年了，文章也写了不少，赞成拥戴者却不多，这是因为我的文章古奥，读者产生莫大的距离，若想要在大众中融通，正当像你的这本书，通俗易懂，融贯人心。遂操觚作序，慨然写道："夫中国吞噬于逆胡，已二百六十年矣！宰割之酷，诈暴之工，人人所身受，当无不昌言革命……今者风俗臭味少变更矣，然其痛心疾首、恳恳必以逐满为职志者，虑不数人。数人者，文墨议论，又往往务为蕴藉，不欲以跳踉搏跃言之，虽余亦不免是也……所当谋者，光复也，非革命云尔。容之署斯名，何哉？谅以其所规画，不仅驱除异族而已。"

观邹容心曲"革命者，天演之公例也；革命者，世界之公理也；革命者，争存亡过渡时代之要义也；革命者，顺乎天而应乎人者也；革命者，去腐败而存良善者也；革命者，由野蛮而进文明者也；革命者，除奴隶而为主人者也……试放眼纵观，上下古今，宗教道德，政治学术，一视一谛之微物，皆莫不数经革命之掏撅，过昨日，历今日，以致有现象于此也。夫如是也，革命固如是平常者也……数千年种种之专制政体，脱去数千年种种之奴隶性质，诛绝五百万有奇披毛戴角之满洲种，洗尽二百六十年残惨虐酷之大耻辱，使中国大陆成干净土，黄帝子孙皆华盛顿，则有起死同生，还魂返魄，出十八层地狱，升三十三天堂，郁郁勃勃，莽莽苍苍，至尊极高，独一无二，伟大绝伦之一目的，曰革命。巍巍哉！革命也。皇皇哉！革命也"（《革命军》绪论）。将章、邹文章合璧观之，可知其焦点所寄，乃在于政治革命。

而太炎的心境，正如他自己所说，是完全超越了曾有的、暗藏着的蕴藉温柔，此时，已经拉下了一切装饰，劈头盖脸，大打出手了。

与此同时，太炎那篇具里程碑意义的《驳康有为论革命书》也出笼了。本来康有为常常有信飞来，写给学社的商人或熟识的学生，这些书函，一本其素有的论调，谓之不能流血不能革命。太炎观之，痛恶非常，意不能自止，遂写成长文，交给广东人沙某带往新加坡，交康氏拆阅，然康氏不理不睬。太炎一气之下，即公开发表。内容旨向，与《革命军》序言相承接，可谓互为呼应。此时康有为以其《大学注》《孟子微》为理论张本，在梁启超的《新民丛报》上，刊出《开明专制论》《法国革命史论》等文，继续兜售可行立宪不可行革命的论调。"今欧美各国所以致富强，人民所以得自立，穷其法治，不过行立宪法，定君民之权而止，为治法之极则矣。"（《南海先生辨革命书》新民丛报第十六号）

所说道理上一点错也没有，但是其与虎谋皮谋得十分认真的劲头，不免从天真的样儿、异变为颟顸的固执。

在《驳康有为论革命书》一文中，太炎以为，欧美立宪，绝非"徒以口舌成之"，针对康文指摘革命引起社会紊乱，他行文之际，常常在句首直呼康有为之名号，大有耳提面命之状："至于近世，戊戌之变，长素所身受，而犹谓满洲政治为大地万国所未有，呜呼！斯诚大地万国所未有矣！李陵有言，子为汉臣，安得不云尔乎？"

苦口婆心、恨铁不成钢，夏虫不可以语冰、竖子不足与谋等等心理因素灼然可见。

强调清廷来自于"永滞不毛"的蛮荒，但更指出其政治的紊乱专制，"康熙以来，名世之狱，嗣庭之狱，景祺之狱，周华之狱，中藻之狱，锡侯之狱，务以摧折汉人，使之嗫不发语。虽李绂、孙嘉淦之无过，犹一切被赭贯木以挫辱之"。"今以满洲五百万人，临制汉族四万万人而有余者，独以腐败之成法愚弄之、锢塞之耳！使汉人一日开通，则满人固不能晏处于域内，如奥之抚匈牙利、土之御东罗马也"。

又说：

> 载湉者，固长素之私友，而汉族之公仇也。况满洲全部
> 之蠢如鹿豕者，而可以不革者哉？……今以革命比之立宪，
> 革命犹易，立宪犹难。何者？立宪之举，自上言之，则不独
> 专恃一人之才略而兼恃万姓之合意；自下言之，则不独专恃万
> 姓之合意而兼恃一人之才略。人我相待，所倚赖者为多。而
> 革命则既有其合意矣，所不敢证明者，其才略耳。然则立宪
> 有二难，而革命独有一难，均之难也，难易相较，则无宁取
> 其少难而差易者矣。
>
> 载湉小丑，未辨菽麦，铤而走险，固不为满洲全部计。
> 长素乘之，投间抵隙，其言获用。故戊戌百日之政，足以书
> 于盘盂，勒于钟鼎，其迹则公，而其心则只以保吾权位也。

邹容之所以这样没大没小，全不在意他与太炎年龄的差距，乃因两
人一见倾心，余杭在东、重庆在西，故邹容称太炎为东帝，自称西帝。

《革命军》由乌目山僧出资刊行，不到一月的时间，数千册销行
殆尽。

这时也真是因缘巧合，《苏报》在这个节骨眼上，也大加改革，更
加注重对于时局的评论，各省及本埠的碎屑新闻，一概砍掉，尤其重大
政治新闻，还要加诸编按，突出新闻的独立性，改刊词尤见气魄，标题
为《本报大感情》，视清廷统治下的国人际遇为亡国奴生活。里面用词
屡见大感情、大沙汰、大豪杰等等，器局阔大，志不在小。改刊的同一
天，在书评栏目隆重推介《革命军》，介绍七大内容，一是政治革命的
本质，二是革命之原因，三是革命之教育，四是革命必剖清人种，五是
革命必先去奴隶之根性，六是革命独立之大意，七是结论。

数日后又发表《驳康有为论革命书》的介绍，强调该文"持矛刺盾，
义正词严，非特康氏无可置辩，亦足以破满人之胆矣。凡我汉种，允宜
家置一编，以作警钟棒喝，定价一角"。随后更将该长文的重点部分摘

要刊出。

社会反响巨大，而清廷也由紧张、震恐，终于出手打击。导火线就是《苏报》的评介和邹、章的文章。端方致魏光焘电有云"查有上海创立爱国学社，召集不逞之徒，倡演革命诸邪说，已饬查禁……似此猖狂悖谬，形同叛逆，将为风俗人心之害。"遂命令沿江各省督抚严拿"此等败类"。

清廷大员商请美国领事，由工部局实施逮捕。中西探捕行动前，蔡元培得知消息，遁往青岛避祸。他先在青岛修习德文，预备赴德留学，劝他快走的是他的长兄蔡鉴清，极言情势危急，遂将爱国学社事务委托蒋维乔善后。

太炎指摘吴稚晖，说他对于此事早有风闻，且向江苏候补道俞明震指太炎、邹容为首犯。

苏报案发生，太炎坦然就捕，而吴稚晖走脱，但也不能据此断言其怕死。起先，《苏报》的反清锋芒，终于惹出事端，两江总督魏光焘命候补道俞明震前往上海会同上海道袁乃宽查究。捕房此际已传讯吴稚晖五六次，因未能查出军火等情，予以放回。俞氏命其子约谈吴稚晖，见面后说道"苏报闹得太厉害了，叫当道受不了，能劝其温和些么？"随即出示督署公文，其中有谓"照得逆犯蔡元培、吴稚晖，在上海昌言革命，煽布邪说……设法拿办，审明属实，即予就地正法"。俞氏劝其远赴外国留学，以免不利。

租界当局依清廷之请，最先是要逮捕吴稚晖、章太炎、蔡元培、邹容四人。但只捕到太炎一人。稍后章、邹在捕房，吴氏也前往探视，此事引发太炎的忿怒，殊难谅解，以为吴氏有内线。其实捕房对吴、蔡等人仍在追索。吴氏乃秘密购票，由章士钊、胡敦复等人送行，在金利源码头登船而去。经香港逗留半月，会晤冯自由、胡汉民等人。其后即乘日本轮船，辗转前往英国。此前一年，吴稚晖曾潜往日本，即与清公使馆公开叫板；因而被捕要递解回籍。当押至神户，吴稚晖悲愤无已，旋即留下绝命书，在登轮时跳入海中，以死抗议，幸经救出。梁启超为此曾在《清议报》著文道："吴君之被逮也，以为士可杀不可辱，欲以一死唤醒群梦，引起国民利权思想。"

从苏报馆，到爱国学社，要抓的人名单有一串。

巡捕先到苏报馆抓人，其负责人陈范闻风避走，因当初他自愿将《苏报》作为中国教育会的机关报，此时估计绝难逃脱干系。走前嘱咐他的小孩尽快找到太炎，叫他快走。太炎不为所动。学社还有许多事项未毕，尚待整理。再说跑又有何宜？蔡元培此前也叫他快跑，跑掉是唯一的办法。太炎坐在那里动也不动。这也是他又一次被清廷下令逮捕了，专制政府不倒，总有跑不脱的时候。警探排闼而入，但见太炎端坐在那里，镇静极了：他们都不在，要抓章炳麟？就是我！

抓捕消息早已泄露，但太炎留置不走。他的这种留守待捕，虽有很深的迂阔的因素，却也不输谭嗣同"去留肝胆两昆仑"。

邹容的被捕，一样是求仁得仁。他是得知太炎被捕，便不管不顾地一头跑到巡捕房，要求对方抓捕他。

趋利避祸，是人之常情，章太炎反其道而行之；权衡利害，也有充足理由，他不屑也不为。历史命运的包围裹挟，他必然在那一时刻感到一种身负重托的莫名的强大力量，核聚变一般汇聚到他身上。

孟子说：志士不忘在沟壑，勇士不忘丧其元。

先贤下笔分量重如泰岱。

陈范没能跑远，他和龙积之、钱允生、章太炎等都相继被捕。捕头令他们跪下受讯，然后还押捕房，等候审讯。唯有邹容因待在英国教士屋里，巡捕不敢追缉。但邹容并不是怕事躲避，他得知太炎等人已收押，稍收拾行装即从容走到四马路老捕房自动投案。首先自报家门，捕头以为系疯子乱闹，让他走开，邹容告诉他，我若不是邹容，难道还会自投罗网？捕头这才将其收押。

几天后，《苏报》即刊出记者对狱中人的采访。一九〇三年七月六日的苏报载章太炎《狱中答新闻报》朗然写着："夫民族主义，炽盛于二十世纪，逆胡膻虏，非我族类，不能变法当革，能变法亦当革；不能救民当革，能救民亦当革。吾之序《革命军》，以为革命、光复，名实大异，从俗言之，则曰革命；从吾辈之主义言之，则曰光复……吾辈书生，未有寸刃尺匕足与抗衡，相延入狱，志在流血，性分所定，上可以质皇天后土，下可以对四万万人矣。"坐候逮捕，大丈夫大踏步走来，志节的伟岸不屈，不在谭嗣同之下。他要彻底地光复旧物，而不是小打小闹地修修补补，更不是把维新等同革命的偷梁换柱。记者大概问得他也烦了，遂连带骂道："去矣！新闻记者，浊醪夕引，素琴晨张，郁素霞之奇意，入修夜之不旸。天命方新，来复不远，请看五十年后，铜像巍巍立于云表者，为我为尔？坐以待之，无多聒聒可也。"

此文刊出的同一天，上海道袁树勋就商于前驻沪美总领事古纳、铁路参赞福开森等人，下令封禁苏报馆，特派捕头携带封条四张，前往该报馆将大门钉死封上。罪名是"悍谬横肆，为患不小"。

报馆被封后，学社社员无以自存，四散逸去。而蔡元培则在青岛仅逗留不到两月时间，又潜回上海，因爱国学社已停办，故无甚危险。稍后他领到一张巡捕房签发的许可证，乃得每月固定时间前往监牢铁门外，探望章太炎和邹容。

第五章 深味专制严酷：坐牢的日子

——被捕与审判——险遭劫持——审讯中的反击——惨淡的黑牢——光复会成立——邹容亡故——终于出狱　中山派员迎接

上海租界包括公共租界和法租界，前者又叫作英美租界，法租界则分而立之。公共租界的最高行政当局，名曰工部局。常设董事会，休会期间由总办间处理行政事务。总办间之下，又有一系列分支机构，其中一个即是警务处。该处主管不称处长而称总巡，通常由英国人出任。警务处也就是上海民间社会所称呼的公共捕房，或作大英捕房。

上海租界的法院，到了北伐后几年，方由国民政府与外国政府共同签署《上海公共租界特区法院协议》（1930）：

自本协议发生效力之日起，所有以前关于在上海公共租界内设置中国审判机关之一切章程、协议、换文及其他文件，概行废止。

中国政府依照关于司法制度之中国法律、章程及本协议之规定，在上海公共租界内设置地方法院及高等法院各一所，所有中国现行有效及将来依法制定公布之法律、章程，无论其为实体法或程序法，一律适用于各该法院。

《上海法租界设置中国法院之协议》则在一九三一年签署生效。关键内容有：

自本协议发生效力之时起，现在上海法租界设置之机关，即所称会审公廨，以及有关系之一切章程及惯例概行废止。

中国政府依照关于司法行政之中国法律及章程，在上海法租界内设置地方法院及高等法院分院各一所。对于高等法院分院之判决及裁决，中国最高法院依照中国法律受理其上诉案件。

在此以前，租界的独立性极大。太炎、邹容一干人到案后，工部局坚持审理，而不拟将其交给清廷。审判前却发生了惊险的一幕。

上海道台袁树勋不甘雌伏，率领精兵五百人，脱去军装号卦，另着民服，潜伏在租界新衙门后面，伺机而动，欲发动突然袭击，将章太炎等犯人劫持。杀气腾腾，剑拔弩张，一时间大有一触即发的险状，租界警务处迅即戒严。传讯时，一干人由四马路的老巡捕房提往公共租界的会审公廨，也即其司法机关——要到一九三一年才尽行废止。途中要经过浙江路大桥等处，每个犯人都有一个英籍警探贴身监护，马车两旁均有持枪警卫，另有武装警探坐车殿后，所经各街道巷口关键点，均有武装警卫，袁树勋的劫狱行动，卒未得逞。

到了捕房，失去自由，老朋友吴君遂最先送来他的慰问，那是一封信，还有三百鹰洋，作为生活和诉讼费用，太炎感动莫名。

审讯时，由南洋法官通过翻译之口宣说道：中国政府控告章炳麟大逆不道，煽惑乱党，谋为不轨；控告邹容大逆不道，煽惑乱党，谋为不轨……

《苏报》负责人的罪名则是：该报污蔑朝廷，大逆不道，其中有与满人九世深仇，及保护中国，不保护满人之语。甚至本月初五报中，直呼今上之名，指为小丑；初十日论说，有四万万之同胞，不共戴天，仇杀满人，及杀尽胡人方罢手等悖逆之词……

太炎后来对此评说"彼自称为中国政府，以中国政府控告罪人，不在他国法院，而在己所管辖最小之新衙门，真千古笑柄矣……"其间有个审判委员孙某，胸无点墨，不甚识字，不知什么途径进来，他比犯人还紧张，渐至身体失控抖动不止，反复说道尔等速说，我与尔等无仇无怨云云。

审完后，依然乘坐马车还押捕房。一路上观者如堵，太炎还有心诵诗"风吹枷锁满城香，街市争看员外郎"。当时报纸曾载观者对于太炎情状的形容：章太炎长发髼髼然被两肩，其衣不东不西，颇似僧人袈裟之状。邹容剪辫，易西服，余人则仍用华装。

传讯章太炎时，涉及纪年方式和著作内容，有如下问答：

审：这是你写的吗？（指《訄书》）

答：是的，但我没有出版它。

审：何时写的？

答：一九〇〇年。

审：你为什么以自己的方式纪年？

答：我从上一个王朝（指明朝）最后一个皇帝崇祯登基时开始纪年。

审：这与本案无关，你问的问题只需显示被告已有相似作品印刷。

古柏询问：我知道这是从另一个朝代开始纪年，这引出他是否承认满清王朝。他说他没有煽动意图，我有权询问他为什么从上一个朝代纪年，显示他是否承认满清王朝。

答：我可以以我喜欢的方式纪年。

审：你为什么这样做？

答：这是出自我自己的思想。

审：这不正显示出你不承认现在的朝廷？

答：当然可以这样纪年，虽然明朝已亡多年。

审：你说你在致康有为的公开信中没有任何激起对朝廷蔑视的意图？

答：我从未煽动。那封信仅仅是与康有为讨论。

审：我想你认为它不可能对看过的人有影响？

答：受过很好教育的人可以看懂它。

审：满洲人统治是否应该推翻？

答：书中已经作解释。

……

以上为目前最新的苏报案资料，系首次发掘，由史家王敏博士从《字林西报》移译，该报当年以英文全程报道、记录苏报案审讯过程。①

漫长的审讯过程，可见出太炎既有极硬挺的回答，不留余地；也有较为迂回宛转的对应，留下转圜的空间。

提讯邹容，也是冗长疲劳的询问，试选几节如下：

审：你现在不鼓吹灭满？

答：我现在鼓吹社会主义。

审：你为什么不毁掉小册子的手稿？

答：我看待这个小册子就如同一个父亲对待他的孩子一样，因此我没有毁掉它。

审：你有没有想到你的思想的危险性质？

答：我不认为那是危险的。

审：难道它即使流通也不危险吗？

答：不危险。

审：你的意思是说像杀尽满人这样的语言也不危险？

答：那是指导我学习经典的日本老师教给我的。

审：日本老师教给你的？

答：我从日本老师那里听到，并记录下来。

审：你的日本老师是谁？

---

① 详见《苏报案研究》，上海人民出版社，2010年版。

答：他的名字是 Meidah。

审：他对日本皇帝也鼓吹太阳的思想吗？

答：那我不知道；其中的一些思想来自英文书。

审：我明白了，你没有采取步骤弄清楚它在哪里印刷的，也没有阻止其流通吗？

答：我没有深究，我不是巡捕，也不是本地的地方官，没有权力深究！

……

邹容被捕时年方十九，他的聪颖可见一斑。一者把思想罪的球踢回西方，一者把出版罪的球踢回官府，浑然天成，严丝合缝，妙不可言！

审讯中，因翻译才具平平，所译多不大高明，如将苏报载文之文句"革命之宣告，殆已为全国之所公认"，译为"我等之意，欲逐去满族，以表示中国国民之意"，又如，"载湉小丑"译为"载湉小贼"，令人失笑，英国领事闻之，以其文化政俗而言，颇觉平淡，似不以为意。

一周后，又提诸人至公共租界第二次审讯。邹容等人所聘请的律师严正申辩道：政府律师如不能指出章、邹等人所犯何罪，又不能指明交涉之事，应请将此案立即注销。

这次审讯后的次日，太炎作诗赠邹容：

"邹容吾小弟，被发下瀛洲。快剪刀除辫，干牛肉作糇。英雄一入狱，天地亦悲秋。临命须掺手，乾坤只两头。"

其后几天阅报得知参加自立军的沈荩，在清廷刑部被杖击而死，极为悲愤，有诗云"不见沈生久，江湖知隐沦。萧萧悲壮士，今在易京门。螭魅羞争焰，文章总断魂……"两相比较，前者慷慨悲怀，后者低迷伤悼。

也就在此次审讯后的半月后，太炎的《论承用维新二字之荒谬》，更以狱中切身的体吾，还击康梁的荒谬。太炎以为，维新一词，见于《大雅》《尚书》，"周虽旧邦，其命维新"。当时统一神州，为万国所共主，可谓之新命。今之政府帝制自为已久，怎么能说其命维新呢？"新者，一人一代，不过一新而不可再。满洲之新，在康熙、雍正二世，今之政府，腐败蠹蚀，其材已不可复用。"进而以为，历史上没有不经过流血而能实现革新之目的。此文刊载于继苏报而起的《国民日日报》，其中结论，既和己身之遭际有关，也和沈荩被杖击而死的悲愤有关。太炎狱中诗文，皆掷地作金石声，从范畴论，则系立体批判之全面出击。

太炎在狱中，师友同道忧心如焚。他的学生柳亚子所编《江苏》杂志，对于清廷逮捕太炎、邹容等人的行径，忿怒谴责，大声吁求"拯救同胞于黑暗地狱"。该杂志所刊乌目山僧（黄宗仰）《驳康书书后》则云"余杭章、南海康，章公如麈康如狼，狼欲遮道为虏伥，麈起嗷之暴其肠……"乌目山僧不特作诗言志，且在千方百计寻求营救太炎的办法。但他以一金山江天寺的和尚，实在也无能为力。于是又作诗宣泄"留个铁头铸铜像，羁囚有地胜无家"。

在狱中，太炎有答《新闻报》记者问，而这也进一步作为清廷对于太炎控罪的条款。太炎是这样回答记者的："自十六七岁时读蒋氏《东华录》《明季稗史》，见夫扬州、嘉定、戴名世、曾静之事，仇满之念固已勃然在胸。"

又补充说道：

"二十世纪，逆胡膻虏，非我族类，不能变法当革，能变法亦当革；不能救民当革，能救民亦当革。"

狱中状况，邹容写信给柳亚子，有谓"羁此半年，徒增多感，幸得枚公同与寝食，迩来获闻高谊，耳目一新"。不过当事人在高墙内，尚有自身所不知的危险悄悄逼近。清廷迄未放弃他们的打算，即欲尽早将章、邹等人置于死地。看了报端的披露，才惕然有所警醒。原来清廷悬赏十万金，欲买他俩的人头，时两江总督魏光焘专电，严责上海道台，令其与各领事尽快达成协议，将章、邹等六人尽早引渡，以便押解至苏州惩办，如有延误，必降级问罪。袁树勋遂亲访美国领事古纳，说是这班犯人既已在公廨审讯，各已承认罪行，大逆不道、谋为不轨，那就应该解缴中国官府惩办，并要求外国领事予以保密，万勿泄露此一消息。

清廷另一计划是取得主动后，或将一系列人犯解至南京，公开处以极刑，以绝后患。而美国公使康格、总领事古纳、参赞福开森也在秘密策划移交，以便换取更多优惠，巩固其租界地位。所幸英国政府为保持其长江流域势力范围，坚不松口，且将消息泄露，上海《泰晤士报》等新闻纸，迅即刊发．并发社评说，倘外交使团一意孤行，必将激起意想不到的反抗，命悬一线间，如此得以保命。

到了秋季，距上次提讯后已有三个多月，又开始了连续不断的审讯。强调其罪名诸如杀戮满人、痛诋皇上等等。反复折腾，令其身心大受损耗。狱中情况．太炎书告友人吴君遂，说是还算清洁，这时他暂时不知墙外的激烈交锋。至于诸人情绪，陈仲彝略有怨尤，程吉甫、钱允生两人，则焦躁不安。引渡一事，列强心怀鬼胎，却也有利益交错，加以舆论压力增重，故清廷阴谋未能得逞。到了年底，又接连数日将太炎、邹容提出反复审讯。太炎在庭上指陈：小丑两字，本作类字，或作小孩子讲解，并不涉及毁谤，至于今上圣讳，从西律而言，并不避讳，故而可以直书。太炎这种与生俱来的懵懂大气，促使他以文字学来调侃清廷，事实上，说调侃，尚不如说调戏更为恰切。

美国古纳、上海汪县令强调说，章、邹扰乱人心，如若听之任之，岂不天下大乱！就算他们患了疯狂的病症，也属大逆不道的大罪。因请堂上迅断。然而律师说，凡文明之国家，断案要有真凭实据，若无证据，便无罪名。再一次的审讯中，这班人又说，邹容书中内容，更甚于章太炎，不但倡言革命，更欲杀尽满人。直言邹容更直白，更凶恶。

一天审到日已过午，遂还押，下午续审。审邹容时，他颇具转圜的智慧，代表清廷的法官问，书中内容，你还记得？邹说，忘掉了！并说，以前这书叫《革命军》，按我现在的意思，因改作《均平赋》，令天下人无大差距。那人又问，既知你的书不好，怎不废弃？邹容说，我已弃而不问了。至于市面上所出售的，是盗印的本子。那人又说，既然被人盗印，你怎的不去禁止？邹容说，你傻呀！我又不是上海县令，也不是捕头，我怎么去、到哪里去禁止他们的盗印？

此类审讯，反复多次。乃于年底宣判，初次判决终身监禁。清廷自处原告，故判决须得假手各国公使。后以领事团对初判发生异议，讨价还价后，至一九〇四年的暮春，实判太炎监禁三年，邹容监禁二年。

清廷制造敌人的手法完备，其心智的愚昧也造成负面的力量，监禁半年到正式判刑之际，报刊对于章、邹的称呼，已悄然为之一变，遇有他们的新闻，辄云"革命渠魁邹容、章炳麟"如何如何了。革命渠魁在清廷是负面词汇，在报刊则属中性，而在民间，已然是高山可仰、百分之百的正面语汇了。

太炎在狱中，曾给孙中山写信，信中开头称谓竟呼中山为总统。这封信写于狱中，因托言家书，求得纸墨，带出狱后，由张继亲送东京。太炎此时远未形成后来的章、陶派系，因而对孙中山寄望满满，兴中会的事功，他略有所闻，也因想象，无限放大，乃不避杀身之祸，称之为总统，盖狱中孤寂苦闷，因而悬想至极。

太炎对于坐牢，全无一丝胆怯畏惧，但对于国粹研究因坐牢而断裂，则深觉抱憾："上天以国粹付余，自炳麟之初生，迄于今兹，三十有六岁。凤鸟不至，河不出图……至于支那宏硕壮美之学，而遂斩其统绪。国故民纪，绝于余手，是则余之罪也！"傲岸自负，也只有他才有这种底气，也只有他，才有这样的资格。

坐牢正式启动，移到西牢监禁。原先读佛书总因种种纷扰难以消停，友人送来佛典，此时可得细细消纳。尤以《瑜伽师地论》《成唯识论》，得以静心研读，对于大乘法义，顿有深入及底的体悟。邹容在法庭上倒能翻空出奇，舌灿莲花，与敌辩难；但对于陡然冷静下来的狱中生计，反倒难以及时适应，太炎所读佛典，他一个字也看不进去，性情渐渐焦躁不安。

移到西牢后，换上牢服，编好号数，每犯一室。夜晚走廊上灯光微弱，闪烁似鬼火。重刑犯足上的铁铐，摩擦声隐约可闻。狱卒令太炎做裁缝活计，事后有人问起：

"听说您老人家在狱中做裁缝，是吗？"

"我缝袜底，缝衣有时也做的。"

"您能缝何种衣？"

"犯人衣，"太炎笑笑说，"草草缝去，不求工也。"

因系政治犯，这算是轻的了。但狱卒也发神经，时不时课以重活。所以当时的报纸如《新闻报》说他们判监后"罚作苦工，以示炯戒"，并非夸张的形容。起先各自闭置空室，只差没有加以铁槛了。狱卒凶暴，却又没有法子反抗，只能切齿腐心地痛恨，一天太炎对邹容说：我俩都是弱书生，怕要给白人陵轹至死了。不能不想点办法！坐牢时间我三你二，你应当坚持活下去，我恐怕会先死。邹容听到此，忍不住呜呜哭将起来。他说，兄长死，我也不想活！太炎说，那不必，如果我死在狱中，舆论必然持续膨胀，如此一来，他们应当放你一马。因而进一步想到干脆自裁算了，自杀的方法，如刀刺、上吊、服毒等等都没有可能，唯有饿死还算是一个法子，似可一试。邹容说，饿死，那不是小丈夫之所为吗？太炎说，中国饿死鬼大概有伯夷、叔齐、龚胜、刘宗周、司空图……有的可仿，有的不值一哂。

讨论没有结果。于是联句言志：

其一

击石何须博浪椎（邹），群儿甘自作湘累（章）。
要离祠墓今何在（章）？愿借先生土一坏（邹）。

其二

平生御寇御风志（邹），近死之心不复阳（章）。
愿力能生千猛士（邹），补牢未必恨亡羊（章）。

其后太炎领头绝食，孰料七日不死，有狱中同难告知，此法不灵啊！因曾见吸鸦片者，绝食四十二天都不曾死去，又何必呢。因而只得又复进食。可是吃饭跟不吃一样是折磨，狱中所获食物，麦壳子比麦粒更多，粗粝刺喉，吞咽往往会卡出血来。这座监牢关押五百来人，每年被折磨而死者，有一百六十多人，占三分之一左右。这下太炎想开了，自杀不成，老实吃饭却又免不了一死，从此，尽管自知体力不逮，只要狱卒打骂，太炎必然以拳头回击之，或夺取他手中的木棒。这就是太史公所说知死必勇之道，然而，毕竟力量悬殊太大，几次都被狱卒踢倒在地，吃了大亏。印度籍狱卒最为横暴，一是多人围殴在押者，一是以木椎猛击腰间部位，瞬间倒地，旋即牵入木槛中监禁。另外，他们还有私刑，以帆布反接两手，再以木楔插入形成桎梏，残酷较拶指为甚，常常听到痛彻心肺的惨叫声，有的很快被他们陵轹而死。死后拉出丢弃，并无尸检具结一事。由是这班人更加无所顾忌。

这是公开的肉体凌辱，日常饮食起卧，则更是分秒难忍。饭食是糠皮，而且长期无盐，逐渐导致人体虚弱至于昏迷，且后遗症巨大难以复原。冬天室内阴冷异常，往往整夜无眠，天色微明，却又被狱卒驱赶起来，且不得出声，稍有声响，即挥棒猛击。

章、邹初判未几，清廷即已特赦戊戌负案诸人，唯于康、梁二人，永不原谅、因而永远通缉有效。此时梁启超在日本，仍主立宪不松口。清廷所忧虑的、并以之指责太炎等人的"武装反抗"，这时真的愈加激烈了。仅以这一时段而论，即有多桩：

广西爆发陆亚发发动的会党大起义。锋头迅猛，顺利攻占马平县署、柳州兵备道署、镇台署，占领柳州河北城区，打开监狱，放出囚犯，运走二十万两饷银和全部枪支。邻县农民纷纷投靠，声势浩大。东北逼桂林，西南慑上林、迁江，西北震贵州边境。

广西各地农民会党大起义，坚持数年，遍及全省，波及黔、滇、湘、粤四省，重创清朝统治者，清廷惊恐不已。

这个时期革命党人马福益运动起义，被捕，湘抚端方亲审，以利刃刺穿其肩骨，系以铁链，解至长沙，观者如堵，斩前刑讯极苦，流血盈丈，状极惨烈。[①] 兰摧玉折，污浊之世，革命党之付出有如是者！抱定"无求生以害仁，有杀身以成仁"之决心，青年知识分子的接踵牺牲，不知国家民族失去了多少元气与精力。但其凛然大义，勇于牺牲，证明这个世界最强大的力量未必就是刀枪炮和从那里"生"出来的政权！

一九〇四年注定大大小小的专制魔头不得安宁。这一年秋间的十一

---

① 参见《黄兴年谱长编》，第81页，中华书局版。

月十九日，革命志二万福华盯上了王之春，要将其定点拔除。

王之春任广西巡抚时，联络法国军队绞杀革命者，尤其将多处矿山低价转让列强资本开发，致引发众怒。后来他被革职闲居上海，仍不甘寂寞，还试图和沙俄联手，于是激起志士愤慨。安徽志士万福华，遂于一九〇四年十一月十九日在上海四马路一家西餐馆刺杀王之春。连发数枪均未击中，避走不及而被捕入狱。他的刺杀行动本得益于蔡元培、章士钊的指导，这时蔡先生乃积极奔走营救。陈佩忍、高天梅主持《警钟日报》，系《苏报》之后影响极大的革命报纸，得知万福华被捕，报社立即筹资为他聘请律师，扬州志士杜课园、张丹斧也为之前后奔走，可惜法庭辩护无效。万先生被清廷以各种罪名判监禁二十年，直到一九一二年底，经上海都督陈其美多方交涉，始获释出狱。出狱时，戴季陶牵头为他开了一个欢迎会于上海之新舞台。

万福华刺杀王之春的时节，正值光复会成立，蔡先生被推为会长。随后，陶成章、徐锡麟相继入会。一九〇四年十月，陈独秀应章士钊函请到了上海，由杨笃生监盟，参加军国民教育会暗杀团，一拨人马藏匿在蔡元培租屋，成天试验炸药，研究暗杀。不久黄兴也逃亡上海，同杨笃生、陈天华、张继等人策划起义，十一月十九日就发生了万福华刺杀王之春的事。

狱中是这样的残酷无人道，狱外实在也是一样，无非一个更为广大的监狱。这年冬天，光复会成立了。

光复会的成立，跟蔡元培有着直接关系。蔡先生一八六八年生，当其一八八九年中举人的时候，后来孙中山身边的几位坚强助手，还是懵懂的小孩。五年后补翰林院编修。此时他以接触西学的缘故，内在感情颇倾向于维新。稍后即公开提倡新学，光绪二十七年（1901）后，在上海创设爱国女校及爱国学社，任总理。并以《晨报》为阵地，倡导民权，倡言排满。光绪三十年（1904）冬与陶成章、龚未生等在上海建立光复会，被推为会长，次年加入同盟会。三十三年（1907）赴德国留学。

事在一九〇四年的年末，蔡元培让俞子夷起草一个纲要，会名就是光复，乃光复故国之意。写成，蔡先生亲自修改，然后俞氏再以墨水而非墨汁誊录到老式信纸上。章程中规定了一套通用暗语，如以销路畅表示进行顺利，生意不好表示不宜进行，成员之间也以商店名号代替名字，如此这般，均为模仿江湖会党的惯常做法。秘密成立后即推选蔡先生为会长。由蔡元培探监，告知章太炎、邹容，决议成立革命团体。经浙学会议决，遂定命名光复会，总部机关设上海新闸路仁和里，后迁三马路保安里。蔡先生德高望重，但他要大量时间看书，不耐人事行政的烦扰，所以光复会在行动方面，多由徐锡麟、陶成章等人来推动。后来光复会重要高层多相继加入同盟会，唯徐锡麟以旨趣不合，坚不加入。次年同盟会在东京成立，两三个月后，蔡先生在上海由何海樵介绍，加入同盟会。中山先生委派他为同盟会上海分会会长。其后由黄兴到沪时，才将中山先生的委任书面交蔡先生。

光复会的成立，太炎说"光复会初立，实余与蔡元培为之尸，陶成章、李燮和继之"。[①]当然，一般稍有常识者，皆知太炎此时还正在狱中备受煎熬，不可能出面牵头实施。然从另一角度来看，实也可以成立。因其在精神上可以如此叙说，这不是什么大言不惭。

陶成章幼年过目成诵，年十五即为塾师。他在南洋为革命奔走时，尝撰论说文数篇，痛言中国不得不革命的理由，启牖群伦，笔走风霆，使观点各异的各报记者均为之折服叹赏。他在上海参与成立的光复会以学者蔡元培为会长；在日本东京联络南洋诸志士成立的东亚亡国同盟会又以大哲学家章太炎为会长。先前义和团起事后，慈禧太后于道中，惜未得进行之机，后由北京经徐州返浙，步行七昼夜，备尝艰苦，以旅资匮乏几乎饿死。他又素来主张直接颠覆清廷中枢，遂与女革命家孙晓云密谋，欲在北京以美人计诱亲贵赴宴，席间下毒，以为一网打尽之计。

革命必流血。延至一九〇四年的五月下旬，上海会审公廨宣判章太

---

① 《〈光复军志〉序》。

炎、邹容永远监禁。《苏报》案是一个分水岭，进一步加深也坚定了必须浴血革命这个认定。

太炎身心的韧生还真是经磨耐搜。如此艰困的条件下，最后他还是能静下心来矿读佛典，迅速领会大乘深趣，竟说"私谓释迦玄言，出过晚周诸子不可计数，程、朱以下，尤不足论"。在狱中静读佛典，参以切身的人生特殊境遇，故而悟解当特别深刻。

跨过年坎，到了一九〇五年的春四月，邹容一病不起，旋即毙命，结束了他短促而闪亮的一生。先是初春时节，邹容病象已深。镇日做苦活、累活，即使他那样活泼生动的青春年少，也难以经受折磨，他可以说受到精神、身体、寝食、桎梏多方面、全方位的打击，耐受性越发下滑，且在焦躁不安中常与狱卒理论，屡屡吃亏，临了只得在黑牢中无休止地自生闷气。很央太炎就发现他的身体不对了。他分析邹容病状：你素不近女色，又从未和女人有所交接，现在不因梦寐而兀自遗精，宜当减忿、善自摄持，否则春温上来会有大危险。时候到了清明前，天寒雨湿，鸡鸣未已，邹容悄然故去。上午十点钟的样子，太炎心上压抑似有预感，匆匆前往看视，邹容已死去八小时了。八小时过去，邹容依然死不瞑目，牢友都怀疑系狱方唆使医生投毒杀害。

这是一九〇五年四月三日，邹容死于提篮桥监狱西牢。当时社会盛传系清吏毒死。所以吴樾烈士牺牲前特别关照在狱中的章太炎先生严加提防。四月十七日《时报》刊载《告邹容亲友启事》，说明邹容遗体送去四川原籍"路远力绵"，决定安葬上海。后由刘三献其宅畔空地为邹容墓穴，遂葬于华泾，刘三被称为义士。

邹容死后，白人监管稍微良心发现，对太炎态度略加改善。日常让他在厨房帮工，煮饭洗菜，避开了和狱卒正面的冲突。

邹容的年纪，几乎算得上是太炎的晚辈，换了他人，当对太炎执礼甚恭才合常理，然而太炎和邹容相遇，一见倾心，没大没小，称兄道弟，极为相得。年轻的邹容，和夏完淳一样，是非常罕见的文学天才，一出手就是紧攫社会心理的变革名著，字里行间，犀利确凿，看得出他一颗搏动善良的心，永不衰落。现在邹容一命呜呼，休说太炎，就是一般寻常读者，都会嗒然若丧，扼腕痛惜。

太炎在狱中深入体悟佛典的精粹。有的思索结晶完全异乎寻常。"自利性与社会性，形式则殊，究极则一。离社会性即无自利，离自利性亦无社会。""苟遇强迫，拒之以死，彼强迫亦无所用，今不愿死，而愿从其强迫，此于死及强迫二事，固任其取舍矣。"[①]

至若说"杀了一人，能救众人，此即是菩萨行！"里面的佛性，必得大智慧方能体悟。太炎在狱中不知，狱外的年轻人，早已将他的这类思想，烂熟于心。对于太炎的崇仰心情，像邹容这样的年轻人，不是一个，而是一群。只是有的近在眼前，有的远在天边。邹容倏然故去，而另一位和邹容一样生气勃勃的年轻人，正在为太炎的牢狱生涯痛愤扼腕，担心万分。太炎在狱中是困了倦了？累了病了？梦中似乎看见清廷走卒拿着毒药去暗害先生，恨不能化身游侠前去一把将其打翻在地……

他就是吴樾，正在策划一桩惊天动地的大行动，这个行动血花飞溅，震惊海内外。已见本书篇首。

狱中才一日，世上已千年。这时同盟会已在日本成立。

法国有名的"老虎总理"克列孟梭曾说革命总是一个大整体，一个大方块，意谓一经发动牵扯得多，极易玉石俱焚。清末中华儿女感慨风云，悲愤时局，忧山河破碎，多欲发愤为雄，乘时报国。清廷之积重难返，郁郁总二千年专制之毒，又以一八四二年以来外患日多，压力日盛，当时智识先进，觉悟全局之高低纵深，知非大规模革命莫办。国内流血不止，而欲彻底改造，必待一番大手笔之大播荡。在同盟会最盛时期，革命据点从国内散播全世界，又从国外四面散点四射聚焦，迫击专制。

在国内有——

北部支部：烟台为据点。活动于东三省、河北、陕西、山西、山东。

东部支部：武汉为中心。活动于河南、湖北、湖南、江西。

南部支部：香港为中心。活动于福建、广东、广西、云南东南部。

① 《国粹学报》，1905 年 4 月。

西部支部：重庆为中心。活动于西藏、四川、新疆、云南西部、甘肃。

在国外有——

同盟会总部：日本东京。

南洋支部：新加坡为据点。活动于英、荷属地、缅甸、安南、泰国。

檀岛支部：在檀香山。活动于太平洋檀岛群岛。

美洲支部：旧金山为中心。活动于南北美洲。

欧洲支部：布鲁塞尔为中心。活动于欧洲各国。

邹容去世，太炎的狱中境遇稍有改善，所以他说他的生，是邹容的死换来的。所以，自此以后，太炎总是忽忽若有所失，此即邹容影像永在其眼前晃动有以致之。"假令业识不亡，复循旧趣，他日生千猛士，恚然可知"，对一个人的想念，已经到了意识恍惚意念飘忽的地步，邹容走了，太炎幻想他的意识还能重新投胎来和他交流，所谓业识乃是十二因缘中的行缘识，指人投胎时心动的一念。

厨房帮工，远胜于狱中苦役；此外还有一个好处，就是菜蔬肉食，差不多可以尽兴食用，身体状况渐有好转。这个代价无可挽回地巨大，它是拜邹容牺牲之所赐。

当年判刑的时候，已特别强调，期满后"限满开释，驱逐出境"，即释放后不得住在上海，羁押时间算在刑期之内。这样到了一九〇六年的六月底，太炎遂得出狱。

早在太炎刚刚入狱之际，同道、友人即已忧心如焚，思索营救之途。然而古侠客突袭监狱式的方式已不可行。乌目山僧个人之力爱莫能助。此外，孙中山、蔡元培等也在多方筹划，其实最好的营救方式就是舆论的压力，不特起死回生，更且能够缩短刑期。而在狱外的同志，比在狱中的太炎本人还清楚他的刑期，故而释放前夕，中山先生派遣的同志，早已迎候在上海。

六月二十九日的上午十时，太炎从四马路工部局狱中出来。候在门前的蔡元培、叶浩吾、蒋维乔等十多位中国教育会同志，迅即鼓掌欢迎。在这些人当中，还有中山先生直接从东京同盟会总部派来的仇亮、龚练百、时功玖、邓家彦，他们作为特别代表，将陪同太炎前往日本。随即由叶浩吾陪他乘坐马车，前往中国公学休息。太炎的精神不差，容颜较入狱前更为丰润，绝无憔悴之状，首先是修读佛典造成内在精神的浩大，其次因在厨房帮工，饮食无虞，也有关系。

　　船票是早就订好的。当晚登船，在这艘日本邮轮上住宿一夜，翌晨发船开往日本。仇亮等孙中山的特别代表，告知太炎，中山早已在策划此事。并谓太炎到日后的主要工作，将接掌《民报》笔政。用太炎的话来说，就是到东京《民报》馆办理笔墨。

第六章

学术、人生：盲动喧嚣与苦心孤诣

——今文经学与古文经学缠斗方殷——病灶指认与药方开具——从版本差异到性格分野——今文　古文　操作路径

林纾做了一篇小说《马公琴》，意在讽刺章太炎："挦扯饾饤之学也，记性可云过人，然其所为文，非文也，取古子之文句，一一填入本文，如尼僧水田之衣，红绿参错照眼。"

以上是说太炎文品之低下。

又说他用字故意矫揉造作，而无实际内容："又患其字之不古，则逐一取换，易常用之字以古字，令人迷惑怪骇，不敢质问，但惊曰博，私诧其奇。"

又讽刺太炎文章对于古人文章"但取其皮，不取其骨，一味狂奔"。故其文之声音气象力鲁莽粗俗："余恒拟为商舶之打货，大包巨籚，经苦力推跌而下，货重而舱震。又益以苦力之呼叫，似极喧腾，实则毫无意味。"

太炎当然予以还击，他认为王闿运、吴汝纶、马其昶等的文章是很好，或者还不错，品级处于下流的文章就是严复、林纾之类。而且林纾较之严复更为低下，拉史、汉、庄、骚的大旗来做一己的虎皮，"以数公名最高，援以自重……以猥俗评选之见，而论六艺诸子之文，听其发言，知其鄙倍矣。纾弟子记师言，援吴汝纶语以为重，汝纶既殁，其言有无不可知。"

可见太炎则既瞧不上林纾的文品，即对其人品，也大加怀疑了。

但是这些小型打斗，对于太炎来说，只等于挠痒痒，他甚至都不大在意。和康、梁的分歧，才是他着力对付的。

六王毕、四海一，秦始皇发起书同文运动，废除六国古文，改用官订之篆书，其后又有惨烈的焚书坑儒。到西汉惠帝时，民间的挟书之禁才予以解除。

但此时篆书已推行有年，民间的焚余之书，以及伏生等人偷藏墙壁里的书，纷纷冒出头来，而其整理解读，所用的书写方式都是篆书了。

这就是以今文读古文了。七国文字本有差别，现在解读之人不同，书写出来的今文也有差别，这样就给后世留下巨大的争论空间。

到了董仲舒，他是专治《春秋公羊传》的，为今文经鼻祖，与古文经孔安国齐名。董仲舒说服汉武帝作了许多大政改革。

后来的刘向、刘歆父子，是校雠古书的大家，曾负责整理校订皇室图籍，由是得观各种稀见史料。刘歆且发现了许多晚出的先秦经书，《周礼》《左传》《毛诗》《古文》《尚书》，遂得以传流至今，为了解读古文经，刘歆极重训诂，拓展了以文字及其所包含的历史解经的新方法。刘歆发现的古书，最惊世骇俗的是《春秋左氏传》，相对于原来的公羊、谷梁二传，《左传》叙事极其高明。他又奏请汉哀帝设置博士专门研究各种古文经。

但是把持朝政的今文派官僚，立即就攻击刘歆、攻击《左传》，指其伪造。其后将近两千年，两种观点发展成学派，此起彼伏、争为上风，潜植于党争，斗得不亦乐乎。清末今文派气焰复燃，如刘逢禄、魏源、龚自珍，皆其宗匠。

唐德刚先生说："康有为的思想来源虽出自廖平，但是他学问比廖平大，悟解力也超过廖平，甚至龚、魏诸氏。其影响力亦远大于上述诸子。如要肯定一位青末民初也就是现代今文派的宗师，那就非康南海莫属了。"

康氏以为两千年来的儒教正宗是今文学，但它一直为"伪经"所占据，他的出山，就要恢复圣教真义，他自号康长素，意即长于素王，比孔子地位还高。梁启超评曰："先生最富于自信力之人也……常有六经皆我注脚、群山皆其仆从之概。"①

在康先生那里，无所谓形而上的纯学问，他的学术指向，聚焦在于运用、操作、实践。说什么新学伪经，天下学问苟非康氏所属意，或者苟非康氏所首肯，或者不为康氏所看中，便都是伪经。

张之洞原先倾向变法，也曾与康、梁往来，资助强学书局。因他与翁同龢不和，而康有为又系翁同龢所推荐进用，张氏遂即大起反感。终以论学不和背道而驰。

但张之洞还是想要寻求同声同气，这才又来约请章太炎。谁知太炎也不来电。

康有为胆子很大，其《新学伪经考》批判刘歆，以为刘氏作古文伪经，而欲打破传统学术机制。其《孔子改制考》，又说孔子和周秦诸子相似，也属托古改制，称颂尧舜盛德，树为理想中之人物，六经乃是孔子改制创作之书，他所罗列的证据，杂引伪书，极为牵强。横说竖说，辗转如入迷宫。其所推崇孔子，乃言孔子为创教之教主，和耶稣同等，要叫国人信奉不疑。种种夸饰怪论，实欲树立康氏自身无上地位。

王莽变法引起众怒，成为千古罪人，王安石最后也是一败涂地。所以，康有为以他的绝顶聪明一把揪抓住孔子这位至圣先师。

他的《孔子改制考》，断言孔子根本是一位改革家，孔子作《春秋》的目的就是要改革法统。他从这一别致角度解释孔子思想，目的在于封杀咹咹之口。

强学会之前，康有为自捐资创《万国公报》于京师，遍送士夫贵

① 冯自由《革命逸史》。

人，以梁启超、麦孟华撰之，日刊送两千份。又倡设强学会于北京，京朝士大夫集者数十人，每十日一集，集则有所演说。当时张之洞为两江总督，闻而善之，寄五千金以充会中之用。

《上清帝第五书》洋洋近万言，中心就是要在悲惨灭亡的边缘，以求变法图存。

该文涉及历史、地理、国际政治，写法上颠倒回环，辗转复沓，几等悲呼惨号。笔法穷极形容，出以治病之方，哀感顽艳。"近者诸臣泄泄，言路钳口，且默窥朝旨，一切讳言，及事一来，相与惶恐；至于主辱臣死，虽粉身灰骨，天下去矣，何补于事？不早图内治，而十数王大臣俯首于外交，岂惟束手，徒增耻辱而已。"

公车上书是联署一千多人集体表露心声，康、梁挂帅，十八省举人与数千市民汇集都察院门前请代奏，"闻局已大定，不复可救，于是群议涣散"（《公车上书记·序》），效果并不佳，以后的上书基本上是单干，力求直达皇帝本人。

上清帝第六书，为统筹全局折。前五书只有第三书到达皇帝手中，康老说他屡次力请变法的折子，竟是这种待遇，所以他痛苦到只有"旋即告归，土室抚膺，闭门泣血"。

"方今之病，在笃守旧法而不知变。"他苦口婆心，反复申说，与其是说写给皇帝，不如说在打消守旧势力的担心。他说，旧有的祖法，是拿来框制作为地理意义上的国家的。倘若祖宗传下来的地盘都割得四分五裂，又到哪里去找祖宗之法呢？若仅守祖宗之法，却不能收祖宗之地，这不是荒唐吗？但假如说，稍微变一下法，就能守住祖宗之地，这难道不是求之不得的好事吗？

康有为要托古改制，他和章太炎的分歧，首先在于政治观点，思想储备，再化作政治实践中的巨大分歧。而此分歧的根源，则在于两者性格胸襟习尚好恶的歧异。

对于清朝晚期的政情，康、章的认识其实差异不大，起码在第一步认为其已在僵死危重之状态，康氏说："今上下否塞极矣，譬患咽喉，饮食不下，导气血不上达，则身命可危，知其害而反之，在通之而已。"①

对于病灶的所在及危害，双方指认大致不差，而其所开药方则迥异。

康氏是要消炎止痛，使得"臣下人人得尽其言于前"；而太炎根本是要清廷滚到一边，至少是要鞠躬下台。

对于学术的态度，康有为的随意性较大，此点令章太炎大怒。

章批评康有为是想当教主、帝师。当然，太炎后来和袁世凯、孙传芳的互动似也有这样的色彩，但实际性质迥异。在对待学术的基本态度方面，则章太炎更倾向于六经皆史。而康有为认为孔子是圣王，不仅在学界为祖师，且在政治上为在野的领袖。而此为康有为心理欲求的外露，梦寐以求的东西业已和盘托出。

康氏今文观爆发期适在戊戌变法前后，失败后更多的寄托放在阐释孔子的形象、学说、地位，心高气傲，不免牵强附会。

康有为眼中的中国魂是怎样的状貌呢？"中国之国魂者何？曰孔子之教而已。孔子之教，自人伦、物理、国政、天道，本末精粗，无一而不举也。"举凡忠敬笃信、礼义廉耻，甚至"鬼神山川、昆虫草木，皆在孔教之中"，但是到了民国推翻清朝之后，"自共和以来，教化衰息，纪纲扫荡，道揆凌夷，礼俗变异，五千年未有斯极。国魂死矣"。②

而章太炎以为："上古多机祥，而成以五行，公旦弗能革也。病其怪神，植徽志以绌之者，独有仲尼，自仲尼之厉世摩钝，然后生民之智，始察于人伦，而不以史巫尸祝为大故，则公旦又逡遁乎后矣。"③

"自黄帝以逮明氏，为史二十有二矣。自是以后，史其将斩乎？！"④ 乃因清廷焚书灭族，"宰割中夏，其毒滔天"，其"帝王南面之术，固骛于秦哉！"

① 《康有为政论集》上册，第59页，中华书局。
② 《康有为政论集》下册，第769页。
③ 《訄书·初刻本·独圣》。
④ 《訄书·重订本·哀清史》。

康氏以为民国肇建，纲纪荡然，是推翻满清造成的恶果；

章太炎却认为明以后，史魂断裂，正是清朝造成国魂史魂的断裂，与康氏之认识或曰结论，真个是针锋相对，南辕北辙。

在康有为身上，种种个人的非理性因素——他的意志、情欲、幻想、猜疑等等，表现得极为突出。其中，他的私人情欲、病态人格、潜意识等，往往导致他本来就错误的决策中非理性因素的失控，从而大大加深了变法失利的灾难程度。

对于洪秀全来说，皇帝非由我做不可；康有为呢，皇帝虽不必由我做，但皇帝得听我的，我在皇帝背后，他的大政方针，当一如我意中所欲出。

但是这个听我的皇帝，却被一只强有力的黑手控制拿捏，康老怎能咽下这口气呢。

康老必然要使出浑身解数，放手一搏。

变法失利后康有为长期在海外游历，写诗甚夥。钱钟书《论文人》尝谓："少数文人在善造英雄的时势底下，能谈战略，能做政论，能上条陈，再不然能自认导师，劝告民众。这样多才多艺的人，是不该在文学里埋没的。只要有机会让他们变换，他们可以立刻抛弃文艺，别干营生。"对此时的康有为来说，显然，条陈之路大不易，康老的仓皇奔逃，证明此路不通。本来是不该在文学里面埋没的，但他现在只好又倒回文学里去，在文学里吟咏消磨了。

一九〇〇年，往新加坡。秋季，八国联军攻入北京，慈禧西逃。唐才常在武昌组织自立军，企图效法日本的挟藩勤王，用武力恢复光绪的权位，因张之洞打击失败。

一九〇一年，往印度。一九〇三年初夏，得知荣禄死讯，估计政局将有变化，离开印度经缅甸、越南，回到香港，撰写《与南北美洲诸华商书》，攻击中山先生的主张，谓中国只能实行君主立宪，不能革命。

党人方面，由章太炎出面反驳。在苏报上连载《驳康有为政见书》，风行一时，予其沉重打击，此时为论战高峰。

一九〇四年，经越南、泰国、锡兰、红海、希腊，夏天至意大利，而后往罗马，又到伦敦，后游苏格兰。写《欧洲十一国游记序》。

一九〇五年，从加拿大南游美国。秋天，往德国、法国，秋末回美国。一九〇六年，游览墨西哥，纵贯其南北全境。接着游历瑞典、丹麦、挪威、比利时、荷兰、德国、法国、英国、西班牙、摩洛哥。一九〇七年，仍然漫游欧洲各国。一九〇八年，夏天游览挪威北冰洋之那岌岛，"携同璧（康同璧）游挪威北冰洋那岌岛，夜半观日将下来而忽"。康有为并为该诗文写有注释："时五月二十四日，夜半十一时，泊舟登山，十二时至顶，如日正午。顶有亭，饮三边酒，视日稍低如幕，旋即上升，实不夜也，光景奇绝。"随后游览东欧、奥地利、匈牙利、塞尔维亚、保加利亚、罗马尼亚、土耳其。一九〇九年，游览埃及、耶路撒冷。复经法国、德国、比利时，后返马来西亚之槟榔屿。一九一〇年，迁居新加坡，秋天回香港。一九一一年，回日本。

一九一二年初，他提笔写成《共和政体论》《中华救国论》，混淆民主制度和君主立宪的界限，搅动浑水，将逆动势力的捣乱恶果算在革命者头上。他也反对袁世凯威迫清帝退位的行动，他后来在给溥仪的《赐寿谢恩折》中痛斥袁贼篡位。梁启超赶紧回国，组织进步党，与同盟会改组的国民党抗衡。

一九一三年康有为才回到南海故居，这时距他维新失败去国，已有足足十五个年头。

康老多番拒绝孙中山，而其本人又是那样丧家犬的处境，他都不愿在精神上赞助革命，可见此老真是叔宝心肝，铁石肠肺。他僵化且绝不认错，虽然他或许很有能力，但却不能也不愿去采纳新观念、新讯息，去追随新时代。

谭嗣同六君子以及张荫桓等人的血，至少对于康有为来说，算是白流了。如此漫长的岁月里，不乏种种改弦更张的还击的方式，但康老采取的是选择性遗忘。

皇帝在世，即使是在幽禁中，也可说康老对时局上抱有幻想。但是光绪辞世后，以及他以后长年的岁月，他仍然固执己见，一意孤行，那就很难解释为幻想了。

海外常年的游历，改良主义的悲惨下场似乎被他忘了个精光。三年、五年、十年前的事都忘了，就当年的事呢，竟然也记不得了。清廷对他们的加害，是害天伤法了，还能说什么还要说什么还想求什么呢？康有为竟然没有不断撕裂的破灭感，真是奇迹，也不知道他的心肠是怎样打造的。暴政给人类带来的伤害在他似乎已然淡漠，不再有痛感，血花四溅的悲剧竟然没有当头棒喝的作用，实在令人唏嘘不已。猫吃老鼠，是不声不响的，哀哀求告的是老鼠，不是猫，不管老鼠挣扎如何凄厉，猫不会理的，绝不会生半点悲悯之心，这是天性使然，他们是天敌！但是改良派还要吱吱叫，还想哀恳求告。这不是残酷的笑话吗？

他的褊狭偏执性格可以说毕生贯穿，不稍让步。

康有为在戊戌变法时期，为事实上的总策划。清廷坍塌，犹不死心，和张勋共谋复辟，当了十二天的弼德院副院长。虽说他毕生抱有教皇心态，但在时运不济的情况下，充当实力人物的头号幕僚，也是他至死不移的嗜好。这种嗜好上瘾之深，简直身不由己，并且不惧所托非人。

康有为晚年策划参与张勋复辟，出力最多。张勋早年任江南提督，武昌起义后，率部企图顽抗，败后退驻徐州一带。其人及所部均留发辫，人称"辫帅"，所部称"辫子军"。一九一七年六月，他以调解府院之争为名，率兵入京，解散国会，赶走黎元洪，七月一日与康有为拥溥仪复辟，至十二日为段祺瑞击败，逃入荷兰使馆，被通缉。张勋复辟，也促使康、梁彻底分家。

张勋死了，康有为没事儿。到了一九二五年，他又主张拥立溥仪皇帝，依然时刻梦想依托实力人物干一番事业，博取功名富贵，亟思有所表现。

《清史稿》将他与张大辫子合为一传，放在殿尾的一卷，也算大有深意的。

今文经学与古文经学，在清末民初的对立阵营之主将，当其青年人生观形成时对经的分际有所看法，已隐然对立；然后是腹诽，然后是公开骂架笔战，然后是动手打架，然后是不同阵容，以军力、政治势力为延长线，以政略为寄托点，打击压制对方。

康氏之所作为，在太炎的眼中，乃属一种标新立异，以求出头。但是抛出新异言论、学说的效果往往并不佳。一九二一年出版的《太炎学说》尝谓："近吾国最好立异者，厥有二人，前有康有为，今有蔡元培。一则以政治维新号召，一则以社会主义动人。其实满清政治非不应改革，社会主义亦非不应研究，不过以素无研究及一知半解者，从而提倡之，未免欲以其昏昏使人昭昭，殊可笑耳。"此言事情的不到位，其危害性所在。

康氏的今文学，运用于政治，因极度随心所欲，而没有担当，戊戌变法后他惶急逃出，与谭嗣同的坐候逮捕，判若云泥；太炎契入政治，一本其学术之倡导，捍卫学术尊严，与其人生态度相一致。他在上海被捕入狱，就和谭嗣同一样，泰然自若，坐候厄运降临。

如果说，他两分为今文经学古文经学两大阵营的最高精神象征，固未尝不可，然而事实上，康氏的今文，并非表示他与今文派都是亲戚，他是只此一家别无分店；而章太炎呢，若说他是朴学大师自是不错，但是他是大到不能以派别规范的一个人。在他那里，今文派并非一无是处，古文派也为其多所指斥，要之，关于太炎的关键词应是真学问、中国心、民族魂；甚至包括他好用生僻字、疑难字、生造字，皆出于对历史，那属于中国人内心的东西，深深着迷，因而总是下意识维护、捍卫其价值传承而使然。

钱基博先生《现代中国文学史》论太炎先生："有人言讲《白虎通》为佳，炳麟默然而罢。众不晓所以，一人归语友，友曰：是其中多《公羊家》言，非所愿。"

这是太炎古文经学立场很明显的表现了。改请他讲许慎《五经异义》，太炎则欣然而从。钱基博说他"治《说文》尤精，尝翻阅《大徐本》数十过，一旦悟解，的然见语言文字本原，以音韵为骨干，于是初为《文始》。而经典专崇古文，纪传删定大意，往往可知。由是所见与笺疏琐碎者殊矣。顾好盛气攻辨，言革命而不赞共和，治古学而兼称宋儒，放言高论，而不喜与人为同。"《大徐本》即徐铉于宋太宗雍熙年间奉旨校定《说文解字》，世称大徐本;《文始》系太炎在一九一〇年前后撰写的语源学名著，探求汉语词汇的内在联系及系统性，最早刊于黄侃所办《学林》杂志。

这一段评述将太炎的古文经学的地位和复杂性辨析得淋漓透彻。钱先生也谈到古文家的看家本领，太炎本人后来是这样说的，太炎当一九二二年十月发表在《中华新报》的《时学箴言》，一般以为"经史奥博，治之非十年不就。独诸子书少，其义可以空言相难"。其实，太炎别有看法："不悟真治诸子者，视治经史为尤难。其训诂恢奇，非深通小学者莫能理也;其言为救时而发，非深明史事者莫能喻也……近代王怀祖、戴子高、孙仲容诸公，皆勤求古训，卓然成就，而后敢治诸子。"

今古文经学的分流、歧义、流变，虽极繁复，却也有脉络可循，大抵说来，依如下路径生发变异:版本差异—学术论争—政治派别—性格分野。

在政治这个层面上，已经是壁垒森严，大打出手，明火执仗。

到了性格分野这个层次，情况就更为复杂，除了讨厌、嫌恶进一步加深之外，因为性格因素，有时学术论争的界限反而模糊一些了。

如廖平，今文派的主帅，而太炎晚年对之颇有恕词。以为其观点有些是好的，有道理的。而对胡适之——这个唐德刚所认为的乾嘉朴学的忠实拥趸，开口闭口要讲证据，划分学术成分，他是古文经学的马前卒了。然而，太炎对他真是讨厌不置，没说过他什么好话。假如今古文经学真有什么建筑堂奥，则胡适这班人必为太炎厉声呵斥，逐出门墙。

太炎接掌《民报》的头一年，撰《说林》刊于《民报》。其中《定经师》一文，强调审名实、重佐证、戒妄牵、守凡例等等。经师排名:俞樾、黄以周、孙诒让为上;皮锡瑞为次，王先谦为再次，王闿运更次，廖平今其次也。

又说:最上者固容小小隙漏，而下者也非无微末蚁子之得也。

《校文士》则以魏源、龚自珍为伪体。

太炎一八九九年的《今古文辨义》针对廖平《群经凡例》《经话》《古学考》辩难，认定廖氏偏庞激诡。

廖平以为经皆完书无缺，有缺者乃刘歆之流也。廖氏欲摒弃尧舜周公不得上圣，而反尊庄周、墨翟为大师。

太炎认为，孔子贤于尧舜，自在性分，非专在制作也。

廖氏以为，今文重师承，古文重训诂，唯重师承，故不能为歧说；唯重训诂，故可以由己衍义解说。

太炎对此认为大误，如果专以师承为重，规矩不能半点逾越，那么以五经而言，则只应有五大师，又怎会有什么十四博士呢？古文之训诂，如《周礼》，杜子春、郑玄等的注本，在今日视为平常，不知当时凿山通道，正自不易。

《訄书》原刊本对于尊崇清廷者，尚与之交游，但自幼孕育的民族主义思想，则使得太炎对他们的孔子改制说深表不满。

太炎斥责康有为、胡适之等，涉及今文经学和古文经学的分野。对于他自己先前的诋毁孔子，他在一九二二年六月份给柳诒徵的信中，表达悔意，认为年轻时言辞过激，但又认为这种过激也有促成的原因：

"胡适所说《周礼》为伪作，本于汉世今文诸师；《尚书》非信史，取于日本人；六籍皆儒家托古，则直窃康长素之唾余。此种议论，但可哗世，本无实征……长素之为是说，本以成立孔教；胡适之为是说，则在抹杀历史。"

"鄙人少年本治朴学，亦唯专信古文经典，与长素辈为道背驰，其后深恶长素孔教之说，遂至激而诋孔。中年以后，古文经典笃信如故，至诋孔则绝口不谈。亦由平情斠论，深知孔子之道，非长素辈所能附会也。而前声已放，驷不及舌，后虽刊落，反为浅人所取。又平日所以著书讲学者，本以载籍繁博，难寻条理，为之略陈凡例，则学古者可得津梁。不意后生得吾辈书，视为满足，经史诸子，束阁不观，宁人所谓'不能开山采铜，而但剪碎古钱，成为新币'者，其弊正未有极。前者一事，赖足下力为诤友；后者一事，更望提挈后进，使就朴质，毋但依据新著，恣为浮华，则于国学庶有益乎？"

　　徐世昌是所谓翰林总统，诗文能手，学问名家，他的《清儒学案》搜罗宏富；段祺瑞的高参徐树铮经史修养湛深，这两人在派别上总是倾向古文经学的，至少不是今文学的拥趸。徐氏的经史用意且与太炎相近，薛观澜说："徐氏对部属甚表亲善，向无疾言厉色。且能循遁善诱，使吾辈致力于国文，每日须写笔记，还要上课两小时。徐亦勤于治学。"徐树铮和柯劭忞、林纾、姚永朴、马其昶等人都曾是交游甚密的文友，称之儒将，恰如其分。他给朋友写信谈及读书有云："近十三经中，唯余《公》《谷》未毕，非不知贪多为害，特以不能详博，何由返约？故也不惮其繁也……"他进一步认为，加上《国语》、《国策》以及《说文》、《广雅》、《方言》等书，由十三经扩展合为二十经，"中国经世大文，殆可包举无遗"。他对段祺瑞的谋略贡献，亦多以中国古人经训为基座，衍变成现代政治的行事轨辙。其治学之志节、经国之意见，实有博大之眼光。

　　然而太炎对此二人（二徐）均极讨厌。

　　胡适之所推崇乾嘉朴学，因疑古进而校勘考证之法，在太炎看来，若非嗤之以鼻，也是问题多多，当然，也只有他才有资格这样放言高论：

　　"明代的知识分子，知今而不通古；清代呢，通古而不知今。所以明人治事的本领胜过清人，因为明人还能致用，清代虽要致用亦不可能。因为它考大体的人少了，考证枝叶的多罢了。"①

　　清朝的文字狱，加剧了国人的奴性和愚昧，极大地毁伤了社会的活力，造成了中国二百多年的大愚昧、大停滞乃至大倒退，直接引发了绵延至近现代的百年屈辱、苦难。

　　明朝的知识分子，结盟立社，他们的势力往往足以制约官吏，所以明朝知识分子有相当的威势和声望，明末的知识分子在东南一带经过数十年才逐渐平定，清朝统治方法一方面用吏治来诱惑，一方面恐吓杀

---

① 《今日切要之学》。

害，智识者逐渐退尽明朝的嚣张气概。清朝建立卧碑来压制知识分子，里面规定学者、儒生不能轻易介入官司，军队或民间一切事物不许儒生上书陈言，否则逮捕治罪；儒生不许纠集党人立门结社，不许干涉、武断乡曲，所作文字不许自行刊刻，违者提官治罪……清廷为所欲为，而智识者生存空间愈狭，一般的无知小民更不敢与官方理论了。

所以清廷摧残知识分子的气节到了无以复加的地步，但是他们没想到最后灭亡在知识分子手里。

如是此类原因，很难以今古经文的字面定义来索解章太炎的学术心痕。

大概在一九〇〇年前后，太炎已经三十多岁，思想仍倾向改良。并非一开始即倡导猛烈的革命，他于清廷自是失望，对于汉人督抚，却尚存幻想。一九〇〇年夏季，还曾上书李鸿章，而分水岭是参加唐才常在张园发起的张园国会，"割辫以绝"，逐渐由改良转向革命。

平心而论，康氏的说辞，字面上理论上大抵都是正面的。陈义甚高、立意极良，无何不妥。

两人最大的区别，是如何实现目的、达到目的，操作路径的歧异，实施过程的歧异。

光绪实际受了康有为极大的牵连，这就除了路径选择之外，更有康的人格、心性，包括顺手牵羊小偷小摸的恶习。

他俩也有一个相同的地方，就是两人的结局最后被红卫兵挫骨扬灰、或暴骨于地……

康有为墓，是在一九六六年，被青岛五中师生挖掘，遗体扒出后，见其所穿丝绵棉袄，风化腐朽，随风吹落。"而丝绵里子紧紧裹着，很难撕开。费力把它剪开后，只在一只手处发现一枚金币，有现在的一角硬币大小，一擦金光闪闪。在死者胸口位置有一银锁，经辨认是印度造的。此后再无任何其他饰物。有人要问，康有为这么大人物，难道再无贵重随葬品？据记载，康有为墓曾迁过一次，原墓就在现在墓冢的西南二三十米处，当时尚有一水泥墓基遗址。估计如果有随葬品，恐怕在那次迁墓时已经遗失。

　　"我们当时带着头骨回到学校。第二天，同学们把康有为的头骨放在独轮小车里推着，打着鼓、吹着号，喊着'打倒中国保皇派的祖师爷'等口号，在李村的大街小巷游街示众。"①

　　章太炎，一九五四年方正式安葬，"文革"中，杭州园林局造反派前往掘墓，劫去楠木棺材，遗体弃之于地，"适一老工人见之，太炎体貌尚完好，遂浅埋之于山麓沟渠边。一九七四年，太炎遗体仍被弃于沟渠。……至一九八一年，为庆祝辛亥革命七十周年，乃重建太炎之墓，恢复其原状。"②

　　现在，康有为早已离开日本，正在实施他庞大的环球旅行计划中。而章太炎呢，已坐了几年黑牢，中山先生派来的人已抵达上海，正要接他去日本。

---

① 林治业《康有为墓是这样被挖毁的》，原载《老年生活报》。
② 《太炎新墓记》，见《章太炎散论》，第189页，汪荣祖著，中华书局，2008年版。

第七章

纵横捭阖与挥鞭断流：《民报》时代的纸上作战

——前往日本　掌理《民报》——演讲会：呼吸英雄的气息——自由的象征：笔杆子的强劲挑战——笔扫千军，重击保皇派——《民报》周年纪念——讨满洲檄——保皇派求饶——龙蛇起陆，杀机与佛性——

　　清廷不准太炎在上海停留且要驱逐出境，太炎也正想远离这般鸟人，以便休息整顿，卷土重来。所以出狱后前往地点、前往目的都很明确，太炎本人自是欣然就道。熊克武曾回忆太炎刚出狱，他和但懋辛前往探视，问及太炎的去向，太炎朗然告知："中山在哪里，我就去哪里！"

　　同盟会成立之后，倾向革命的各分散势力，大多归并到同盟会中来。此外别树一帜的，只有康有为、梁启超所领导的君主立宪派。同盟会以其鲜明政纲吸引了全国的青年志士，但就团体会员而论，则主体由三会构成。孙中山的兴中会，在沿海和全球华人华侨中影响力巨大；黄兴的华兴会则吸引着长江流域蛰伏已久的会党；蔡元培、徐锡麟的光复会最能号召东南历史感极强的民间知识分子，这也可看做同盟会的结构源流及特性。同盟会组成分子的心理背景及其诉求，集中体现在《民报》上面。

《民报》为同盟会之机关报，其在牛込区小川町的编辑部，同时也是同盟会总部办公场所。党务、报务合体处理。而发行所则在宫崎寅藏家里。先后主理笔政者，有汪精卫与胡汉民、章炳麟、朱执信等，其间，太炎主理《民报》的时间最长。撰稿则有章太炎、陈天华、胡汉民、汪精卫、汪东、朱执信、廖仲恺、宋教仁等数十人之多。这些人构成《民报》的台柱。

编辑和发行则有何天炯、张继、田桐、宋教仁、程家柽、邓慕韩、董修武等人。孙中山、黄兴、何天炯等皆住在民报社附近，往来便利。孙中山和黄兴虽常驻东京，但为党务缠身，往往密集奔波各地，盟本部的日常事务由编辑发行人处理，他们都是老同盟会骨干。

章太炎接掌《民报》之前，系由胡汉民在主理编辑事务。有资料显示，汉民主编了前十一期，太炎从十二期接手，又主编了十五期。冯自由《中华民国开国前革命史》则说太炎自第五号起，接掌《民报》。实际是第七期由他接掌，盖在第六期，已正式登出广告。

与太炎的编辑风格相较，胡氏主编期间的《民报》，文字相对浅易，说理深入浅出，较为通俗。编至第四期，发行量已逾万，发型范围遍及海外及中国大陆，按照传递阅读的原理，读者至少在十万上下。中山先生以为"鼓吹三民主义，遂使革命风潮弥漫全国，自有杂志以来可谓成功最著者。"

《民报》的发刊词系由中山先生口授，胡汉民执笔撰述，三民主义一词首次亮相：

> 余维欧美之进化，凡以三大主义：曰民族，曰民权，曰民生。罗马之亡，民族主义兴，而欧洲各国以独立。洎自帝其国，威行专制，在下者不堪其苦，则民权主义起。十八世纪之末，十九世纪之初，专制仆而立宪政体殖焉。世界开化，

人智益蒸，物质发舒，百年锐于千载，经济问题继政治问题之后，则民生主义跃跃然动，二十世纪不得不为民生主义之擅场时代也。是三大主义皆基本于民，递嬗变易，而欧美之人种胥冶化焉。其他旋维于小己大群之间而成为故说者，皆此三者之充满发挥而旁及者耳。

今者中国以千年专制之毒而不解，异种残之，外邦逼之，民族主义、民权主义殆不可以须臾缓……吾国治民生主义者，发达最先，睹其祸害于未萌，诚可举政治革命、社会革命毕其功于一役。还视欧美，彼且瞠乎后也。

繄我祖国，以最大之民族，聪明强力，超绝等伦，而沉梦不起，万事墮坏；幸为风潮所激，醒其渴睡，旦夕之间，奋发振强，励精不已，则半事倍功，良非夸嫚。唯夫一群之中，有少数最良之心理能策其群而进之，使最宜之治法适应于吾群，吾群之进步适应于世界，此先知先觉之天职，而吾《民报》所为作也。抑非常革新之学说，其理想输灌于人心而化为常识，则其去实行也近。吾于《民报》之出世觇之。

太炎这支雷霆万钧的如椽巨笔久为大家所期待钦仰，现在他披挂上阵，引发的动静自然不小。"正值《民报》对《新民丛报》激烈笔战的时代，忽然得一位学问渊博、文章朴茂的章先生来主笔政，大家怎能不分外欢迎；别的先莫说起，单是一篇《革命之道德》，便把学界全体激动起来，有多少顽固老先生见了这一种议论，也都动魄惊心，暗暗地赞成了种族主义[1]。"

太炎接手之前，《民报》已经是披坚执锐，譬如当时的汪兆铭，才是一个二十三岁的青年人，他之刊于《民报》的第一篇大文章《民族的国民》，以为唯有首先光复民族的政权，始能为中国解去两重统治的桎梏。

汪、胡等青年人的文章，见解透彻，热情四溢，至情至性流露于字

---

[1] 景梅九《罪案》。

里行间，尤其对于康、梁的混淆是非观念，揭发起来不遗余力。他们的文章已吸引聚集了相当数量的拥趸。

同盟会高层几乎无一例外地都是文章巨子、宣传的天才，太炎与之相较，似乎更为专业更为纯粹。如孙中山、陈其美、汪兆铭、胡汉民、黄兴、朱执信、陈天华，几乎都有武装起义的实战经验，就是蔡元培这样的纯学者，也曾埋首躬行炸弹的研制，而太炎则将所有的精力全部投入文字之战。所以他在言论界始终葆有其经纶领袖地位，以渊深的史学素养和透析时代的锐利见解，就是他全部政治革命历程的潜力所在。

太炎初到东京两三天，自出狱受到迎接，一路上已经充分感受到同袍的力量，到了东京安顿下来，更觉温暖。同时感慨也既多且深，他在一九〇二年的春天，东吴大学事发，亡命日本，与孙先生晤面，深觉凄凉，可称得上同志的，二三子而已。那时对于已经颇有名气的孙中山，前来探视的，多是抱着看稀奇甚至看怪物的心理，有的还是来看古董，并不认同他热心救汉的思想。因了同道的稀疏，那时的太炎心情寥落，甚至想到出家，披上袈裟，逃遁到千山万山的深处去。殊不料，坐牢这些日子，大有山中只一日、世上已千年的变迁，令人感慨万千。太炎由衷写道："留学生中助我张目的人，较从前增加百倍，才晓得人心进化，是实有的，以前排满复汉的心肠，也是人人都有，不过潜在胸中，到今日才得发现……"[1] 而当时正在中国南方、由法国政府派出的考察团，所作报告，恰切诠释了太炎的这一感叹："孙中山的支持者是无数的。十分之九的中国留学生支持孙中山，运动已深入到中国社会的各阶层，包括政府官员和各省驻军司令。中国南方的起义不久将会爆发，并将导致清朝的垮台。至少会在长江以南建立起以孙中山为总统的共和国……"[2] 就是太炎自己，所受到的英雄式的欢迎，也足见证时世的变化，民气的激越。

但他到东京后并未立即见到孙中山。同盟会成立后，中山先生事务

---

① 见《章太炎的白话文》。
② 《1900 至 1908 年的法国与孙中山》，《辛亥革命史丛刊》第四辑。

纷繁，宵衣旰食，此时即已束装就道，化名高野，乘坐法国邮船，由日本前往新加坡布置工作，他和太炎可能在海上错过。中山去南洋，途经上海，但未下船，在沪滨略作停留，其时，先生召见部属熊克武等人，听取内地情况报告。彼时因经费拮据，熊克武想办法筹措了一千元，开船前由秋瑾送至中山手中。八月初前往吉隆坡，设立同盟会分会。直至十月上旬，方由西贡返回日本，下榻横滨，不时到东京会晤同志。

这样，太炎在日，最先见到的同盟会骨干是宋教仁。这是他俩的首次见面，宋教仁回忆，他一见到这位特来掌理《民报》的大学者，各自通报姓名，然后单刀直入，就谈起了哲学研究的方法来。太炎久处囹圄，对于西洋哲学书尤感兴趣，询问近来日本有何迻译。宋教仁说是还没有系统研究，有些窘迫，但这并未影响他们攀谈良久。

休息、攀谈将近半个月，同盟会主持为太炎召开欢迎会。地点在神田区锦辉馆。接到通知前来的有两千人，参会的竟达七千人之多！限于扩音器材限制，加以太炎所操官话浓重的方音，真能清楚听取演说内容的不多，更多的人是来体认自由的象征，呼吸英雄的气息。那天下着绵绵细雨，未有停息的迹象，来者全然不顾，大多站在雨中，也有的蹲踞在低矮的屋檐上，有的挤在门下。

太炎精神健旺，口若悬河：

"兄弟少小的时候，因读蒋氏《东华录》，其中有戴名世、曾静、查嗣庭诸人的案件，便就胸中发愤，觉得异种乱华，是我们心中第一恨事。后来读郑所南、王船山两先生的书，全是那些保卫汉种的话，民族思想渐渐发达……当时对着朋友，说这逐满独立的话，总是摇头，也有说是疯癫的，也有说是叛逆的，也有说是自取杀身之祸的。但兄弟是凭他说个疯癫，我还守我疯癫的念头。

"大概为人在世，被他人说个疯癫，断然不肯承认，除那笑傲山水诗豪画伯的一流人，又作别论，其余总是一样。独有兄弟我却承认是疯癫，我是有神经病，而且听见说我疯癫，说我有神经病的话，倒反格外高兴。为什么缘故呢？大凡非常可怪的议论，不是神经病人断不能想，就能想也不敢说。说了以后，遇着艰难困苦的时候，不是神经病人，断不能百折不回，孤行己意……为这缘故，兄弟承认自己有神经病；也愿诸位同志，人人个个，都有一二分的神经病。近来有人传说某某是有神经病，某某也是有神经病，兄弟看来，不怕有神经病，只怕富贵利禄当面现前的时候，那神经病立刻好了，这才是要不得呢！"

由此，太炎说到国粹上去。对于国粹的定义，他非常明确，不是教人尊信孔教而已，更重要的是"爱惜我们汉种的历史"，这可以说是对于国粹最为精绝、鞭辟入里的阐说。而此历史的包涵，有三端：一是语言文字，二是典章制度，三是人物事迹。古事古迹，最重要的价值，是在培育人的爱国的心思。他以顾炎武抗清为例，说他手中并无兵力，就到各处去访古，记录古碑古碣传示后人，而他的神经病气质，实际是为保持国粹而生养的热烈的、永不屈服的反抗意志，所以，他要把他的神经病质，传染给眼前的几千上万的青年志士，传染给四万万人。

矢志不渝的革命者必然是深于国学之人，本次演说，为太炎出狱后，对于过去总结，对于未来瞻望，对于当下实践的滂湃而警策的大文章。

中山先生自南洋回来，即由他亲自主盟，以孙毓筠为介绍人，章太炎正式加入同盟会。入会者首先须熟诵暗号，同盟会的联络暗号非常简单，其实它更像一种精神提醒：

问：何处人？

答：汉人。

问：何物？

答：中国物。

问：何事？

答：天下事。

这个想来是很对太炎的脾胃的。此时《民报》第六号已登出广告，说明编辑兼发行人张继将有南洋之行，恰好太炎枚叔先生来此，特继其任。这个消息其实早为一般同盟会干部所知，所以各地都有贺电发来。这样该期《民报》除了广告，还同时有太炎的告白："接香港各报馆暨厦门同志贺电，感愧无量，惟有矢信矢忠，竭力致死，以塞诸君之望，特此鸣谢。"

八月初，宋教仁再访章太炎，到他住处，谈兴极浓，不多会儿，胡汉民等人接踵而至，当天就在太炎住处商定，由太炎出任《民报》总编辑，每月《民报》由其总纂。①

九月初，《民报》第七号出版，已由太炎主编，刊有他的《俱分进化论》。该期《国学讲习会序》尝谓："吾闻处竞争之世，徒恃国学固不足以立国矣，而吾未闻国学不兴而国能自立者也。"认为国学的兴衰，将影响国家的存灭，论证国学的重要性，此文更将章太炎和顾炎武相提并论，且认为新学和国学完全能够渊然融合。

太炎久为清廷所钳制，同时也受够了康、梁的闲气。现在太炎将以笔为武器，对之实施扫荡。当时有诗嘲弄康有为"万岁山边老树秋，瀛台今复见尧囚。群公辛苦怀忠愤，尚忆扬州十日否？"他接编的这期《民报》出版后，宋教仁又特地来到《民报》社，和太炎座谈良久。重点谈国学讲习会成立后章程、科目的安排，也论及语言文字的根源、典章制度的旨趣等等，以期国学驶上昌明之道。

论战早在太炎还在租界牢中之际，已趋激烈。除了宋教仁、陈天华、汪兆铭、胡汉民等等挥斥方道，中山先生本人也亲笔撰文多篇，其中驳梁启超的，几句话就击中其要害：

梁启超"毅力不足，不觉为革命之气所动荡，偶尔失其初心，背其宗旨，其在《新民丛报》之忽言革命，忽言破坏，忽言爱同种之过于其恩人光绪，忽言爱真理之过于其师康有为者，是犹乎病人之偶发呓语耳……今梁以一人而持二说，首鼠两端，其所言革命属真，则保皇之说必伪；而其所言保皇属真，则革命之说亦伪矣。"②

十月初的《民报》第八号，刊载太炎的《无神论》《革命之道德》，"吾所谓革命者，非革命也，曰光复也……道德衰亡，诚亡国灭种之根极"。这是对于革命的章氏说法，或曰更准确的定义。革命与道德的关

---

① 参见宋教仁《我的历史》。
② 1903年12月孙中山《敬告同乡书》。

系，他举戊戌变法为例"戊戌变法，惟谭嗣同、杨深秀为卓厉敢死……使林旭、杨锐辈，皆赤心变法无他志，颐和之围，或亦有人尽力。徒以萦情利禄，贪著馈赠，使人深知其隐，彼既非为国事，则谁肯为之效死者？戊戌之变，戊戌党人之不道德致之也。"

这可以说是与众不同的甚至是残酷的论断。至今仍有史学界人士以为戊戌变法的失利多在运作手段的单一、策划的不周、所托非人等等，论事眼光仍未及太炎之万一。太炎犀利的眼光，直刺事物之最为深隐之处。他的批判、革命、建设一整套思路，中间有一个关键的焊接点，就是他在演讲中强调的："要说典章制度，我们中国政治，总是君权专制，本没有什么可贵。但是官制为什么要这样建置？府郡为什么要这样分划？军队为什么要这样编制？赋税为什么要这样征调？都有一定的理由，不好将专制政府所行的事，一概抹杀。就是将来建设政府，哪项需要改良？哪项需要复古？必得胸有成竹，才可以见诸施行……"他的文章深邃有力，影响广远，精髓在于眼光的卓越。

辛亥革命前，各地报刊蜂起，政论家在纸上纵横捭阖，笔扫千军，颟蒙日启，而种族畛域日益宣昭。除了《民报》繁重的编撰任务，太炎还担任多家报刊的撰述，如《复报》《国粹学报》《汉帜》《革命评论》《天义报》《江西》等等。

太炎出手，激情从未有如现在这般饱满，笔墨驱遣好像自动推平了一切阻碍，文字汩汩涌来，几年下来，竟有一系列文章，量丰质高，似有神授，原非人力。直指专制的窳劣，人性的幽暗，精神窒息，蒙昧暗夜；潜意识牵引着他，轻车熟路，意识遥控一般全无半丝儿的偏离，指向清廷的凶残，康、梁的伪谬，一时都自动地纷纷投入他的笔尖底下，等着被剥去伪装。

披挂上阵前，他曾叮嘱自己，胡汉民、汪兆铭这两个年轻人，笔锋如刀，得理不饶人，尤其斥骂康梁的地方，辞近诟谇，不能像他俩，还是得多少保持一点君子的风范，持论持平一些吧。

不意自己的小心、叮嘱全未起到什么作用，反而屡有越界的笔墨，迹近破口大骂的地方，似乎都不比胡、汪更少，犀利处却有过之而无不及，起先的博弈还算激烈，然而几个回合下来，康、梁不是自诩文章圣手吗？可是这时候他们在笔墨上已难以招架，且屡有望风却步的退缩，说理没理道，拽文欠文采，甚至几乎举手投降，遣人前来告饶言和，颇有几分可怜。当年在《时务报》前来打架的汹汹气势，全不见一丝踪影，反而在集会上，尽有太炎的朋友向他们挥拳追打，其情其状，可怜得紧。

《民报》上的文章、政论，仿佛大兵团作战，文字金刚不坏，雄健浑厚而又锋芒毕露，而在其他兄弟报刊的作品，则仿佛神出鬼没的游击部队，大抵与怀念邹容有关，他也纵笔伸向极为通俗直白的民间歌谣体，风格迥异平时，发在《复报》上的《逐满歌》"可怜我等汉家人，却同羊猪进屠门。扬州屠城有十日，嘉定广州都杀毕。福建又遇康亲王，淫掠良家象宿娼。驻防鞑子更无赖，不用耕田和种菜。菜来伸手饭张口，南粮甲米归他有。汉人有时欺满人，斩绞流徒任意行。满人若把汉人欺，三次杀人方论抵……名为永远不加赋，平余火耗仍无数。名为永远免丁徭，各项当差着力敲。开科诓骗念书人，更要开捐骗富民。人人多道做官好，早把仇雠忘记了……我今苦口劝兄弟，要把死雠心里记……莫听康梁诳尔言，第一雠人在眼前，光绪皇帝名载湉。"此类文体在他掌握起来，真是驾轻就熟，影响人心，直若水银泻地，渗透到人心的最深处。

清末，社会空气业已滚烫难耐，章太炎们的文字使之迅即达到沸点。

太炎文章打击力度超强，与清朝几近三百年残酷统治有关，形成一种强大的反作用力。

他的批判的武器火力所集中的一个焦点，就是武器的批判，也即批判的武器不但不排斥武器的批判，反而呼唤着、促进着、配合着、终于导成了武器的批判，致令对方一蹶不振、一败涂地。

虽然其所运用于反清的史料在当时知识界属于熟口熟面的性质，并不生僻，但他将相当的历史细节指向统治者的本性，这种再现民族血泪的呈现，仍然引发巨大的文字冲击力，以致受众往往拍案惊奇，辩论的对手几乎无法反驳。

清政权两百几十年，至晚清已是百病缠身，沉疴难起。太炎指出崩溃和即将炸裂的必然属性，他所揭橥的包括社会、经济、人性、历史、党争……各方面的缺陷，及潜伏的、已显现的危机，等于向社会民众内心埋下一枚能量巨大的、破坏信心的定时炸弹。对于清廷而言，破坏力所在，后患无穷。

这期间的日常生活，除了撰文、编刊之外，多与党人高层会面谈论。同盟会中，在日江浙同志隔三差五地总要聚在一起闲谈，诸如陈其美、蒋介石、苏曼殊、周日章、庄之盘、龚宝铨等等，其中陶成章和龚宝铨与太炎来往最多，只要人在东京，差不多隔一两天就要跑来太炎这里天壳海盖地谈上半天。至于鲁迅周作人兄弟、陈独秀、章士钊几个人，则向太炎请益成分居多。

十月中旬，中山先生从南洋回来了。这是他出狱后才首次得与先生晤面。孙先生、宋教仁，同至《民报》社，切磋砥砺，畅谈甚欢。他和宋教仁的接触，在《民报》时代，所占时间最丰，有时也闲谈消遣。这次孙中山刚刚回到东京两三天，大概为了遣兴，他们谈起了烟草怎样传入中国。

过了些日子，《民报》有同志将回国，在社里为其钱行，太炎和中山、胡汉民、宋教仁等坐一桌，他和宋教仁说话最投契，总有说不完的话。胡汉民插进来打岔，他说法国新出一部小说，设拟英、德开战，德军大举攻入伦敦，中山仿佛看出十年后的世界大战，觉得这小说构思颇奇，可惜没有汉译本，中山先生想由他自己口译，而令宋教仁笔录为中文，太炎也同意这个想法，嘱他尽快抽时间和中山合作，宋教仁看他们几位这样急切，只得满口应承下来。

稍后他们又谈到曾国藩，从民族革命而言，人有不能原谅曾国藩的地方，可是骂他的章太炎，也不得不承认他是大英雄，"曾、左之伦，起儒衣韦带间，驱乡里服耒之民，以破强敌……命以英雄诚不虚……假令曾、左生于今日，成功大名，终不可就，非其材绌也，时地异矣"。宋教仁忱然曰："诚如是者，必生不毛之地、伧荒之间，若朱全忠、李自成者，昉可以为英雄耶？"太炎说："非然也……无文学者，其识不能窥远，是故朱全忠、李自成，躬无识度，与其徒麇聚鸟集，隆于一时，而其道不可长久。"①

看似闲谈，闲而不闲。有时自然而然谈到历史、革命、光复，从此处看，太炎对于太平天国及其对手曾、左的看法，是矛盾的，亦是持平的，从不同的侧面，又都是成立的。然自有其确凿不疑的焦点所在。

这个秋天，同盟会的大佬都在东京，《革命方略》也正在这期间问世了。

《革命方略》中的《军政府宣言》，又称《同盟会宣言》，系中国同盟会的纲领性文件。光绪三十二年（1906）冬，由孙中山、黄兴、章太炎等人在日本东京制订，共一千五百余字。内容大要为宣布军政府的革命纲领及实现之步骤。宣言以自由、平等、博爱为口号，阐释"驱除鞑虏，恢复中华，建立民国，平均地权"的革命纲领；要求民族解放和国家独立；提出建立全新共和国，"凡国民皆平等而有参政权"，规定分"军法之治""约法之治""宪法之治"三个相互嬗进的时期，以渐趋实现上述纲领。宣言首次将革命后新建立的国家称为"中华民国"。

文章撰述，除了《民报》的主打文章，太炎还要撰文支持兄弟报刊，再就是各类革命历史出版物，诸如《南疆逸史》《洪秀全演义》等书，他都欣然为之赐序。

其中《〈洪秀全演义〉序》是替黄世仲的作品写序。此间可窥他对太平天国的看法，他以为清廷官书记载问题多多，因其立场为"盗憎主人"，现在黄氏为太平天国起义撰述战史，"文辞骏骤，庶足以发潜德之幽光，然非里巷细人所识。夫国家种族之事，闻者愈多，则兴起者愈广。诸葛武侯、岳鄂王事，牧猪奴皆知之，正赖演义为之宣昭。今闻次郎为此，其遗事既得之故老，文亦适俗。自兹以往，余知尊念洪王者，当与尊念葛、岳二公相等。昔人有言：舜何人也？余何人也？洪王朽矣，亦思复有洪王作也！"竭力推重通俗演义的意义，假如文艺作品之文辞

① 《检论》卷八。

古奥板重，反而会使影响力大减。

从出狱到《民报》作业，尚不足百日，太炎的名望已陡然激增，深秋的《复报》刊登《民报》同仁的广告："本报主张我国种族革命、政治革命、社会革命为目的……适遇余杭章炳麟枚叔先生出狱至东京，遂任为本报总编辑人，报事益展，销行至万七千余份。"这虽是《民报》自身扩展影响的广告，但其中尤其推出了灵魂人物的角色意义。至于《汉帜》则推崇备至"章太炎炳麟先生，为现今学界泰斗，遇捕七次，被监三次，艰苦备尝，志不稍挫。其文章每一出，学者珍之，如获大贝。"

太炎尝谓："杀了一人，能救众人，这就是菩萨行。"他是政论中的巴尔扎克，文论场中的恺撒大帝。驱遣文辞，如臂使指；魄力浩大，那种指天骂地的气概，自然撑起意气鹰扬的雄姿。

史学家钱穆先生就晚清政象发表他的卓见："晚清之季，其病入膏肓，非轻易所能拔除。异族统治垂三百余年，其对我国家、社会、文化生机之束缚与损害，固已甚矣。然中国以二千年广土众民大一统之局，王室为其客观之最高机关，历史沿袭既久，则骤变为难。""且满清政腐败，犹得凭藉其地位，借外债，买军火，练新兵，整理交通，加强管辖，遂使腐败之政权，黑暗之势力，既得外力之助，又因外患之顾忌，迄末得彻底澄清之机会。"① 另外加以贪渎奢侈之风大盛，财政积亏累累，政界中略有一二真知灼见之士，他们的变法要求亦触动上层利益而搁浅。朝廷即使到了寿终正寝之日，仍免不了最后的挣扎，作回光之返照。前代赃吏，多于朝堂杖杀；而当清朝，章太炎先生指出"多尔衮以盗嫂为美谈，玄烨以淫妹为法制。""官常之败，互相什保。以官为贾，以法为市，子姓亲属，因缘为奸；官邪之成，为古今所未有。"②

真正是入木三分骂亦佳啊！

现实的状况迫使中国不得不实行一种剧烈之变动。辛亥前几年，革命党的《民报》与保皇的《新民丛报》论战甚烈。但即如梁启超，他也

---

① 《国史大纲·引论》。
② 《讨满洲檄》。

积极推扬"建设一种进取冒险的精神"。提倡学习欧洲民族的"其向前途也,有鞠躬尽瘁,死而后已之志。……曷克有此?曰惟进取故,曰惟冒险故"。[①]此外,希望与热忱、智慧与胆力都是他竭力阐扬的。思索社会的年轻人,自然不免受其潜移默化的暗示。

回头观照章太炎的呵斥清廷。太炎先生一定是痛彻肺腑,乃从根底上这样予以痛骂。多尔衮盗嫂事,史籍备载,张煌言《建州宫词》有谓:"春官昨进新仪注,大礼恭逢太后婚。"又云:"掖庭又闻册阏氏,妙选娵娃足母仪。"皆指其事。多尔衮系努尔哈赤第十四子,福临即位时年幼,他以皇叔身份丸政,独揽大权,史称摄政王。福临(顺治皇帝)的妈妈(孝庄太后,博尔济吉特氏)下嫁给他。王桥《述清秘史》载,"太宗死,世祖立,因年幼,政事一委其叔多尔衮,入关僭号,多酋之力为多,尊之为摄政王……多由此益骄。出入宫禁,恣意淫佚,嫂叔并处,有如家人……居无何,多酋复杀太宗长子豪格,而取其妻,日夜淫荡,爰以招疾……"历史学家陈登原先生认为,清初礼乐政制,由明末大知识分子变节为降臣者制定,"王铎亦降臣,知其非礼,听其乱伦,所谓将顺其恶"。[②]

多尔衮入关之初,与南明残朝决战,曾修书赉大学士史可法,有谓:"岂意南州诸君子,苟安旦夕,弗审事机,聊慕虚名,顿忘实害,予甚惑之。"语多轻慢。史可法以阁部资格率部守扬州,兵败被执,多尔衮诱降不成,乃杀之。多尔衮早先在关外时,借酒浇愁,胸无大志,且形容枯槁,博尔济吉特氏以询其故,招之留宿,谈后竟夕,喉其大争天下。次日多尔衮精神焕发,所向披靡。明末兵部尚书洪承畴松山会战失利被俘,后更成为汉奸,多尔衮的嫂嫂出力亦巨,因她"姿色冠于虏中,因伪为侍婢,遣之以往,密携人参汁焉。洪闭目,面壁泣。妃劝之,初不省,乃曰:'将军不可稍饮,而后捐生耶?'妃即以壶承其唇,情态宛转,洪不得已饮之"。[③]甚矣不惜以国母之尊为洪伴宿!一介女流

---

① 《饮冰室文集》,第 37 页。
② 中华书局《国史旧闻》,第三分册。
③ 《述清秘史》。

能颠倒鼓舞豪杰如此，且左右历史偶然性，其魔力亦大矣。章太炎先生的痛骂，盖源于此。

民报时代的论战，若以一九〇五年为中心，可以前后各推五年。就系统性、持久性而言，章太炎比胡汉民、汪精卫都要早。

一九〇三年章太炎《驳康有为论革命书》振聋发聩，其文富于思辩、学理和论战性；而康、梁的文章都是血质充沛，感情外露，飘荡摇曳。

章太炎投身论战后，他的文章征引繁博，论据坚实，康、梁逊之。无论掉书袋，还是述见解，均胜对手一筹。文人学士，转而佩之。"夫以一时之富贵，冒万亿不韪而不辞，舞词弄札，眩惑天下，使贱儒元恶为之则已矣；尊称圣人，自谓教主，而犹为是妄言，在己则脂韦突梯以佞满人已耳，而天下之受其蛊惑者，乃较诸出于贱儒元恶之口为尤甚。岂可无一言以是正之乎？

"长素又曰：氐、羌、鲜卑等族，以至元魏所改九十六姓，大江以南，骆、越、闽、广，今皆与中夏相杂，恐无从检阅姓谱而攘除之。不知骆、越、闽、广，皆归化汉人而非陵制汉人者也。五胡代北，始尝宰制中华……日本定法，夙有蕃别，欧、美近制，亦许归化。此皆以己族为主人……今彼满洲者，其为归化汉人乎？其为陵制汉人乎？……徒以尊事孔子，奉行儒术，崇饰观听，斯乃不得已而为之，而即以便其南面之术，愚民之计。

"况于廷杖虽除，诗案史祸，较诸廷杖，毒螫百倍。康熙以来，名世之狱，嗣庭之狱，景祺之狱，周华之狱，中藻之狱，锡侯之狱，务以摧折汉人，使之噤不发语。虽李绂、孙嘉淦之无过，犹一切被赭贯木，以挫辱之。

"至于近世，戊戌之变，长素所身受，而犹谓满洲政治为大地万国所未有，呜呼！斯诚大地万国所未有矣！李陵有言，子为汉臣，安得不云尔乎？

"长素以为革命之惨，流血成河，死人如麻，而其事卒不可就。然则立宪可不以兵刃得之耶？既知英、奥、德、意诸国，数经民变，始得自由议政之权。民变者，其徒以口舌变乎？抑将以长戟劲弩飞丸发旍变也？近观日本立宪之始，虽徒以口舌成之，而攘夷覆幕之师在其前矣。使前日无此血战，则后之立宪亦不能成。故知流血成河，死人如麻，为立宪所无可幸免者。

"要之，拨乱反正，不在天命之有无，而在人力之难易……呜呼哀哉！'南海圣人'，多方善疗，而梧鼠之技，不过于五，亦有时而穷矣。满人既不可欺，富贵既不可复，而反使炎、黄遗胄受其蒙蔽，而缓于自立之图。惜乎！已既自迷，又使他人沦陷，岂直二缶钟惑而已乎！此吾所以不得不为之辨也。"

简言之，在章太炎那里，旧的国粹方面比康、梁还旧还深，新的西方的政体思想比康梁还新还锐，太炎的《与吴君遂书》，提倡力行，兼革命与学术于一身，其方法上倾向于以人文阐释与科学实证相结合的治史途径。

一九〇四年，康、梁仍坚守立宪与改良的道路，但已失却从前的影响力。本年，孙中山的《敬告同乡书》，产生更大影响，康、梁之徒为之气沮。"夫康、梁，一以进士，一以举人，而蒙清帝载湉特达之知、非常之宠，千古君臣知遇之隆未有若此者也。百日维新，言听计从，事虽不成，而康梁从此大名已震动天下。此谁为之？孰令致之？非光绪之恩，曷克臻此！今二子之遁逃外国而倡保皇会也，其感恩图报之未遑，岂尚有他哉！"这个剖析，深入到康、梁的骨子里头去。当然他们感铭于皇帝的知遇，这也没什么错，但他们搞他们自己的一套便也罢了，可是他们偏偏自己给清廷打得抱头鼠窜之际，还对革命者的搭救毫不领情，并在海外毁坏后者的名声，口舌间所持有的一套还是清廷的语汇，其在海外的行迹，忽上忽下，忽左忽右，上下其手，莫名其妙，所以中山先生直接出马，中山先生此种判断，具有无可辩驳的强大逻辑力量，足以使对手陷于哑口无言的境地。

改良派与革命派的笔战，客观上让更多的人来认知清廷的罪恶，谴责清廷的暴行，让人民看清它的丑恶嘴脸和罪恶，认清它是恶劣腐败的政权（这样一个政权，竟然堂而皇之地存在了二百六十七年），让人民早日脱离它，唾弃它。

　　年底，《民报》一周岁了，在锦辉馆举行纪念大会，与会的、前来观瞻的有近万人之夥。大约早上八点半已开幕，宋教仁和宫崎寅藏迟到半袋烟的工夫，门口已经水泄不通，哪里还有半点空隙，只好从一窗口侧身进去，宛转镶嵌式的挤向前去。这样挤来挤去，竟然给挤到门外了，这下可真是无计可施了，情急中，宋教仁大呼道：有特别嘉宾前来！请稍让！谢谢……如是遂又重新挤入会场。及至演讲台前，发觉脚下冰冷，仔细一看，鞋袜都不知到哪里去了。讲台上，中山先生正在演说民生主义以及五权宪法。只听见几乎不间断的如雷般的掌声、欢呼声……

　　在那样沸腾的气氛中，中山先生一出场，满场顿时寂静下来，"有万木无声待雨来的光景，先生演讲两个小时，态度安详，声音清爽，不愧为演说名家，听众欢迎，自不待言。"[1]

　　会场四壁悬挂许多欢庆及祝贺的联语，其中有一女士集古人联赠中山先生，气象极为博大，联曰：岂有蛟龙愁失水，不教胡马度阴山。

　　中山先生说，民族主义并不是要排斥不同族的人，假如实施革命的时候，满洲人不来阻碍，那就绝无寻仇之理。他又解说民权主义，乃是政治革命的根本……仅他一人的演说就耗去两个钟头的光景，但是即使场外近万数的听众，全无倦态，只嫌其短，不嫌其长，可见中山先生非凡吸引力之一斑。

　　那天演讲的人很多，还有日本志士北辉次郎、萱野长知、宫崎寅藏……太炎则继中山先生上台演说。其演说稿后来刊于《民报》第十号，题目是《民报一周年纪念会祝辞》：

　　"目下言论渐已成熟，以后是实行的时代。但今日实行上有一种魔障，不可不破。因以前的革命，俗称'强盗结义'；现在的革命，俗称'秀才造反'。强盗有力量，秀才没有力量。强盗仰攀不上官府，秀才仰攀得上官府。所以强盗起事，没有依赖督抚的心，秀才就有依赖督抚的心……

————————
[1]　景梅九《罪案》，见《辛亥革命资料类编》，第59页。

　　"像现在官场情景是微虫霉菌，到处流毒，不是平民革命，怎么避得这些瘴气？（拍掌大喝彩）若把此事望之督抚，真是其愚不可及了！（拍掌大喝彩）……从今以后，我汉人兄弟，请把依赖督抚的一念，早早打消。但想当兵，不要想当奸细；但想做将士，不要想做参谋。这革命大事不怕不成，中华民国不怕不立。"

　　情绪的热烈，端的不可想象，几乎他每说一两句话，就有暴风雨般的掌声、喝彩声，太炎雄健不疑的语调更显出一种慷慨激昂，几乎每一个字都是一种感染，每一句话都是一种共鸣，听众几乎疯魔，这是《民报》历史上的极盛景象，也是太炎演说效果的顶峰。

　　会后，有人提议向《民报》捐款，一时签名者、投钱者络绎不绝。

　　清末老中国儿女的精神岁月，最需要青年的激烈来修葺滋长。党人多激烈，党人中亦多青年心理及生理上的青年。失却了这种激烈的青年，则一切专制极权真可以万世长存，桀纣就不用出奔和自焚了。叶圣陶论中年人的生活方式，对其老成安详、圣人样的搭起架子，颇多惋惜和哀怒："一个堪为士则世范的中年人的完成，便是一个天真活泼爽直矫健的青年人的毁灭。"[1] "青年"的内涵，正容纳生命热烈真实的意义在里头。一九〇七年梁启超赴日本东京演讲，观者逾千人，梁氏开讲方谓"我国必须立宪，现在朝廷下诏立宪，诸君应当欢欣鼓舞……"话音未毕，宋教仁、仇鳌、张继等同盟会员四百余人起立，张继且高叫："马鹿！狗屁，打！"挥杖欲击，旁人也欲饱以老拳，梁启超无奈，往后门疾走逸脱。接着宋教仁上台宣示革命宗旨，全场掌声雷动，[2] 其后《新民丛报》已呈一蹶不振之势。从直观的意义上说，亦可谓是"青年"对"中年"的胜利。这颇合但丁老师维其略的"避开惰性说"——设若精神不随肉体堕落，则可望越过一切困厄险阻。[3]

　　同盟会的学者，奔走革命，浪迹四海，荆棘载途，备尝困厄。然其一番率性的行止，往往不请自来。

① 《未厌居习作·中年人》，民国 28 年版。
② 参见《辛亥革命回忆录》第 1 卷，第 442 页，中华书局，1961 年。
③ 《神曲·地狱篇》二十四节。

周年纪念会后半月，太炎又与宋教仁畅谈，在《民报》社共进晚餐，说起宋教仁挤进会场的狼狈相，相顾大笑。饭后又谈哲学问题，太炎主张精神万能，认为万事万物，本来什么也没有，皆一己之心以为有方有。至于物质，乃人之一念之中以为有之，于是便有。宋教仁说，这涉及唯是之理，这个我，不是内体的我，是一个念头……太炎以为然。

纪念会后出版了《民报》第十号。除了太炎的演讲辞，还有他的《箴新党论》。

因该年清廷宣布预备仿行立宪，康、梁震动，预将保皇会改为国民宪政会。因受鼓舞，康、梁劲头十足，乃放言"今者我党与政府死战，犹是第二义；与革党死战，乃是第一义。"①仿佛炮衣褪去，炮口指向同盟会，完全撕破脸皮，悍然不顾了。太炎见此，遂作《箴新党论》：

"合百千万人而为一朋。其执守必与众异，然后可以自固其群，非鸟合兽聚之谓也。前世党人，虽无远略，犹不失其正鹄，独新党则异……今之新党，于古人固不相逮。若夫夸者死权，行险徼幸，以求一官一秩，则自古而有之……然新党之萌芽，本非自有为作，挟其竞名死利之心，而有为所为，足以达其所望则和之，不足以达则去之，足以阻其所望则畔之。固有为虽失助，而新党自若……返而观其行迹，其议论则从新，其染污则犹旧……今满人习于承平之乐，唯声色狗马是务，诸所举措，纷无友纪，而学生之承流其下者，一切以顺为正，海内向风，既明且哲，反唇偶语，且不得闻，而欲建立议院，以匡救庙堂之阙，此必不可得之数。然则虏廷之自恣必甚。"这是一篇长文，从历史、心性挖掘，连带其社会关系，终极鹄的，把康、梁的不堪，清廷的朽坏，一一形诸笔端。

此文出来后仅仅二十来天，也即一九〇七年的一月上旬，康梁一伙竟扛不住了。

梁启超请托徐佛苏，前往《民报》社说项，目的是双方以后和平发言，友好相处，不要再行诋毁。徐氏出身华兴会，时任《新民丛报》撰述。

---

① 梁启超《与夫子大人书》。

徐氏当即出马，首先找到宋教仁，开门见山，提出《民报》动辄斥骂康、梁保皇，指斥有所不妥，因康、梁实已转向宪政，保皇会已改为国民立宪会，故请勿再骂，和平相处可矣。宋教仁答应改日与《民报》诸子商议，随后又觉兹事体大，当晚十点就去太炎的宿舍找他，转述一切。太炎的态度，以为可以商量，可以商定调和的条件。

宋教仁出得门来，转身又上孙中山宿舍，恰遇胡汉民也在，就把此事说来听了，孙中山、胡汉民则不以为然，说若是谈和，那就太不了解保皇诸人了。大概也以为这班家伙必定在特定的时间随时反噬。

太炎的态度令梁启超喜出望外，他说对于太炎"久耳其名，其心理能变迁若此，真可敬"。

梁启超这话也有地雷，盖以章、梁曾在一处共事，且因观点歧异而致人身冲突，此说久耳其名，适见其伪。梁氏也感谢徐佛苏前往说项，但又强调，对于《民报》的这文那文，都还要反驳，有的甚至是生死对立的观点，所以，所谓停止论战，一时缓兵之计罢了。梁启超也很妙，他只要对方停止论战，而他并不在此例。几天后，宋教仁去看孙中山，恰遇太炎、胡汉民都在，就把这事说了，诸人都说梁氏伪善。梁氏的伪善甚至引起徐佛苏的反感，徐氏大摇其头。无奈之下，徐氏又联手蒋观云，面晤梁启超，劝他不要一意孤行，恶口恶言加诸《民报》，如此则以后就更不好办了。

一九〇七年的春三月，太炎和张继、刘师培、苏曼殊、陶冶公等人发起亚洲和亲会。不久，又为苏曼殊的《曼殊画谱》写序，序言有云："今者曼殊上人善作山水，其弟子何震，集其画稿，付之印人。余愿上人他日证无生果，亦如舍利、目连二师，则是画亦一缘起已。震旦邬波索迦章炳麟序。"也也给《天义报》赐稿，此为刘师培之妻何震编辑。他给秋瑾诗集的序言、给曼殊的画序，都发在该刊。

一九〇七的夏天，太炎在《民报》所刊发文章，呈郁勃的高峰。从第十四号起，陆续有《官制索隐》《中华民国解》《五无论》《定复仇之是非》《国家论》《祭徐锡麟陈伯平马宗汉秋瑾文》。

《讨满洲檄》则在梁启超告饶后出笼，发表在《民报》的增刊《天讨》上。本檄文刊出时，附有插图多幅，太炎自己在其中的《猎胡图》下题词："东方豸种，为貉为胡，射火既开，载鬼一车。"再次以此游戏笔墨来调剂主文的庄严重大。将其视为兽类虫豸，高度蔑视的心境昭然若揭。太炎不惜杀头坐牢，不惜肝脑涂地，其所以然之心理背景和底蕴尽在于此，故录全文如次：

> 天运丁未，纪元四千六百零五年某月某日，中华国民军政府檄曰：
>
> 昔我皇祖黄帝轩辕氏，与炎皇同出于少典之裔，实建国于兹土。上法乾坤，乃作冠带弧矢之利，以威不庭，南翦蚩尤，北逐荤粥，封国万区，九有九截。少昊、高阳继之，至于唐虞，分北三苗，海隅苍生，莫不循化。夏商之世，王威不远，亦能保我子孙黎民，不失旧服。自周公兼夷狄，定九宇，四海之内，提封万里，旅獒、肃慎，无敢不若。
>
> 衰周板荡，始有赤狄、白狄、九州、陆浑之戎，交捽诸夏，夷言被发，渎乱华俗，部落聚居，胜兵稀疏，亦财比于癣疥。秦始皇帝奄有海内，乃命上将驱而致之河湟之外，始筑长城以阻匈奴。中夏清明，秦功为大。皇汉肇兴，则有平城之役；孝武赫然，锐意北伐，终绝大漠，勒石纪功于狼居胥之山。三世载德，威惮旁达，日逐呼韩邪单于，南向奔命，愿为臣妾。迄于新都、季汉之世，胡祚世衰，边庭少事。
>
> 晋道陵夷，授权降虏，刘元海、石勒之徒，凭藉晋威，乘时僭盗，则我中华之疆土，自是幅裂。五胡麕聚，甲覆乙起，江左建国，不由荆、扬。然犹西殄姚泓，东诛慕容。徒以燕、冀未靖，又资拓跋。崔浩、魏收，腾其奸言，明朔方之族，出于黄帝，奸人王通，复以《元经》张虏，乃云黎民怀戎，三才不舍。由是言之，非虏之能盗我中华，顾华人之耽于媚虏也。
>
> 天诱其衷，唐室受命，西戎、突厥咸服其辜。以中原之

地，久陷索虏，任用将帅，胡、汉杂糅，卒有安、史之变。延及朱梁，沙陀内寇，石晋、刘汉，世载其凶。宋承百王之末，疆域削迫，燕云诸州，沦于契丹。金源继逆，播迁南服。遂启蒙古，宰割赤县，则我中华始北墟为亡国。以民志未携，能贵其种，韩宋天完，扶义伐罪，卒统一于朱氏，衣冠礼乐，咸复其初。虽疆域之广，不逮汉家，挞伐所及，远逾宋氏。辨章种族，严于有唐，九边分卫，斥候相属。卫虏不能肆其毒，蒙古不能播其氛。边防之严，趣重西北。

蕞尔东胡，曾不介意。乃使建虏雄兔，窜伏于其间，荐食沈阳，侵及关内，盗窃神器，流毒于中华者二百六十三年。逆胡爱新觉罗氏者，女真遗丑，蘖芽东垂，蒙鱼为皮，使犬逐鹿。自以朱果之祥，发于神鸟，诱惑诸夷，肆其蚕食。昔在明室万历之初，跳梁作贼，父子就诛，凶嗣奴儿哈赤，长恶不悛，世济其逆。我中华念其蒭愚，不忍尽戮，因夷治夷，疆以戎索，则有龙虎将军之命。奴酋背诞忘德，恣其虐饕，职贡无时，东珠不入，盗我边部，旁及叶赫尼堪、外兰诸部，将率群五，黄衣称帝。其子皇太极因袭便利，入据全辽。我中华亦有流寇之难，讨伐不时，将帅亟易，遂得使虏穷凶极恶，肆其驰突，外劫朝鲜，内围京邑，稔恶盈贯，亦陨其命。属以流寇犯阙，思宗上宾。多尔衮、福临父子，假称义师，盗有中夏。自弘光初元，讫于延平郑氏之亡，四十有一岁，冠带遗民，悉为虏有。以至于今，传嗣九叶，凶德相仍。

今将数虏之罪，我中华国民其悉心以听。

昔拓跋氏，窃号二洛，代北群胡，犹不敢陵轹汉族，虏以要害之地，建立驻防，编户齐民，岁供甲米，是有主奴之分。其罪一也。

既据燕都，征固本京饷以实故土，屯积辽东，不入经费。又熔金巨亿，贮之先陵，穿地藏资，行同盗贼。故使财币不流，汉民日匮，无小无大，转于沟壑，其罪二也。

诡言仁政，永不加赋，乃悉以州县耗羡，以为已有，而令州县，恣取平余，其余厘金、夫马、杂税之属，岁有增加。外窃仁声，内为饕餮，其罪三也。

自流寇肆虐，遗黎凋丧，东南一隅，犹自完具，虏下江南，遂悉残破。南畿有扬州之屠、嘉定之屠、江阴之屠，浙江有嘉兴之屠、金华之屠，广东有广州之屠。复有大同故将，仗义反正，城陷之役，丁壮悉诛，妇女毁郭。汉民无罪，尽为鲸鲵，其罪四也。

台湾郑氏，舟师入讨，惧海滨居民之为乡导，悉数内迁，特申海禁。其后海外侨民，为荷兰所戮者三万余人。自以开衅中华，上书谢罪，大酋弘历悉置不问，且云寇盗之徒，任尔殄灭。自是白人始快其意。遂令南洋侨民，死亡无日，其罪五也。

昔胡元入寇，赵氏犹有瀛国之封，宗室完具，不失其所。满洲戕虐弘光，朱氏旧宗剿灭殆尽，延恩赐爵，只以欺世，其罪六也。

胡元虽虐，未有文字之狱，自知貉子干纪，罪在不赦，夷夏之念，非可划绝。满洲玄烨以后，诛求日深，反唇腹诽，皆肆市朝。庄廷钺、戴名世、吕留良、查嗣庭、陆生楠、汪景祺、齐周华、王锡侯、胡中藻等，皆以议论自恣，或托讽刺于诗歌、字书之间，虏遂处以极刑，诛及种嗣，展转相牵，断头千数，其罪七也。

前世史书之毁，多由载笔直臣，书其虐政，若在旧朝，一无所问。虏以人心思汉，宜所遏绝，焚毁旧籍八千余通，自明季诸臣奏议、文集而外，上及宋末之书，靡不烧灭，欲令民心忘旧，习为降虏，其罪八也。

世奴之制，普天所无。虏既以厮役待其臣下，汉人有罪，亦发八旗为奴，仆区之法，有逃必戮。诸有隐匿，断斩无赦。背逆人道，苛暴齐民，其罪九也。

法律既成，即当遵守，军容国容，互不相入。虏既多设条例，务为纠葛，督抚在外，一切以便宜从事，近世乃有就地正法之制。寻常私罪，多不覆按，府电朝下，囚人夕诛。好恶因于郡县，生杀成于墨吏，刑部不知，按察不问。遂令刑章枉桡，呼天无所，其罪十也。

警察之设，本以禁暴诘奸。虏既利其虚名，因以自煽威虐。狙伺所及，后盗贼而先士人，淫威所播，舍奸宄而取良奥。朝市骚烦，道路侧目，其罪十一也。

犬羊之性，父子无别，多尔衮以盗嫂为美谈，玄烨以淫妹为法制。其他烝报，史不绝书。汉士在朝，习其淫慝，人为雄狐，家有麀鹿。使中夏清严之俗，扫地无余，其罪十二也。

官常之败，恒由贿赂。前世臧吏，多于朝堂杖杀，子姓流窜，不齿齐民。虏有封豕之德，卖官鬻爵，著在令典，简任视事，率由苟且。在昔大酋弘历，常善任用贪墨，因亦籍没其家，以实府藏。盗风既长，互相什保，以官为贾，以法为市。子姓亲属，因缘为奸，幕僚外嬖，交伍于道。官邪之成，为古今所未有，罪十三也。

毡笠绛英以为帽，端罩箭衣以为服，索头垂尾以为鬘，鞦鞴璎珞以为饰。往时以蓄发死者，遍于天下，至今受其维絷，使我衣冠礼乐，夷为牛马，其罪十四也。

夫以黄帝遗胄，秉性淑灵，齐州天府，世食旧德。而逆胡一入，奄然荡覆。又其腥闻虐政，著在耳目，凡有血气，宜不与戴日月而共四海。故自僭盗以来，朱一贵起于台湾，林清起于山东，王三槐起于四川，洪秀全起于广西，张乐行起于河南，其他义师，不可悉数。岂实迫于饥寒，抑自有帝王之志！诚以豺狼之族不可不除，腥膻之气不可不涤，故肝脑涂地而不悔也。

今者民气发扬，黎献参会，虏亦岌岌，不皇自保，乃以立宪改官之令，诱我汉民，阳示仁义，包藏祸心，专任胡人，死相撑拒。我国民伯叔兄弟，亦既烛其奸慝，弗为惑乱。以胡寇孔棘之故，唯奋起逐北，摧其巢穴，以为中华种族请命。幕府总摄维纲，辑和宗族，惧草泽之骏雄，良材鲜学，则自以为王侯，同类相残，授虏以柄，或有兵威既盛，虏不能制，思寻明祖之迹，与比邻诸雄，互相角夺。不念祖宗同气之好，日寻干戈，使元元涂炭，帝制既成，惟任独断，不可以保世滋大。又惧新学诸彦，震于泰西文明之名，劝工兴商，汗漫无制，乃使豪强兼并，细民无食，以成他日之社会革命。为是与内外民献四万万人契骨为誓曰：自盟以后，当扫除鞑虏，恢复中华，建立民国，平均地权。有渝此盟，四万万人共击之。

呜呼！我中华民国，伯叔兄弟，诸姑姊妹，谁无父母，谁非同气，以东吴群兽，盗我息壤，我先帝先王亦既丧其血食，在帝左右，旁皇无依，我伯叔兄弟诸姑姊妹，亦既降为台隶，与牛驹同受笞箠之毒，有不寝苦枕块、挟弓而斗者，当何以为黄帝之子孙？惟革命之不可以已，而不可以有二也，故有共和之政，均土之法，以维持于无极。事虽未形，规摹则不可以不闳远。惟我国民，恺悌多智，以此告勉，庶几百姓与能。迩来军中之事，复有约束曰：毋作妖言，毋仇外人，毋排他教。昔南方诸会党，与燕齐义和团之属，以此三事，自致不竞，惟太平洪王之兴，则又定一尊于天主，烧夷神社，震惊孔庙，遂令士民怨恚，为虏前驱。唯是二者，皆不可以崇效。我国民之智者，则既知引以为戒，其有壮士，寡昧不学，宜以此善道之，使知宗教殊途，初无邪正，黄白异族，互为商旅。苟无大害于我军事者，一切当兼包并容。有违节制，悉以军律治罪。

又我汉族，仕官于满洲者，既实同种，岂遽忘其祖父？徒以热中利禄，受彼迫胁。人亦有言：满堂饮酒，有一人向隅而泣，则举坐为之不乐。幕府张皇六师，神武不杀，虽虮蚼蚁子，犹不妄戮，况我同种，而当迫害？尔念缙绅，及尔介胄，既污伪命，如彼赤子，陷于深谷。尔虽湛溺，尔心肺肾肠犹在。尔亦念往者，胡人入关，陵暴尔祖尔父，斫头屠肠于绝辔之野，尔室毁破，尔庙摧夷，尔墓掘穿，尔先妣与诸母诸姑，亦有污辱。我政府肃将天讨，为民理冤，以为有人心者，宜于此变。若能舍逆取顺，翻然改图，有束身归命，及以一城一至迎降者，任官如故。若自忘其本，为虏效忠，以逆我大兵之颜行，一遭俘虏，或得赦宥，至于再三，杀无赦。其为间谍者，亦杀无赦。

又尔满洲胡人，涵濡卵育于我中华之区宇，且三百年，尺布粒米，何非资于我大国。尔自伏念，食土之毛，不怀报德，反为寇仇，而与我大兵旅拒，以尔四体，膏我萧斧。尔抚尔膺尔谁怨！若自知不直，愿归部落，以为我中华保塞，建州一卫，本尔旧区，其自返于吉林、黑龙江之域。若愿留中国者，悉归农牧，一切与齐民等视。惟我政府，萧勺群慝，淳化虫蛾，有回面内向者，怀柔以礼，革其旧染。径举租赋，必不使尔有侗轻重。尔若忘我汉德，尔乃盗边，尔名马大珠不入，尔恶不悛，尔胡人之归化于汉土者，乃蹀足謦欬，与外胡响应。幕府则大选将士，深入尔阻，犁尔庭，扫尔间，遏绝尔种族。幕府则建筑尔尸，以为京观。

如律令，布告天下，讫于蒙古、回部、青海、西藏之域。

此文正是讨伐清廷的一个纲领性文件。曾国藩的《讨粤匪檄》以捍卫中国道统、匡扶名教面目出现，指斥太平军荼毒生灵，此文精警剀切，令人一读快意，怹他事实上替清廷张目，道义上说不过去；洪秀全的《太平天国奉天讨胡檄》以神州拒胡虏，立足点不错，但行文夸诞，至若有云："予细查满鞑子之始末，其祖宗乃一白狐一赤狗交媾成精，遂产妖人。种类日滋，自相配合，并无人伦风化，乘中国之无人，盗据华夏。"令人失笑，且借上帝说事儿，非驴非马，加之文采荡然，文章力量大打折扣。

而太炎执笔的讨清檄文则大不同，洪秀全所要批判打击的，在他那里揭橥无以复加；洪秀全所要剿灭攻击的，在他那里全占了上风。论文采曾国藩还稍逊一筹，洪秀全何敢望其项背？论民族性、论中华文化价值的保卫，在他那里才都是正统，曾、洪的缺失，在他那里全是激扬饱满的优势。更为可惊的是，行文饱含智、仁、勇三达德，大有鱼龙百变、风雨交加之伟观，形成自始至终潜伏全文的巨大精神力量，仁者无敌，勇者无惧，既有确凿不疑的原则和浩大的正气，又有化解仇恨的善意和策略，耳提面命而又语重心长，掷地有声，气势磅礴，洵可称檄文中的巅峰之作，胸襟气度都在曾、洪之上。

精神到处文章老，学问深时意气平。前用一句形容太炎，老是老到、老辣，那是准确的；后一句，则不然，他的学问龙蛇起陆，深不可测，就算表面是平静的，内里也是波翻澜卷，无限激荡。这样的文字驱遣具有能量、思想，这样的文字驱遣也葆有强烈生命气息，具备了创造和损毁的能力。它的每一字词，仿佛小小的能量子弹，射入肉眼所不能见的生命领域。其所产生的能量，充溢社会空间，排山倒海，无可反驳，字句的推进演绎，徐徐渗透人们的生命。

同盟会与保皇派的论战，时间上，从戊戌变法到辛亥期间，长达十余年；空间上，从国内到海外，包括日本、南洋、欧洲、美洲；阵地上，《民报》对阵《新民丛报》，《中兴日报》（革命派，主编田桐）对阵《南洋总汇报》（南洋保皇机关报）。《民报》在一九〇八年的秋天被迫关停，但在前一年的年初，就将《新民丛报》打得灰头土脸，关门大吉，其力量的雄健、内力的磅礴可想而知。

地发杀机，龙蛇起陆，杀机深潜的年光自然酝酿杀气腾腾的文字。清末，已值新战国的发轫期，社会空气业已滚烫难耐，章太炎们的文字使之迅即达到沸点。

他们本来实在是些和光同尘、束身自好的读书人，其所以不能忍者，在谋求今日老中国疲弱颓丧变为明日东升之旭日矣，其所以执利器而致敌死命者，又与佛家的精神沟通，所谓"国王暴虐，菩萨有权，应当废黜。杀了一人，能救众人，这就是菩萨行。"[1]

---

① 转自《章太炎文选》，第145页，上海版。

与《民报》差不多同时期的《新新小说》（陈冷血主编）推崇侠客主义，该刊刊文《杀人谱》可为当时杀气弥漫的代表："鸦片烟鬼杀，身体肥大者杀，小脚妇杀，躯干斜曲者杀，手爪长多垢者杀，齿色不洁净者杀，眉蹙者杀，多痰嚏者杀，与人言摇头者杀，无事时摇其体或两腿者杀，与人言未交语先嬉笑者杀，口常不合者杀……"[①] 痛恨卑鄙龌龊的世道民风，一共罗列达二十八种之多，一片杀伐之声。

新派电影中的暗杀分子，多是一脸的冷峻，思多话少，电影家要竭力造成一种神秘感。这种印象拿来衡量民初民党暗杀人物，必致谬以千里。他们多是文质彬彬的书生，甚至有挥不去的学究气。他们真不是为杀人而杀人。近世以旧诗名世的南社诗人林庚白早年协创碧血黄花社，以暗杀帝制余孽为事，其人则超逸孤傲，其作品则理想瑰奇，魄力雄厚。黄兴更是革命党中义贯日月的大将军，作战有投鞭断流之气魄，虽然"君性刚果，而对人媞顺如女子"。[②] 他们的仁心仁术，实到了菩萨慈悲的境界。如曾参与北方暗杀团的蔡元培先生，一九〇三年以后，军国民教育会的暗杀团以杨笃生、章士钊为正副团长，并在上海成立分会，"欲先狙击二三重要满大臣，会员有蔡元培、何海樵、黄兴、陈天华、张继、陈独秀等人，以暗杀为军事进行之声援"，蔡先生常与年轻人在密室试验炸药，从蔡先生用人的标准来看，就可知道他是怎样一位古道照人的长者，有怎样一副大悲悯的心肠，有怎样含辛茹苦、折齿自吞的克制。五四之前，蔡元培先生为《公言报》写《答林琴南书》尝谓："嫖、赌、娶妾等事，本校进德会所戒也，教员中间有喜作侧艳之诗词，以纳妾、狎妓为韵事，以赌为消遣者，苟其功课不荒，并不诱学生而与之堕落，则姑听之。夫人才至为难得，若求全责备，则学校殆难成立。"

士君子负有为之才，处无望之世，而其带长剑兮挟秦弓，实出于迫不得已。聊以一身正气以俟河清耳。志士多苦心，安能一一为流俗道哉！

---

① 转自《辛亥革命时期期刊介绍》，第 231 页，人民出版社。
② 章太炎《黄兴墓志铭》。

　　人之无学，则不如物。党人革命，而其著述，往往文采斐然，如投海的杨笃生，浸深于词章旧学，生前著《新湖南》论文，文藻赡逸，文思如泉，有不择地涌出之慨。革命精神与文辞之美，激气互高。后代自许革命者，每遇撰述，大抵命人捉刀，自身文墨不通，还要教育百姓，未免可哂。至章太炎先生，则识者论其一生功绩，尝以革命与国学，各占其半。其余党人精英，率多如是，盖以分途实行革命之际，无论从事暴动，投身暗杀，从不忘记埋头苦学。于政治理论、国学西文、军事科技，尤多致力。学习的态度，又非戮力拼命不能形容。故自始至终，葆有可敬可亲之书生本色。

第八章 《民报》后期 纠葛
横出的季候

—— 旗帜之争，隔阂起于细故 —— 金钱冲突，矛盾增大 —— 与孙、黄的纠葛 —— 人事一团乱麻 —— 困顿的日子 ——《民报》夭折，东京讲学 —— 揭穿保皇派的乌龙

太炎主持《民报》，到了最为风生水起的时节，那时他意气风发、奇峰突起，文章运笔，大有席卷天下、包举宇内的态势，殊不料在这时，他却和同盟会的领袖孙中山矛盾渐起，终于爆发至一发不可收拾，且从此留下无可弥缝的裂痕，终其一生，都未能真正愈合。这个外人看来似乎有些莫名其妙的矛盾，竟然发于细故，而源于个人的胸襟、质性、生长背景的歧异。首先即是介入同盟会旗帜之争。

孙中山从南洋回来，定青天白日旗为同盟会会旗以及将来的国旗，此中凝聚陆皓东等第一代烈士的鲜血，此事是在新加坡即已敲定。黄兴则欲以井字旗为之，含平均地权之意。此外，还有人提议用金瓜斧钺式，发扬汉族精神；有人提议用十八星旗，象征十八行省；有人提议用五色旗，以合乎王行。军旗、国旗样式的争论，地点在赤坂的红叶馆，

参加者有孙中山、黄兴、宋教仁、章太炎、汪精卫、乔义生、田桐、汪东、还有两位日本友人。

宋教仁以为，孙、黄意见的对立，并不是黄兴对于井字旗情有独钟，而是和中山平时积累的不快，此时借故而发。宋教仁的态度"两者感情万难调和，且无益耳，遂不劝止之"。这是宋教仁的个人态度，而其他人则多起而劝之。

在太炎的笔下，场面非常激烈，近于火爆。黄兴对于青天白日旗极其反感，必欲毁之，中山先生则厉声说："'仆在南洋，托命于是旗者数万人，欲毁之，先摈仆可也。'克强怒，发誓脱同盟会籍。未几，复还。"①

黄兴先生是怎样又回同盟会的呢？他走开后冷静一想，也大可不必，就写信给胡汉民说，他不理解中山先生何以那样固执地一口咬定必须是首次起义之旗？现在他为了同盟会的前途、为了革命的大局，勉强同意中山先生的意见，他本人不在此问题上再作争执。大概过了十来天，宫崎滔天又做东，邀请太炎、宋教仁、张继等人，进一步调和，此时因军旗图案引发的内部矛盾，已缓和多了。

因为这事，黄兴发誓脱去同盟会会籍，同盟会各干部，也随孙、黄的意见形成分歧的两派。就革命军国旗图样发生争执，涉及个人对传统政治、学养底子、审美观念等等方面的分歧。黄兴以为青天白日旗不美观，且与日本旗帜相近似，孙中山力争不让步，且增加红色于其上，含有红蓝白三色，象征自由、平等、博爱的真义。

太炎在其中，处于调解的地位，若说他在其中认可哪一方，倒未必。两种旗帜他都不大认可，他后来最为心仪的，是一种不伦不类的五色旗。

翻过年坎到一九〇七年的春正月，平时只要孙中山在东京，总是三天两头能见面，虽然太炎和宋教仁情深潭水、形同莫逆，但和中山的关系也不差，大年十五的前两天还在孙的寓所闲谈至下午，下午又与孙中

---

① 章太炎《自订年谱》。

山、刘师培、胡汉民等至东京市区的赤坂找人谈事情。

孰料几天后，他们的矛盾即突然爆发，以至于难以收拾。

冲突的导火线竟是因为一笔经费的措置分配问题。中山先生离开日本是在一九〇七年的二月下旬，内田良平在东京赤坂区的红叶馆为之饯行，参加宴会的有黄兴、汪兆铭、章太炎、胡汉民、刘师培、宋教仁、田桐、张继、汪东，以及宫崎寅藏、清藤幸七郎、和田三郎。

日本政府应清廷之所请，决定驱逐孙中山出境。为了面子上好看，赠与盘缠七千元，商人铃木久五郎个人赠一万元，统共是一万七千元。这些钱款交到中山之手，他就取出两千留给《民报》做经费，一千元用于告别宴会，其余款项带走以供潮、惠军事运作。太炎为此既愤愤不平，也念念有词，后来在他口中竟成了孙中山私吞公款。孙先生离开后，由同盟会本部执行部庶务刘揆一代行同盟会总理职务。

孙、黄、胡、汪往南洋。宋教仁赴奉天，不久又回到日本。

这件事情大约使他骨鲠在喉，寝食难安，可惊的是，几个月后，太炎终于找到了爆发的机会。

潮州起义、惠州起义，均告失利。你不是要带钱去充作军费吗？搞的什么事，在太炎看来，这笔钱用于起事，却一事无成，枉自花钱，于是他禁不住到处游说，主要赞助他观点的就是张继、宋教仁和刘师培、陶成章、田桐、谭人凤。他们的意图是要召开大会，罢免孙中山职务，然后推黄兴上位。因刘揆一代行总理职权，这班人以太炎带头，催他赶紧召集会议。催促的时候语气带点轻蔑，因那时候刘揆一还三十岁不到，太炎以其资望太浅，对他不大看得上眼，只当小儿使唤。刘揆一深知那点钱的分配孙中山有他充足的理由且也出于不得已；又以黄兴绝非乘人之危的人，且他们当时同在南方并肩作战，如果遂行太炎等的提议，不啻在同盟会内部引爆炸弹，所以力排众议，太炎等人的企图遂未得逞。黄兴得知香港转来的消息，极为震惊，立即复函说"革命为党众生死问题，而非个人名位问题，孙总理德高望重，诸君如求革命得有成功，乞勿误会，而倾心拥护，且免陷兴于不义"。此时同盟会本部购置武器一事正在进行中，不意一日本友人平山和田竟来《民报》谈起此事，说这批武器乃老式枪械，陈旧破损，不能用于实战。说者无心听者有意，太炎转身即以明码电报拍给香港《中国日报》社，该报系由孙中山创办，陈少白为首任社长，次任社长是冯自由，当时冯自由接电后立即报知中山先生，中山一听之下吃惊不小，以为此类要务，事涉军事秘密，太炎竟以明码出之，不啻曝光党人意图，清廷即可按图索骥；孙先生的吃惊继而转为深深的不快。盖以太炎心理类如顽童，而其行为大类恶少。

太炎全不管这些，怪罪的心理有增无减。在他看来，孙、黄一心在南方整事儿，浑不顾东京本部的各个干部，大有"商人重利轻别离，前月浮梁买茶去"的弃妇心态。你俩不管我等，我等只好散伙了。太炎和宋教仁、张继等留守本部，仿佛不知孙、黄在外打拼的辛苦。闲暇充裕，因而想象力特别发达，以为孙、黄在外怎样的风光享受，殊不知人家正在提着脑袋玩命。如是屡屡想当然，对于孙、黄的战略眼光，就只好越来越模糊了。

还有一个使其这般如坐针毡、迫不及待的原因，就是经济的困窘。

宋教仁常常吃了上顿没下顿，苦闷发作的时候，只好卧地狂歌，太炎劝他，就说这事儿要被东亚人笑话，宋教仁就要太炎向《民报》社借钱。太炎到社里翻箱倒柜，恨不能从犄角旮旯找出金子来，却找不到几个子儿，站在那儿，怒不可遏。就说钱款都给黄兴移到南方作他用去了。宋教仁没完，让他再想办法，他倒有一个法子，就是接二连三地给孙中山拍电报，要钱，还是要钱。中山先生那边起初还回电答应设法尽力，然后就连空欢喜的回电都没有了。

钦廉上思起义后，中山先生又命令部属发动了河口起义，也即一九〇八年四月的戊申河口之役。这是对清廷的第八次打击。

在黄兴率领起义军转战于钦州、廉州、上思一带的同时，中山先生又派黄明堂、王和顺、关仁甫等人率领从镇南关撤出的革命军开赴云南边境，发动了河口起义。

镇南关失败后，孙、黄在钦州一带活动。郭人漳对前来游说动员的黄兴，不怀好意，黄兴何等聪明的人，他觉察到这一点，却不动声色，拿到护照后迅速走脱。在这一时期，孙、黄感慨尤深，就是深知依靠别人的势力是靠不住的。于是决心自己编练队伍，不久编成二队，每队一百余人，一队持长枪，一队持盒子炮。绕道安南的时候，还受到法国守兵的欢迎。于是向钦州进发，到了小峰，清兵愚蠢，以为是自己人，民军立即开火，将这一个排的清兵歼灭。郭人漳知道后，带大队清兵出战，民军乃佯装撤退，将据山为阵的清军引下，迅速分三路，将其包围夹击，清兵措手不及，损失巨大。随后，进攻马笃山，清军调三营防守，本来很有优势，黄兴又采取打侧翼的方式将其击溃，俘获郭人漳的军旗和自用战马。黄兴派人把军旗送还，并捎口信："军旗有关你的责任，所以送还，表示我们的友谊，马匹则暂时借用了！"郭氏不甘心，竟调集三千人的大队军力，追赶革命军。黄兴知道战事将大不利，遂乘夜色浓重，派精锐向郭营抛掷许多炸弹。清军自相惊扰，立即逃窜，死伤众多。郭人漳、龚心湛受此打击，竟向两广总督哭诉，电请广西巡抚协助。

正在这时，黄明堂在河口发动起义了。四月二十九日起义军与清军中的反正部队会合，攻克河口。在河口，起义军张贴了《中华国民军都督黄告示》。此后，起义军又分兵出击，连克新街、南溪、坝洒，直迫蛮耗、蒙自；部队也由三百余人发展到三千余人。中山先生即委黄兴为云南国民军总司令，节制各军，并命他赶到河口督师。但终因寡不敌众而失败。后因敌人援军源源不断，乃率众退入安南。

腰间无铜，困住英雄。张继启程前往欧洲去了。

黄兴从南方回来，宋教仁赌气不见面。而太炎倒是立即找到黄兴，不是慰问，却是一番自作聪明的教训。盖以此时太炎因主持《民报》笔政如日中天，心理意识渐渐坐大，以为《民报》灵魂非其莫属，兜头就是天壳海盖的一番高论：

我在这里全盘主持言论的宣传和鼓舞，效果饱满激越；你和孙中山在交趾起事，你们虽然略有斩获，但究其根本不能痛创清廷，只是想让世人晓得革命党可怕，如此而已。照我的想法，应当把能到手的钱财，省吃俭用地储蓄起来，一旦财力许可，马上购置配备新式枪（铳）三千支、机关枪（铳）三门，这样装备队伍，大举攻击，或可一次性拿下一个省几个地区。然后各地就会纷纷响应，挟此风雷，可以造成大面积洪水般的打击。若是东搞一下、西搞一下，人财分散，小打小闹，最终你们只有无功而返。

黄兴耷拉眼皮，不想理他。

太炎急了：宋教仁在我们这群人中，较有智慧方略，你应当主动去找他，和他商量下一步的办法！

黄兴忍不住了：人家说宋教仁狂放，睥睨天下，他还说过不杀孙中山黄兴，无法成大事的话；他的成见这样深，是什么道理？

太炎说道：这些都是谗言佞语，某些人故意放出来的，目的是离间我等。宋教仁狂是狂一点，但他对你没有恶意。

见他这样说，黄兴虽觉离奇，但也就不再跟宋教仁计较了。孙、黄在外时，同盟会的焦达峰、孙武又成立了一个共进会，一般以为它是同盟会的外围组织，其实它是一个会中会。仍尊孙中山为领袖，仅将同盟会纲领中的平均地权改为平均人权。焦达峰其时是同盟会调查部长，和太炎等人一样也不满孙、黄全力经营华南的策略。对此太炎和他们颇有共同语言。黄兴除了要和太炎作不得已的理论，这边厢还要质询焦达峰，问他何以在内部标新立异，焦氏说他也无别意，只希望内地和边区同时进行，四面开花，改变缓不济急的涣散局面，力求加速成事。黄兴说，那么这样就一统变为两统，谁才是正统？焦氏说，兵事未起，急什么！先生您先成功，我襄赞您；我先成功，您来附我……一句话噎住黄兴，黄兴也懒得再搭理他。这时黄兴正忙得不可开交，自从河口败绩，回到东京后，即着手建立大森体育会，意在对知识人士为主的干部中加强军事训练，该会聘请多位日本资深军官，教授军事技能；学员百七十人为一军，共二军，黄兴与日教官各领一军，对垒演习，尤其重视夜袭和拂晓突击作战训练。

针尖大的窟窿斗大的风，源于脾气、生性使然。

在日本，同盟会的分裂，竟是因为几个钱，这也真让日本那些谋略家瞧不起。

就孙中山个人而言，何尝有一丝半毫的恋钱之想，可以说，世界史上，近古以降的大人物中，华盛顿和孙中山，根本是敝屣金钱、浮云富贵的罕见人物。

但是又正是孙中山，在近代中国革命的领袖中，与金钱最有缘分。各地的华侨，往往为其超人般的个人魅力，而将革命愿景以金钱方式捐输给他。通过他的手，再传输到革命的各个环节和细部，直到黄花岗起义前的槟榔屿秘密会议，集中了一众同盟会高干，他们因头一年的败局，心情黯淡，一屋子的人都叹息长嗟，相对无言。这时候中山先生就说："吾曩之失败，几为举世所弃，比之今日，其困难实百倍，今日吾辈虽穷，而革命之风潮则已甚盛。一败何足馁！从今而后，只虑吾人无计划无勇气耳……'

赵声提出，起义需要庞大款项，孙先生安慰他不用急，并说明当以教育义捐方式筹款，以免当地政府干涉。一项几乎就要流产的近代史上的大动作，因中山先生所筹巨款而照既定计划进行了。毫不夸张地说，他根本就是革命史上一棵硕大无朋的摇钱树，他个人筹集的金钱，筑起了近代革命的坚强础石。

当然，这些巨量的款项，在四处开花的起义、运作、行动过程中，因开销的巨大纷纭，仍显得捉襟见肘。

因而，中山先生也就有权对款项的去向作出统筹安排、合理布局。

然而，太炎见不及此，张开大嘴径行开骂，此源于他从小长于乡间，不自觉习染一种对金钱无法看开，以致锱铢必较的小家子气。更没有孙中山那种世界眼光，也缺少那种恢廓的胸襟。因而屡屡自犯"我执"而不能破，终于导致痼弊日深而久之无解；进而发展为一种坏脾气，一遇金钱如何安排、如何措置，只要不顺他的意，其火暴脾气仿佛火星溅油，一点就着！

日本友人赠送的几个钱，事情很久以后尚未画句号，盖以树欲静而风不止。

当陶、章提议革除总理职务一事，刘揆一是坚定的拥孙派。而张继对之毫不让步，直接饱以老拳，扭打起来。而刘师培则配合之，跳踉煽风，更进一步，提出改组本部案，其中有两个日本社会党员和刘氏走得很近，即北辉次郎、和田三郎两人，刘师培见其可用，遂援引之以充同盟会干事，刘揆一对此坚不让步，彼刘遂对此刘衔恨不已。刘师培为一种变态的情热所激发，跳得最高，直接欲改组本部，生性不甘寂寞，这是他后来走向筹安会的一场预演。

同盟会发生乱麻一团的人事纠纷，尚未理出头绪，清廷打击的触角，竟已伸到日本来了。

唐绍仪出使美洲，欲联络美国，制约日本，路过东京，逗留办事，看到《民报》不特系列攻击清廷，且也抨击他唐绍仪个人，当下变了脸，即唆使驻日清使和日本政府交涉，要求封禁《民报》。除了联络美国，唐绍仪手中还有日本在华的铁道、煤矿权利，可打之牌甚多。日本为了在华利益及合纵连横的考虑，当即封禁《民报》。罪名是鼓吹暗杀、破坏治安、违背新闻案例等等，命令书由警视总监龟井英三郎下达，并没收了已印出的当期全部《民报》。

命令书下达的次日，太炎即赶往牛込区警察署，向其负责人诘问理由。对方以事关外交不关法律作答。太炎知其难以理论，乃转向致书日政府内务大臣，表示不能承认该命令书。内务省乃令警察署向太炎再行解释。太炎不听，坚持不接受。对方乃说，前此你已亲手接取，即视为接受。

反复多次，太炎写了长函，警切讲述中美日三国历史，及所面临的现实问题，遣词用语，先软后硬："贵国天性尊君亲上，世笃忠贞……若以威吓利啖之故，而以《民报》之革命宗旨与满洲政府所赠利益交换，本编辑人兼发行人宁为玉碎，不为瓦全……"再后一封信中又写道，"本人虽一介草茅，素不受权术笼络，若贵大臣有意督过之，封禁驱逐，惟命是听。幸勿令纵横之士腾其游说。"

《民报》封禁后，太炎以一书生之力，屡与日政府顶抗，然而皆无效。《民报》在其手上中兴，也在他手上摧折，因而太炎的心理负担极为沉重，余怒无以消除，转而又将满腹怨憎撒向孙中山。《民报》断裂后，最早的编辑之一汪精卫积极运作地下出版，托名巴黎印刷，实则仍在日本编辑发行，前后又出版四期，因为不是太炎本人的编辑思想，他遂指摘为"伪《民报》"。

孙中山也拿不出钱来，有限的经费投进了武装斗争，却又迭遭败绩，可以说按倒葫芦起来瓢，经济方面真是四面楚歌。对于太炎的不依不饶，几乎视为乱命；太炎除了辗转函电请求接济之外，又遣陶成章到南洋募捐，陶氏正如他自己所强调他的影响力聚焦于长江下游，而南洋华侨和兴中会关系深郁，对于光复会相当隔膜，因而所获无几。

孙中山的性格，豁朗大度，是向外袒露的；章太炎的性格则狷介疏狂，向内收紧。这是很明显的两条线路，很不容易浑然一体的。此时，几至断炊之虞的太炎得到川籍留日学生一点支持，吴玉章把捐得的一些钱交给太炎维持生活，此举不啻雪中送炭，太炎感念之余，到处宣说："同盟会中只有四川人才是好的，才靠得住。"[1]可见太炎性格特征，爱则加诸膝，恶则坠者渊，一时一地，情绪化非常严重，犹如变化无穷的天气，门户之见一至此。

《民报》的夭折，除了这个直接的原因，更大的背景是：其一，中山先生《民报》一周年纪念所发表演讲，里面发挥的革命经纶，大招清廷之忌；其二是刘道一在萍乡醴陵发动大举，虽归于失败，但规模甚大，而刘道一和蔡绍南是从日本派回国的同盟会重要骨干，清廷破坏这次起义后，方详细得知同盟会无远弗届的指挥架构，也得以确认其指挥中心就在东京，遂有让日本政府放逐同盟会一派的要求。

《民报》停刊后，太炎力争未能挽回败局，不免一时消极；而同盟会高层不甘就此蛰伏，其时黄兴刚由南洋回到东京，乃策划将《民报》迁移美洲出版，遂找章太炎、宋教仁商量。后者闻之皆抚掌称佳。接下来黄兴委托美国牧师某某，取得三人赴美护照，旋因形势有变，这些努力又都化为泡影。

---

[1] 《辛亥革命》吴玉章文。

南洋重要各埠，是东京之外，同盟会的另一个海外据点。所以《民报》停刊后，许多重要干部，相继前往南洋发展，此间最重要的一个依托，就是各地极为忠贞热情的华侨，他们是中国革命之母。汪兆铭偕同黄兴，率先动身，目的地是新加坡；继之中山先生带着胡汉民由香港而转到越南河内。

《民报》停刊，太炎用于讲学的时间更多了，略呈"纵马南山之阳，放牛桃林之墟"的闲暇，讲学也可说是他的主要生活内容。一方面，倡导革命实践，一方面，学术培育并行不辍。

讲学与革命并驾齐驱，革命思想的灌输与学术修养的培育，地点在东京大成中学的一间教室。另有讲座地点，即章先生的寓所，二丁目八番地。学生以中国留学生最多，其成分师范生、法政生为数最夥；先后听讲的有百数十人，不算多，但他的学生，大多是后来的大名人，诸如任鸿隽、朱希祖、鲁迅、许寿裳、黄侃、钱玄同、钱均夫、周作人、马裕藻、沈兼士等等。日本学生也有来的，十之一二罢了。

"黄侃游学日本，曾一度和太炎同寓所。他住在太炎宿舍的楼上，某夜，因内急不及如厕，便就窗边解裤洋洋直泻，太炎夜读正酣，蓦地一股腥臊的尿水像瀑布般往下飞溅，不禁怒骂起来，黄也报之以骂。"[1]不骂不相识，一通骂架之后，黄氏对太炎五体投地，遂折节称弟子。

他的讲授，可谓深度投入，讲者上瘾，听者入迷。手挥目送，娓娓不倦。但在学生则未必与之同步，一些人重点不在汲取学问，"前去听讲……并非因为他是学者，却为了他是有学问的革命家，所以直到现在，先生的音容笑貌还在目前，而听讲的《说文解字》却一句也不记得了。"[2]

鲁迅是这样，太炎本人也不例外，因这一方面投入，另一方面势必生疏，盖以人的精力、智力、经验均有限制，就此一角度观察，他和孙中山的分歧也是迟早必然到来。

---

① 《古春风楼琐记》，第一卷，第282页。
② 《且介亭杂文末编》。

许寿裳《纪念先师章太炎先生》："每星期日清晨，步至牛込区新小川町二丁目八番地先师寓所。在一间陋室之内，师生席地而坐，环一小几。先师讲段氏《说文解字注》、郝氏《尔雅义疏》等，精力过人，逐字讲解，滔滔不绝。或则阐明语原……即有时随便谈天，亦复诙谐间作，妙语解颐。自八时至正午，历时四小时毫不休息。真所谓'默而识之，学而不厌，诲人不倦'。其《新方言》及《小学答问》二书，皆于此时著成，即其体大思精之《文始》，初稿亦权舆于此。"

太炎对于阔人要发脾气，可是对青年学生却是很好，随便谈笑，同家人朋友一般。"夏天盘膝坐在席上，光着膀子，只穿一件长背心，留着一点泥鳅胡须，笑嘻嘻地讲书，庄谐杂出，看去好像是一尊庙里的哈喇菩萨。"①

鲁迅当时已从仙台医学校回到东京，弃医从文，因授课时间与他事相冲突，即委托龚宝铨向太炎转达，请求另开一个班次，蒙获应允，地点也在太炎寓所。

讲学期间，一如从前，还是穷愁潦倒。吃饭也是东一顿西一顿，常常以几个麦饼即度过一天，这也是出于无奈，寓所几个月都不开火，情形有如陶渊明所说"瓶无储粟"，衣服被褥，好像两三年都没有洗过的样子。诵韩昌黎《送穷文》"凡所以使吾面目可憎、语言无味者，皆子之志也"，感慨万千。困厄逼人，而德操弥厉，他深信国学不绝，国脉必有复阳之望，因而其所讲授，以小学和历史为主，太炎强调，此乃中国独有之学，绝非列国共同之学。课目以段玉裁注《说文解字》《庄子》《楚辞》《尔雅义疏》《广雅疏证》等书为最多。也讲中国文学史，他把古代文人分为三大类，第一类是通人，王充、仲长统、王通、司马光属之；第二类是学者，诸如顾炎武、王夫之、全祖望皆是；第三类是文士，像扬雄、韩愈、苏洵、苏轼等等人数最多。他的学生常在底下议论，以为他们的老师太炎先生属于首类，是通人。太炎讲学，阐幽发微，钩深致远，宣扬国光，每有独得之秘，学生数量虽不太大，但大多英才卓

---

① 周作人《民报社听讲》。

荦，倜傥非常，因而在中国学术史上，影响深远。辛亥前后，智识者的特出，乃在于其有一种先天的文化内省，及一种先天对历史负责的态度。他们尊重文化，且有兼容并蓄的襟怀与理想，尊重中国的传统文化并吸取西方进步文化的精髓，维护所有中国的文物及风俗习惯，并由此形成强大的免疫功能，故当时学说主义，虽茫茫九派横流，华族国粹允称"花落春仍在"。

困厄对太炎的打击挤压影响其心态至巨。大概在而立之年，他的出家的念头便多次往复冲击，曾有远适印度为浮屠之念。《民报》夭折，处境又是牵萝补屋、罗掘俱穷，出世的想法更为强烈。总之为宿障所缠，始终不得自在。虽然并未走出这一步，极度的苦闷总是和披剃入山的意念相交替，纵横于胸。

不意这些日子他的出家意念，竟然被人利用到极点。夹在革命、立宪之间的名士派，易走极端。同盟会的变节者刘师培也对立宪、革命两方大加掺乎。当太炎与中山矛盾公开、经济支绌、霉运连连的时节，刘师培及时介入了。刘氏和太炎的关系，亦师亦友，此人绝顶聪明，据说他诞有异相，尻尾生有无骨肉柱，左足底下带有鲜红印记，形似龙眼，俗称老猿再世，其领悟力并世罕见。然其为人卑污竞巧，不择手段，暗箭伤人，无所不为，而太炎竟以"深爱其学"，对其颇加回护。刘师培看到太炎和中山的矛盾，颇觉有机可乘，可以扩大、利用、打击，以期完成他所肩负的端方给他的密令。即展其如簧巧舌，大肆挑拨，但因没有实惠，太炎反而恼怒不已。一计不成又生一计，这天太炎离开《民报》，出门参加留学生策划的云南独立大会，社中空空如也，刘师培乘机潜入，发舒其贼人本性，顺利找到那颗篆书的章炳麟印信，旋即离开。不久，竟在上海的《神州日报》出现一则《炳麟启事》略谓："世风卑靡，营利竞巧。立宪、革命，两难成就，不撄尘网，固夙志所存……嗣后闭门却扫，研精释典，不日即延高僧剃度，超出凡尘，无论新故诸友，如以此事见问者，概行谢绝。"启事虽起于章、刘龃龉矛盾，而神情口吻，逼肖神似。其目的在以此将太炎割裂成孤家寡人，以便听其摆布，太炎对此似乎并不特别气愤，只在《民报》上刊登一则特别广告，说明印章被偷的经过，并说明上海报纸所刊启事为伪造。

那时候的智识者，充当大小霸王的幕僚，实为时髦行业。社会流蹿着谋士，名利烤灼他们的屁股，不特猴急，也很受用。趁着兵荒马乱，四处起哄。他们韬晦、背叛、谋划、欺诈、表现、表演、修书、借兵，不甘寂寞，以期在改坛树立他们的"行为艺术"。端方的外围幕僚刘师培，就是这种典型。

刘师培热衷功名利禄，他和他太太何震，到上海张皇国学，讥刺时政。《民报》发刊后，他担任撰述，宣扬革命。期间参与万福华行刺杀王之春的行动，乃以激进面目示人。

一九〇七年春，刘师培夫妇东渡日本，结识孙中山、黄兴、陶成章等人，在章太炎主持的光复会时代，他是一支健笔，他改名刘光汉，意谓光复汉族汉物汉文化。在日本时，他老婆喜欢抛头露面，交际肇事。他和章太炎等闹掰。一九〇七年底由何震出面，被端方收买，遂投向端方，辛亥革命前三四年，他入了端方的幕，作他的《上端方书》，献"弭乱之策十条"，当幕僚当到骨子里头去，实为暗探。刘师培干脆甩开膀子当侦探，监察学界动向。他老婆于此道也积极从事。因党人被捕事，王金发曾持枪找他拼命。

其后公开入端方幕府，为端方考订金石，兼任两江师范学堂教习。端方调任直隶总督，刘师培随任直隶督辕文案、学部谘议官等职。一九一一年随端方南下四川，镇压保路运动，端方出镇四川，正值革命方殷，被杀头谢天下。刘师培危在旦夕，在资州被革命军拘捕。辛亥革命胜利后，由孙中山、章太炎电谢无量诸人谅解保释。后任成都国学院副院长，兼四川国学学校课。此后他在北大教书，但也不安于位，静极思动，到了一九一五年，杨度等人将其抬举出来，袁世凯加委其为公府咨议，他上了一道骈体文谢恩。

杨度发表《君宪论》，他就作《国情论》与之配合，并撰文告诉他的同盟会的熟人，叫他们不要再闹了，排满已经成功，可以君宪复古了。

袁世凯先后给他参政、参议、上大夫等崇隆职位，他是很受用的。

但在筹安会的运作空间里面，杨度才是唱大戏的主角，他还只是敲边鼓的棋子。袁世凯那短命的皇帝梦破灭后，他也受到通缉，逃往天津，穷愁潦倒。不久他死了，他的太太也疯了。

关于刘师培，《马君武集》说，刘氏读书特别聪明，他看书不是我们一行一行地看下去，而是一页一页地翻看过去，真所谓一目十行。可惜他的老婆不好，贪财好货，到后来就倒向袁世凯，成为筹安会六君子之一，袁世凯倒台后两年，他也死了。①

黄节致函蔡元培说："申叔为人，反复无耻，其文章学问纵有足观……不当引为师儒，贻学校羞。"

刘师培乃是十足的政治化妆师，为主官政绩涂脂抹粉。除了对巧取豪夺的奸商外，对谁也没有好处。民间苦难泥泞，社会公义窒碍难伸，其中的一个祸根，可能就是来自巧夺天工的"政治化妆术"。近年西方政客很讲究"政治化妆术"，有时候愈多化妆（不管是否谎言），群众就愈讨厌。聪明反被聪明误，也许就是这个意思。

保皇与革命者的原则分歧，在一九〇六年的初夏冲突达至顶峰，同盟会以《民报》为据点，和保皇派展开论战。后者的机关报《新民丛报》连载梁启超的《开明专制论》等文，以开明专制为论战依据，《民报》则刊登《〈民报〉与〈新民丛报〉辩驳之纲领》，对其予以迎头痛击。此文还在太炎出狱前即已问世，甫出炉，即持对立姿态。

不但保皇和革命者意识泾渭分明，就是革命者内部，也有激烈和稳健的分别。一九〇五年夏，陈天华投海以后，留学生那边革命派分裂为两种意见，一派是宋教仁、胡瑛等人主张立即退学回国革命，一部分是胡汉民、汪精卫、朱执信等人主张应该谨慎从事，于是宋教仁和胡瑛组成了一个学生联合会，在势力最嚣张的时候，叫嚣要胡和汪以死来谢罪，其中女同志秋瑾非常激烈，范源濂因为怕她而躲在医院里面，谁知被她找到痛打一顿。有一天秋瑾和同盟会几个省的分部部长邀约胡汉民

---

① 参见《马君武文集》，第747页。

和汪精卫谈话，汪精卫有些疑惧，坚辞不去，胡汉民乃翩然独往，到会后他详细阐述了革命者应有立场，最后令秋瑾表示折服，说到痛心处，甚至把在场的胡瑛说哭了。

至于改良派的海外运作，上书的内容应该是当时知识界所能接受的民主常识。这个民主常识之所以引起注意，不在其内容，而在其形式。什么形式？就是他诉诸的对象。他诉诸何种对象？在慈禧发动的政变之前，诉诸光绪帝，这个也无可非议；但在菜市口血案以及搜捕流放、拘禁皇帝的局面之下，仍然像傻子条件反射一样上书，名义上还是针对皇上，实际上最后对象是慈禧，要她来参加他们的宪政游戏，那么，意义为零。

改良派的运作实为与虎谋皮，根底上属于一种天方夜谭、海市蜃楼。

因为在专权者的手里，不可能产生专制意志和民间诉求的和解与互动。

如果改良派的宪政运动是针对新一轮革命和民主的发动，那么，他成为时代先声的可能性就会增大；倘若他不过是要和独裁意志勾连，玩一种他们认定的改良游戏，那么，这个改良就成为一种传统的政治骗局，并成为一种新禁锢之开始。

在与清廷积极合作的智识者中，杨度又和康、梁有别。他较之后者更注重一切机会。

杨度反对以革命手法对付清王朝。在他的长文《金铁主义》中，他以为法国数十年流血遍地，俄国亦然，只有英国最好，王政复古，国事安全。

但他也承认，譬如俄国，政府过于强暴，惨无人理，罪恶专制有如蛇蝎，而被政府之压抑既久，怨恨太深，故一发而不可收拾。

他在此文中又说，同盟会举兵以抗政府，很少没有被政府军打败的。譬如普鲁士、我国改造君主立宪即是。但是民军虽败，却唤起全国舆论。"兵力之武力虽败，而舆论之武力终胜。"所以，他以为，唯舆论才是造成胜利的根本。宪法得以实施，国会得以召开，最终将归功于舆论，而不当归功于兵力……

一九〇八年四月二十日，因此前张之洞、袁世凯联名奏保杨度"精通宪法、才堪大用"，本日赐颁四品京堂衔，主持宪政编查馆。宪政编查馆奏定集会结社律。六月，荐举吏部主事劳乃宣。因学问淹通，心术纯正，诏以四品京堂候补，在宪政编查馆行走，并选派为资政院议员。八月，资政院总裁会同军机大臣奏定资政院章程。

到了十月份，宪政编查馆、资政院奏遵拟《宪法大纲》《议院法》《选举法》要领。

六月八日，袁世凯在颐和园外务部公所召集会议，讨论国会利弊问题，杨当场回答政府诸公质询数十条，演说达五个小时。

在此他表示，议院非民选不可，如当局不同意，给他官做他也要坚辞，为求开设民选议院之事，生死祸福在所不计。

稍后，他又提出说帖，表示国会建立起来后，"皇上仍拥有神圣不可侵犯之权"，并可"巩固皇室"。

以后数月，以开国会事陈说巨公大族间，不得要领。一九一〇年的秋间，资政院正式开院，清廷将预备立宪的时间缩短为七年，杨度驳斥国会不能过速的言论，认为"内阁随时可以成立"，宪法亦非难以拟订，他又专折入奏，请赦免梁启超，起用人才。

到了一九一一年一月，御史胡思敬就他奏保梁启超事，再次递折弹劾，说："梁启超既用，则康有为必返，三凶合谋，祸且不测……该逆杨度，实今日罪魁祸首，宜必有以处之。"

可见其阻力之大，不仅在皇族。

一九〇八年，清廷筹备已久的"钦定宪法大纲"终于掖掖藏藏扭捏出台，同时下诏称，次年在各省开咨议局；这是慈禧在垂亡之际，玩弄预备立宪的最后一招；主张立宪的官僚以为参政有望，顿时神气起来。其实这个立宪大纲，缺少现实操作性和道义原则。他们的政改框架来自于日本，格调不高，况且一再打折。章太炎为此撰写了《代议然否论》一文加以驳斥，重申民主共和，实现民选总统，司法独立，保障人民言论自由等公民权利的必然性和重要性。针对清廷粗制滥造的"宪法大纲"，章太炎撰写《虏宪疾废六条》一文作为《代议然否论》的附文，论述了清廷君主立宪的荒诞性，其深刻程度远超当时鼓吹立宪的人，对寄望于清廷，鼓吹君主立宪的御用文奴，葆有深刻的启示作用。

章太炎深刻指出，清廷拟订的"宪法"，从其根本宗旨而言，既不是伸民权于百姓，也非救中国于水火，而是以保存宗室、保障清廷皇帝的权力为第一要务。清廷"宪法"到处剽窃日本的君主立宪模式，又把其奸诈、险恶的用心刻意隐藏，尽管如此，仍然自相矛盾、错谬百出，其弱智与病态、凶残与狡诈于此可见！

即使没有孙、黄、章、陶……这些坚定的革命道路的推行者，改良派自身也最终会分蘖出革命分子。梁启超的很多言论，就比胡汉民的某些言论还要猛烈得多，而毕永年等人则是从改良派中走出，不再回头。

只有康有为是个成品，一个不可更改的成品。他必然是、必须是、必定是一个幕僚，象皮影戏的操盘手，从光绪，直到张作霖、吴佩孚、张勋，越来越退而求其次。他没有上演过一出成功的皮影戏，投出一如意中所欲出的影像，反而自己变成一具可有可无的影子，从登高一呼，万众仰慕，到恓恓惶惶，被人讨厌不置。

他拼命抓住的绳子的那一端却空无一物。

改良派的文章与《民报》的文章其不同点是，前者没从根底上揭露清廷，因为这事儿别人已经干了，它没有必要再干，它只讲怎样建设国家。《民报》的文章则是立足于揭露清廷统治的非法，从而唤起民众。这种系统揭露清廷及其祖宗的文章以前没有过，文气不酸腐，初等文化以上的读者大致都读得懂，这正是它的启蒙价值所在，也是它得以广泛传播并震撼人心的原因之一。

在清廷看来，他们都是把朝廷往绝路上逼。前者系软性进攻，后者则是硬性突击。他们以为，立宪派把好听的话说给朝廷听，那是不得已而为之，在灌迷魂汤，企图使其稀里糊涂上当，这叫策略。但是冥顽的势力自觉不是刘阿斗，刘阿斗被赵子龙的护心镜捂得太久，又被他老爸狠狠掼到地上，整傻了，整个儿一个缺氧加脑震荡。顽固派可不傻。尤其不会把削弱君权的改制套上大梁去箍自己的脖子。

一九〇八年已颁《宪法大纲》，议院选举法，而立宪派在与革命党的论战中还败下阵来。

除文笔气势不如外，拥趸渐少，清廷的规条也是一个致命的陷阱。预备立宪的期限定为九年。

《胡汉民自传》说到一九〇八年的论战，谈到《中兴日报》与保皇派的《南洋总汇报》的对垒。"敌人较梁启超脆弱已甚。余与精卫只以余事应之。唯行文须至浅显，俾一般华侨认识耳。保皇派在星洲不敌，则急由美洲请徐勤至。徐亦庸陋，非劲敌，稿数续，不能终篇，托他故去，保皇军既墨，华侨渐趋于革命旗帜下。"

改良派实际所从事，根底上也应算作一种革命。当年他们试图运动袁世凯大动刀兵，只不过他们手段头脑过于天真而已；到了被李鸿章所逼无路可走，又谋划暗杀李氏；至于寄望鼓动唐才常大动干戈，又瞬间戕害数十英才……康有为歧视孙中山，毋宁说是一种嫉妒，是懒汉对于勤勉者的嫉妒。不劳而获，少劳而获，征诸现实，实现的几率太低。但是他们懒汉的革命特征是粗枝大叶，掉以轻心，勺大漏盆，眼大漏神，叫他去抓鬼，却被鬼抓去。从皇帝入手，建立宪政，期底于成，不能算错，但是揆诸现实，只能说他们对事物难度的认识太不够。可惜，康有为是个成品，难以改变；而慈禧也是个成品，她的心性、欲望，处理起来除了铁血手段，别无他途。慈禧西狩也即她的仓皇奔逃，在那种压力下，她就只得表示相当程度的服软。保皇派既有先验偏执的思维方式，写起文章来，必然堕入魔道。

胡汉民认为梁启超读书剽窃别人的观点，自己下结论比较武断，所以前后不能自圆其说，其心性属于流质善变，但是他又为什么发表革命言论呢，因为那段时间他和中山先生的言论比较接近，敬佩中山，康有为知道后大骂一顿，派人和他谈，要求梁氏取消这种言论。但是后来梁启超到了美洲又怕洪门的会党反对他，他又说，我名义上是保皇，实际上是革命，总是翻来覆去。胡汉民认为梁启超写文章放纵大胆，工于八股，开阖取势，摇曳生姿，又夹杂好多汉语成语和东洋新名词，遣词造句像滚雪球一样。

梁启超因为能写时文而骄傲，他当时非常轻视学界，而在早稻田大学留学的中国留学生和他结为立宪法团，有章宗祥、曹汝霖、陆宗舆等人，气焰嚣张，当时和他们辩论的《浙江潮》《江苏》等等，都没有打痛他们，到了《民报》创刊时，梁启超就抵挡不住了，于是就造谣诋毁中山先生，说民生主义是为流氓和乞丐这样的下流社会来设计的。

梁启超对于政治经济学方面的学问几乎是零，所需材料由他的助手提供，他也不懂日文，反正抄来抄去，强不知以为知，所以经过一段交锋，胜负立见，于是他就言不由衷地说，张之洞、袁世凯不是汉人吗？我把他们当作寇仇，光绪皇帝不是满人吗？我爱戴他像爱天帝一样。胡汉民认为这是卑鄙又肉麻的言语。辩论的结果是《民报》全胜，《新民丛报》停刊，保皇派的旗帜至少在留学界已经倒地。

胡汉民的《排外与国际法》长达数万言，阐述民族革命的内涵，《民报》前期由他主持，有一次他去参加改良派追悼戊戌庚子烈士的大会，他登台演说长达三小时，举出康、梁保皇派的历史及谬误加以驳斥。他进一步说，反对革命者不应该利用死人欺骗活人，因此这个追悼会的意义是非常滑稽的。那一天，有一千多听众，大家疯狂拍手叫绝，康、梁以下的改良派都缩头缩脑不敢辩论，青年学生认为保皇是一种羞耻。

第九章

光复前的暗影

——纸上作战的狂风巨浪——同盟会的分裂——章、陶
与孙、黄的翻脸——暴风雨将至——武昌首义爆发——革命
军起，革命党消？——太炎的建政书——康、梁修好的试探

雷铁崖先生一九一〇年冬作《不亦苦哉》四十则，刊于南洋《光华
日报》，其中一则尝谓"梁启超《新民丛报》被汪兆铭驳得落花流水，行
销不得，遂至倒闭，不亦苦哉"。[1]所以《民报》的思想势力，终在《新民
丛报》之上。其文章发于情，肆于心，运笔极慷慨，精神极流动，使人
读之，如茅坤之读《史记》"读《游侠传》即欲轻生，读《屈原、贾谊传》
即欲流涕，读《李广传》即欲力斗……"[2]发愤著文，意旨激荡，有由然也。

从史坚如到吴樾的答辞文章理念中，不难看出二十世纪的一般知识
青年的心理取向，同时就此亦可解释《新民丛报》为何在与《民报》的

———————
① 《雷铁崖集》，第 137 页。
② 《茅鹿门先生文集》卷一。

论战中败下阵来。梁启超以其大学者大作家的姿态在《新民丛书》著有一系列雄文，而《民报》方面，主笔为陈天华、汪兆铭、胡汉民、章太炎。梁启超的笔端"常带感情"，《民报》方面更是天壳海盖，八方纵横，笔端感情充沛，对于西方新旧哲学义理的译述解说，亦有大致同等的护符。更有一点，梁启超要掉中国书袋的时候，章太炎往往就在此时出马，章的中国书袋，比他还要充实而有光辉。《新民丛报》诸君子虽倡开明政治论，但以清政府事实上的政治坏象，虚假立宪，敷衍改革，这些方面，梁启超也不能为之回护，甚至在笔下无意识地多次承认同盟会"迷信革命之人，同一国中多血多泪之男子，先国家之忧乐而后其身者也……斯亦国家之元气，而国之所以立于天地也"。① 论战双方的读者，主要是国内及亡命海外的青年知识分子，其心理多趋向突破现状，反对守旧势力。革命思想，早已在其意识中流转潜伏。

孙、黄的真枪实弹，太炎的纸上作战，所兴起的狂风巨浪，到处渗透，无远弗届，终于将清廷巨厦的梁栋拉扯、摇晃到摇摇欲坠了。

然而，同盟会内部党人之间，其撕裂也在扩大恶化中。

这是一九〇九年的春天。

稍早，光绪和慈禧相继毙命，那时太炎正忙于和警署交涉《民报》封禁的事，也顾不上这两个他视为小丑和魔鬼的人。黄兴则说，这次清廷的凶变，只是清廷一家之内部事情，与革命党无直接大关系。不过由此间接引发的动摇，进而产生某些重大事变，则有可能转化为大好机会。

中山先生由新加坡转往欧洲再赴美，专任筹集款项一事，以应大举之需。焦达峰、孙武则由东京启程返国，在汉口法租界设立共进会总部，联络长江流域反清势力，群治学社与之合流。

中山先生此际远赴欧美实也有不得已的情形，他在途经英国时和日本驻英大使谈话，明确说，英国之对华政策深受日本态度的影响，日本态度实最为主要，"得到日本的支持是十分必要的，（孙中山）希望能得到日本政府同意，到该国居住，山座参事官告以目前无法实现其愿望，

---

① 《政府与革命党》。

给日本政府造成麻烦，对谁都不利，孙无法，只好离去"。①

中山先生将国内事务交予黄兴、胡汉民总负责，两人前往香港统筹南方机关，秋间在香港组建同盟会南方支部，同时设立同盟会广州分会。

太炎的困窘进一步加深，学生也有减少，这事对他的影响不亚于经济的挤压。他甚至给周树人、周作人两兄弟写信，说是梵文教师某某已来，即将开课，"此间人数无多，二君望临期来赴。此半月学费弟已垫出，无庸急急也"。经济极为支绌的情形下仍替学生垫支学费，其迫切可以想见。

更令人愁绝的是，陶成章受太炎委托派遣，前往南洋筹款，迄无寸进。先是上年太炎三番五次函电催促，中山先生从军费中汇去三百元，太炎嫌少，甚为恼怒，他的态度直接影响陶成章，陶氏乃直接对孙中山要求拨发三千元经费供其使用。孙先生走投无路，乃将自用手表等物变卖，悉数供给陶成章。陶氏得到这些钱款后，得陇望蜀，又干脆说，请再拨五万元，供其返浙江进行运作，孙中山此时也近于罗掘俱穷的地步，但仍答应向侨界写信或游说筹集这笔款子。陶成章一看远水不解近渴，乃自行印刷光复会结盟书，企图以发展会员方式筹款。随即辗转南洋英、荷各属筹款，但因光复会在华侨中底子微薄，故而收效甚微。这对其努力不啻一种沉重打击，尤其与孙中山在华侨中的巨大影响形成残酷对照，醋劲儿大发的陶成章不能自安，近于撒泼式地要求孙中山再写多封筹款介绍信，交其手中掌握备用，中山置之不理，陶氏乃将怨恨转嫁到孙中山身上，他在爪哇泗水成立光复会，也即将光复会从同盟会中脱出，参加的骨干有许雪秋、李燮和、曾连庆等，自然与同盟会南洋支部形成对立。以徐锡麟、秋瑾起义之事编成《浙案纪略》，在英属、荷属各地广为宣传，并说他的经营范围是在长江流域甚至华北一带，以期引起华侨同情。

跨过年坎儿，陶成章已不能忍耐，于是揭帖和谣言都出来了，其焦点乃是指摘孙中山将各地捐款攫为私人用度，而非起义经费，联络李燮

---

① 日本外务省档案，转自《孙中山年谱长编》。

和、柳聘农、陈方度、胡国梁等多省党人起草发布《孙文罪状》，全文列举孙先生十二项罪名，诸如谎骗营私、残贼同志、蒙蔽同志、败坏全体名义等等。又称中山在上海汇丰银行存款二十万元，提款助其兄孙眉在九龙造屋等等。

在额外的要求中，写道：开除孙文总理之名，发表罪状，遍告海内外；废除同盟会南洋支部章程，另订新章；重设《民报》机关，附设旬报等等。

在南洋闹事并未餍足，陶成章携其起草的孙文罪状，遄返东京，意在总部掀起风潮。

陶氏回到东京。太炎正在讲学的百无聊赖中，看到罪状传单，他俩一碰头，促膝密谈，亲相酬对，意见一经交换，更是气不打一处来。焦点仍是经费问题，这回由太炎发难。首先指责汪兆铭接手的《民报》为"伪《民报》"，盖以太炎本人要办，那就得堂堂正正地由他来办，封禁后，变为地下出版。他已极度不快，再说这时的掌门已不是他，而是中山的忠实助手——年轻的汪兆铭。所以他说，东京葆有上万的留学生，但这些人只能自顾温饱，绝无余钱来支持《民报》，这样看来东京其实也是瘠苦之区，再加上此时已经不能进入内地销售，完全成为亏本生意，而且地下出版，仍需经费，这项经费从何而来，为何不交至他的手中呢？于是孙中山的罪名又多了一项叫作见死不救。孙中山要在各地点燃火种，虽然以他的人格魅力获致捐输不断，但就起事的范畴、需用的额度而言，仍是捉襟见肘，甚至可说是杯水车薪，他就愈挫愈奋地在那里只手力撑。然而太炎就说了"孙文背本忘初，见危不振，去岁之春，公私涂炭，鄙人方卧病数旬，同志遂推为会长入社则罄饷已绝，人迹不存，猥以绵力薄材，持此残局，朝活文章，暮营悬费，复须酬对外宾，支柱警察，心力告瘁，寝食都忘。屡以函致南洋，欲孙文有所接济，再差胡汉民或汪精卫一人东渡，邮书五六次，电报三四度，或无复音，或言南洋疲极，空无一钱。有时亦以虚语羁縻，谓当挟五六千金来东助，至期则又饰以他语 先后所寄，只银元三百而已……夫孙文怀挟巨资，而用之公务者计不及一，《民报》所求补助，无过三四千金，亦竟不为筹画，其干没可知已。及去秋有黎姓者自新加坡来云，《民报》可在南洋筹款，即印刷股票数百份，属友人陶焕卿即陶成章带致孙处，而孙坐视困穷，抑留不发。"

太炎的脾气大，以为中山先生受贿，竟将《民报》社悬挂的中山照片扯下来，批曰"卖《民报》之孙文应即撤去"，他的感觉十分良好，简直以《民报》的始作俑者和精神之父自居了。张继也跳来跳去，在太炎的左右，把这事无限放大，唯恐天下不乱。刘师培则同声附和，叫着要罢免中山先生的同盟会总理职务。孙先生在东南亚辗转策划大举，他们却以为先生还在香港，竟把批了字的孙先生照片寄到香港，此种小肚鸡肠，不免贻笑大方。

陶成章则在外散布，说是同盟会东京总部号召力已经消亡殆尽，原因在于高层一二小人诞妄无耻。事实上，中山是在世界范围内选择多条孔道，点火接龙，对清廷实施倒逼，章、陶见不及此，乃以其选择性失明多方发难。只要不是他亲手编辑，便是伪《民报》，又定位为窃取，事情的中心仅仅因为不再是他掌控编务而已。如果总会有钱到手，则《民报》的地下出版也无妨，陶成章就想接手，曾欲走黄兴路线，但黄兴已属意由汪兆铭编辑，陶氏大失所望。

事情到此，向孙中山要钱已经不太重要。重要的是最好孙先生让开，他们来主持一切。陶成章回到东京后，分为几条线出击：太炎署名公开发表《伪民报检举状》，致吴稚晖函，攻击孙中山及其左右；以东京为据点，向美洲同盟会各分支机构发函，诬谤孙中山；在东京再直接散布《孙文罪状》，还特意将它交给黄兴，要求明确回答。黄兴不吃这一套，扣住这信并不对外声张，陶氏气急，公开说与中山誓不两立，以此刺激黄兴。他们造成这样一种语言的手杖，用它来不断试探着戳击黄兴，似乎黄兴已深度睡眠，要叫他醒来似的。

然而，对于他们的乱闹，同盟会各干部啧有烦言；黄兴本人丝毫没有他们所期待的回应，反而责备太炎晚节不终，并致函中山，表明心迹。至深秋，黄兴已难以忍受其无理取闹，乃致函中山先生，说陶、章之乱闹"妄造黑白，诬谤我公，以冀毁坏我公之名誉……居心险毒，殊为可恨……及为弟以大义所阻止，又无理欲攻击于弟，在携来之附函中，即有弟与公朋比为奸之语，弟一概置之不理……章太炎在日《华新报》登一伪《民报》之检举状，其卑劣无耻之手段，令人见之羞愤欲死。现东京至即非同盟会员亦痛骂之……桀犬吠尧，不足诬也。我公当亦能海量涵之"。[1]黄兴并说明彼等在东京不具有任何号召力，并盼中山在海外安心从事运作．"至东京事，陶等虽悍，弟当以身力拒之，毋以为念"。黄兴的态度令陶成章精神孤立，心里有些打鼓，也有些惧怕，遂对其友人念叨：我把公文交给黄兴，盼他出面谴责，不意他却尽力袒护孙文，真不可解！

章、陶至此，恼羞成怒，散布说黄兴这种为人，东京人人都怕他，跟着他不可能会有什么作为；稍后且公开说黄兴和孙中山朋比为奸，一路货色！

本来他们想依毛黄兴，争取黄兴，同时又忍不住直接攻击黄兴，退一万步仅从技术层面而言，也是不及格的，实属利令智昏。至于地下出版的《民报》，黄兴委托巴黎同盟会人主办的《新世纪》发行，以期扩大影响，一是表明它绝非"伪"，二是表明它不是纯盈利的杂志，盼巴黎同仁共同担当；至于东京的兄弟阋墙，则说糊涂的章太炎系"受陶成章运动，遂有此丧心病狂之举，已于二十六号中登有广告，想同仁阅之，皆晓然于太炎人格之卑劣，无俟辩论也"。[2]

太炎和陶成章掀起的这番风潮，在内部徒增紊乱，在外部，则予人笑柄。故主持《新世纪》的吴稚晖有所辩驳，而漩涡中心的孙中山本人也有说明。吴稚晖对于章、陶的针砭，是将他俩攻击孙中山着眼华侨巨款的皮球踢将回去，指其不打自招，着眼点就在金钱而非其他。

孙中山本人总的态度是"非有实据以证彼之非，则类于相忌之攻击，弟不欲为"。而他所指陈的章、陶的弱点，三言两语，确凿不疑，同时也刺中人性中的某些顽症："近得东京来信，章太炎又发狂攻击，其所

---

① 《黄克强先生书翰墨迹》，第53页。
② 《黄克强先生全集》，第116—117页。

言之事较陶更为卑劣，真不足辩。陶之志犹在巨款不得乃行反噬，而章之欲则不过在数千不得乃以罪人。陶乃以同盟会为中国，而章则以民报社为中国，以《民报》之编辑为彼一人万世一系之帝统，故供应不周，则为莫大之罪;《民报》复刊，不以彼为编辑，则为伪《民报》。"

看他们闹得实在太不像话了，中山先生乃在《致吴稚晖函》予以澄清。他说:

"所攻者，以我'得名'、以我'攫利'为言。而不知我之经营革命在甲午以前，此时固无留学生为我吹嘘也……"

排斥他人，着眼名利，这是陶成章和太炎的出发点，并不怎么高明。而中山先生解释道，早在决心革命之前，他的社会经济地位，是非常优越的，何苦反其道而行之? 革命非特不能赚一钱，反而家族亲友的血汗钱，都尽量捐输到革命的运作中来。

太炎和陶成章抵死要钱的时候，中山先生正处于极度苦恼的时分。因河口、镇南关起事失利，散落四处的起义志士集中于新加坡，多达数百人，均需生活安顿，此外烈士家属抚恤金必须到位，中山先生正为筹款呕心沥血地奔走。至于在日本期间，他的苦恼是"时我在日本，财力甚窘，运掉不灵"，并非不给陶、章的用度。而在军事斗争开展期间的款项又是如何安排的呢? 他所有的安排都是明白清晰，同盟会高层共见共闻的:"自潮州、惠州、钦廉、镇南、河口五役及办械、运动各费，统共所用将近二十万元。此款则半为南洋各地同志所出，为革命军初次向南洋筹款者。今计开: 由精卫向荷属所筹者约三万余元，向英属所筹者万余元，共约四万元;向安南、东京及暹罗所筹者约五六万元……此各项之开支，皆有数目，皆有经手……自我一人于此两年之内，除住食旅费之外，几无一钱之花费，此同事之人所共知共见也。"① 这个解释，钱款的去向，清晰明白，历历如绘。大丈夫行事，磊磊落落，如日月皎然。

中山先生何以必须自己站出来言说? 此盖缘于其性格、修养使然。左舜生尝有一段话语衡定先生的性格特性:"中山自十四岁开始，便接

———————
① 见《孙中山全集》，第一卷，第 421—422 页。

受外国的教育，二十以后，即从事学医，经过六年以上的科学训练，所造已相当深厚。科学精神便一是一，二是二，因而他自信确有所见，即对他人不能随意迁就。"[1]

无论度量怎样宽宏如海，但到了不能随意迁就的地步，他也就必然站出来切实加以说明，包括延请吴稚晖援笔作文，给出证据，还原事实，详细解释、反驳，也出于同样的事理脉络。

一九〇九年的初秋，吴稚晖前往巴黎拜访中山先生并作长谈，回伦敦后即撰写系列文章，陆续刊发于秋间的《新世纪》杂志，对于章、陶的肆意诋毁作出反驳，并予郑重纠正，也为中山剖白。吴稚晖援笔为文，富于理据和根据，太炎和陶成章文字所引发的误会、疑问遂得以涣然冰释，同盟会毁灭式的分裂终未爆发，此于革命前途的良好影响不言而喻。

《新世纪》的文章发布后，效果不错，差不多一年后，中山先生还给他写信，谈及这番反驳的效果："弟自抵美西及檀香山二地，大蒙华侨欢迎，此皆多《新世纪》、先生辩护之力也。"

陈其美谓太炎不识大体，直接判定陶成章为"自私自利之小人"。汪兆铭也在其后出版的《民报》上刊登广告，将了太炎一军："社长章太炎当众辞职，并谓此后不再与闻《民报》之事。"并指太炎的种种弱点，诸如：好信谗言、不问是非，不计情伪辄与人翻脸，若其后自知误会倒也会握手言欢，但若有人居间挑拨，他又立即反复，肆口污蔑至于跳脚大骂等等。

在东京掀起风朝，效果不彰。太炎和陶成章决定单干，正式将光复会脱离同盟会的总部，在东京重新树起旗帜，复出的光复会开掉原会长蔡元培，而以章太炎、陶成章为正、副会长，目标也在南洋一带，尤其是章太炎以为爪哇岛的人民开化最迟，与同盟会关系较浅，于是大力争取，以致汪精卫、邓子瑜前往印尼邦加岛西部的文岛筹集款项，受到光复会会员的强烈反弹，此时同盟会和光复会的矛盾已经完成公开化了。

---

[1] 《春风燕子楼》，第250页。

至于分家后的光复会，陶成章说要兴办教育，但是不一定扩张队伍，一面从事商业经营活动，主要是筹集资金办理暗杀事务，否则一两年之内还不能造成影响的话，以后的事情就难办了。可见此时的光复会不欲用兵，则与孙、黄武装起义的选择区别甚大。

太炎精神上脱出同盟会，更倾向于原始的光复会，自然也不免搬弄特殊事件的是非，一九〇七年的夏天，徐锡麟刺杀恩铭，稍后，秋瑾死难，太炎放大徐锡麟和孙中山的矛盾，断言徐氏鄙薄中山先生的为人。

实际上革命者个性极强，合则双美，离也未必两伤，各干各的就是了。徐锡麟喜独不喜群，眼高于顶，但中山先生没有些许的计较，徐先生牺牲后，中山写道"丹心一点祭余肉，白骨三年死后香"，此系因恩铭家属申请将锡麟挖心剖肝，炒食以祭祀恩铭，端方也予以批准。恩铭之妻妾亲自参与剜出烈士心脏以祭其夫，故而中山先生有如此联语，读之令人揪心。

运动黄兴毫无成效，反而自曝其丑。陶、章两位生闷气、发脾气、赌闲气、张怨气、鼓意气，越生气心里越没底，越没底就越生气；太炎自幼及壮，激荡于胸、谓知梦寐以求的反清目标越来越接近了，这时，袁世凯已被清廷打回老家，张之洞已死。反清怒火处处点燃，太炎对于形势的判断却颇为可笑，他说，"粤人好利而无兵略，湘中朴气衰矣，已未必属孙、黄也"，太炎的意思就是这些人都不行，只有他的好朋友陶成章以光复会为号召，还有可能成大事。他的判断与事实相较反而更为疏远悖立了。

正当太炎和陶成章等一批人的责难还在发酵的时候，血气方刚的汪兆铭（即汪精卫）感到要在此时挽救低落的革命情绪，必须有一惊天动地的伟举，方可振起精神。于是他潜回日本，与同忧之士黄复生、喻纪云、曾醒、方君瑛、黎仲实、陈璧君等组成一小型暗杀团体。其中喻纪云是化学实验专家，他与黄复生担任炸弹制造。武器包括日本日野大尉发明的三十六响铁枪及自动炸弹，曾以小猪为牺牲目标，启动电门试验。原定刺杀西太后的外甥端方，后以其人在清室尚算比较开明者，故转而选定刺杀载沣。惜在当年二月二十三日所埋炸弹因有新掘土痕而被消防警卫队窥破，当局顺藤摸瓜，终在三月七日把汪、黄二人捕获。捕后尝有长达四千余字的历史供词，指斥立宪之虚伪，倡言革命之必需，恣肆汪洋，回肠荡气，为同志推卸责任，而揽之于己身，并抱定必死的决心，期以振起中国，为"后死者之责"。他曾有诗谓："慷慨歌燕市，从容作楚囚。引刀成一快，不负少年头"，颇传诵一时。

当时国内外舆论，以为汪精卫必死无疑，一般顽固官僚，原也作此主张。后由警、政多方要人会审，尤以肃亲王认为立宪时期杀一志士，除迫更多党人铤而走险以外，别无好处。遂改为终身监禁。盖清廷当时心理上已为革命党所慑服。黄克强先生认为，人民在迫不得已时，方可从事暗杀之道。汪兆铭、黄复生在革命党内起重要作用，又以稳重著称，所以此次暗杀实属唐突。清政府留之不杀，算是聪明。如开杀戒，崇拜他们的血气方刚的青年就会以血还血地进行报复。[1] 后因革命形势飞速发展，次年（1911 年）武昌首义成功，数月之内，光复达十五省之多，而汪氏也在这年九月十六日获释。

太炎这段时间比较落寞，暴风雨就要来了，在这个时候他的文章中还约略可以窥见一些关于他自身处境的影子，他说阴阳家别的没好处，他们所推崇的大九洲很可以开拓心胸；至于纵横家，他们的话本来有几分像赋，到了天下一统的时候纵横家用不着就变作了辞赋家。差不多就是他自身处境的另外一种说法。这是武昌首义的前一年，这时太炎在革命一事上很是孤单寂寥，这个漫长苦闷的时间段，他写下了大量的文史随笔、杂札，内容主要是有关文化、教育、宗教等等方面的认识和判断。

太炎梦寐以求的大目标，以悄然的脚步，快速接近中；然而，这一切，他和一些人一样，懵然毫无感知。

武昌起义前夕，暴风雨已经来临。正当太炎还在余恨未消的时候，赵声在广州已开始动作。赵声是吴樾的好朋友，吴樾在实施暗杀前，最挂念的两个人，就是章太炎和赵声。

---

① 参见《黄兴年谱长编》，第 157 页，中华书局。

河口起义失败后，中山先生集中部属总结经验，以为起义仅以会党为中心，波及面难以扩大，应在军队尤其是新军中运作。一九〇九年十月，在香港成立以胡汉民为支部长的同盟会南方支部，策划以新军为主力的广州新军起义。由倪映典负责发动工作，朱执信等人分头运动防营、巡警及广州附近的会党绿林。此前的年初时分，钦、廉起义失败后，赵声在同盟会南方支部的支持下，和朱执信、姚雨平、胡毅生等积极筹划新的革命行动，准备在广州发动新军起义。赵声便赶往广州，在华宁里一家客栈建立指挥部秘密机关，大年初三上午，倪映典回到新军一标驻地，适巧清吏来一标训话，竭力压制部队闹事，倪先生见此情景当机立断，拔枪击毙清吏，当场即宣布开始起义。倪映典率新军千余人准备袭击广州大东门，打得清方措手不及，一举攻入广州。不料城内清军已有准备，水师提督李准已坐镇东门设防，两军对阵于城东牛王庙一带。这时赵声等人也都赶到广州城内指挥机关，而清军关闭城门，不准任何人出入，严加封锁。赵声见势知道情况严重，问城外倪映典方面新军动向如何，已失去联系，当时新军各部队都分别驻扎在城东和城北一带，城外新军主力不起义，城内作为配合力量的巡防营则不便举动。赵声焦急万分，竭力设法与城外倪部联络。而此刻倪映典正率领一部分起义新军在牛王庙与清军展开激战，清军中管带、同盟会员李景濂临事叛变，于阵前诱杀倪映典。倪先生牺牲后，起义战士虽然仍在不停攻击，惜乎终因指挥系统失灵，伤亡惨重，弹药不继而失败。随之，清方在城内大肆搜捕革命党人，赵声在袍泽的掩护下，化装出城脱险。

太炎虽然还恨恨不已，黄兴却没时间跟他计较这些，他在辛亥前，辗转越南河内，中国边疆的河口、钦州，以及香港等地，参与策划或直接指挥了多个武装起义，予清廷以重创。

一九一一年四月二十七日，中山先生进行第十次革命，起事于广州，即黄花岗之役。七十二烈士殉难。

槟榔屿会议结束，赵声随即赶赴香港，预备指挥黄花岗决战。仍和数月前在广州一样，联系新军，组织"选锋"，他任统筹部副部长兼交通课课长，目标是拿下广州后，取长江而直捣幽燕，这自然不是孤立的，须取得各省支持响应。赵声派人携款到苏、鄂、湘、浙、赣等长江流域各省联系党人，筹建机关，发动新军，起义行动前夕，以赵声在新军中的资望，被推举为起义总指挥。

四月二十七日下午五时许，黄兴率一百二十余名敢死队员直扑两广总督署，发动了同盟会的第十次武装起义，即广州黄花岗起义。

此前已有几个月的筹划准备，黄兴于四月上旬在香港召开统筹部发难会议，将在广州举事的时间定在十三日，并拟分十路进攻，志在必得。因温生才刺杀孚琦，广东当局加强戒备，加之部分款项、枪械未到，原定计划被迫延期。

二十三日，黄兴潜入广州，成立起义指挥部。广东清吏风声鹤唳，多方防备，并四出搜捕革命党人，形势越发紧张。二十七日晚，黄兴召集会议仓促间决定起事。刚出发时，冲锋队吹响螺号，号声有风起云涌之势，途中遇到警察来阻拦，立即开枪将其击毙。到了总督署，一班卫队举枪顽抗，起义军马上喊话，令其归顺反戈一击，这就给其机会，而其人甚为冥顽，居然开枪射击，义军迅将其管带金振邦射死。敢死队突入总督署，杀进二堂时，卫队已魂不附体，纷纷走避，总督张鸣岐逃走，但在大堂后面的卫队，则以栏杆、梁柱为掩体，负隅顽抗，导致几位党人连续中弹牺牲，黄兴组队对卫队实施截击，卫队被压制举枪投降，于是令其为引导，向深隐处搜索，发现敌人已逃避一空，乃点火焚毁总督署。在东辕门外与水师提督李准的大队亲随遭遇，党人林文、刘元栋认为其中必有同志，于是趋前喊话令其投降，不料对方猛烈开枪，遂遭射杀，黄兴两手指即在此处击断。眼见形势不利，党人分三个方向突击。其一逃到巡防队，方声洞等人中弹牺牲。另一队冲到小北门街上，以米店米袋作掩体还击，坚持到次日下午，因张鸣岐下令烧毁街道房屋，只得越墙四散逃逸。起义军浴血奋战，东奔西突，终因兵力严重不足而溃败。此役，陈炯明、胡毅生、姚雨平等部均未能按照预期发动，致严重影响大局。

起义失败后，黄兴负伤逃回香港，喻培伦、方声洞、林觉民等或战死或被捕杀，死难的同盟会会员有名可考者八十余人，其中七十二人的遗骸由潘达微等出面收葬于广州东郊红花岗。潘达微并把红花岗改名为黄花岗，这次起义因而被称为黄花岗起义。

这是辛亥革命前夕一次决定性的起义，中山先生评曰："是役也，碧血横飞，浩气四塞，草木为之含悲，风云因而变色，全国久蛰之心，乃大兴奋。怨愤所积，如怒涛排壑，不可遏抑。不半载而武昌之大革命以成，则斯役之价值，直可惊天地，泣鬼神，与武昌革命之役并寿。"

黄花岗事败，赵声悲愤欲绝，忧心如焚，返回香港就卧床不起。五月六日开始病情加重，几天后开刀手术，不久病情恶化。他将陈英士等同志召于床前，勉励甚切，悲愤地说，"我负死难诸友矣，雪耻唯君等"。并连吟"出师未捷身先死，长使英雄泪满襟"，声泪俱下，此后再不能说话，到十八日下午与世长辞。世人无论识与不识，咸痛悼之。

赵声遽尔故去，黄兴、胡汉民代表同盟会作《告南洋同志书》，并致函中山先生，报告这个不幸的消息。函中讲道："以伯先（赵声字伯先）平日之豪雄，不获杀国仇而死，乃死于无常之剧痛，可谓死非其所。广州义举，尽丧我良士，今又失我大将，我同胞闻之，悲慨愤激，况若弟等目击者伤心狂愤。"字里行间染满痛烈心境。

辛亥革命胜利后，民国元年（1912），中山先生领导的中华民国南京临时政府，为了表彰先烈事功，追赠赵声为上将军，并归葬骸骨于其故乡镇江南郊竹林寺。

革命党无数次的点火，到黄花岗起义，可谓火势熊熊，再难浇灭；到了四川保路运动，更是风借火势，直接向十月十日的武昌定点飙燎而去。令人扼腕的是，党人牺牲惨重，如黄兴所说，"此次死义诸烈士，皆吾党之翘楚，民国之栋梁，其品格之高尚，行谊之磊落，爱国之血诚，殉难之慷慨，兴亦不克言其万一。"①

武昌起义前夕，孙武试验炸弹不幸引爆，起义的企图瞬间暴露。被俄警闻知，入宅搜索，导致文告、名册、弹药、印信、旗帜等一概搜去。当晚，武昌小朝街张廷辅家亦被破获，捕去十余人，彭楚藩、杨鸿

---

① 黄兴，《黄花岗之役周年纪念会上的演讲》。

盛、刘尧澂，以及蒋翊武、龚霞初、陈达五均被逮捕，稍后彭、杨、刘三烈士遂遇害。指挥部出事，指挥枢纽瘫痪，军营里面的情形又如何呢？万分危急、无所适从，实在也如同火上煎迫一般。

一直到十号的早上，当时三烈士被杀的消息被传开来，都是熊秉坤的好朋友，他得知这惨痛消息，心知最后关头业已到来，或者束手就擒，或者死里求生，于是决定另行策划起义的路径。他想，他们这批实力军人，手中握有不少的兵力，决不能坐以待毙，指挥机关既然已遭破坏，失却功能，再等下去也是空等，当务之急是要使各个军营之间取得联系。

早饭后，熊先生派李泽乾到各个机关观察，结果不妙，都被查封了。他就集合了各头的诸位同仁秘密商议，决定由他的工程营首先发难，因为他们占据着军械所，可以说是握有全军命脉，有举足轻重之势，他又警告其他人说，你看昨晚已经开始到处杀人抓人，我们的名册已被他们取得，不早动手后悔莫及。大丈夫今日造反是死，不造反也是死，死就要死得惊天动地，你看那徐锡麟、熊成基，你再看那黄花岗的七十二烈士，就是我们最好的榜样。于是安排了下午和晚上的两个应急方案。

傍晚时分，队官罗子清问熊秉坤，说外面风声很紧啊，是不是有什么大事发生啊？熊秉坤未及回答，姓罗的又问他，你是孙中山的人吗？熊秉坤见他问得唐突，乃正色道：革命党派别不同，但总的主盟者除了孙中山还有谁呢！姓罗的又问，那你们能成事吗？熊秉坤答，各省的革命条件早已成熟，现在湖北第八师（即第八镇）为天下第一，今天第八师发出倡议，天下不会有不响应的。罗子清听他这么畅达深沉的说话，表现出佩服的样子欣然而去。这时已过了晚上七点，熊秉坤命令士兵作战前准备，并煮饭炒菜大吃一通，并宣布，若有军官异动、或想逃跑，应予即刻扣押。

这个时候，一个名叫陶启胜的排长，竟然逆天道而行，全不顾三番五次的警告，率领两个卫兵就奔向营内熊秉坤的住舍，企图先发制人，他盯着熊先生的卫兵金铫龙说，你们想造反吗？金铫龙早已火烧火燎，应声回答，老子就想造反，能怎么样！话没说完，两人就挥拳扭打起来，金铫龙被对方压在地上，情急之下大叫：大家不动手更待何时！他的战友闻声轰然而起，疾步跑来，提起枪托就向陶启胜的头部锤击。

陶启胜摇晃站起还想挣扎逃跑，士兵陈定国举枪对准他，毫不犹豫就扣动扳机，情急之下的这一枪，打中他的腰部。

这就是辛亥革命的第一枪。

一枪引得万枪发，不明就里的兵士纷纷举枪乱射，枪声炒豆似的，响了好一会儿，熊秉坤当即率队和其他队官向外出击，到了千家街与一队旗兵对峙，双方怒目相视，但没打起来，这时看到北面火光熊熊，知道是别的军营也开始发难了。

起义军快逼近督署时，湖广总督瑞澂慌忙凿开本来没有门的督署后墙，连滚带爬，经过文昌门后，逃往楚豫号军舰。督练公所总办铁忠尚欲顽抗，呼叫各部军官组织可靠兵力保卫督署，会剿起义士兵，就在这时，督署签押房被炮弹击中。铁忠见大势已去，也慌不择路，紧随瑞澂奔窜而去。张彪率部抵抗一阵后，也溜出城外，逃到刘家庙。

十一日，黎元洪出任都督，革命同志因为人才太少，他们的目的就是要推翻清政府，对于汉人的官僚则相当信任，这就是黎元洪得以盘踞高位的原因。而辛亥革命假如要说失败的话，其原因也在此，凡是稍有名气、稍有能力的人都得到了推举，而不管其是否鱼龙混杂。

武昌起义后，清廷派兵南下镇压。两军对峙期间；陆续就有各省的光复，随后十几天二十天中，上海、苏州、广西、安庆、福建、杭州、广东、山东、成都、甘肃相继光复。

武昌起义，两天旋转乾坤，遂在全国产生连锁反应，各省革命党人纷纷行动起来。至十一月底，全国宣告独立、脱离清政府的有十四省。北方未独立各省，有的地方是清王朝统治较强，如直隶、山东、河南；有的远在边陲，革命党势力较弱，如新疆、奉天。这些省份也不平静，革命党仍然尽力组织一系列武装起义。武昌事起，立宪派也纷纷表示赞成革命，这也加速了清政府的崩溃。各地民众在起义发生过程中表现出异乎寻常的热情，中国政治生态出现前所未有的沸腾局面。

　　《武昌两日记》的序言总括武昌首义的事功，写道："乾旋坤转之日，山高水长之风，非偶然也……伤神州之陆沉，不胜摘瓜抱蔓之感；睹祖国之惨状，时兴深耕溉种之歌。海外奔走，足胝手胼，国内呼号，舌焦唇敝……"

　　随后，即以湖北军政府都督黎元洪名义，向全国发布武昌首义布告：

　　粤维我祖轩辕，肇开疆土，奄有中夏，经历代圣哲贤豪之缔造，兹成文明古国。凡吾族今日所依止之河山，所被服之礼教，所享受之文物，何一非我先人心血颈血之所遗留，故睹城邑官室，则思古人开土殖民之惠；睹干戈戎马，则思古人保种敌忾之勤；睹典章法制，则思古人贻谋教诫之殷。骏誉华声，世世相承，如一家然，父传之子，祖衍之孙，断不容他族干其职姓。

　　何物胡清，敢乱天纪，挽弓介马，竟履神皋。夫胡清者非他，黑水之日部，女真之鞑种，犬羊成性，罔通人理。始则寇边抄虏，盗我财物，继则羡我膏腴，耽我文绣，利我国土，遂窥神器。惟野蛮之不能统文明，戎狄之不能统华夏，少数之不能统多数。故入关之初，极肆凶威，以为恐吓之计。我十八省之父老兄弟诸姑姐妹，莫不遭逢淫杀，靡有孑遗。若扬州，�江阴，若嘉定，屠戮之惨，纪载可稽。又复变法易服，使神明衣冠，沦于禽兽，而历代相传之文教礼俗，扫地尽矣。乃又焚毁书籍，改窜典册，兴文字狱，罗织无辜，秽词妖言，尊曰圣谕，戴仇养贼，谬曰正经，务使人人数典而忘其祖。是其害乃中于人心风俗，不但诛杀已也……

　　本军政府用是首举义旗，万众一心，天人共愤，白麾所指，天裂山颓。故一二日闻湘、鄂、赣、粤，同时并举，皖、宁、豫、陕，亦一律响应。而西则巴蜀，已先克复，东南半壁，指顾告成……呜呼！机不可失，时不再来。想我神明贵族，不乏英杰挺生之士，曷勿执竿起义，共建鸿勋，期于直

抵黄龙，叙勋痛饮，则我汉族万万世世之荣光矣。我十八省
父老兄弟其共勉之！

其中不难窥见太炎文章的渗透和影响。

到了武昌起义爆发的时候，太炎正在东京给学生讲课，早上起来看
到报纸，目瞪口呆不敢相信。

到了晚上，看到所有的报纸都刊登了这条消息。尤其看到孙武在其
中的作用，惊讶之余，他写道："孙武者，字尧卿，武昌人也，尝抵东
京，与同盟会，后兼隶共进会。余故识之，不意其能成此大事。"其人
其事，显然颇出乎他的意料之外。

太炎一年多来事实上已脱离革命的指挥中心、信息中心，他对具
体人事的认识度不敏感甚至迟钝，导致他对孙武的事功觉得殊出意料之
外，同时也导致了对整个事件觉得难以置信。

事实上，武昌起义看似突发，其实自有其必然的逻辑。而这其中就
有章太炎们的纸上作战——战斗檄文的深刻影响。

起义前党人在部队中运作举事的具体方式，在首义之前，各级负责
人为坚定各同志之信心起见，常用耳语宣传，详为讲解清政府之残暴无
道，丧权辱国之事实，远如"扬州十日""嘉定三屠"之惨；近如中法、
中英、中日战败之耻，庚子八国联军之辱，割地赔款，订下不平等条
约，并以兴建国家海军之款，供西太后构筑颐和园之用；最后如瑞澂以
纨袴公子，出任总督，彼并以卑鄙无能，不学无术之丫姑爷张彪（瑞澂
丫环之夫，同志间鄙称为丫姑爷）出任第八镇统制……用以上之事实，
作为宣传之资料，激发同志们同仇敌忾之雄心、杀身救国之勇气，人人
切齿痛恨，隐忍待发，所以十月十日夜，枪声一起，响者四应。嗣后之
宣传工作，又转变方针，重点在鼓吹各省起义，全国响应。所以首义后
第三日，即有胡石庵在汉口成立之《大汉报》出版，大事宣传，新闻版
内所刊者，不是说某某几省同时响应，就是说某某几省援兵已发；文告
栏中所载者，不是某某几省讨逆之檄文，就是某某几省声援之函电。将
当时革命军之事实，宣传得轰轰烈烈，有声有色。真是天夺其魄，清运

该终，使清廷老朽摄政，稚子宣统，闻革命党而胆寒，阅《大汉报》而心惊。

部队被革命意识所渗透，当时身处其中的万耀煌先生记述一般情形是如此：新军士兵有时颇不顾利害，胆子甚大，在酒店、在运动场都畅言无忌地高谈排满莒命，甚至在猜拳饮酒时亦喊"要革命，要排满，全福寿"，官长不便去酒店，即去亦视若无睹、听而不闻，其革命风气之热烈由此可见。

太炎关心他的家乡情形，浙江的独立经过是这样的：

十一月四日，浙江光复会会员驻杭州新军八十一标标统朱瑞，同盟会会员新军八十二标军官吴思豫、吕公望、蒋百里、蒋百器、杨廷栋、吴肇基等人，及光复会王文庆率领从上海赶来的敢死队发动起义，周承菼统八十二标和同盟会蒋介石、光复会尹锐志（女）所属敢死队攻占抚台衙门。武昌起义后，陈其美接到中部党人希望全国响应的急电，立即筹划上海起义，致电在日中国留学生，即刻启程回国革命。当时蒋介石和张群、陈星枢等人，正在长崎，立即请假往东京，然后登船回国。十一月一日，前往杭州运动新军，将八十一标、八十二标作为起义军主力。拟定计划，准备大动。次日返回上海，从陈其美处领取起义经费，招募敢死队一百人，并写家书向长辈长兄等告别。三日回杭州，将敢死队分为五个编组，于城郊藏匿。当天上海宣告独立，推陈其美为沪军都督，到次日的夜晚，杭州发动了起义。蒋先生率敢死队并两标新军义军突进，以炸弹摧毁巡抚衙门，生擒巡抚增韫，包围并占领军械局。第二天也就是五号夜晚，杭州全城为起义军所有。推举前谘议局议长汤寿潜为都督。蒋先生回到上海，被任命为沪军第二师第五团团长，维持上海治安。他尝说，当时的革命观念，第一在于推倒满清，恢复中华，第二在为民抱不平，解决社会问题，没有丝毫权位利禄的挂碍。

还待在日本干吗？这时候当立即启程回国了。授课的事情就此停下了，哪里还有什么授课的心思和余暇！可惜上海、南京尚未易手，太炎每天焦急难耐，延迟至年底，方才回到上海。

光复上海后的都督人选，太炎描述道："燮和日夜抚慰降人，疲极。英士乘其倦卧，集部党举己为上海都督。燮和觉，大怒，欲攻之。"情绪的描述是对的，场景则略带小说笔法。

李燮和参与太炎等人的反孙风潮，每次都没落下他。黄花岗之役后回上海，任光复会上海支部总干事，又和陈其美掌控的同盟会中部总会龃龉不断。至武昌首义后，两人互动密集，互相输送情报，联手以图大举。但陈其美的首次进攻，联络的主要力量是帮会、自治公所、武装商团甚至还有剽悍的渔民。其美不但联络了青洪帮的有生力量，还在清廷驻防上海的主要武装力量即巡防营中着手策反，陈其美在上海发动的起义，意在牵制武昌清军，减轻党人的压力。起义在市郊和市中心区多处先后展开进攻，但最为激烈的是夺取制造局的血战，也由其美亲自指挥。十一月初，战前在斜桥西园誓师，其美联络的各种势力领袖及其手下人马多达数千人，其中以商团兵力装备最为精良。义军投掷手榴弹后实施冲锋，不料防守的清军立即予以反冲锋，导致陈其美被捕，捕后被缚于廊柱，清兵以水柱射入其口中，殴打折磨；次日李燮和率援军再次攻打，以炸弹撕开缺口后，双方混战三小时，起义军四面夹攻，最后放火焚烧，清军完全不能招架，江南制造局总办张楚宝仅以身免，乘坐黄浦江边的小轮逃往租界。义军在厕所旁边的小仓库发现了陈其美，见他被清军上了镣铐，发辫被系于墙壁的铁钩上，实以固定等死，他被救下来时已奄奄一息。一周后上海各处相继光复。十一月六日上海党人举行会议公推都督，地点是小东门大街的海防厅，商会、自治公所、商团、同盟会各界代表出席。商团方面着意李英石，他是商团临时总司令；同盟会和帮会方面着意陈其美，光复军方面着意李燮和。各方争持不下。此时陈其美的助手黄郛拔枪厉声说明陈其美为进攻制造局第一功，上海青洪帮合流后的首领刘福彪则又举起一颗手榴弹，高呼若不选举陈其美，则"倘有不从，请饷吾弹"。① 自治公所总董李平书居间斡旋，终以陈其美当选。

① 《辛亥革命上海光复纪要》。

武昌的战事还在紧张的胶着状态，有些留学生还生怕翻盘，甚至主张向日本借兵。太炎一笑了之，虽然远在东京，他对于形势的发展却信心满满。这个时候，他又一点都不疯癫了。甚至他曾顿足捶胸、为之诅咒狂骂的清廷，他也显出了异乎寻常的恕道来。对于清廷的处置，他写道："若大军北定宛平，贵政府一时倾覆，君等满族，亦是中国人民，农商之业，任所欲为，选举之权，一切平等，优游共和政体之中，其乐何似？我汉人天性和平，主持人道，既无屠杀人种族之心，又无横分阶级之制。"[①]

同时还有议论政党功用、性质的长文《诛政党》，大概他认为革命以前，政党当兴，而革命功成，政党当灭。政党之兴起有其不得已，革命成功，政党完成使命，自当消融。他说，天下至猥贱的就是政党，大结朋党，以遂其私，心醉利禄，以华妙之辞骗人，他将古今政党分为七大类，无一不是民众的祸害。

出现这样的文章和心态，大抵在于太炎对于形势的判断过于乐观，全然是一副胜券在握的样子。所以当武汉还在苦战，太炎竟向黄兴发去电报："革命军起，革命党消。"其实也还是他的政党论的意识延伸。

当时辛亥战争战况胶着。黄兴先生坐在一民房内，神情疲惫，当时有参谋和一个日本人陪着他，有人建议黄兴退却，万耀煌就站出来说退却不妥，因为退却比进攻还危险，出了那间小屋，又遇到工兵司令唐蟒，这位唐先生性格莽撞，他就说这时候要退却，我是不干的。于是照原来部署进攻，这时已经天亮了，左右两翼进展还算不错，中路军受到敌人猛烈火力的压迫，进展缓慢，激战至中午时分，伤亡渐多，部队出现动摇的情形，下午部队就开始溃退，黄兴拔刀阻止也无效果，又受到敌军炮火的延伸轰击。黄兴愤恨交加，几乎就要拔刀自裁，余鸿勋等人赶紧扶着他后退，敌人也没有来追，部队差不多退光了，万耀煌还在寻找战友耿丹等人，不见踪影，意外遇到了熊秉坤率队等待，大

---

① 参见冯自由《革命逸史》第五卷。

家一同后撤。

对于这个战役的失败，万耀煌以为打正规的攻防战不是指挥者的长处，在战斗之前不能不先衡量敌我双方的力量。

恰在这期间，章太炎发电报来，申论他的"革命军起，革命党消"之论，认为以党组军殊非正途，黄兴忙于战事，觉其莫名其妙，没工夫搭理他。

桥口之战，甘兴典部遇敌即溃，导致黄总司令亦退。熊秉坤未及撤离，遂被包围。力战得脱。这是十一月十七日的事情。

下旬，清军又集中数千兵力，由新沟渡河至蔡甸，准备向汉阳进攻。黄兴召集各部队长官打气，认为全国十分之七八为民军所有，各省纷纷响应，请大家努力支撑。

在上海的各省代表，陆续致电黄兴、黎元洪，承认武昌为民国中央军政府。太炎的得意弟子、五王之一的黄侃拜访黄兴，本来黄侃从湖北蕲春周边各县已纠集三千余人，欲作为补充兵力，投到黄兴麾下，惜因奸人阻挠，功亏一篑。兵力缺乏，能战之士更少，于是黄兴致函江西李烈钧，促赣军速派部队支援。二十一日，清军以马队向三眼桥反复冲锋，均被打退。随后，清军因在此处难以得手，遂转攻美娘山，并迅速占领。民军骑兵由马队第二标第二营管带祁国钧率精兵七十余人抵死反冲锋，击毙清军指挥官，斩获甚多，阵地由此夺回。几乎同时，武昌花园一带阵地由来援的湘军协统刘玉堂指挥，和清军展开激战，冲锋多次，均被敌方机枪压制，未能攻克，刘玉堂在此役不幸中弹阵亡。

......

这种过分的乐观也在显示太炎动辄走极端的性格。此时南京尚未拿下，他的关于新政府的制度、人选安排的宣言书都已经公之于世了！

这种潜在的底气怎么来的？简而言之，来自于他革命历史的深厚资格。正如十一月中旬初回上海时，报章对他的盛大欢迎和评价，太炎想来不免一吐胸中多年的恶气。上海的报纸，除了消息，还有专访，甚至还有社论："章太炎，中国近代之大文豪，而亦革命家之巨子也。正气不灭，发为国光，文字成功日，全球革命潮，呜呼盛已。一国之亡，不亡于爱国男儿，文人学士之心，以发挥大义，存系统于书简，则其国必有光复之一日，故英雄可间世而有，文豪不可间世而无，留残碑于荒野，存正朔于空山，祖国得有今日，文豪之力也。今章太炎已回国返沪矣，记者谨述数语以表欢迎之忱，唯望我同胞奉之为新中国之卢骚。"①

所以他在这样的心态下给出的建议，根本就是一副按既定方针办的模样。事情的缘起是宋教仁给他提起的话头，但先在其间把宋氏揶揄一番：

"诸军皆推武昌为中央，遯初自许当为执政，嘱余作人物品目，余念同志中唯遯初略赍政书，粗有方略，然唯嫌其脱易，似前辈刘禹锡辈。时辈既无过遯初者，因为宣布。"②

所开出的方子——与其说是建政书不如说是方子：

第一条：今日承认武昌为临时政府，但首领只当称元帅，不当称大总统。

第二条：各省只应置一都督，其余统军之将，但当称司令、部长、与民政官同受都督节制。

第四条：方今惟望早建政府，速推首领，则内部减一日之梦乱，外人少一日之觊觎……处今日而待孙君归国，始定名号，何异待豹胎麟脯而后食耶？前观孙君电报，属意黎公，明其自知分量，不争权位，蕈蕈乎有克让之风，而昧者反欲推孙，抑何不晓事机也。域中缙绅之士，多未与孙君识面，心仪其人，以为希世之杰，度孙君亦未必愿受此名也。如仆所观：孙君长于议论，此盖元老之才，不应屈之以任职事。

第五条：这条专门为刘师培而设：今者文化凌迟，宿学凋丧，一二通博之材，如刘光汉辈，虽负小疵，不应深论，若拘执党见，思复前仇，杀一人无益于中国，而文学自此扫地，使禹域沦为夷裔者，谁之责耶？

第八条：阁员之选，当一任中央政府，若诸府争举，则意见滋生，而纷争自此起矣。如仆一身之计，则愿处言论机关，以裁制少年浮议。

---

① 《民立报》。
② 《自订年谱》。

第九条：今以一人之见，品藻时贤：谓总理莫宜于宋教仁，邮传莫宜于汤寿潜，学部莫宜于蔡元培，其张謇任财政，伍廷芳任外交，则皆众所公推，不待论也。海陆军主干者，军人中当有所推，非儒人所能定。若求法部，惟有仍任沈家本。

这篇人事建议书，就中特别照顾刘师培，可见其老天真性格迄未稍改，人物品藻全不中的，颇令人啼笑皆非。

若说他不知道孙中山众望所归的影响力那是假话，所以对于孙中山的去处，宛转作了安排，对他自己也有措置，对于他的朋友宋教仁，生怕推崇逾量，始终不能忘情，故而后来还在一演讲中特意压制一番："当革命未成时，群目宋教仁为将来之政治家，然宋氏仅知日本之政治，处处以日本之政为准，如内阁副署命令，两院决可否，矜为奇异。不知此二制度，中国已行于唐、宋。副署之制，唐时诏令俱然，并谓不经凤阁鸾台不得为制敕，其所谓墨敕内降者，则出乎法外者也，逮宋亦然。""而宋之在政府，亦以副署权陵轹元首，终蒙杀身之祸。由今观之，其政治知识实未备也。"

这样议论他的挚友、同在沦落中相濡以沫的旧友和死友，真是太过分了！

风暖鸟声碎，日高花影重。在太炎而言，现在是春天明媚的日子，他抖擞精神，主持了上海的国民自治会，和伍廷芳、陈其美等商量地方财政和用人；稍后的十二月初赶往南京，亲往尧化门观察义军的进攻。

南京则在十二月二日被起义军占领。本来，武昌起义后，宋教仁等即着手准备夺取这个重镇。此前两江总督张人骏怀疑新军第九镇统制徐绍桢（固卿）不稳，将他调开。徐绍桢颇表不满，经柏文蔚等策动，第九镇新军下级军官多倾向革命，徐绍桢迫于形势，即顺水推舟率部起义。第九镇起事，未能一鼓作气攻下南京，后来江浙组织联军合力进攻，参加的队伍有第九镇徐绍桢、沪军黎天才、浙军朱瑞、苏军刘之洁、镇军林述庆，推徐绍桢为总司令，以统一事权。联军计划夺下紫金山上的天保城，沪军先锋队于十一月上旬赶到南京城外，沪军先锋队配备的八门山炮为其他部队所无。于是沪军先锋队担任主力，奉命攻击天保城之北，林述庆部会同朱瑞部攻击天保城之南，此外苏军刘之洁及朱瑞部进攻雨花台，黎天才部攻狮子山、北极阁一带。

随后开始总攻击，天保城位于紫金山上，形势险峻，荆棘丛生，官兵竭力进攻，激战两昼夜，终于攻抵天保城下，与友军会合。待到雨花台、狮子山相继克复后。联军即自天保城上发炮轰击南京城。张勋知大势已去，带领一众兀士仓皇北遁，两江总督张人骏、江宁将军铁良乘日舰逃往上海。南京光复，稳定了起义军的局面，其后各省代表方能集合在可靠的政治军事重镇，建立起政治中心——临时政府，而使北方知道革命势力不可轻侮，南京的光复实在太重要了。

太炎前来，意在鼓舞军心，并试图以其精神影响力促进进攻的速度。南京独立后，他返回上海。

这时他立即给黄兴、宋教仁拍电报，一者祝贺，二来希望义军对于江北等处的敌军，须以追穷寇的态势予以追剿。

对于新政府、新体制等的组成方式、组成人选，太炎葆有巨大的潜在的影响力，让人感到一种无形的左右能力。不但太炎本人在那里指手画脚、仿佛可以挥鞭断流的样子，就是立宪派，也感同身受般觉察出他的力量，梁启超特派盛先觉返国，连续密集地往访太炎，有时一天拜谒两次，现在是第三次来访，焦点在清皇帝的出路。盛氏说，先前您老说共和政府成立后，可立清帝为大统领，随即您又放弃了这个建议，究为何因？太炎觉得他问得有些可笑，但也值得回答，就说：不错，早先我是这样想的。不过形势变了，形势比人强！晓得吧！现在他们摧枯拉朽，一点力量也没有，革命党甚嚣尘上，一些中下级军人气焰熏天，看到端方的下场了吧？谁也拦不住这些年轻军人。嘻，谁还再有这种建议，那么不切实际，不是自取其辱吗！反正我是不敢作此妄谈了。

盛氏说，他这次从神户的须磨海岸来，看望了康有为和梁启超先生，受其委托，他们的意思是请您多加担待。

太炎说，康、梁两先生心迹昭然于天下，我能有什么不满怨恨呢？没有的。

盛先觉遂拿出梁氏的长信，其内容中心是在实行虚君共和主义，并说梁先生一片苦心孤诣，请太炎先生能善加重视，再做结论。

太炎说，那好吧，这信太长，给我三天时间，等我研究后再说。

三天后，盛氏真的又来了，这次太炎直接给他吃了闭门羹。理由就是很干脆的：事繁。不见。

盛先觉只感到一阵落寞被蔑视的胸闷，迟缓地转身走了。当天回到住处立即给梁启超写信，内容有说到，太炎本人态度暧昧，他身边的年轻人牛皮烘烘，对人怒目瞋视，几欲谩骂！他们对人轻浮嚣张，对章太炎则以为奇货可居，阿谀奉承，无所不用其极。简直气死人了！

盛先觉的描述和感受确实太真切了，因为，这相对于《时务报》的时代，康、梁的嚣张气焰，太炎的忍气吞声，已经完全翻盘了，而且太炎的气势还百倍于康、梁的当年，具有压倒性的优势。

万福华的难友林万里先生也来找太炎，说是万福华先生还在监牢里面，请太炎和黄兴尽快挽救万先生于危难之中。直到一九一二年底，经上海都督陈其美多方交涉，始获释出狱。出狱时，戴季陶牵头为他开了一个欢迎会于上海之新舞台。

第十章

骚动与撕裂

——共和之来，民气复苏——代表投票选总统——中山先生就职宣言——后同盟会时代的人事悲剧——临时政府的窘迫——

这时各省代表吁请黄兴出面组阁，呼声日高。

到了十二月下旬，黄兴明确发表他的意图："孙中山先生正在归国途中。先生是同盟会的总理，他未在时我做代表，他已启程我若还到南京就职，将使党内同志发生猜疑。太平天国初步胜利后领袖争权，导致惨败，我们要引以为鉴。"

十二月二十五日，中山先生返国抵沪，黄兴即与陈其美等人前往吴淞欢迎。

中山先生后来曾追述辛亥革命爆发时他的活动情况轨迹："武昌起义之次夕，予适行抵美国哥罗拉多省之典华城（即科罗拉多州之丹佛市）……时予本可由太平洋潜回，则二十余日可到上海，亲与革命之战以快生平；乃以此时吾当尽力于革命事业者，不在疆场之上，而在樽俎之间，所得效力为更大也。故决意先从外交方面致力，俟此问题解决而后回国……吾之外交关键，可以举足轻重为我成败存亡所系者，厥为英国"，于是经纽约前往伦敦。在该地约十天，任务完成，"乃取道法国而东归"。[①]

"过巴黎，曾往见其朝野之士，皆极表同情于我，而尤以现任首相格利门梳（即克列孟梭）为最恳挚。"

当时还会见东方汇理银行的经理西蒙，问西蒙能不能尽快向临时政府提供贷款。并商谈一笔借款，使中国能够用以付清庚子赔款，中国"已经表现出来的民族感情"要求"收回海关的征税及控制权"。中山先生请西蒙转告法国政府，希望"对它的盟友俄国施加一切影响，阻止俄国去同日本沆瀣一气"。

中山先生回到上海，在哈同花园和黄兴、陈其美、伍廷芳、汪兆铭、胡汉民等多人会晤。这几天，各地各团体欢迎电报翩然而至。同盟会、各省都督、江浙联军总部、江西军政府及军、绅、商、学各界公电纷纷驰来，表示共和之来，民气复苏，在上海期间，中外人士来访者络绎不绝。

在上海，当天下午，前往伍廷芳宅会谈，黄兴等参加。各报记者纷至沓来。因《民立报》记者问到财政和外交，孙先生就说这两方面致力尤多，相信种种困难虽有破除之望，但意想不到的阻碍会接踵而来。又对另一家报纸的主笔谈道："革命不在金钱，而全在热心。吾此次回国，未带金钱，所带者精神而已。"[②]这一番谈话，同道、记者多人在场，但后来到了章太炎的笔下，就变成说，孙中山回到上海，携带足量的金钱，还有四艘兵舰云云；而到了吴景濂笔下，就更其离谱了，他说孙先生带了上千万的美金回来，还有十艘兵舰跟随。[③]可见这些人，目光所及，心思所聚，究在何处，不问可知了。

随后，各会党代表，各省都督，起义军司令，各省绅、商、学界，纷纷致电呼应中山先生，均希望先生"登高一呼，乾坤回转"。接着各方请谒，目不暇接。同盟会在中山先生的主持下，召开了高层干部会，

① 见《孙中山选集》1981版，第208—211页。
② 《孙中山年谱长编》，第596页。
③ 参见《辛亥革命回忆录》第八卷，第407页。

参加者有中山先生、黄兴、汪精卫、宋教仁、陈其美、张静江、马君武、居正等人。

十二月二日，江浙联军攻克南京，代表会议决定以南京为中央临时政府所在地，各省代表随即自武汉齐集南京。南京光复次日，革命军公推苏州都督程德全为江苏都督，十二月四日各省代表于汉口英租界开会，限各代表于七日内齐集南京，如到有十省以上代表，即召开临时大总统选举会，选举总统，组织临时政府。各团体均看好中山先生，当时舆论对推举他为总统一事颇形热烈。美洲全体同盟会致电各省代表谓"孙先生德、才、望，中外相孚，请举为总统，内慰舆望，外镇强邻"，最具代表性。包括进步党的前身共和建设会，由汤化龙、林长民等人致电十四省代表："组织临时政府，请举孙中山先生为总统，以救国民，兆众一致，全体欢迎。"

十二月二十八日举行总统选举预备会，决定第二天正式选举时，采用无记名投票办法。

在一九一二年元旦到来的前三天，各省代表在南京举行预备会，投票选举临时大总统候选人。十二月二十九日，采用无记名投票法选举。共有十七省代表投票，各省代表为：

山西：景耀月、李素、刘懋赏。

陕西：张蔚森、马步云、赵世钰。

江苏：袁希洛、陈陶遗、雷奋、马良。

安徽：许冠尧、王竹怀、赵彬。

江西：林森、赵士北、王有兰等。

浙江：汤尔和、黄群、屈映光等。

福建：潘祖彝。

广东：王宠惠、邓宪甫。

广西：马君武、章勤士。

湖南：谭人凤、刘揆一等。

湖北：马伯援、王正廷、胡瑛、居正等。

四川：萧湘、周代本。

云南：吕志伊、段宇清等。

山东：谢鸿焘、雷光宇。

河南：黄可权、李槃。

直隶：谷钟秀。

奉天：吴景濂。

议长汤尔和任选举会主席，刘之浩任监选员。候选人为孙中山、黄兴、黎元洪。到会十七省代表，每省一票。开票结果，孙先生得十六票、黄兴得一票。十七省代表会议以十六票的绝对多数选举孙中山为中华民国临时大总统。结果公布后，音乐大作，在场代表和列席之军界学界人士起立欢呼。即推正、副议长汤尔和、王宠惠赴上海迎迓孙中山先生。

一九一二年元旦，中山先生从上海赴南京就任中华民国临时大总统，车站附近等候瞻仰先生风采者，多到不可胜数，以致道途为之壅塞。沿途镇江、苏州、常州都有上万人欢迎，到了南京，自动来欢迎的民众多达五万以上。中山先生在南京就职期间，气氛热烈，他身边投效革命的年轻人很多。像马君武等，刚从欧洲回来，赶到武昌城下亲冒矢石，又赶到上海欢迎孙先生，再转南京出席会议。"正是三十年华，英气蓬勃……连夜赶回南京，一路叫着中华民国万岁，喊得声音都破。但那时精神很好，一切应付裕如。"①

晚上八点钟在南京制台衙门，中山先生和胡汉民一起走进来，两人都穿着大礼服，戴大礼帽，胡汉民手拿文告，站在中山先生身边。中山先生宣誓就职后用广东话演讲，有些人还听不懂。发布《临时大总统宣言书》《告全国同胞书》等文件，正式宣告中华民国的诞生。仪式很快就结束了，一些年轻人觉得仪式不免草率，第二天才明白原来是赶在这天改元，用新历。三日，选举黎元洪为副总统，确定临时政府组成人员，中华民国临时政府成立。此后正式组织临时政府，任命各部总长，选举临时副总统。南京成为革命政治中心，许许多多的人都到南京来。中山先生电各省派参议员组织参议院。同时任命：

① 《马君武集》，第 469 页。

黄兴为陆军总长，蒋作宾为次长；黄钟瑛为海军总长，汤芗铭为次长；伍廷芳为司法总长，吕志伊为次长；陈锦涛为财政总长，王鸿猷为次长；王宠惠为外交总长，魏宸组为次长；程德全为内务总长，居正为次长；蔡元培为教育总长，景耀月为次长；张謇为实业总长，马君武为次长；汤寿潜为交通总长，于右任为次长；并任命胡汉民为总统府秘书长，宋教仁为法制局长，汤化龙为副局长。各总长经各省代表会同意，初拟以宋教仁长内务，章炳麟长教育，为部分代表所反对。武汉方面以鄂人未获任总长，颇为不满，但次长多为鄂人。又各总长实际在南京任事者，仅黄兴、王宠惠、蔡元培三人。

中山先生当天发表《中华民国临时大总统就职宣言》，堪称中国的《独立宣言》：

中华民国缔造之始，而文以不德，膺临时大总统之任，夙夜戒惧，虑无以副国民之望。夫中国专制政治之毒，至二百余年来而滋甚，一旦以国民之力踣而去之，起事不过数旬，光复已十余行省，自有历史以来，成功未有如是之速也。国民以为于内无统一之机关，于外无对待之主体，建设之事更不容缓，于是以组织临时政府之责相属。自推功让能之观念以言，文所不敢任也；自服务尽责之观念以言，则文所不敢辞也。是用黾勉从国民之后，能尽扫专制之流毒，确定共和以达革命之宗旨，完国民之志愿，端在今日。敢披沥肝胆为国民告：

国家之本在于人民，合汉、满、蒙、回、藏诸地为一国，即合汉、满、蒙、回、藏诸族为一人，是曰民族之统一。

武汉首义，十数行省先后独立，所谓独立，对于清廷为脱离，对于各省为联合，蒙古、西藏，意亦同此，行动既一，决无歧趋，枢机成于中央，斯经纬周于四至，是曰领土之统一。

血钟一鸣，义旗四起，拥甲带戈之士遍于十余行省，虽编制或不一，号令或不齐，而目的所在则无不同，由共同之目的以为共同之行动，整齐划一，夫岂其难？是曰军政之统一。

　　国家幅员辽阔，各省自有其风气所宜，前此，清廷强以中央集权之法行之，遂其伪立宪之术；今者各省联合，互谋自治，此后行政，期于中央政府与各省之关系调剂得宜，大纲既挈，条目自举，是曰内治之统一。

　　满清时代借立宪之名，行敛财之实，杂捐苛细，民不聊生，此后国家经费取给于民，必期合于理财学理，而尤在改良社会经济组织，使人民知有生之乐，是曰财政之统一。

　　以上数者，为政务之方针，持此进行，庶无大过。

　　若夫革命主义为吾侪所昌言，万国所同喻，前此虽屡起屡踬，外人无不鉴其用心，八月以来，义旗飙发，诸友邦对之抱和平之望，持中立之态，而报纸及舆论，尤每表其同情，邻谊之笃，良足深谢。临时政府成立后，当尽文明国应尽之义务，以期享文明国应享之权利。满清时代辱国之举措，与排外之心理，务一洗而去之，与我友邦益增睦谊，持和平主义，将使中国见重于国际社会，且将使世界渐趋于大同，循序以进，不为幸获，对外方针，实在于是。

　　夫民国新建，外交、内政，百绪繁生，文自顾何人，而克胜此？然而临时之政府，革命时代之政府也，十余年来从事于革命者，皆以诚挚纯洁之精神，战胜所遇之艰难，即使后此之艰难远逾于前日，而吾人惟保此革命之精神，一往而莫之能阻，必使中华民国之基础，确定于大地，然后临时政府之职务始尽，而吾人始可告无罪于国民也。今以与我国民初相见之日，披布腹心，惟我四万万同胞共鉴之！

　　万耀煌回忆孙中山先生回国后的情形，那时各省已相继独立，政治重心也随新的情势渐渐转移到上海。各省都督所派代表纷纷至沪，准备成立中央军政府，最初议决以武昌为中央军政府所在地，黎元洪为大都督。并决定各省代表赶赴湖北召开会议，每省留一人在上海为通信机关。其后南京攻下，抵达湖北的代表又决议临时政府改设南京，并议决临时政府组织大纲。但在沪各省代表则于十二月四日推举黄兴为大元帅、黎元洪为副元帅，鄂人闻之大为不满，迨赴鄂代表返抵南京后，黄兴坚辞大元帅职，乃又改挂黎元洪为大元帅，黄兴为副元帅，暂行大元帅职务，以为调和之计，但鄂人仍不主张黎元洪就此职，遂成僵局，幸孙中山先生自美归国抵沪，各省代表在南京开会选举孙先生为大总统，各方愤慨之情始稍平。孙先生于中华民国元年元旦抵京就职，各省代表旋即推选黎元洪为副总统。惟孙先生提出国务员九人，包括陆军部长黄克强在内无一人为参与武昌首义之人士，遂又引起了鄂人的极度不满。而孙武在南京、上海颇受冷落和歧视，尤为愤慨。后来孙武在武昌都督府会议席上将京沪政客要人对鄂省的情形报告后，引起全场的不平，愤激之余，遂决议扩军，以现有军队成立八镇，期能保持实力，谋求发展，乃至孙武发起组织民社，以湖北人拥黎为中心，致启同盟会分裂之端，亦种因于此。

而尹呈辅《参与辛亥武昌首义之回忆》谈到，中山先生对武昌起义的精神影响，孙武沾光不少：数月之间，中华民国得以成立，清廷二百六十余年之天下，于焉终止，我国数千年之君王专制政体，一举推翻，此实我黄帝在天之灵，"我国父孙中山先生革命精神之感召所致也。当时并有一巧合之事，更是证明国父精神之伟大，威望之隆盛。缘国父讳孙文，湖北革命干部有孙武先生，平时在民众心目中，以为是国父之弟，同志间亦藉此相号召。适逢首义之后，清廷令冯国璋率师南下，征讨湖北，而各省响应之事，尚未普遍。一时谣传纷纭，武汉民众，未免有点不安。于是请孙武先生冒国父令弟之名，乘四人大轿（是时孙氏炸弹之伤未愈，故而坐轿），前呼后拥，游行街市，藉安民心。同时《大汉报》亦刊载此事，大意是：'孙中山先生，在海外正办理外交事宜，不日兼程，先命乃弟孙武，赶赴武汉，宣慰军民，并襄助一切'等语。一时武汉三镇，军民闻之，莫不欢欣鼓舞，振奋异常，从此，民心士气，更感安慰。此事虽小，足见国父革命精神与声威之伟大也。"

到了二月十二日，清帝溥仪（宣统）奉隆裕太后懿旨，下诏辞位。清廷颁布宣统帝《退位诏》：

奉旨：朕钦奉隆裕皇太后懿旨：前因民军起事，各省响应，九夏沸腾，生灵涂炭，特命袁世凯遣员与民军代表讨论大局，议开国会，公决政体。两月以来，尚无确当办法，南北暌隔，彼此相持，商辍于途，士露于野。徒以国体一日不决，故民生一日不安。今全国人民心理多倾向共和，南中各省既倡议于前，北方诸将亦主张于后，人心所向，天命可知。予亦何忍因一姓之尊荣，拂兆民之好恶。是用外观大势，内审舆情，特率皇帝将统治权公诸全国，定为共和立宪国体，近慰海内厌乱望治之心，远协古圣天下为公之义。袁世凯前经资政院选举为总理大臣。当兹新旧代谢之际，宜有南北统一之方，即由袁世凯以全权组织临时共和政府，与民军协商统一办法。总期人民安堵，海宇安靖，仍合满汉蒙回藏五族完全领土为一大中华民国，予与皇帝得以退处宽闲，优游岁月，长受国民之优礼，亲见郅治之告成，岂不懿欤。钦此。

此诏出自张謇手笔，原本无"即由袁世凯以全权组织临时共和政府"之句。袁世凯擅加此句乃示以其政权取之于清廷，而非得自于民军。孙中山见之大怒，诘责之。袁世凯与唐绍仪则推诿于清廷，且谓其为遗言之性质，故无再起死回生使之更正之理。

中华民国临时政府开府南京，所用阁员，与太炎踌躇满志开列之名单差异甚大。

孙中山就任临时大总统的两天之后，太炎在上海就任中华民国联合会会长，副会长为程德全。他俩也是该会的发起人，意在联合各省宏通达识之士，研究联邦理论和当下适用问题。一言以蔽之，监督省政，应用于中央政府。此为政党之雏形，盖以契入了实际政治操作领域。对于三权分立之说，该会又加入了教育、纠查二权，又该会认为中国旧有之美俗良法，应予斟酌保存，如婚姻，禁早婚、禁纳妾；税制，实行累进税收；这些似尚可说，而对于财产与田产，诸如，限制财产相续，家主死后，遗下的财产，留下子弟教养和足供衣食以外，其余全部收归国家所有；又如土地国有一事情却又说夺取富人田产分给贫民则绝难实行……从这些多有矛盾的条款看来，太炎的政治方略，还远未舍筏登岸。随后该会的机关报《大共和日报》创刊，在各省都有驻会干事，完全是政党的架子。太炎在该报上的第一篇时评，就是指斥孙中山向国外订购军舰快枪一事，而此事仅是一个传闻。

这些天，除了刘师培，他最关心的就是陶成章了。

刘师培畏罪潜伏，太炎在报纸上公开找他："刘申叔学问渊深，通知古今，前为宵人所误，陷入樊笼，今者民国维新，所望国学深湛之士提倡素风，任持绝学，而申叔消息杳然，死生难测。如身在他方，尚望先通一信于国粹学报馆，以慰同人眷念。"署名是他和蔡元培，一连在《大共和日报》上刊登多日，这还未足，又敦请孙中山担保，又转为刘氏发表宣言，终将刘氏从四川的困窘中解救出来。

这种无微不至的关怀，差不多已超过他对邹容的关爱。毕生受其眷顾深不可释者，往上是黎元洪，往下只有陶、刘二人。从程度上比较，陶成章似乎都还差一点。

当时浙江都督汤寿潜调职交通总长，浙督空缺，太炎力荐陶成章。认为浙江光复，应是陶氏经营多年的结果，"其功非独在浙江一省，代理浙事，微斯人谁与归。"[①]

陶成章的归宿，涵盖着太炎复杂的情绪，其中赵声的牺牲，陶成章认为黄兴、胡汉民都有责任。因而，他对黄兴、胡汉民、陈其美更加疏离，甚至转为怨恨。在行动上，自行其是，和临时政府这一脉的党人几乎背道而驰。

陶先生且在上海大肆招兵买马。太炎也觉其行动颇多旁逸斜出，就说："江南军事已罢，招募为无名，丈夫当有远志，不宜与人争权于蜗角间，武昌方亟，君当就蛰仙乞兵千余人上援。大义所在，蛰仙不能却也。如此既以避逼，且可有功。恋此不去，必危其身。"

---

① 《民立报》，1912 年 1 月 8 日。

陶成章以光复军为基干，成立吴淞军政分府，自任都督，和陈其美分庭抗礼。陈其美深感肘腋之患，当及早除去，反复思忖，乃动员帮会势力，赴其府邸，下达最后通牒，成章无奈，只得取消都督府，其后光复军也被逐出上海。

陈其美和陶成章的矛盾冲突已经到了势不两立、你死我活、以命相搏的地步。其时南京临时政府方成立半个月，陶成章即告毙命。事即陈其美指使，蒋介石执行。当时陶先生势力被夺，几成孤家寡人，以忧愤成疾，住在上海广慈医院，蒋介石偕隶属光复会的王竹卿，两人持枪前往刺杀，子弹从左脸颊射入脑中，将陶先生打死在床。时在一九一二年的一月十四日凌晨二时许，终年三十四岁。蒋介石一九〇七年正在日本振武学校读书，由陈其美介绍加入同盟会，常与苏曼殊等人谈及二百多年的惨痛历史，常常拔剑斫地，意欲寻死，和陈其美一样对中山先生极深崇拜。次年他从振武学校肄业，正值章、陶掀起反孙风潮，遂极鄙薄陶成章之人格。加以蒋先生也是浙江人，介入浙人矛盾很深，对于徐锡麟的孤军刺杀起事被害，认为是陶成章陵轹而成。盖以他常闻陶成章和龚未生（章太炎女婿）议论说徐锡麟有帝王思想，实属居心叵测。太炎说："焕卿不从，果被刺死，或言英士为之也。"指出这种矛盾的撕扯导致了悲剧的发生。而多年后蒋先生的夫子自道，即《中正自述事略》详述袍泽相残，他的理由是：

陶成章欲以"浙江之光复会代之为革命之正统，欲将同盟会领袖孙、黄之历史抹煞无遗，并谋推戴章炳麟以代孙先生，呜呼革命未成，自起纷争。而陶之忌刻成性，竺绍康未死前，尝为余曰：'陶之私心自用，逼陷徐伯生者，实此人也。尔当留意之！'惜竺于此时已逝世，而其言则余初未忘，及陶亲来运动余反对同盟会，推章炳麟为领袖，并欲置英士于死地，余闻之甚骇，且怨陶之丧心病狂，已无救药，若不除之，无以保革命之精神，而全当时之大局也。盖陶已派定刺客，以谋英士，如其计得行，则沪军无主，长江下游必扰乱不知所之；而当时军官又皆为满清所遗，反复无常，其象甚危，长江下游人心未定，甚易为满清与袁贼所收复，如此则辛亥革命功败垂成，故再三思索，公私相权，不能不除陶而全革命之局。"

双方都欲实施致命一击,只是谁先动手的问题。陶先生到此,也算是求仁得仁了。

陶先生被刺的次日,中山先生极为震惊,虽然陶氏从未放弃对他的攻击和泼污,但中山先生的心胸却是海涵地负,全然的不计前嫌,他下达的电令登在《民立报》上,要求陈其美严缉凶手,明正典刑。"陶君抱革命宗旨十余年,奔走运动不遗余力。光复之际,陶君实在巨功,猝遭惨祸,可为我民国前途痛悼!岂容不轨横行,贼我良士。即由沪督严速究缉,务令凶徒就获……"这自然不会有结果,当时蒋介石正在陈其美麾下,任沪军第五团团长。

陶成章死后,孙中山邀请太炎到南京,"欲任为枢密顾问,不能却。"不过他有他的腹案,他认为南京、上海两地,近在咫尺,若需他出谋划策,就算邮政信函,也可半天就到,不必值班或坐班,因而返回上海住宿。

蔡元培是光复会的元老,但他对于太炎等人的脾性和做事风格,深为不满,当时他在临时政府做教育总长,他有一套自己的用人想法,并对章太炎很不耐烦。中山先生针对之有专函谈及用人之道,且专门强调对待章太炎的方式,信中说:"弟意亦如是,惟才能是称,不问其党与省也,但此时不能不收罗海内名宿。来教所论甚明。然其间尚有当分别论者。康氏至今犹反对民国之旨,前登报之手迹可见一斑。倘合一炉而冶之,恐不足以服人心,且招天下之反对。至于太炎君等,则不过偶于友谊小嫌,决不能与反对民国者作比例。尊隆之道,在所必讲,弟无世俗睚眦之见也。"这是何等的悲悯剀切、深仁厚泽。

稍后太炎直接刊文于《大共和日报》,请托中山先生竭力调处光复会、同盟会的矛盾差池。中山给予积极迅速的回应,表示两会不仅是良友,且情同手足,并专门驰电广东同盟会负责人陈炯明,要求他解释、调处。

马君武说:

"民国成立的时侯,总理要让位给袁世凯,自己去办铁路,这件事,胡、汪他们都说不要紧,只有我一个人反对,因为我看准了袁世凯是个坏人。但总理去意已决……跟总理出来，大家都是一肩行李，两袖清风。到了上海……我又给总理派做秘书长……民国元年（1912）总理重到日本去，王亮畴、戴天仇和我一班人随侍前往。那时候日本的欢迎者热烈极了……来欢迎的人们和车子，直使路为之塞。据说为日本人欢迎外宾空前所未见。"①

中山先生的伟大，马君武以为，在于勤于求知，他频年奔走革命，稍有空闲，便又浏览各种书报，学问渊博精深。他的主义、政纲、政策等，目光何等远大。他待人接物都是推心置腹，不记私仇。就是公开反对过他的人，表示服从之后，和先前一样待遇。

知人善任。对于用人，并无亲疏贵贱之分。唯一的标准就是看你能做什么事，所以当时的革命志士，望风景从。因此"孙君具有一种魅力，能使欧美人士无论其居何等地位，一接谈之后，即倾倒赞美之。"②"革命事业三事，军事、外交、财政。孙君虽非军事专门家，然其最近十年所专研究者，为战术学，又屡起举行革命，富于经验。至于财政和外交问题，则吾敢断言，通计中国人才，非孙君莫能解决矣。孙君之真价值如此，日人宫崎至谓其为亚洲第一人杰。"③

柏文蔚记孙中山先生过天津时遗言：北洋军人全不可靠，我们应以广东为革命根据地，组织军队，非根本解决不可。

孙先生实在是不亲干戈之人，如中国症结可以政治解决的话。动刀动枪，实为迫不得已。

胡汉民在临时总统府时期，统筹秘书班子，文件大小他都要过目，四面八方全来求见孙中山先生的他都要先行见面接待，他就睡在孙先生寝室的外间，每天晚上梳理白天的重要事件报告孙先生。

他的秘书——整个大秘书班子有庶务长沈某自称内务大臣，招摇于外，强征民间的车马，胡汉民就让江苏都督将他拘捕。沈某的继任者

---

① 参见《马君武集》，第 475 页。
② 《马君武集》，第 247 页。
③ 《马君武集》，第 248 页。

就是应夔丞，他还兼任卫队长，飞扬跋扈，胡汉民也将其抓捕，并欲杀之，被孙中山制止，只是解除其职务。当时的参议院中，同盟会议员籍占大半，执着于三权分立之说，好持异议。譬如有些人说，定都南京那么远怎么控制东北牙，不等于放弃吗？此类言论以章太炎、宋教仁为代表。当时南京如开追悼阵亡烈士大会，章太炎居然撰写对联讽刺：群盗鼠窃狗偷，死者当不瞑目；此地龙盘虎踞，古人毕竟虚言。胡汉民认为这是公开的反革命言论。

有一天，安徽都督孙毓筠派专人来求济于政府，孙中山先生批给二十万元，胡汉民马上到财政部拨款，可当时的金库里面只有十个大洋。当时战火纷飞，临时总统府的行政令不出都门半步，政府各部亦仅备员名义而已。可见当时作为秘书的也真是困难重重。

另外一件事情，则特别显露了秘书班子个人性格的制约，胡汉民说，提倡朴素、简易的民风。当时要给北方将士出文告，由总统府秘书雷铁崖撰稿。胡汉民认为他用词艰深，就说，这个是要让普通士兵都能看得懂的，就像棉被、稻谷一样是非常普通的东西，而不能是罕见的山珍海味。就否定了他的文稿，让另一个秘书任鸿隽重拟。雷铁崖非常愤怒，拂袖而去。并有诗句说，"十年革命党，三日秘书官。"胡汉民认为这是名士气太重，很难做好行政工作。

关于这件事情雷铁崖另有说法。雷先生也是老同盟会员，资格几乎不在胡汉民之下。

关于这段时间的秘书工作，胡汉民说，张謇推荐了十几个人来总统府做秘书，胡汉民一个也没录用，于是张謇就在上海一带扬言说，胡汉民善于揽权，好像一个第二总统。当时汪精卫说，他们骂你，等于是赞扬你非常负责呢。

张发奎对胡汉民的看法深透入骨，"学问渊博，责任心强，人格完整，私生活也很简朴，但他心胸狭窄，没有孙总理的器度。"

刚成立的南京临时政府，乱象纷呈，窘状毕露。总之，政经、行政，一无可说。这便是新政府，自己挺身犯难，为之打拼的理想社会，反差如此之大，这和早先自己的愿景相去不可以道里记。

这种情形中，章太炎便怪话连连，他之所说，泰半出于环境的刺激，不过也有相当的成分，属于性格因素使然。

他是一个大嘴巴，他的很多话，属于有口无心，但不可否认，也极其伤人。因为这样的话语，对于一个自己切身参与、渗透心血的阵营来说，毕竟太伤感情了；对于烈士的鲜血，毕竟污蔑太过。

不同的背景，不同的经历，不同的政见，不同的脾性，不同的愿景、不同的企求，导致新政权的分裂，太炎后来描述其情形："初，同盟会著籍者不过二千人。自南都建立，一日附者率数千。武昌诸将，同盟会、共进会分处其半，以与南府不合，复立民社，与同盟会新附者竞。余亦暂集人士为统一党，既入都，谋与民社合。清世所遗君宪党人，亦欲藉民社庇荫，民社许之。余知植党无益，自是泊然矣。其后唐、宋罢政，同盟会收集小党数区，合为国民党。民社已先改为共和党。二年春，君宪党复自立，称进步党云。"①

自成一派、自成一党、自行其是、自立门户……这是分裂后的情形。

关于当时的体制构架，太炎后来的思考，倒也平情近理："余尝谓中国共和，造端与法美有异。始志专欲驱除满洲，又念时无雄略之士，则未有能削平宇内者。如是犹不亟废帝制，则争攘不已，祸流生民，国土破碎，必为二三十处；故逆定共和政体以调剂之，使有功者得更迭处位，非曰共和为政治极轨也。调剂敷衍，所谓以相忍为国，起因既尔，终后即当顺其途径，庶免败绩覆驾之祸。用人行政，亦有去泰去甚耳。急欲求治，其计已愚，况挟其私图以党相竞乎。然时同盟会旧人尚忘其源，况新进躁动不识本邸者。或诋余为逢迎袁氏，至竟孙、黄及袁皆以不能容忍，相随挫败。余记是语，以谂后人。"②

秘书，或曰幕僚人物中，戴季陶和雷铁崖等是铁血派，以他们的杰出头脑根本看不起袁世凯，而是先验般识破袁世凯的用心，他们对举袁世凯做总统，痛驳其非。这和胡汉民、汪精卫颇见出区分来。

戴季陶睿智，北上迎袁世凯当天，就看出袁的虚应故事，料其必有

①② 《自订年谱》。

异图。遂转赴天津，果然北京曹锟实行袁氏之计，发动兵变。

孙、黄出于战略或仁民爱物之考虑，对袁世凯多有褒扬和期待，而戴季陶单刀直入褫其画皮，拒不为其所迷惑，很快，接踵而来的种种事实证明他的胆略、眼光确有超常之处。

胡汉民左右权衡，黄兴又鼎力促之，遂加让步，"和议若不成，唯有割腹以谢天下！"黄兴复汪精卫函："中华民国大统领一位，断举项城无疑。"并劝中山先生"禅位于袁"。①

汪精卫更不可理喻，他直是逼宫，所说极不成话，谓中山先生"岂欲做洪秀全第二，据南京称帝以自娱？"②

章太炎也推波助澜。所以，当时睿智、坚定，而承受巨大精神痛苦者，反而是一班年轻的报人，他们多是孙先生的幕僚和助手，当时在党中地位不是很高。

戴季陶赞扬陈其美刚毅、坚忍，他更推崇朱执信的崇高、纯洁。二次革命流寓日本期间，他和陈其美是中山先生最得力的助手。因为孙中山原来的高级助手黄兴、胡汉民等等不是情绪低落就是意见有分歧，或者心灰意冷，甚至有见异思迁、倒向北洋军阀的，这样戴季陶的作用就显得更大了。他在日本期间参与主办《民国》杂志以外，还帮助孙先生处理各种事务。有一次，几个印度人到日本拜访孙先生，戴在外屋告诉他们说孙先生不在，孙知道后非常生气，派人请回印度客人，同时责怪他自作主张。他在日本期间，经济上很不宽裕，一些同盟会的老人衣食都有困难，还有因为天冷无法取暖而生病的。他和陈其美曾经从日本到东北，联络江湖上的革命者，其中戴季陶在大连活动近两个月。

切齿腐心的杀声之中，有的是表达一种态度。有的是真要动刀动枪动炸弹，像黄兴他们的作为。而若戴季陶、雷铁崖等的时评中，对于同盟会内部的喊杀声中，一定是恨铁不成钢，有的是过分夸张的用语，像对章太炎，他们也喊杀，等老章有所感悟，他们又表示欢迎了。

① 《黄兴集》，第94页。
② 《辛亥革命回忆录》第八卷，第419页。

第十一章 渐行渐远与自投罗网

——疏远同袍，靠近北洋——从北上到赴鄂——骂人骂世——千里持节临边——捧袁与助黎——盛大的婚礼——二次革命的到来——走向陷阱——软禁的生涯——出逃被阻，大闹总统府——国士与独裁的辩证——软禁转场——筹安会的拉拢——再次出逃失事——袁世凯暴毙，太炎重获自由——按手印及其他

孙中山聘请太炎为枢密顾问时，离他自己辞去大总统职已不远了，但对于太炎的尊隆之道，历历见之于字里行间："砥砺民德，纲维庶政，岂惟文一人有所矩矱，冠裳所及，实共赖之。执事目空五蕴，心殚九流，撷百家之精微，为并世之仪表，敢奉国民景仰之诚，屈为枢密顾问。庶几顽懦闻风，英彦景附，昭大业于无穷，垂型范于九有。仁盼高风，无任向往，急惠轩车，以慰饥渴。"

到了二月中旬孙先生就向临时参议院辞去临时大总统职，并推袁世凯以自代，这距聘任章太炎也才十来天的工夫。但孙先生辞职的条件之

一，就是首都当建在南京，而袁世凯应南下就职。参议会投票结果，北京建都占据上风，孙先生大怒，咨请复议，结果重新投票，又变为南京居上。黄兴以为，袁世凯在北京和清廷共处一个城市，新政府北上，有民军投降之嫌，军队恐怕也不答应。

太炎的意见又和他俩拧巴。太炎主张都城在北。他以为南京偏倚，害多利少，力主北京最佳，因而参议会重新投票的结果为太炎竭力反对。黄兴就苦口婆心地同他讲道理，太炎不听，且公开发文顶撞黄兴。这次他也没说出什么深刻的理由，总之是已有成见，无法变通。

实则在潜意识里，他已对袁世凯发生了兴趣。虽然他后来曾说："袁公甚信参谋次长陈宧，北洋宿将皆下之。宧雅多奇策，余曰：人以袁公方孟德，是子则为司马宣王矣；仆袁氏者，必是人也。"[①] 但此时远未达成此种认识，不过就是这个判断也似是而非。对于袁世凯的认识、观感，听其议论心中一阵紧张，皮肤发凉。类似曹操在吕伯奢家听到异声，于是满怀疑心，连夜杀人，临走前掷下一句：宁我负人，毋人负我。

就在商榷首都之设置择地之际，太炎已在致电袁世凯，商量官制架构了。

太炎建议：内阁各部设总长、次长，以下设参事厅、佥事厅；外官废省存道，废府存县，县隶属于道，道隶属于部；原有各省都督、督抚一律改为军事长官，不掌民事，隶属陆军部……

不但在建都问题上他倾向于袁世凯，且已主动发电以外围幕僚身份切入现实政治。虽然袁氏尚无明确呼应，但太炎已经行动起来。随之他和一班人即将成立未久的中华民国联合会改名为统一党，名为聚集天下的智勇精英，实为切入政治搭建初步阶梯。改名后的次日即召开二百余人参加的改党会议。太炎报告其宗旨和理由，有谓：本次组党的总纲是"本党以统一全国建设，强固中央政府，促进完美共和为宗旨。"

介入未深，而心已远引。同盟旧人似乎话不投机，而面目也颇为可憎了。

---

① 《自订年谱》。

才是三月下旬，孙中山出席在南京召开的四川先烈追悼会，太炎早有心理准备，他送来一副挽联：

群盗鼠窃狗偷，死者不瞑目；
此地龙盘虎踞，古人之言虚。

会上中山先生签署命令，追赠邹容、喻培伦、彭家珍为陆军大将军，按此规格作阵亡抚恤。太炎却来这样一手，这是因为他的心思已经转寄希望于袁世凯，在如此悲情充溢的场合，搅局一至于此，令人心寒，细揣其口吻声调，丧心病狂还不足以形容之。接下来他又向袁世凯上了几道书，细化他的策略。同时对于同盟会方面，他干脆主张销去党名，实质上是要解散了，为的是免除袁世凯上台后的行政上的障碍。

这番论调一出来，就有一些吠影吠声的言语在人际间耳语，说是黄兴要把章太炎以暗杀方式消灭之。太炎表面镇静，内心还是有些紧张。遂在报上发文，以求先发制人，而且他公开说这是黄兴的意思，是黄兴放出来的暗杀风声。同时他也在此文末尾把黄兴恭维一番，用的还是先抑后扬的兵法："同盟会人惟此君（黄兴）差可，非谓中国惟此材也。"太炎把这种无根的传言捕风捉影地登在报上，又借打压宋教仁，再次奚落同盟会。

左推右挡，前后弥缝，做了一番功夫，太炎欣然北上。

太炎深知，笼鸡有食汤刀近，野鹤无粮天地宽，然而北上好像是他的必然选择。但这并不关乎经验和营垒，这种选择仅仅是由他的脾气、脾性促成，内蕴不过是"我想是""他应该""与其说还不如""或许能""大概会"等等。殊不料，这一番勾连牵搭，差点搭进他的性命，也差点毁了他的一生。

到了北京，住在蒙古实业公司，这时北京晚来的春天才刚刚结束，人们换上初夏的服装。统一党北京分部立即给他开欢迎会，地点在虎坊桥的湖广会馆，参加者甚众，达五六百人之多。太炎已休息得精神健旺，娓娓不倦地演说该党的正大宗旨。但《民立报》不买账，刊文说他的演说无聊，只知道詈骂同盟会，拥护他的一班徒众，尽日以挑衅惹祸为能事。内务总长赵秉钧对之嗤之以鼻，私下说姓章的不过一学究而已，无甚要紧。该报旋又发表秋水的署名文章，对太炎先扬后抑，说是华夏光复太炎之力为多，然而太炎素来瞧不起任何政党，经常把政党看做干屎鸟粪，但他现在"甘为抱粪之蜣螂而作党魁，朝曳裾于朱门，夕奔走于豪右，不恤宗国之危亡，而惟党见是争"云云。

相对于后来十数年，那种无所不在的政坛电报战，此时还是报纸公开刊载的文章之战。政争的漩涡，谣言满天飞。钱钟书说女人原是天生的政治动物，虚虚实实，以退为进，这些政治手腕，女人生下来全有……反之亦然，亦即政客们在虚虚实实、忽进忽退这一点上，和女人颇为近似。太炎到京，谣言紧追不舍。《民立报》载文，公开说他某日在宴会上拔枪击杀唐绍仪，而袁世凯为他虚假的文名所震慑，毫不问罪。太炎系的报纸如《大共和日报》自然著文反击，假借唐氏口吻，以唐绍仪的夫子自道为太炎辩诬，种种演出，近乎儿戏。槟榔屿的华文报纸也来凑趣，说"章太炎固大文豪，亦大粗豪，宜乎用之上马杀贼，下马作露布，总长教育，似乎不宜"。这又是针对太炎从政职位的传言而发。

政府新组，政权新设，意欲上位者多如过江之鲫。张謇一度和太炎走得很近，现在则大摇其头，他看不惯太炎的表演，太炎则愤而将统一党从共和党中又独立出来。张謇直接给太炎定了性："连接章函电，槎枒特甚，乃知政治家非文章之士所能充"。

人事、人际的纠葛横出牵扯，太炎切实感受这种压力。"今者，党派竞争，几于抗兵相加矣。""同盟会固多不直，共和党亦务诈欺，蛮触相争，不离蜗角"，不难窥见他的切肤之痛。

在北京住满两月，乃启程赴鄂，此时太炎的政治热情已彻底倾向于袁世凯和黎元洪。黎氏系初见，这是他心目中的辛亥功臣，对之推崇备至。对于黎氏的外貌，则曰风采；对于其行事，则曰主持公道；对于其气度，则曰真足与项城伯仲，慨然而请黎氏当他们统一党的名誉总理。以为纷呈的世事，只要有黎、袁两人打理，中国就不致沦亡。

太炎的命不大好，在武昌期间，张振武、方维的遇害，有舆论指出他参与密谋，同盟会的强硬派甚至扬言将对其不利，坊间耳语，有人要收拾他。

饶汉祥一九一一年末入湖北军政府，此前多不得志。自入都督府秘书室任职，为黎元洪赏识，很快晋升为秘书长。从此在北洋纷纭世象中，沉浮与共，堪称刎颈之交。

辛亥革命爆发，黎元洪被时势推向风口浪尖，势成骑虎。此时汉祥即献一策，以其起死人肉白骨的文字向全国通电，虽说清廷大限已到，但自黎元洪七上八下的心里，有此鼓动文字，借电波频传，各省相继独立，使其居弄潮的主动地位而避免孤立危险，给他一颗定心丸，实在是功莫大焉。

当时太炎将袁世凯比作曹孟德，将武昌民军及同盟会势力比作东吴孙家，将黎元洪比作刘玄德，为事实上的鼎足而三，连类比附也较为贴切。由此再来定位其战略，如何折冲樽俎，还是起到相当的作用。

袁世凯为笼络黎元洪，对饶汉祥也施以恩惠。到了张振武为袁世凯、黎元洪合谋杀害，全国舆论哗然，饶汉祥即奋笔起草"辩诬"之长篇通电，将其幕僚作业全部植入其中。

武昌首义元勋张振武被害案，黎元洪猫哭老鼠，有长电致袁世凯。饶汉祥运笔，代黎元洪数落张振武十五大罪状，洋洋洒洒，文章做得峰回路转，全用四六文结撰，也真难为他。各罪状之间须分立而又联系，仅就字面而言弥漫一番摇曳波荡，但文字毕竟不能包办一切。里面要为黎元洪的阴谋洗刷、解套，那就不免气短、不免败露。黄兴对其质问，仅三百余字，其中如："南中闻张振武枪毙，颇深骇怪！今得电传，步军统领衙门宣告之罪状，系揭载黎副总统原电。所称怙权结党，桀骜自恣，飞扬跋扈等，似皆为言行不谨之罪，与破坏共和、图谋不轨之说，词意不能针对。"就可将其问得哑口无言。

黎元洪并不聪明，但却屡想搞事儿，结果中了袁世凯的连环套，还把他的电文抄成大字报用以示众——张振武遇害次日，袁世凯就让人在金台旅馆门旁出示布告，将饶汉祥所撰这篇副总统原电抄录。如此一来，饶氏的文本，也就直挺挺地变成观者破译的对象，不论其词翰如何的美妙，言多必失，狐狸的尾巴还是露了出来。文尾写到"世有鬼神，或容依庇，百世之下，庶知此心。至张振武罪名虽得，劳勋未彰，除优加抚恤，赡其母使终年，养其子使成立外，特派专员，迎柩归籍，乞饬沿途善为照料，俟灵柩到鄂，元洪当躬自奠祭……"则已心虚汗出，强词夺理，故作镇静了。

太炎真吓着了，赶紧致送挽联，表明心迹，以免误会。

武昌士子崇拜张之洞，以为遗泽甚厚。在鄂其间，太炎满耳都是张之洞，这也引发他的叨念。回到北京，就把这情况告诉袁世凯，不料袁氏愤然骂道："南皮竖儒，今犹为人引重耶?！"太炎不料他会骂得这般厉害，一时做声不得，袁氏意犹未尽，把张之洞的不是一一数来，又说最初编练陆军、派遣学生留洋，都是他袁世凯的功劳，跟张之洞毫无干系。两人谈到凌晨三点。彼时张之洞已死去两年多了，太炎见他骂死人这般不依不饶，开始有点怕他。心里说道："褊浅若是，盖无足观矣。"

太炎回京时，正是仲秋时节，中山先生应袁氏之邀也来到北京，参议院及各团体公开茶话会欢迎先生，太炎出面演讲。此时他对人物的选择迎拒应跟先前不同。此次对中山倒是多方恭维，说是和他相知最久，"长厚如中山、功名如中山者"，根本不用凭借外间的力量，又说全国有三个人，即孙中山、袁世凯、黎元洪，他们三个，不须任何党派做后盾，他们自己就能使国人望风景从。

但他对于黄兴、陈其美就不客气了。黄、陈稍后中山一周时间也来到北京，共和党做东，邀太炎和黄、陈等人聚餐。太炎此时不知哪来的脾气，病狂又犯，公然刊文拒绝，文中大骂黄兴："中山行迹，不无瑕疵，然而金陵秕政．皆黄兴迫胁为之，非出自中山腹中……若黄兴者，招募无赖，逼处金陵，残酷尤甚，非所谓民贼者乎? ……若陈其美者，阘茸小人，抑无足道。上海光复、偷儿成群，拥为都督……"[1]云云。不由分说，屎盆子一股脑儿地扣到黄兴头上，事甚可笑，端的是一阵乱

---

[1] 参见《太炎最近文录》。

咬，昏悖妄诞。就在一年前，黄兴还是他多方恭维支持、倚裨的对象，如今在其笔下，竟然几乎成了天下第一恶人，其随心所欲一至于此。

《民立报》干脆将太炎呼为疯子，见诸报端：《章疯子大胡闹，解散议员，自荐总理》，此文系讽刺太炎，说当时陆征祥辞国务总理，赵秉钧上位，其间间隙，太炎曾修书托人向袁氏自荐为总理。文中说他自吹自擂，并许诺事情办成必当厚报。

这样一番折腾，袁世凯看得这人渐渐靠近。他手里有的是各式政治糖果，他挑选一粒包装精美的赏给太炎，这就是东三省筹边使。太炎看得真切，这是扎扎实实的切入行政事务了，名称也异常响亮。说是初春，其实还是冬末，太炎走马上任了。孙中山醉心铁路建设，太炎潜意识里仿佛也不例外，他上任之初，拟有《东省实业计划书》，着眼于财政、交通、运输、金矿、开垦等等方面的建设方略，目的在开拓利源，所以若在实业方面没有起色，无法对得起诸人及袁世凯对他的期待。这是他千里独行、持节临边的初衷。行前，袁世凯大宴中山和太炎，孙先生同时建议袁世凯将多数军队，实行古屯田制，携家室实边开发。袁氏别有怀抱，每听太炎一句，就在心里给他一记重拳。

这时的吉林民政长官还是前清的巡抚陈昭常留任。陈氏广东人，翰林院编修出身，任内曾杀害同盟会干部熊成基；太炎的政务和他没什么交集，在任上，作《熊成基哀辞》，其中视陈氏为罪魁。太炎的僚属只得十余人，刚卸任的民政使韩国钧向太炎推荐测绘人才缪学贤。太炎对之非常器重。他们商量的结果，是想在松花江、辽河之间凿一通道，使之连接成为运河，借以打通方圆四五千里的交通。其间有诗曰："剑骑临边塞，风尘起大荒。回头望北极，轩翩欲南翔……"感慨、架子、氛围都烘托得满满当当。稍后令缪氏绘制黑龙江、吉林全图，以备开发之需。舆论方面，又拟创办《筹边日报》。

实地测量后，地理条件并不允许，再者此项工程实施起来耗费极巨，而其行署每月办公经费才得三千元。于是开凿运河的事情无疾而终。

袁世凯和国民党人的分歧渐显，正在实业计划的徘徊瞻顾中，宋案发生了。太炎所受刺激甚大，接连致电《神州日报》《大共和日报》，嘱其发起舆论声讨，并表示要辞官奔赴宋教仁灵前，躬与执绋。

孙中山先生发动二次革命，直接的原因就是宋案的刺激。

宋案的发生，有这样的承递转折的关系：袁世凯→赵秉钧→洪述祖→应桂馨→武士英。

居间的是洪述祖，这个人有点来头，他的祖上是乾嘉年间的著名诗人洪北江洪亮吉。

而洪亮吉是敢于犯颜直谏的人，于书无所不窥，学问真是一等一。因为叱骂大臣中的宵小，而被发配伊犁。他不特是大诗人、诗论家，且是人文经济学家，三人口增长与生产增长之间的辩证关系，有精到论述。他说："治平至百余年，可谓久矣。然言其户口，则视三十年前增五倍焉，视六十年前增十倍焉，视百年、百数十年以前，不啻增二十倍焉。"①如果以"一人生三计之"那么到了儿子这一代，则"不下十人矣"；至孙之世，"已不下二十余人"，到了曾孙、重孙时，就会呈现"五六十倍"的增长。而田产、甚至房屋都是稀缺资源，人口与土地等的矛盾势必激化，丧失生计者增多，则社会将极不安宁。他认为当尽速开荒移民、轻徭薄赋、临灾赈济……

作为曾经的翰林，他也是皇帝的幕僚，他的幕僚作业极为到位。

洪述祖之子，就是近现代戏剧家洪深。洪深先后执掌"复旦剧社""戏剧协社"，参加"南国社"，乃是中国现代话剧开创者之一。他也在复旦、暨大等校为英文教授，后进入电影界，编导中国第一部有声电影《歌女红牡丹》，贡献极巨。抗战军兴，洪深辞去教职，领导"上海救亡演剧二队"，赴内地演出，后来又在武汉筹组抗敌演剧队，积极推动抗日救亡运动。

洪述祖本人生于一八五五年，此公和他的先祖洪亮吉的为人恰为两个极端。洪亮吉为友朋可说是两肋插刀，正义感极显明。作为幕僚，他的策划与谋略关乎时代、大局、社会家国的未来，具大眼光大胸襟，而

---

① 《意言》。

洪述祖却令先人蒙羞。他先后在左宗棠、两江总督刘坤一的幕中参预戎机,后在台湾巡抚刘铭传军中当参谋,在和侵略军谈判时竟收受重贿,出卖国家利益,更且私造文书、走私军火,胆大包天,无恶不作。后因事败露遭通缉,还是张之洞念他系名士后裔,手下留情,逐出湖北了事。民国肇建,他又投效到袁世凯门下做了幕僚,以南压北和以北压南的馊主意就出自其手。

宋教仁意气风发,袁世凯畏之,洪述祖献毒计就是实施肉体消灭。洪氏并承担策划及实际指挥。

洪述祖当时做国务总理(内务总长)赵秉钧的秘书,和上海帮会头目应夔丞(应桂馨)结识。应氏犯案,他为之疏通。因嫉妒宋教仁的崛起,乃由应夔丞指使武士英在上海沪宁车站伏击宋教仁。事后巡捕搜获函件多封。

一九一三年春的函件洪述祖致应夔丞,唆使其使用"激烈之举"对付宋教仁。暗杀成功,则以"酬勋位"的办法来做报答。

应氏复函,称说勋位不敢望,但当以釜底抽薪的办法来干掉宋教仁,对大局才有帮助。信中将宋字的"宁"和"木"字故意写得拉开间距,以掩人耳目,并将同盟会系统称为梁山匪魁。

其间不断函电催促。暗杀后上海应夔丞方面马上电报"匪魁已灭","我无一伤亡"表示杀手平安。

宋案震惊全国,袁贼为杀人灭口,先将走狗武士英、应桂馨和赵秉钧剪灭,应夔丞曾越狱,后在京奉火车内被人暗杀。其中武士英系在押病故,独洪氏逃逸至青岛逍遥。到一九一七年被宋教仁之子访知,后由上海检方引渡。后迫于全国舆论压力,北洋政府最高法院判处洪犯绞刑,于一九一九中四月中旬,在东交民巷分监执行。他死得很掉价,因其身体肥硕,将绞机坠断,身首异处。据王建中《洪宪惨史》之宋案附录,一九一八年京师高等审判厅对宋案刑事重犯洪述祖判决,那时洪氏已经六十岁了。

刑事判决书六千字,控辩侦查缜密有序,函电、搜获之武器等证据充足。前后因果关系交代得清清楚楚。

可见袁世凯的这班幕僚参谋，一是成事不足败事有余，一是奴才比主子还着急，一是心理阴暗，头脑浅薄，暴戾恣睢，小人得势，最终是要帮倒忙的。

帮倒忙的幕僚，猜测主子意向，颠三倒四，匆促操作。事实证明，他们只是一班拆烂污的幕僚。洪述祖的这个小特务机构，是由赵秉钧的国务院指挥的。应桂馨（即应夔丞）的顶头上司便是洪述祖，在国务院每月领取秘密经费两千元。他收买一本刊物，污蔑同盟会，捏造孙、黄、宋等个人劣迹，编写成书，拿到日本印刷，再运回国内流传，以作人身攻击，中伤其人格。

太炎这时已不想干了，拟辞去东三省筹边使。遂在四月底自长春至上海，稍作逗留，再赴武昌，与黎元洪密商。此时因宋教仁被刺阴影，黎元洪神情颇形恐惧觳觫。只说是袁世凯将以极高的地位来拉拢他。

此法乃袁世凯惯用。盛夏，同盟会一班高干欲发讨袁檄文，太炎制止，说是太冒昧，将不会有结果。而岑春煊也想颠覆袁世凯，而以前清一班旧臣另起炉灶，太炎辩护道：袁世凯的罪恶，是在杀害宋教仁，而不是得罪于中华民国。

其糊涂一至于此。

而他也在这种糊涂填塞胸臆的情形下贸然北上。

太炎回到北京。袁氏下令授太炎勋二位。袁世凯对于黎元洪、章太炎均以虚高地位专事拉拢。

黄兴是同盟会中真正令老袁胆寒、头痛的人物。袁氏遂向太炎探询黄兴的态度。他假装不经意地问道：黄克强究竟想怎样呢？听说他还想起兵为宋教仁报仇？这太荒谬了。太炎说，宋教仁死后，忧惧者很多，黄兴亦然。另外，外间传说您将称帝？袁世凯说，我坐在这个位子上，镇日如履薄冰，什么称帝，是他们污蔑我。

太炎说，他们传言您欲称帝一事，并不是毁谤您，而是重视您。拿破仑雄略冠世，人多称道。您就是中国的拿破仑，怕就怕您没有这个能力，所以传言乃是事实上的看重。果能称帝，国人必将翕然风从，孙中山、黄兴，将毫无号召力。（"……故曰言公将称帝者，非毁公，乃重公也"。）①

袁世凯真没想到太炎会有这样一番拔地而起、稀罕迥殊的议论，享受通透快感的同时，眼皮都不敢眨一下。

从此间可见，恭维趋奉达于极点，太炎力捧袁世凯臭脚，远早于筹安会，真不让杨皙子等人专美于前了。包括他在武汉时致电袁氏，要他惩办四凶：也即梁士诒、陈宧、段芝贵、赵秉钧。《民立报》刊文评论，以为袁世凯庇护四人，造成其罪恶，而太炎假装不见，却仅以四凶说事儿，是假装近视。

其实太炎这个行动、这番言辞，带有替黎元洪打前站的意思，以点射式的语言火力侦察，揣摩袁氏态度，以备下一步棋的走法。

《民立报》虽然多次骂他，但在授勋一事上，颇能替他说话，"东三省筹边使章炳麟，于缔造民国，厥功甚伟……苦心孤诣，百折不回……言论之中坚，则当以章炳麟称首……且章炳麟处前清专制之下，出万死不顾一生之计，悍然以个人言论与政府为敌，乃至下狱不悔，流落海外不悔，终以民权学说，养成一般社会心理，卒至武汉一呼，天下相应，百日之间，共和宣布，此其功业，比于孙文、黄兴，殆难相下……"②

太炎在北京住了一周，再回上海，席不暇暖，马上致函黎元洪，说是政治现状坏极，这种现状下，连议院也成了万恶之源。他盼黎元洪出山，登高一呼，领袖群伦，而他章太炎愿意执鞭趋奉于后。信中为了表达对于黎氏个人救世的期望，又把话说到极端："中国之有政党，害有百端，利无毛末。"这种言辞对于任何人都是一种可怕的打动，但黎氏有无能力和心境来领他这个情，是个大问题。

太炎回到上海不久即和汤国梨成婚。太炎最为敬仰体贴的一个人，就是黎元洪，而他这一生一桩堪称美满的婚姻，就和黎元洪有着直接的关系。

---

① 《自订年谱》。
② 《民立报》，1913 年 5 月 28 日。

太炎对黎元洪具天然好感，袁世凯接替孙中山上位后，太炎在武昌谒见黎元洪，孜孜吁请黎氏去和袁世凯做正式大总统竞选，黎氏深知其中险恶，持明哲保身态度，而太炎坚请之，黎氏只得以他事打岔。他所出的一个妙招，就是关心太炎的婚姻。说是太炎"中馈久虚"，不是长久之计，应该早择佳偶，一者使生理平衡，身心正泰，一者可获内助，令生活正常，太炎起先还说是国事多舛无遑他顾，大有匈奴未灭何以家为的意思，孰料黎元洪善作解人，循循善诱，太炎也就顺水推舟重视起来。旋即由人介绍，得识汤国梨女士。因此太炎的梅开二度，实与黎氏有密不可分之关系。

他俩的这番话语往来，譬如弈棋，揖让进退，在黎元洪是小心翼翼，生怕有丝毫差池。太炎欲让其竞选，是出于真心，而黎氏畏之如虎，遂吅出一招，乃属打侧翼、走偏门的意思，不意其效验大显。

婚姻影响人生，关系至大至巨。相貌对人生的影响，主要是作用于人的心情，或正面促动，则善莫大焉；更有负面影响杀灭人心，杀灭向往，甚至因心情的恶劣给人生造成重大跌落的，那就悲不自胜了。钱钟书先生《石语》记述民国老诗人陈石遗老先生对此事看法，很值得今人记取。陈老先生赞成结婚恋爱用新式自由的交往，认为这样了解全面，以舒解包办婚姻造成的种种矛盾，包办婚姻也有好得不得了的。但那就像买彩票中大奖一样，机会太少了。他说当时的社会大人物、名流郑孝胥相貌堂堂，但他的妻子是一淮军高级将领的千金，她的相貌有多丑陋呢？——很丑：她的头发差不多掉光了，小脚有点瘸；身体矮短，脸上都是麻子，她的性格更凶悍，没谁惹得起。郑孝胥每天半夜就起床了，假装说是锻炼身体，以备指挥军队为国所用，实际上呢，他是跑去和那漂亮的小妾共枕同眠去了。此事情也为他那丑妻侦知，酸酒力大，妒妻气大，于是破口大骂，难听的脏话越过大宅院的上空，给别的人家都听到了。社会上认为，家里面的事情，都如此糟糕，怎么去治理国家呢？这是相貌影响心情，酱制人生的一个显例。诸葛亮说"我本是卧龙岗散淡闲人"，郑孝胥们怎么做得到呢？

从体貌上来讲，陈老先生以为，女人的身躯不能太娇小，太娇小的女性，不美且不说，中年以后，还会发胖，呈现肥而圆的形状，那也必然影响心情的。

太炎先生的婚姻，则与之相反，对方的才、貌、品，都是他相当认可的。对他后半生的影响，无论身心、治学、经世，其价值都是正面的。

这场婚姻在当时是罕见的晚婚。那是一九一三年的六月十五日，以光复为职志的太炎先生，已是四十五岁的壮年人。婚礼择地上海爱俪园（即哈同花园），蔡元培证婚，查士瑞司仪，介绍人张伯纯、沈和甫。前来祝贺的有中山先生、黄兴、蔡元培、陈其美……极一时之盛。

汤国梨是江苏吴兴县人，秀雅能文，当时在神州女学当教师。有的传记说他是当时罕见的晚婚，实则新式结婚则第一次，而旧式结婚则早已有之。

太炎年轻时常犯病，对于他的婚姻好像很不满意。现在这一次绝非什么初婚的晚婚，盖其孩子都好几个了。

婚礼隆重盛大。因为是不可多得的才子佳人的结合，宾客要求即席赋诗。太炎口占一首云：

吾生虽稀米，亦知天地宽。振衣涉高冈，招君云之端。

又作谢媒一首：

龙蛇兴大陆，云雨致江河。极目龟山峻，于今有斧柯。

造境高古，遣词高简，愿景高远，诚可谓端庄杂流丽，刚健含婀娜。大气磅礴里面，潜存一种极深郁的时空意识。他的婚词、谢介绍人诗中的句子，看得出磅礴万里的思维特征，如谓"松柏后凋，贞干无移于寒岁""振衣涉高冈，招君云之端""龙蛇兴大陆，云雨致江河"。

婚后他们伉俪情笃，不久，太炎北上，即被袁世凯幽禁。忧愤莫名中，他有家书致汤女士，吩咐后事，以防万一。

东北筹边使的名义还在，但那样的无所事事他已经深深不耐烦了，人事、财用、施政，一无所能，百端掣肘。正好有度蜜月的计划，遂在结婚三天后发电辞官，"……恳乞将东三省筹边使开去，死生之分，一听尊裁"，电文的对象是袁世凯和国务院。

发完这个电报，他就携新婚妻子到杭州度蜜月去了。他的这次结婚，怎么看，也仿佛是辞职的一种补偿。

二次革命就在此时爆发了。

民国初年北洋系军界的一般情形，在冯玉祥笔下甚为生动：督军左右的一批大贤小贤们，有的是西洋留学生，有的是东洋留学生，有的是将弁、武备、速成、讲武堂的学生，他们因为出身不同，来历不同，就各自成派，有所谓土派、洋派、东洋派、西洋派等。成天争着官大官小，钱多钱少，或则吸烟打牌，吃喝玩乐。彼此之间，互相造谣，互相攻击。总是要抢官做，要发大财。青年人如此生活着，而督军毫不过问。①

袁世凯一意孤行，所以二次革命事出有因，也势必到来。

先是宋教仁在民国元年八月联合同盟会、统一共和党及四五家小党，改组为国民党，推孙中山先生为理事长，而中山先生即委宋代理，宋主张实行责任内阁制。一九一三年国会选举结果，国民党大获胜利，袁世凯嫉恨不已，遂派人将宋教仁刺杀于上海车站。宋案发生，国民党才认清了袁氏的真面目，掀起讨袁运动。盛夏时节袁世凯悍然免去党人三督，即江西都督李烈钧、广东都督胡汉民、安徽都督柏文蔚的职位，三都督猝不及防，相继去职。宋案发生后，同盟会领袖意见不一，孙中山、黄兴主张武力讨伐。因为他们看到和平是一条绝路，而且，和平可能的解决方式，也即议会的作用完全消解，盖此时袁世凯已准备在议会纠察他时，他将果断实施武力镇压，而且有可能在议场当场杀害。所以在上海，同盟会领袖议决，由孙先生电令广东陈炯明，黄先生电令湖南谭延闿，做好出兵的准备。但陈、谭两个人都叫苦连天，说是实力薄弱，无法出兵。但主张起事占据主流，于是爆发了二次革命，李烈钧七

① 参见《冯玉祥回忆》，第十八章。

月中旬在江西湖口举义，黄克强也在这时赶到南京召集第一、八两师军官会议，决定响应，黄兴就任讨袁军总司令，檄令一、八两师分兵由津浦铁路专车至徐州，会同驻防之第三师师长冷遹（冷御秋）防御北军南下。此外上海、安徽、广东等地相继响应讨袁。冯国璋镇压二次革命期间是袁世凯的头号打手。本来镇压武昌起义期间，袁世凯心思游移，他对冯国璋又有所怀疑提防。他调段祺瑞接替冯国璋的职务，将冯氏调回北京，统筹京畿防务，兼任禁卫军总统。

禁卫军是满族少壮亲贵载涛控制的一支重要武装，官兵达一万余人，大都反对清帝退位。冯国璋以支持清廷的态度出现，迎合亲贵的欢心，轻而易举掌握了这支武装。然而，冯国璋当时处境十分困难，不少官兵包围他的住所，要他表态忠于清廷。冯氏念及袁世凯素日提拔之恩德，又接受袁的密令，冒险宣布清帝退位后的优待条件，冯氏特别指出"非如此，不能保全皇室"。之后，他以自家生命担保，绝不抛弃禁卫军，不与革命党人相往还。最后，他让禁卫军推举两个代表作为他的副官，监督其言行。

一九一三年三月，上海宋教仁血案发生后，激起南方各省革命党人的愤慨和反弹。冯国璋秉承袁世凯旨意，串通各省军阀发表通电，攻击革命党"危害民国""破坏共和"，威胁要武力解决。当袁世凯派北洋军攻江西时，孙中山被迫发动讨袁"二次革命"，南方各省纷纷宣布独立讨袁。七月二十三日，冯国璋任江淮宣抚使兼北洋军第二军军长，指挥北洋军沿津浦南下，八月十六日到达浦口，在南京参加讨袁的第八师师长陈之骥（冯的女婿）过江向他投诚。冯得知南京讨袁军群龙无首、一片紊乱的状态后，于八月下旬渡江，猛扑下关，与张勋等辫子兵一起，于九月二日陷南京。

"二次革命"被扑灭，冯国璋于几天后返回北京。袁世凯为笼络这个大马仔，特将自己的家庭女教师周道如嫁给冯国璋为妻。这年底，冯国璋受命接替张勋为江苏都督。

当清末时节为袁世凯政敌的岑春煊，这时也被动员起来，出来号召，希望两广的龙济光、陆荣廷这些岑春煊在清末两广总督任内之旧属响应，然而龙已受袁收买，甘为鹰犬，而陆亦踌躇未动，没收到预期的效果。至于李、黄在赣宁发动的讨袁军，由于准备稀松，事起仓猝，缺械缺饷，这仗便无法打下去了。湖口讨袁军败退，北军李纯兵队进占了江西。上海陈英士等所起的讨袁军攻制造局的计划也失败了，稍后黄兴等人鉴于大势已去就离宁走沪，以后由一报界中人何海鸣，从八月起在南京自任为讨袁军总司令，竟支持到九月一日才被张勋攻陷。

二次革命失败后，袁世凯通缉起事党人，大家多亡命海外。有的穷得很，生活艰苦。

曹操说若不是他出来收拾天下局面，不知几人称王、称帝，已属自夸。袁世凯怀有如此心态，就更属僭越。就是他自己称帝，底下的人也不服，以前的心腹亲信也不亲了。

他自己说他家族寿数不长，几辈子的人都只活到五十多岁，在此之前，党人自发起来暗杀，袁世凯寿虽不长，但是命大！东华门近距投弹都没能结果他的性命。这样一个中材下驷，试图玩弄国人于股掌之上，哪有那么便宜的事。

从时势而言，他以为练新军得以握实力，自觉拳头又大又硬，会来事：攀龙附凤、投机取巧、金财拉拢，建立了良好的人缘，殊不知时势在变，新军不是他想象的铁板一块；卑下阴暗的会来事更难以持久，到了刺杀宋教仁时狐狸尾巴暴露无遗。

辛亥革命后袁世凯复辟称帝，企图将历史车轮倒转，与全国人民的民主诉求严重悖逆，中山先生发动二次革命理所当然。当时几乎所有的政治发言权都掌握在大大小小的军阀手里。

太炎紧随之发表宣言书："政以贿成，为全国所指目……戕害勋良，借外力以制同胞……推原祸本，实梁士诒、陈宧、段芝贵、赵秉钧四凶为首……"现在讨袁之师已起，太炎望袁政府能悔罪、进而改弦更张，否则一切后果自负。

这段时间，太炎有十几封信发给贺孝齐，即有名的《致伯中书》系列信函。

民初知名教育家贺孝齐（约1886—1945），字伯中，重庆人。民元前赴日留学。在日期间，参加章太炎的国学讲习会，执弟子礼，旋入同盟会，为太炎主持《民报》之助手，颇受信任。民初以四川巡按使公署秘书身份，旋受委创办武昌高等师范学校（武汉大学前身）任校长。

在给贺氏的信中，太炎对于袁氏政府的种种不堪固多所抨击，而对于讨袁军事的进行也不信赖，认为讨袁者也非其人，不过狼虎之争。在他心中，若是黎元洪出面支撑一切，那就最为理想了。

在致贺孝齐的第十封信中，为了把黎元洪推到至高无上的地步，竟将黄兴、陈其美甚至孙中山等同盟会领袖，与袁世凯捆绑打包对待，他以为以后若能正式选举，只须黎元洪出面调停，一切就会万事大吉。至于孙、黄、袁三人，以后的国事选举中，应不得有此三人。

其荒谬一至于此。太炎的推崇黎元洪，根本之原因，在于黎氏心性较为拙直；既无力只手擎天，戡平乱局，却也不会深文周纳，陷构整人；而他的资望又很雄厚，更关键的一点是，他颇为听信太炎的话头，对于太炎的尊重，似也发自内心，而非做作。

但是黎氏毕竟无用。所以太炎在给贺氏信中，表示他将立即启程北上，冒险犯难，开拓新局。

太炎于八月中旬抵达天津。此时袁世凯授意共和党拍发的电报已经到了，催促太炎火速进京。袁氏畏于太炎的雄骂，乃蜜语将其骗来，太炎不悟，一路上与人攀谈，仍大骂孙中山、黄兴。到了北京，下榻石化桥共和党本部，口中尚念念有词，心中还恨恨不已。

太炎以为他的精神影响力足供消费，殊不知这就是他本人一生最大厄运的开始。

大约他或多或少也有所预感，又给贺孝齐写信说他虽然柔弱微末，但不惜"以一身撄暴人之刃"。

他所极口诅咒的四凶如赵秉钧、梁士诒对他恨不能食肉寝皮。顺袁世凯的旨意，赵秉钧派兵将他监视居住在石化桥共和党本部，自此进出不得。我本将心向明月，谁知明月照沟渠。太炎就此跌入备受羞辱的境地。

软禁的头一个月，太炎已经极其不耐烦。他心情坏透了。

他知道住进一个柔性的却又十分凶险的另类监狱。以他龙蛇在渊的自由本性，这种羁绊自然是加倍的度日如年。这种特殊的坐牢，较之十年前的入狱，烈度大为减轻，但心理承受的压抑与严重性，则百倍于前。愤懑、暴躁、心有不甘，均远超前次。盖以前的坐牢是求仁得仁，今次则纯属自找。

软禁的生涯，可以概括为：

> 看书，发呆，怨天尤人发脾气；
> 冥想，写信，骂神咒鬼踢东西。

他写出的家信，总是说心烦意乱，他在这方不得出的小天地，念及自身遭遇，根源还在于言论惹祸，更加认为国事不可为，政治情形坏到极点。信中更形容其处境为荆天棘地，终日无人生意趣。

握在他人手心，依太炎的脾气，在党人内部，任性使气，往往有效，大家对之尊崇、担待、忍让；而在袁世凯手中，这一套则不灵。袁氏对之软硬不吃。软呢，太炎全身是骨，软不下来；硬呢，再硬硬不过对面的刀枪拳头。所以，再硬也只能是假硬，并无期待中的那种效果。

只好三天两头写家信，十月中旬的信中写道："大抵北京当事者，皆二三无赖下流。"隔些天，又写道："今日所观察者，中国必亡。更无他说……呜呼，苟遇曹孟德，虽为祢衡，亦何不愿？奈其人无孟德之能力何！奈其人无孟德之价值何！夫复何言。"

也就是说，他并不怕死，但对手还远远不够资格，敌手的水平跟他不在一个水平线，此所以心有不甘。在他眼中，此时的袁世凯底蕴与企图已相当清楚，他以为袁氏连奸雄都算不上，气度、心智、魄力，更不能与曹操相提并论。

两三个月后，他向袁世凯、陆建章提出一个条件，愿意举家避往青岛，不问政事。对方不理他。

这个时间段，袁世凯解散国民党议员，王建中《洪宪惨史》，记述徐秀钧早年和杨守仁等密集同志，歃血为盟，建立军国民教育会，开我国学界秘密结社之先河。一九〇七年东北改设行省，徐世昌督奉天期间，徐秀钧即在徐世昌幕中。徐世昌多所举措，采取开商埠、借国债、连与国、修铁路等一系列措施。因徐世昌大惜其才，委为幕僚，为时三年多，多所擘画，并在东北推行新政，以此来抵制日俄对东北的控制。后往吴禄祯军中运动，欲促动其提大军杀入北京。南北统一后短期为总统府秘书。次年选为众议员。宋教仁案后，徐秀钧心情愤怒，认为对方日事阴谋，议院无后盾，难行监督之实，故力主五省合纵之说。袁世凯阴谋称帝，竟向五国银行团巨额借款，徐秀钧以其雄辩之才在议会上抗议，引起三百多议员否决并通电全国，从此结怨于袁世凯。二次革命起，湖口战事失利，徐秀钧被捕于京师，押往九江段芝贵处讯办，被杀于九江。稍后袁世凯又捕杀国民党籍参议员多人。

所杀者尽有辛亥光复的功臣。太炎深感危险在逼近，写家书说"如是在吾辈安有生路！"

青岛去不了。他终于爆发，与之大吵，达成协议。对方不放他去青岛，他也答应不出奔。对方可以撤去监视的宪兵。不料一天他参加一个宴会回来，前后都有挟持护卫之人，次日知是宪兵，太炎暴跳如雷，挥舞手杖乱打。宪兵躲避，太炎高叫"袁狗被吾逐去也！"

他的居处是共和党部的一间斗室，准予二三学生与之交谈。然而禁锢伤神，久之精神生变，有时他会忽然推开书本，把盏狂饮，继之大醉，醉后抓笔狂书"袁贼"二字，然后焚烧掩埋。

这种游戏也不能天天玩。大概将近年底，他终于强忍愤怒给袁世凯写信，建议准他成立弘文馆或考文苑，目的是讲学术，编字典。

这封信的末尾向来为研究者所称道，文人逸事写作者更是津津乐道。结尾是这样的："凤翱翔于千仞，览德辉而下之。炳麟亦何愧之有？没有不幸，投诸浊流，所甘心也。书此达意，请于三日内见复。"

所谓限令三日内答复，后人通常以为是大师的豪气干云、睥睨万物的磅礴气概，相形之下，袁世凯之流只是一班猥琐的宵小杂碎。

其实仔细揣摩他的处境和心理，所谓限三日答复者，无奈之举动也。他的处境，说是陷在暗无天日的黑监狱吧，却又有相当的闲暇余裕及生活保障；但若说自由自在，随心所欲，却又不然：强行出门竟有死亡威胁；说狱卒虐待他吧，他若暴怒起来，这些人不得不下跪告饶；但若说颇获善待，形同休闲，那也大谬，每天的监视拘禁，不得动弹，至少在身受者看来，是生不如死。

这封信并不像后人演绎的那样强硬，相反它的身段还相当柔软。"炳麟以深山大泽之夫，天性不能为人门客……书籍碑版印刷之费，数复不少，非岁得数十万元不就……"很明显的潜台词，若是给予一定的自由以及足够的金钱，那么老章也可以不再闹腾。他的最后"通牒"发出后，袁世凯甚是受用，袁氏的转圜办法，是老章只要不跑出北京，尽可开办讲学之馆。陆建章的宪兵又跟他磕头告饶，太炎顺着台阶也就下来了。

一九一三年的年底，他在京开始讲学。每周一至三，讲文学科的小学；四五六分别讲文学、史学、玄学。在太炎看来，讲学是自娱自乐，处境险恶，"讲学之事，聊以解忧。"

然而，转过年头，讲学没几天，太炎又感觉要死了！

他在极度的苦闷中，给黎元洪写信说："桓魋相迫，惟有冒死而行，三五日当大去。人寿几何，亦或尽此。书与公诀。"

大有诀别的味道。

这时候孙中山、黄兴及前同盟会骨干则远在日本流亡，而黎元洪是他最信任的视为终极依托的人选。几个月前，袁世凯因扑灭二次革命，就任中华民国正式大总统，黎元洪为正式副总统兼鄂督。但黎氏在鄂，袁世凯难以酣睡，遂派段祺瑞赴鄂，佯言磋商要政，迫其进京。黎氏来京后住在瀛台。袁氏且与之结为儿女亲家以操控之。

黎元洪帮不了他的忙，太炎开始硬干了。约略收拾一下行李，他直接到车站，准备乘车南行。

出门还容易，太炎心头窃喜。他以为可以顺利出行了。谁知到了车站，对方早有布控。一班军警将他强行拦截回来，送回原来的住处。又住了两三天，太炎实在不能咽下这口气，乃于一九一四年一月七日早上，赶往总统府，往招待室的大椅子上颓然一坐，傲慢中带点无聊赖的样子，声称要见袁世凯，等了许久，袁世凯坚不出见。太炎即威胁要把衣服被褥搬来此处下榻！天色渐晚，太炎再次逼问，值班人答以大总统正在接见向次长向瑞琨，太炎大怒道，向瑞琨一个小孩子，他能见得，我却见不得？边说边骂。太炎无奈，只得在院中踱步。久之不耐，那天他穿着一双破官靴，手执折扇一柄，扇坠竟用袁世凯发给他的大勋章做成。这时他手摇折扇，开始疯言疯语地念念有词。忽而开始跳脚大骂，怒斥袁世凯包藏祸心。这样闹了一会儿，秘书只得请梁士诒出来接待，太炎斜眼看他，说，我见袁世凯，你又不是袁世凯，谁见你呀！梁氏恨恨走开。又等待多时，袁氏仍不露面，太炎大怒，挥起手杖就是一阵乱扫，招待室内的种种古玩、摆设、瓷器，纷纷倒地，化为碎片。

这事在当时北京报纸上喧腾一时，《时报》并刊出时评，建议早些放太炎出京，否则整个北京社会都会染上他的疯气。也有报纸记载他本来还可能出京，奈何行前他大肆饮酒，与众人猜拳行酒令，输者必大骂袁世凯，否则挨罚，于是太炎乐不可支，等到黄昏抵达车站，火车早已开行。

罗厚立先生撰文于《南方周末》，说章太炎"多本天下为公的理念，而少注意一党一派的私利"，说他上书袁世凯，化解废除各地的割据势力，"希望获得真正的全国统一，进而使中国复一等国之资格，这是广为引用的名句，但引者多受国民党（同盟会）观念影响，以此诩太炎以革命党身份而助袁。其实章太炎以国士而献策于中华民国新任的总统，追求的是国家的安定统一，自不必以党派观念而非议之。"①

"章疯子之称，据说最初还是太炎自己使用……"

这些议论是大有问题的。

仿佛巴尔扎克乃文学界之拿破仑，章太炎也是个学术界的拿破仑。

---

① 《国器章太炎》，2005年8月11日。

他的性格，加上他的天赋，更不能安于平静与节制。此种性格乃决定其行事的根源。疯子的称谓，也不是什么据说，他在《章太炎的白话文》里面扎扎实实白纸黑字承认了的。

他的寄托希望于袁世凯，也大有其私利在，不是什么天下为公。他个人的弱点，当然也是人性的弱点，不必回护。只是说，这并不十分影响他的学术光辉，尚若在西方民治国家，个人毛病不为大害。但在民初那样板荡专制的社会，就大有可议之处了。

您说他不为一党一派的私利，这就是个笑话了。就是先进的民治国家，党派之间也要光明正大地争取私利——竞选就是争私利，争组阁之利。只是说前提是一种深厚的契约精神，一种正大的游戏规则，您的派别在获得私利的同时，必以实现最大的公权维护为前提。您争私利，也要同时顾及别人的私利。孙中山、宋教仁的政党政治观念，是拿出政策和策略，和他党竞争，而多党竞争，他们坚定地视为良美政治。美国先贤以一党刻意分之为二，就是要让他们争嘛。

太炎正因颇有私心，与虎谋皮，才给袁世凯玩弄而跳脚大骂的。当东北筹边使等事，直是自取其辱。在会党内部，他也是小孩的脸，说变就变的，故即令蔡元培那样笃厚的仁人君子，也每每看不下去，斥责他"尤为无理取闹"。倒是孙中山对他，以罕见的心胸忍让之，强调"尊隆之道，在所必讲"。袁世凯表面看重他，也正是因为有同盟会后盾潜在地在起作用，否则置之死地还不是分钟的事情？哪还有他的一番让人津津乐道的表演？和他那些趣味盎然的行为艺术？他要是注意一党一派的私利倒好了，他只忙乎他个人的私利。章太炎这样的老先生，适合在一个宪政历史深厚的体制下做议员，则可大幅度发挥其多思善谋之长才，那他的毛病就无伤大雅了。美国议员有被报界骂为无脊梁骨的软香蕉的，有被骂为狗屎的，不一而足。但他们实际上起了关键的作用，因其人性的弱点，被良规所限制，难以形成破坏力。好制度，把坏人变成好人；而恶制度，则把好人也变成坏人。

袁世凯又不是人民的选择，而是他自己告密、窥视、翻云覆雨，杀人越货走上专权捷径。同他搞什么国士献策，于法理就不通。所以，不是什么不必非议,而是大可非议。袁世凯之不配以总统身份接受国士的献策——为什么?潘恩、孟德斯鸠、卢梭等人的著作中早就讲过,以阴谋和暴力来攫取权力的、以专制暴力钳制人民生命自由的,人民可以不承认他,也可以推翻他。

水龙头锈死啦。无论水流怎样的冲撞,难以流出一星半点。水流若想畅快而出,必得彻底破坏水龙头,与之断然决裂。从此前的主动攻击到自投罗网,属于战略失误,战略出问题,则战术高明不起任何作用。贪图眼前战术上之小利,忘记远大之战略目标,难免陷入人生的被动。这时章疯子的名号更大了,他有时真要疯魔似的寻死觅活。

太炎当然没死,他的对头赵秉钧却死了。

被袁世凯幽拘时,他的饭碗、汤匙、筷子均为银质。据说是按照《洗冤录》的记载,以防袁世凯在食物中下毒。银制碗筷,验之有佳效。

赵秉钧虽非居标准幕僚位置,实为不折不扣幕僚。

早年他和袁世凯、段祺瑞三人在河南密谋约定,出山后,袁为第一任总统,段为第二任,赵继之为第三任。他的出身,低微卑贱,连自己的籍贯是哪里都不晓得,自幼漂泊无依。但袁世凯认定他是一宰相之才。他们当年约定,是在铭盘设誓,相当正规保密的。

可是到了袁世凯称帝的时候,段、赵看到早前的约定将成泡影,遂跃起反对,态度丝毫不稍假借。

袁世凯实依赵氏为智囊。常说:"盘中有宝有智囊,何事不成?"以为他才略过人,足堪应变,赵秉钧的智囊身份还先于徐世昌。南北议和、释放汪精卫、起用梁启超、承认约法、刺杀吴禄贞、经营津京警察创办……都经过他的策划手订。唐绍仪罢阁,赵秉钧摄之,佯装与宋教仁交往频密,在烟床上和宋教仁畅谈国是。宋先生年轻新进,成天脑瓜子里面想的是组阁、议会、宪政,力求发挥政党当政治的优势,赵氏作洗耳恭听状,实则杀机已发。而当时南方来人如沈秉堃、林述庆都是被其用鸳鸯壶置毒酒杀害。

待其反对袁氏称帝，杨度领袁克定之命，劝他如不支持，至少不要挡道。此话已含杀机，而秉钧不听，说是当年的誓约呢？怎样向今天的老百姓交待呢？于是洪宪诸臣恨之入骨，秉钧随后即被下毒暴毙。其法，即以重金买通他装烟袋的侍者，择机将毒药下于燕窝汤内，待溶化后供其进饮，旋即毙命。一般舆论以为，这是他的鸳鸯壶毒酒的变相！也即请君入瓮的再次搬演。

赵秉钧死后，由吴炳湘派兵继续看管章太炎。吴氏为京师警察厅厅长兼市政公所会办，为了便于看管，将太炎迁往龙泉寺软禁。所有门房、清洁工、厨子，都是暗探充当。太炎警告这些人，要他们遵守礼法，否则他自有处置之法。

袁世凯派他小孩袁克定给太炎送来锦缎被褥，太炎气不打一处来，当即点火焚烧，化为灰烬。陆建章此时是警卫军统领兼北京军政执法处处长，他对吴炳湘的人说，章太炎先生不可得罪啊，章先生的一篇文章，抵得上几个师的兵马！又说袁世凯嘱咐，饮食、讲学，都可满足，毁坏物件，大可听之任之。太炎寂寞中又给袁世凯写信，又拿民族主义、历史血脉来警醒他，袁世凯置之不理，但太炎仍在信中表示，他将九死无悔。

这当然是对袁世凯所说的硬话，实则太炎已渐趋于崩溃的地步。给家人写信说，这种幽拘的日子，暗无天日，除了特务，左右更无他人可与说话，厌世之心訇然来袭，简直比下地狱还苦恼。他想到过自裁，半真半假地留有遗书"……三五日当大去，人寿几何，亦或尽此，书与公诀！"收信人是黎元洪。黎元洪是他最信任的人，但他知道黎氏此时也等于给袁氏关在笼子一般，自救不暇，遑论他人。

更苦恼的是失眠，太炎试图以坐禅、打坐之法来解决问题，殊不料全不见效。往往凌晨两三点钟，还在两眼圆睁，望着天花板出神。精神摧残一至于此，意识深处不禁万念俱灰。到了五月下旬，他决意开始绝食抗争，半个月间，只简单吃了四顿饭，他的形象已完全变样，形容枯槁，类如野鬼。此事吴炳湘害怕了，遂派官医院徐院长前往探视，并出具医疗方案。

医生来后，将太炎迁往东四牌楼这位徐院长的家中。这是太炎绝食换来的结果。

到了盛夏七月，他给家人亲友写信，筹集钱款，说已经租订钱粮胡同，他叮嘱筹钱要加紧进行，一次筹够三年的用度最好，盖以太炎并不想用袁世凯的半点资助，以免又陷在无形的桎梏之中，同时也在做持久战的准备。

太炎遂去信嘱其夫人汤国梨来京，且作久住的打算。秋初，鲁迅、许寿裳结伴前来探望老师，从下午一直聊天至傍晚方回，他们最关心的也还是老师的心情和健康状况。

照看他的医院徐院长早先还好，慢慢即露出鄙俗无赖的嘴脸。他曾对前来探视的钱玄同说：你们老师有大学问，我佩服。可是大总统的火性也厉害非常，你们老师若不知好歹，触怒了他老人家，他必翻脸不认人，扑通一声——他作枪击状——你们老师的性命就难保了。

太炎得知，气得半死！所以他临时改变主意，悄悄写信让汤国梨万勿前来，"北人反复，君勿来！"不料这信被徐院长拆看，约钱玄同来，当钱氏的面又把太炎大骂一通。

但汤国梨既不能北来，只得给太炎回复长信，回顾历史，分析太炎的性格事功，并对如何自处，提出她的见解：

平心而论，君以一书生至事业文章纵横天下，功名姓氏，可期不朽，平生抱负，亦已稍展。目的既达，似亦可以已矣。功成身退，诗酒自娱，如果万不能忘情于手谛之事业，则读书之暇，尽可以文章言论而褒贬之。如再不可为，亦听之可耳。盖国可再造，民不能易也……君孤高之士，既不能任之浮沉，又不能砥柱中流，徒受此簸荡旋转之苦，而浊流依然！……往事不可追，来者犹可为。愿君在都，凡于政界人物，无论其为师弟、为亲串，概勿与交，钱某等更无论矣。闭户读书，怡养天真，此后若得脱于羁绊，则勿再关心国事，著书立说，以立不朽之业，徒抱孤愤，亦殊无谓也。

太炎本人呢，写于此时的言志诗，无题四首之一有谓：

> 时危挺剑入长安，流血先争五步看。
> 谁道江南徐骑省，不容卧榻有人鼾。

前二句用战国时代魏国策士唐雎典故，代表安陵君西说强秦，不辱使命，使秦不敢加害魏国。后二句用北宋旧事。赵匡胤兵临南唐都城，后主李煜派徐铉求和。赵匡胤拔剑厉声道："卧榻之侧，岂容他人酣睡！"举兵进攻，南唐遂亡。感慨多事，而不失初心。

七月下旬，终于迁往钱粮胡同一通房屋，此处房间宽敞清洁，光线也好。黎元洪从中做了些斡旋，多少有些作用，看管略有放松，生活方面大有起色，图书资料充足，又有园林可供游览，关门即自成一王国。

在钱粮胡同，情况有所好转，太炎的脾气又大起来。刚在共和党部幽拘时，常有寻死的念头，现在大不同了，此次的监管人员，系陆建章系统，即军警执法处的密探。他们的身份是做后勤打下手的。太炎倨傲地给他们约法三章：

一是尔等每日必向我请安。

二是见我时须垂首鹄立。

三是称我曰大人，自称曰奴仆。

四是对待来客一律称老爷。

五是每逢朔望，必向我一跪三叩首。

太炎告知他们，以上规矩，必须照做，否则就滚蛋。有时他会和特务小头目讲述一段《大戴礼》，也不管那人是否听得懂。有人向他问起这事，他笑笑，说是有教无类。太炎这一套，在后来的社会空间绝少再见，盖因民初军人与传统纲常尚未割裂，士大夫仍有其隐然而强固的精神地位。他的弟子黄侃受聘于北京大学前来授课，为着请益方便，搬来和他同住，不久即为看管的密探逐出章寓。太炎为此又拿出绝食的招数，但并不见效。恰好大女婿龚宝铨和太炎的两个女儿从南方来京看他，这才重新进食。亲人得以朝夕聚首，对太炎的心情是绝大的安慰。

汤国梨则来不了北京，她有她自己的生活空间以及事业，也不想进京和太炎同受拘禁。太炎常常给她写信，视其为最重要的精神支柱，汤氏自己来不了北京，但她也在为太炎的日常生活着想。此时她下了决心，遂来信劝太炎纳妾，太炎对此斩截地表示不同意。徐世昌时任国务卿，汤氏又给徐世昌写信，请他在袁世凯面前进言，说太炎屡有饿毙之虞，请准许他回原籍灌园抱瓮，读书养气，以终余年。信函发出后石沉大海。

这段时间，日本出兵山东，提出《二十一条》，图谋灭亡中国，对在华已获特权要肯定、对未获特权求扩张，除种种可怕的经济利益之外，更涉及中国政治、财政、军警，且迫中国承认其多数条款，屈辱无以复加。袁世凯别有怀抱，居然承认该《二十一条》之大部分条款，并申令禁止排斥日货。

盛夏时节，筹安会开始帝制舆论运作。

太炎分析当时的形势，以为袁世凯所畏惧者，绝非军人和有力之流氓，却怕葆有独立精神的学者。"仆观近势，政府暴戾恣睢之气虽渐次归平，而彼所隐忧方大，己既无能，则忌人之心自不能已。譬如惊鸡甫定，惟有与之相忘，则彼亦渐能忘我；稍一惊动，又鼓翅而起耳。"太炎对于专制政权失去某种能动，却又保持着一贯的惯性，所设比喻极为传神生动。

太炎的女公子在北京服侍他几十天，后来转往南方夫家去了。太炎无聊中想以修史打发时光。他以为二十四史中，《宋史》最为庞大芜杂，文笔枝蔓，牵扯不断，且更为恼火的是褒贬多有不公。他已着手修改，事为新闻界报道出去，袁政府表示愿意赞助经费。

但在湖南湘潭的叶德辉则以为当务之急非《宋史》，他属意由太炎主持修清史。因在一年前，已设立清史馆，以赵尔巽为馆长，缪荃孙、柯劭忞等人为总纂，总领修撰作业。叶氏精于版本训诂之学，对于太炎的学问五体投地，更兼有感恩之念。辛亥之役，长沙改朝换代，太炎特意电嘱湖南民军，嘱其千万别杀叶德辉，若杀了，则湖南读书种子也扫地以尽了。叶氏为此大有知己之感，所以他慨然提出，修清史应以太炎担纲。

但太炎的修史心情很快被打破了。

筹安会加紧活动渐趋公开。袁世凯时代之筹安会，自从所谓六君子——杨度、孙毓筠、严复、刘师培、李燮和、胡瑛，他们发起筹安会之后，即分头四出活动。

筹安会开会议事，严复总予拒绝，直到解散，从未参加一次会议。其间，杨度等也将主意打到严复的学生侯毅身上，推他为参议，任务是游说推动他的老师。显然杨度已很着急，试图从严复学生身上突破。他没少动脑筋。

侯毅见事急迫，乃托言于西域商人商量购马上贡，悄然赴沪，得以暂避。

不久，梁启超撰文痛斥袁世凯称帝，流布海内。袁世凯说必须严复出面予以反驳，才能旗鼓相当，耸动视听，遂派人送四万元支票，严复拒收，而对使者说，请留出考虑时间，来做转圜。

侯毅在上海，吴稚晖等人来晤面，问及筹安情形，对严复处境多能体谅。一个朋友说，假如袁世凯真有头脑，就不应该把严复先生这样的国族精英拖入浑水。所幸，他还有所顾忌，尚未对严复一不做二不休，取其性命。

其间还有一重要关键，未为人所道及，他之所以不敢对严复下手，盖以当时同盟会精英多在，暗杀人员咄咄逼人，想收拾他的人不少，故袁世凯有所顾忌。

后来黎元洪上台，一度传严复将不为黎氏所谅解，林纾闻之，至以哭泣迫严复宵遁。后至天津暂避。

杨度之外，袁克定更是积极分子。帝制前期，袁世凯所阅报纸都是府中人修改重印后进呈，多系歌功颂德之文。一天王士珍晋谒，袁世凯给他报纸看，颇有得色。士珍默然，他说：外间殊不尔！——完全不是这样一回事嘛，乃检外报呈阅，袁世凯观之，嗒然若丧。已知为左右各位幕僚积极分子所害，但为时已晚。

物必自腐而后虫生。其主家老袁袁大胖子，窃国谋私，始终以智术诳人。可以说是主子和幕僚相率以谋乱政，以权谋斗争为核心价值，然而，并不高明。

袁世凯忧惧而死，死前热荤抽搐，尚不忘大呼"杨度误我"。实在的，杨参谋给他的打击大，印象也委实太深了！此前，袁世凯解散国会后，杨度仅任参政院参政，看来对其参谋能力已有所怀疑。

袁世凯死了，杨度在挽联中吐露真言：共和误民国，民国抑误共和，百世而后再评此狱；君宪负明公，明公实负君宪，九泉之下三复斯言。

这算怎么回事呢？实在太不成话了。难怪他先前的好友梁启超说他是"下贱无耻、蠕蠕而动的孽人"，这可真要把他骂痛了。

杨度之流，受自己熏心利欲的误导，以相对容易掩人耳目的一贯思想——实用挂帅。他高估了他们自身的影响力，也低估了民众团体的觉悟。民众都不是"省油的灯"，不仅识破了他的阴谋，而且抗议文电雪片飞来。

在其放手一搏、甚至都不留一手的策划之下，这一切大大出乎他的意料，他既恼羞成怒，又忧心如焚。

权衡比较，杨度的策划，有利于他独揽大权，刚愎自用的袁世凯十分受用。职业政客，他不仅有铁石般的心肠，也有狐狸般的嗅觉，但他不可能走得太远，他缺乏一个政治家应有的大局观和政治远见。

当然，杨度等人的谋略也是由袁世凯直接催生的。利令智昏，以为所有的莽撞都能换算成可乘之机。他们铤而走险谋略的实施建立在这样的基础之上：泱泱大国的前景、民众的命运，没有这一小撮人的私利重要。

这些活动，彰彰在人耳目，太炎清晰闻见，故而愤怒不能已。一天实在无法忍受其厌恶，乃以七尺大宣纸，上书"速死"二字，且以小字跋曰"含识之类，动止则息，苟念念趋死，死则自至。"显然已是在给袁世凯和他这拨高参下判断，言其自寻死路耳。

国事鱼烂如此，家事不无担心，此时给家人的信件，也在议论国事之不可为，并表明自己已将生死看得很淡。这时是九月初，刚把家书发出没几天，噩耗就来了。他的大女儿，也即龚宝铨之妻上吊自戕身亡。他女儿的自杀，大概目睹人间惨事太多，亲友长辈的颠沛流离造成其无形的精神压力，哀莫大于心死，因而产生悲剧。

家事的惨切，仿佛国事不堪的缩影。在上海坊间，甚至有传说太炎也已自杀身亡的消息。汤国梨处于此种信息迷雾中，惶悚不安，赶紧致电托人求证，太炎只得又修家书解释之。他认为这是社会失序失据所引发的，原因跟筹安会的活动有关，这些人的上下其手，"颇闻上海人情惶扰，近则北京风声亦急，南方可知。"

筹安会和袁世凯找上门来了。为了广泛罗致社会贤达，派人游说太炎，让他主动请愿上书，若能办到这一点，可以立马从软禁中获得全盘自由。来人找到太炎，急迫心情溢于言表。太炎这次没有大骂乱打，他假装应承下来。次日袁世凯收到太炎的回函，他踌躇满志地打开，准备欣赏，但见上面写的是：

> 某忆元年四月八日之誓词，言犹在耳，公今忽萌野心，妄僭天位，匪惟民国之叛逆，亦且清室之罪人。某困处京师，生不如死，但冀公见我书，予以极刑，较当日死于满清恶官僚之手，尤有荣耀！

袁世凯手执信纸，一种下不来台的羞辱浮上脸面。欲杀太炎以泄愤，又虑舆论无法交代，乃自作解嘲道：这个鸟人无非一疯子罢了，我懒得同他计较！

太炎这一手，表面有些棉花掩盖，略呈软性，实则内里全是骨头，硬度超强。相较之下，王闿运又是一种表现方式。王氏是袁世凯聘来的国史馆馆长，莅任才一年。他当时已是一位鳏夫，生活全然仰仗他的女仆周妈照管，起居饮食，须臾不离。周妈相貌难看，而王闿运对之依赖性极强，以至若无周妈在侧，"则冬睡足不暖，日食腹不饱"，迹近暧昧。当时报纸副刊尝将此事写成喧腾一时的掌故。而这位周妈在此际却帮了王闿运的大忙，王氏看见筹安会得势，袁氏称帝势在必行，当时他已八十余岁，害怕称臣上朝种种不便，于是上了一个折子："帷簿不修，妇女干政，无益史馆，有玷官箴，应自请处分"云云。用这个理由辞职回乡，并不堂皇却很有效。太炎对此很欣赏，说是"湘绮此呈，表面则嬉笑怒骂，内意则勾心斗角，不意八十老翁，狡狯若此。"[①]

而王闿运的游仙诗有句云："妇人行役周妈在，莫怪先生爱早眠"。这个夫子自道，刘成禺注曰"人有以周妈病王翁者，翁曰：古者妇人行役礼也"，王氏这一组诗经过太炎的逐句窜点。

这类柔性对抗是否对于太炎有所影响？不好说。但他此时出版的《章氏丛书》以及《检论》，则已经过删削。《检论》即《訄书》衍变而来，早年战斗性强劲的文章，多被抽掉，如对吴稚晖的答复，甚至狱中赠邹容、秋瑾集序等诗文，均被取消。有论者以为这是为了增强他的粹然儒宗的纯粹性。实则因太炎长期软禁，静中独处，对于人的思维变异影响甚大，而编书正在此间。

袁世凯的异动牵动的人太多。老同盟会员康宝忠即康心孚，曾是反清的骨干，当年《民报》周年纪念大会即是他和景梅九陪同中山先生走进会场，他俩也同时享受了雷鸣般的掌声。此时康氏在北京大学讲授中国政法史，这个节骨眼儿上他来看望太炎先生。太炎有些生气，问他说，我没有教你劝人做皇帝，你竟公然违背老师意图？！康氏说，实际上，先生您也是皇帝，素王改制，您执春秋之笔，行天子之事；而袁世凯则属僭越，所僭的是周天子之位。太炎说，这就怪了，周天子姓姬，洪宪天子姓袁，不沾边的。我已为他储备了十罐蜂蜜，恐他江亭呼唤，声力俱碎，只怕他一滴都不能消受罢了。算了，你走吧，不须多说。康氏讨个没趣，走了。

年底，袁世凯操纵各省投票结果，全体赞成君主立宪，其后袁氏宣布承受帝位，取消民国，宣布一九一六为洪宪元年。同时，李烈钧、熊克武等抵达昆明，拟起事反袁；蔡锷、唐继尧通电云南独立。

蔡锷进京时间稍晚于太炎，但同在一九一三年的秋间。他之所受羁

① 见刘成禺《洪宪纪事诗本事簿注》。

0

縻、笼络与监视，与太炎近似。一文一武，受到袁世凯同样的对待。他以研究军事理论、军事改革打发时光，此时已忍无可忍，决心以武力"为四万万人争人格"。

但如何逃出北京、南去举兵是个问题，办法也是有的，还是老法子管用。他做出消极无聊的样子，醉心醇酒妇人，一种英雄无用处、酒色了残春的做派。他游逛八大胡同，且与名妓小凤仙厮混，以求彰彰在人耳目。暗中潜赴天津，与其师梁启超商量应对。计划以滇省率先独立，黔桂稍后响应，然后举三省之力下四川，以广西之力下广东，约三四个月后，可以会师湖北，底定中原……蔡锷在天津稍作逗留，旋以治病为名东渡日本，经香港转道越南海防，再搭乘滇越铁路窄轨小火车，终点站将是云南昆明。到昆明前，必经滇南大站蒙自碧色寨。火车到站时，正是晨光熹微的时分，蔡锷满身心的疲惫。而当他出逃之后袁世凯已侦知其行经路线，即安排特务在碧色寨下手，不料欢迎蔡先生的人群阵势雄壮，特务无计可施，危机四伏的局面轻而易举地应付了。

早在辛亥云南光复时，云南同盟会会员李根源联合新军标统蔡锷、罗佩金及管带唐继尧等人率领新军发动重九起义，次日占领昆明，成立云南军政府，将云贵总督李经羲礼送出境，推举蔡锷为都督。

二次革命失败后，袁世凯下令取缔国民党，取消国民党议员资格和解散国会，图谋复辟帝制。一九一五年底至一九一六年云南等省组织护国军，反对袁世凯复辟帝制，维护中华民国民主法统，是为护法战争。到了蔡锷在云南成立护国军，发布讨袁檄文，阎锡山仍倾向袁世凯，并要宣示蔡锷、唐继尧等人的罪状，予以褫革。这些行径留下污渍，到了北伐后颇难解释，但阎先生也有他的说辞，他说这乃是根据孙中山的指示，为了保存北方革命力量而采取的措施！

筹安会密谋期间，中山先生的部属和梁启超的进步党，都曾派人赴云南策动反袁起义。现在蔡锷回到昆明，联合唐继尧等人，遂宣布云南独立，蔡锷、李烈钧分任第一、第二军总司令，唐继尧任都督府都督兼第三军总司令。计划第一军攻川，第二军入桂、粤，第三军留守云南，乘机经黔入湘，而后各军在武汉会师北伐。另由都督府左参赞戴戡率一部兵力入黔策动起义。袁世凯急令北洋军并川、湘、粤等省部队八万人，分头攻滇，企图一举歼灭护国军。第一路司令马继增率北洋陆军三个师各一部及部分混成旅，由湘西经贵州攻入云南，第二路司令张敬尧率北洋陆军四个师各一部，与川军会合由北面进攻云南。曹锟指挥第一、第二路。第三路为广东龙觐光部，由粤经桂入滇，袭扰护国军后方。

四川方面，一九一六年初，蔡锷所部刘云峰梯团抵达滇川接壤之新场。一月十七日，攻击川南镇守使伍祥祯部，次日进据四川高县西北，十九日，向宜宾西南进攻。嗣后，袁军分四路反攻叙府，均被击退。

二十七日，贵州护军使刘显世宣布贵州独立，并派出两路黔军协同云南护国军作战。蔡锷所部赵又新梯团一部与已起义川军刘存厚第二师，于二月初联合向四川泸州发起攻击，一度占领泸州外围蓝田坝、月亮岩等要点。蔡锷根据敌我态势，决定采用两翼包围、正面突破战术，以攻势防御消灭袁军。三月中旬，护国军全线突破袁军前沿阵地，歼敌一部。至三月底，陆续收回失地。袁军伤亡甚众，无力继续作战。

湘西之战，王文华率护国黔军于一九一六年一月下旬进抵黔湘边境后，立即分路向湘西袁军进攻。三月中旬，袁军向麻阳、黔阳等地发动反攻。护国黔军顽强抗击，牵制湘西袁军向四川转移兵力。

滇桂边之战，李烈钧部于一九一六年二月二十日由昆明向广西开进。三月初，在滇桂边境之广南、富宁地区与龙觐光部展开激战。袁世凯三路攻滇计划失败，加上在广东、山东等地袁军亦遭到打击，外交上又连受挫折，二月底，袁世凯已经紧张得不得了，对登基一事正式喊停，但仍居大总统位。三月下旬，袁氏不得已撤销承认帝位一案，废止洪宪年号，任命徐世昌为国务卿、段祺瑞为参谋总长。为彻底推翻袁的独裁统治，五月上旬，已独立的滇、黔、桂、粤等省在广东肇庆成立对抗北洋政府的军务院。不久，陕西、四川、湖南等省相继宣布独立。袁世凯益陷窘境。

此时太炎对这些眼花缭乱的事看得很淡，他给家里写信，说是外间警报频传，他都详细知晓，他个人没啥特别的表示，相信这班拙劣的演员很快会全盘演砸，他只跟几位学人讨论玄远，"以待时清而已"。

袁世凯的圈子越缩越小，舆论合围使其政令不出二三里。这时他仍想借助太炎的名义扭转局面，乃命其身边人冒太炎之名撰写一文，标题为《章太炎先生对于时局之意见书》，内容是为袁世凯辩护，颂扬袁氏的政体架构，且不支持袁氏退位。此文用语鄙俚，造句不经，但也顾不了那么多，油印多份，寄到上海《中华新报》等媒体企图发表，但均为新闻界识破，盖其文字水平低下，识者到眼即辨。

袁世凯还有十几天才死，太炎已极度不耐。五月初，中山先生发表宣言，认为讨袁独立战争不能仅以推翻袁世凯为目的，更应"绝不肯使谋危民国者，复生于国内"。太炎一是想了解南方护国军的最新进展；二是想马上能够逃出牢笼，而且是立刻就逃，一秒钟也不想再作勾留。中旬，他以日本医生介绍他往天津治病为由头，动身离开北京。此前已接触日本使领馆人员，商量太炎换上和服出亡，行前一天，剃须、理发、易装，几位日本宪兵着便装随行保护。要去的第一站是天津公立医院，这个路线，和蔡锷何其相似乃尔。且出门时还遣人驾马车招日籍妓女，以作掩护（"未几，先生命马车往召日妓"），又和蔡锷用意同出一辙。不意到了车站，刚要上车，突有五六个便衣围拢过来，恶狠狠地叫唤道：嘿，你这人想跑，你欠我的债呢，还钱来！后面十几个制服警察蜂拥而至，将太炎推拥到巡警总厅；旁边的日本宪兵见此情形，也无可奈何，只能袖手旁观。到了警厅，一个官员出来，未等说话，太炎骂道：你们这班东西，真是不晓得死活啊！现在是什么时候了，还敢这般行事？

这官儿说：我等是奉大总统命令，所以不想正式抓捕，而以欠债名义阻挡。若你要闹事，就会正式抓捕。

太炎觉得可笑至极，说道：任你正式抓捕，明天自有他人来抓捕你们这些鸟人！

这官儿梗着脖子作声不得，无奈之下只好自找台阶，央求铁道人员送太炎回家。

回到家中，早有警察守门，且其无赖，更盛于前，粗鲁的警员，公然在他客厅走来走去，甚至他常年佩戴的一款古玉、一个戒指，也被恶警抢掠而去。太炎倒不仅是心疼他的古玩，他深感不解的是，像警察总监吴炳湘这类人，智商真是低下，与义和团无异，形势即将大变，他们马上就会被宣布为罪魁、差不多已经是刀在其颈的时分了，还居然这样抵死不悟。

袁世凯的发迹，系由新军发展壮大而来的军事实力在起作用，他多次尝到甜头。一九一五年底，这个家伙遂悍然称帝。殊不料，时移世易，这一套已经不灵了。全国各界的反对使其面临巨大的心理压力，而军头的疏离则使其心理崩溃。新军的老班底，徐世昌消极，袁世凯策划称帝期间，全国鼎沸，处处声讨，徐世昌见之，立即辞职，悄然返回河南老家。王士珍则因反感而称病休假。段祺瑞、冯国璋等也深为不满，以致公开反对……几个月后，在全国一片怒斥声中，袁世凯忧惧而死，死前热葷抽搐。这年他是五十七岁。从某种角度来说，他是成也新军，败也新军。

在二十一世纪的初叶，颇有一些史学工作者、史学爱好者撰文为袁世凯翻案，诸如《袁世凯是冤大头》《百年之冤：替袁世凯翻案》《袁世凯窃国：误解一百年》《戊戌政变的发生与袁世凯的告密没有因果关系》，大抵说他再造共和有功，为治国雄才，并未与日本签《二十一条》，维新变法时节他没有告密啦，如此等等，不一而足。屡屡见诸报端，多方为其评功摆好。

这些作者，如非不看书、一知半解，就是脑筋短路，或者欲以新说攫取名利，否则不好解释。

须知，他在二次革命前后杀了一千多名青年知识精英，是晚清末年清廷鹰犬都为之瞠目的杀人犯。他的种种倒行逆施，除了妓女假意拥护之外，就连他多年的心腹重臣，都消极反抗或公开反对，一个恶劣到何种地步的人，才会激起这样的反应？

专制者对孙中山先生也不得不存着几分敬畏，盖以当时民智已开，在这种情况下，当局要想继续用武力和谎言来维护愚蛮的统治，越来越力不从心，至少要费一番脑筋。中山先生给予掌权者最后一次放下屠刀、改邪归正的机会。其实，要想真正使社会进步，放中华民族一条生路，也给自己留一条后路，不是没有机会。只要从本质上入手，放下屠刀，还权于民，和平盛世不是没有可能。

一九一二年八月二十三日下午，中山先生抵达天津，各界团体及群众拥趸极众，欢迎场面极为盛大，居住在天津的一众逊清皇室成员情绪由不安、恐慌转变为平静和关注。皇室成员绍彝迅即将中山先生行踪报告北京，并建议沟通感情，以为对"日后皇室以及旗族均为有益也"。他们清楚地看到中山先生虽辞去大总统职位，仍在国民中葆有不可动摇的领袖地位。九月十日，孙中山先生亲赴醇邸，与摄政王载沣把晤扳谈。

皇族稍微动了一下脑筋，就知道，袁世凯不特是全民的大敌，更是皇族的掘墓人。他们认为"本朝皇室为吾大民族之一，并与前代亡国不同"，这个结论在中山先生那里是成立的，砸在袁世凯手里则必将麻烦不断；而孙中山这位伟大的学者，本是各民族可以信赖的朋友。

辛亥革命到了武昌起义胜利达成，能否谓之成功，就同盟会纲领、共进会、文学社的理念而言，其诉求可谓达至一半。不可谓大成，也不能说未成。本来有亚洲第一共和的气象，但袁氏新军集团的接手，这些人，除了他们是汉族身份而外，其余一无可取。最恶劣的就是对宪政、民主指标的实际操作上的打压，对民主人物的肉体的消灭。这就和清廷一样，甚至还要过之。

因此辛亥革命就还在继续。

革命尚未成功，同志仍须努力。用在这里，一样的恰切。

从北洋军人集团的第一代李鸿章，到第二代袁、段、冯，到曹、吴、张勋，以至孙传芳第三代，真是没完没了。旋生旋灭，旋灭旋生。

一九一二年元旦前三天，孙先生在上海逗留，这时记者采访他，他就谈到袁世凯的落点。当时袁的代表唐绍仪到汉口试探和议时，明确表示，南方如举袁世凯为大总统，则袁等人必将赞同共和。

显然，袁世凯一切以个人目的为最高原则。

中山先生之坦白不设防也可概见，他说，那不要紧，袁世凯真能拥护共和，我就让给他。①先生当选临时大总统后，曾专致电北京袁世凯：
"文既审艰虞，义不容辞，只得暂时担任。公方以旋转乾坤自任，即知
亿兆属望……故文虽暂时承乏，而虚位以待之心，终可大白于将来，望
早定大计，以慰四万万人之渴望。"②

　　一直到一九一二年九月，黄远庸采访中山先生，先生还赞袁氏："他
是很有肩膀的，很喜欢办事的，民国现在很难得这么一个人。"

　　供职于北洋系列的白坚武，论及袁世凯罪孽，说得很透彻："自辛
亥以来，军人骄横，而纪律益不可问。师、旅等长跋扈自私，督制一
方者起居仪态俨然南面之尊，以视前清督抚之犹有拘检者，尚不可同日
而语。放滥溃败，其祸首罪魁实惟袁世凯尸之，彼其包藏祸心，惟恐正
义之犹存。军人不肯盲附，乃眩惑颠倒以求其隐私之达，久之熏陶渐染，
具体而微者遍国中焉。回忆洪宪方焰，袁氏以清之所余宫宦余孽遍赐群
督，多者十余人，少者七八人，其意盖欲以此得桓桓之欢心，柔顺就驯。
自羡地位之贵，小洪宪布满国中，而大洪宪皇帝之冠乃牢固而不可动。日
言民国，袁氏之余毒尚复充塞不可爬梳，然则民国云云者，犹在梦境中
耳！言念及之，政治心理俱经袁氏之手摧残毁灭，万死宁足蔽其辜乎？"③

　　而白坚武论袁世凯为人，则断定他纯属旧式奸雄局面，说者曰：彼
之失败，在否认道德二字，责之未尝不是。袁氏一生之自雄即在机智。
"余固谓袁氏之失败在智不足。皇帝之为物，历史上出产品也，今日无
皇帝发生之余地，乃欲以手抟泥土为之，此所谓天夺其魄也，然而其智
亦可笑矣。"

　　袁世凯这个近代史末期的风云人物，近年的历史学家，譬如唐德刚
对之有所批判，但也有相当的恭维，谓之治世之能臣。

　　但以白坚武的切身体验，亲身的经历，他的评价的准确性不下于任
何历史学家。

　　显然，袁氏不是什么能臣，只是在某一个时段内力气大、拳头硬，

---

① 《孙中山年谱长编》，第600页。
② 《孙中山全集》，第1卷，第575页。
③ 见白坚武1917年7月日记。

而智力的不足，却一以贯之。

二次革命后毙命其手的青年俊彦数以千计，此是对民族的不可饶恕的犯罪，这还仅仅是他杀人如麻之一端。①

掠夺民间和国库财富，用以买通盟友或对手，手段平庸，利用后又弃若敝屣。从对其恩师到左右僚属，皆然。这是他破坏经济之一端。

随时图谋不轨。无论清朝廷，还是革命党，甚或他的各位助手，事实上都得罪了。

中华几千年文化，留下一些使用兵法的实例，纵然是孙膑、诸葛亮这样的军事家，也只是使用过其中几个计谋而已。但是到了袁世凯时代，却三十六计，计计使用。三十六计的核心是诈术，所谓兵不厌诈。但在国家走向近代化的转型时期，诈术若作总的指导原则，只能将事功扭向相反的歧路。仿佛人类对大自然的破坏一样，滑坡、崩坍越来越多、越来越严重的困境，人类将长期生活在恐惧之中。无论是立斩还是凌迟，最终的结果将是相同。

现在袁大头暴毙了，太炎痛定思痛，以后或当以悲伤结痂后的角度来观察这类奸雄了吧。当然，人于虎豹丛中健，天自峰峦缺处明，三年来的入骨之痛，够他反刍一阵子了。

六月六日，袁世凯一命呜呼。黎元洪代理大总统。两天后，太炎解除软禁恢复自由，这时距他被囚于共和党总部，差不多已有长达三年的时间。释放后的次日，报纸刊载他的宣言，强调不仅要清算袁世凯的负面遗产，且更应处罚从恶诸逆。同时致电国会、军务院，屡屡强调袁世凯之毙命，乃属天佑中华。袁氏暴亡不到一周时间，黎元洪轻车简从，前往太炎寓所看望。他俩畅谈达两个多钟头。黎氏首先以如何延揽治国人才征询太炎意见。太炎强调，与民更始，第一以去小人为务。且当取消党禁，广开言路，黎元洪深服其言。黎氏延揽人才，太炎首当其冲，故而太炎毕生均于黎氏保持好感。

① 参见《洪宪惨史》。

太炎也表达了思乡心切意欲归隐的念头。不数日，浙江都督吕公望致电黎元洪，说是太炎先生虎口余生，频思归隐，盼能"安车蒲轮之送，以示礼贤下士之枕"。新闻界知道了他即将南行，乃趋前采访，问他对于国事的看法，太炎说，旧官僚掣肘黎总统，使他难以施展手脚。国事隐忧颇深，最好去读《三国志》里的《董卓传》，就可以恰切对照当下的情形了。然而太炎以为可虑的是，古时的董卓只有一个，当前的董卓却有一大把。

六月下旬，太炎离京南行，黎元洪派人送到天津，浙江方面来接他的人已在此迎候。然后一同坐船前往上海，七月一日船将靠岸，浙江旅沪各界代表已齐集太古码头迎接。

回到上海席未暇暖，即致电黎元洪请其调停广东李烈钧、龙济光之争，辨其曲直。随后浙江国会议员开会欢迎太炎归来，太炎起立演说。先就政治形势作分析，忧虑恢复约法、召集国会进展迟缓；及至说到痛念前尘，尤其是三年来的幽拘岁月，种种不快之事，忽然哽咽不能言，俄顷就在会场当众失声痛哭起来。

各界和个人给太炎开欢迎会者络绎不绝，太炎甚形忙碌。七月中旬因驻沪国会议员将要北上议事，唐绍仪、黄兴提议开欢送会，特邀中山、太炎两先生主陪。这段时间各种名目的欢迎会、茶话会，太炎均念念不忘今日之患，也即新的专制势力，太炎提出新宗社党名目，以为旧时宗社党已经死定，不再为害；而新宗社党则为害甚大，他们毁伤中华民国根基，更甚于旧宗社党。太炎言下所指，即是袁世凯的北洋子遗，谓若不将这班人扫除殆尽，发展下去必将滋蔓难图。任其发展，不特民国毁于一旦、且黎元洪个人也将死无葬身之地。

转天太炎又去参加中山、黄兴发起的追悼革命先烈大会，会间共收到挽联将近两千副。太炎怀想先烈，更伤怀抱。

发表政见已够多，需要实际的政治进行。太炎动身前往广东肇庆，运动岑春煊，直接进行幕僚实践，这还是首次。这时是盛夏八月。总的目标是希望岑春煊能起来领袖群伦，至少能够在段祺瑞、冯国璋之外，产生另一支影响形势的力量。李根源、章士钊则在他之前已先期到达，二章一李同居岑春煊之军幕。

岑氏将龙济光击败，使其出走，而将陆荣廷延入。粤省情形初定，岑春煊、李根源回到广西。太炎见"吾谋不用"，遂前往南洋群岛爪哇一带游览，差不多到年底才返回上海。

太炎出游期间，王闿运去世了。中山先生致电黎元洪，请以太炎主持国史馆。理由是太炎的学问德望，迥异时流，乃最佳人选。不过中山先生的意见，遭遇多种反应。一是太炎最信任推重的黎元洪，他并不赞成太炎出任此职，却中意樊增祥樊樊山；议员中如吴景濂，则附和中山意见；而北洋旧派则群起反对，以为这是同盟会之阴谋，以太炎执掌此职来掩盖同盟会的种种不是。更评论太炎的历史观"章氏之评论人物，把舵不定，瞬息万变，元年作九等人物表中，以陈宦为军事家，列第一等；于梁士诒亦称智略家，推崇备至，后忽列诸四凶，指为恶极，故旧派人多呼为疯子"。结果接掌国史馆的，却是缪荃孙。太炎本人态度如何？他多少有点嗤之以鼻，至少是不大领情。他说推他出掌国史馆，"盖未知吾辈本情也。今之人情，信国史不如信野史，果欲表彰直道，元遗山非不可为，焉用断烂朝报为也。"这倒是他一贯的心曲。他的出发点既是这样超越的角度，那些企图拦路者只好咀嚼自己的小心眼了，独自去瞠目结舌了。

形势正期待同盟会这一班领袖人物旋转乾坤，黄兴去世了。这是一九一六年的深秋。

这年的秋间，黄兴三天两头频频吐血，其所作诗已暗含灰心迹象："破碎神州几劫灰，群雄角逐不胜哀"，潜流着干戈遍地、骨肉离析，却无力抚平的深哀大痛。病情的深重令他形销骨立、面容憔悴，但还强撑精神和中山先生会见客人。深秋时节吐血更严重了，中山先生和胡汉民常去看他。有时一次吐血至有一升之多，连带眩晕良久。到了十月底，终告不治，年仅四十二岁。由中山先生领衔的《黄克强逝世通告》说"民国肇造，失此柱石；公谊私情，曷胜感痛……"

黄兴与太炎，这位让他时而期望、拉拢，时而诅咒、怨艾，时而又故作轻蔑的领袖人物过早地驾鹤西去了。但他的观点、立场的延长线，也即欧事研究会甚至后来的政学系，却还和太炎葆有千丝万缕的联系，剪不断理还乱。

二次革命后同盟会高层的分裂，关乎同盟会两位最高领袖的政见异同。正值太炎幽拘在北京，孙、陈与黄、李等意见割裂后形成的圈子，渐渐发展成壁垒分明的派系。二次革命时，孙中山要立即提兵去打袁氏，黄兴则认为宜冷静处理。中山着眼正义，偏重是非观念；黄兴着眼得失，偏重形势权衡。

孙中山先生的主要助手，同盟会时期是黄兴，初期国民党时期，是宋教仁；而在中华革命党时期则是陈其美。中山先生评论陈其美"于沪上握东南锁钥，其功最大，为吾党健者。志意极为坚锐，掌总务，实能代弟任劳任怨。"

当辛亥革命爆发后，孙中山从海外归来，陈其美、黄兴等亲往十六铺码头迎接，他并在报上发表专论，说是先生归来，国基可定，新上海光复后一月，当以此日为最荣。当宋教仁主张内阁制的时候，陈其美全盘偏向孙中山而支持总统制，这在客观上维护了中山先生的领导地位，他对孙中山先生的支持态度鲜明，信心坚决。

二次革命后，党人陷入窘境。中华革命党一事，他与中山先生形如胶漆，他的观念完全服从中山先生。一九一三年末，从大陆逃亡到日本有一千多名党员，需要安置。孙先生此时创办行然军事学社，及东京政治学校，培养打击专制的人才。陈其美与之频繁见面会商，目的在秘密组党。

因按手印一事，孙、黄不和，黄兴且谓有损人权，有失身份。陈其美则到处奔走，弥缝拥孙和反孙的双方，说服使人赞成。他说："总理领导我们，我们都追随不上，总理如在山顶，我们只在半山，我这两年才算认识总理的伟大，却是已太迟了，而许多同志还未觉悟，说我们服从太过，岂不可叹！"①

孙、黄闹僵后，黄兴赴美。中山先生修书两通致之，黄兴回复其

---

① 《陈英士先生纪念全集》上册，卷三。

一。中山说，望兄能静养二年，俾弟一试吾法。①出语坦诚，磊落。

黄兴赴美后演说，有谓："目的不是筹款，本人直接奉孙先生之命向美国转达他的意见。"可见其气魄毕竟博大。

一九一五年二月，陈其美致黄兴信函，洋洋五千言，盼他服从中山先生，并析党情：分子复杂，薰莸同器，良莠不齐，龌龊败类，覆雨翻云……

关于誓约和手印事，陈其美也专文对黄兴解释：深有鉴于前此致败之故，多由于少数无识党人误会平等自由之真意。中山先生说：党魁犹如傀儡，党员有似流沙。迨夫外侮之来，意见摧败，患难之际疏同路人……若口是心非、貌合神离之辈，则宁从割爱。

一般人对按手印、发毒誓甚反感。实则不然。按手印不一定解决真问题，但若真心干事情，按个手印又何妨？若终极目标在彼，则手印、发誓俱为形式，又有什么关系呢？它是起到约束、鉴别作用的一种不坏的方式。

他分析党人的涣散，思索有以凝聚的方法。党派建设，是走向民主政治必须做的前期工作，无可非议。但是，在大敌当前的局势下就建党分派，那可是不合时宜了。过早的建立分支派别，不仅分散了斗争力量，而且党派多了，便形成了"三个和尚没水喝"的局面。各自心里有个小算盘，完全丢失了顾全大局的观念，工作上变得越来越消极。

秀才造反，重文弃武，难免秀才造反十年不成之讥。回观历史，哪有纯粹秀才造反成功的故事？靠写几篇文章、请几个愿就能把独裁者赶跑，岂不成了咄咄怪事？万事图个阴阳平衡，闹革命也不例外。文武兼备，刚柔相济，才能发挥出最大的威力。

近年有人撰文甚至以为按手印、发誓是专制的先声、一言堂的萌芽，这就偏离事实很远了。包括唐德刚先生都有这样的看法，这是很遗憾的。详见广西师大新出的《袁氏当国》②一书。而《杂文报》《孙中山辉

① 《孙中山全集》，第3卷，第91页。
② 唐德刚。

煌生涯中的一处败笔》①，竟说，"孙中山对国民党的改造，带有强烈专制、独裁色彩，家长制、惟我独尊、愚昧政策、个人崇拜、无限权力、绝对服从、个人说了算等等这些封建主义的东西。"

朋友，这就是胶柱鼓瑟，无限夸张了，危言耸听，无以复加了！半夜吃桃子，专拣软的捏吗？专制极权在近现代的中国有着深刻的国际背景，阁下了解吗？孙先生那样春风风人夏雨雨人的仁人先知，史上哪里去找？见风就是雨，这许多的狠词，阁下写来上瘾吗？

实情是，同盟会的干部，一部分学者气书生气太重。以欧美为师，非常正确。但也要看是不是时候。欧美的议会已经成熟成型，甚至可说是雷打不动。当时的中国呢，同盟会给袁世凯分化、瓦解。在糖衣炮弹的同时，也预备刺刀伺候。章太炎这样的革命元勋给袁世凯骗了，还敢于疯癫似的同人家乱闹，要分权，虽然是个笑话，但在背后，也有同盟会的实力在隐约地起作用，否则，哪有他那一番喘气式的表演呢？只怕连活命的空间都没有！在民主国家，政治及政治家的进退是由公民的选票来解决的。因为民主的主要功能，是为政治家们提供一种最有效的工具来解决他们之间的政治权力斗争，选票决定个人是否掌权。但是袁世凯不特限制选票，最后连议会都解散了，夫复何言！

誓约的中心内容是："为救中国危亡，拯民生困苦，愿牺牲一己之生命自由权利，附从孙先生再举革命。"这有啥紧张的嘛，您既选择此道，这一点约束都不能承受吗？！

再者，孙先生的按手印，在那么一个特殊时期，同盟会涣散之风愈盛，分子复杂，官僚软化，黄兴也沮丧不已，连续给袁世凯所玩弄，相继败走，扶桑三岛遂为亡命客集中之地；为矫正之，按个手印，有什么呀？可是我们的学者们，脾气大不说，还迂阔地要说法。一言不合，拂袖而去。孙先生也只好由他。大学者牵头的革命组织，有那么一点江湖气，其实是好事。比较中外革命史，像孙先生那样深邃仁厚的革命家，到哪里去找呢？

---

① 《杂文报》，2005 年 9 月 2 日，刘吉同文。

专制的起源，跟人的性格、环境、背景、气质、一个人的权力欲……关涉甚大。有的人，从他的气质涵养来看，他就根本搞不了专制。而希特勒一类人……几乎就是天生的专制分子，不搞到鬼哭狼嚎、万户萧疏，他就决不罢休。

中山先生允文允武的人格气魄所来有自。他革命一生，荆棘载途，先生却如牛负重，两肩担起，未尝稍息。很多历史的关头，机会微渺得如同海底捞针，而先生总是不辞艰危，期达目的。尽管有的行动原系孤注一掷，胜负殊未可分。但是，如唐德刚教授撰写的《李宗仁回忆录》所赞："把握时机，不计个人成败，原为革命家的本分，加以中山先生气魄宏伟，敢作敢为，尤非常人所能及。"（第十三章）他坚信权力与责任同在，充分理解这一点的人，方不至成为权力狂。出于对生命价值的无条件关爱，他推崇非暴力运动，但绝不是无原则的守持之。孙中山先生素重西学，深谙洋习，对设议院、变政治更有深刻的理解。一八九六年伦敦蒙难（为清公使馆绑架），获英国人民及政府营救，对英国人民所崇尚的正义及公德良心更确信无疑，也使他对文明国家的进步、教育、民意的认识更加坚定。他对中西文化良性传统方面的有机继承发展使他不但建树伟岸，更以献身国家的同时，表现出一种罕见的人格魅力，而时势给他的名利，却弃如敝屣，绝不介怀。

中山先生在二次革命失败后，鉴于过去组织松懈、纪律废弛之失，在东京改组国民党为中华革命党。黄兴因意见保留而赴美，居费城，仍从事反袁运动。先后追随者，如钮永建、李烈钧、李书城、陈炯明、柏文蔚、方声涛等隐然唯黄克强先生的马首是瞻。这部分在美的同志，乃创设欧事研究会，作为交换意见的中心机构，民国四年即一九一五年又改名政学会。次年，袁世凯暴卒，旅居美国的党人相继归国，黄氏本人不久亦回到了上海，政学会即无形解散了。

黎元洪继任总统后，原在美国参加过政学会的议员，即提出政学会这块旧招牌，来和其他政团抗衡，其中骨干如广东杨永泰、湖南钟才宏、直隶谷钟秀、江西汤漪、云南张耀曾、四川李为纶、湖北韩玉宸等，颇为活跃，但与黄克强先生已毫无关系。

政学系影响近现代中国政局不可谓不大。北洋系垮台后，梁启超的研究系、梁士诒的交通系、王揖唐的安福系等等，皆偃旗息鼓，退出政坛，唯有政学系则门庭刷新，人才于行政方面颇为出色。一九三一年胡汉民通电指摘南京当局电文中特别提起政学系云："政学会员昔虽曾隶党籍，自袁氏窃国，即已叛离。杨永泰、章士钊、汤漪之流，或依附军阀，或假借文字，以反对吾党及诋毁总理者，无所不用其极。民国七年总理南下护法，杨永泰勾结桂系，窃取政权，排斥总理以去；十年粤军援桂，杨永泰受北洋军阀伪命，亲赴雷州就安抚使伪职，抗拒义师，为桂逆张目……"这样的斥骂并不影响他们的纵横捭阖，自一九二九年杨永泰得到黄郛、张群的引荐，受任为国民革命军总司令部参议。杨氏于此拼命表现，对政治军事问题，颇多建议，每被嘉纳，加以李根源、章士钊住居苏州上海两地，常为杨氏制策，相得益彰。政学系落寞不久，又趋于卷土重来的境况了。

这一段历史，在太炎的笔下，刻意概括成了："初，孙公好尚与克强异，厌薄军官，而喜少年轻薄与江湖屯聚者，讫为大总统不能悛。"至二次革命后，陈英士等"日夜怂恿孙公，杂集同盟会人及新附者为中华革命党，气甚盛，尤排屏克强，克强惭愤，避之美洲"。当黄兴从海外归来，太炎问他是否同去探望孙中山？黄兴答道：唉，去看他不免又会遭他斥骂。（"克强归时，余问往候孙公否。克强曰：往则遭其詈耳。"）太炎又写道："所隶军官协和、印泉辈及二年起兵者，无所附，皆南走归云阶，与孙公交恶，独石屏不肯……及克强卒，其徒亦集同盟会新附者谷钟秀、张耀曾等称政学会，皆宗云阶，与孙公角。余颇任调和，衅已深，不能合也。其后政学会日益披昌，众怒归之，而中华革命党转衰，所谓为渊驱鱼，为丛驱爵者矣。"[1]

协和，即李烈钧；印泉，即李根源；云阶，即岑春煊；石屏，即谭人凤。这是说，黄兴去世后，政学会这班人跑去依附岑春煊，和中山先生较劲。至于太炎自己则身处调和地位，意味他是一味甘草，具有不可

---

[1] 均见《自订年谱》。

须臾而离的通用功效。

　　清末民初的文武之间，距离和分野的痕迹都不大明显，有的武人文采甚佳；相当数量的文人，也时时葆有武装行事的气质。那时候的人，在行为方式上，就很少有忍气吞声的。很多人性格即处事方式，和太炎又很相似，佯狂玩世中，带有明显的任性使气的倾向。所以尽管太炎自许只有他才能将其调和，可是他也不得不承认，裂痕太深了，不能合也！

第十二章 间关万里 幕僚 长的西南作业

一九一七年的九月十日，中山先生就任中华民国军政府海陆军大元帅职。国会选举伍廷芳为外交总长，唐绍仪为财政总长，孙洪伊为内政总长，张开儒为陆军总长，程璧光为海军总长，胡汉民为交通总长……随后任命方声涛为军政府卫戍总司令，李烈钧为军政府参谋总长，许崇智为大元帅府参军长。

同时任命的章太炎，则为大元帅府秘书长。叶夏声、马君武、罗家衡、张伯烈等十数人为秘书。

此前的七月初，张勋复辟。当一九一六年初夏时节，郑孝胥就时局判断，写道：

"丁衡甫来谈，余言之曰：不出数月，全国将有大兵变之祸，其端之可见者有三：统兵者阘茸下材，不能治众，一也。财政紊乱，饷源将绝，二也。革命党暗中煽动，三也。祸之作也，如遍地火发，飞烟走焰，莫能相救。而日本兵舰遂入长江，并据各省通商埠头，袖手旁观。无能联合主持者，于是干涉内政、更定国体之事至矣。全国乱机已熟，人心无主，所谓琴瑟不调，必改弦更张，乃可调也。"①

这种兵变之大祸，首先就是张勋复辟。

张勋小时候是江西奉新县一个村子里的牧童。一八七九年当兵，甲午战争时随提督宋庆调驻奉天，后随袁世凯开往山东镇压义和团。袁世凯在小站编练新军，招张勋为小站兵营头等先锋官，从此张勋步入北洋集团，其后担任慈禧太后的扈从，一九一一年擢升为江南提督。袁世凯夺取总统权位后，他依然故我，效忠清室，禁其部卒剪去发辫，人称辫帅。二次革命期间率军攻下南京，纵兵杀掠，袁世凯赏他长江巡阅使。张勋入南京，此公阴欲与冯国璋争功，并下令三天不封刀，辫子兵在南京大肆烧杀劫掠，造成民间重创。

张勋复辟前，总统黎元洪与国务总理段祺瑞争持不下，居然招张勋入京调解。

张勋便以调解黎、段冲突为名，带领三千喽啰于六月十四日入京。经过一番秘密策划，在六月最后一天晚间入清宫，召开御前会议，决定发动复辟，恢复清帝国。深夜，张勋派兵占据火车站、邮电局等要地，同时派人劝黎元洪奉还大政。

复辟那天，帝师梁鼎芬、朱益藩磕头再三请益，溥仪说，你们究竟是教我读圣贤书呢，还是导我入陷阱呢？民国优待大清，你们还想怎样？陈宝琛就说，张勋已经率部入宫了！一切靠他。此际，神武门外，车水马龙，辫子兵神情惘然，禁卫不知何为，请他改日再来。谁知莽夫张勋吼道："大炮已架门外！再不开门，打炮！"禁卫心里发慌，一面上奏，一面开门。

---

① 《郑孝胥丙丁日记》。

　　七月一日的凌晨，夜色浓厚，张大辫子所率辫子军，拥进城门，直冲紫禁城。蠕动的队伍，仿佛坟墓中蹿出的幽灵。张勋本人，则在养心殿内，向童年的溥仪三叩九拜。溥仪在《我的前半生》回忆当时情形，说是张勋再三请他复位，目的是拯救万民，打掉那不合国情的共和方式，溥仪并不领情，他说道："我年龄太小，无才无德，当不了如此大任。"但是张勋不依不饶，引用康熙幼龄登基的故实来印证，于是溥仪顺水推舟，答应勉为其难。

　　这一天，张勋同康有为等三百余人正式拥立溥仪登基，当即连发八道上谕：封黎元洪为一等公，授张勋、王士珍、陈宝琛、梁敦彦、刘廷琛、袁大化、张镇芳为内阁议政大臣，恢复宣统三年的官制，授梁敦彦为外务部尚书、张镇芳为度支部尚书、王士珍为参谋部大臣、雷震春为陆军部尚书、朱家宝为民政部尚书；授徐世昌、康有为为弼德院正副院长；授张勋为政务总长兼议政大臣、直隶总督兼北洋大臣，留京办事；冯国璋为两江总督兼南洋大臣；授陆荣廷为两广总督；曹锟为直隶巡抚……

　　以下尚有一大堆名单。就这么短短十余天的复辟，就封官许愿，安排出一个新的帝制政府来，这个政府介于影子和实体之间。

　　七月二日午后，黎元洪拒绝合作，逃入日本使馆内之武官斋藤少将官舍避难，日人诸般衡量，决定作相当之保护，即以使馆区域内之营房暂充黎氏居所。黎大总统在日使馆时期内，答应禁绝政治活动，但却电令各省出师讨伐，段祺瑞于是组成讨逆军，于天津马厂誓师讨伐，攻入北京。

　　张勋复辟，和段祺瑞干政及其在后袁世凯时代的乱局，其关系密如丝网。

　　一九一四年，欧战爆发不久，英美法俄就提议中国参战，对德绝交，但日本竭力反对，后美国由积极劝说转为反对，日本则由反对转为阻挠。

　　一九一七年二月，段祺瑞往见黎元洪，要求中国对德国先绝交后宣战，再加入协约国，而亲美的黎元洪则以为此举不妥。三月三日，段祺瑞内阁自行通过对德绝交案，次日要求黎元洪批准，黎元洪拒绝，而段祺瑞以撂挑子相威胁。后在副总统冯国璋的调停下，黎元洪和国会才批准绝交，段氏回来任职。

五月中旬，国会在是否参战问题上举棋不定，段祺瑞干脆组织军队和"各界人士"包围国会，胁迫殴打议员，企图强行通过议案，国会也不甘示弱，呈请黎元洪免去段祺瑞的职务。黎元洪得到美国公使的许可后，毅然免去段氏的总理职务，段氏以国际通行的内阁制规则，要求总理副署，否则，任何后果他不负责。进而宣布辞职，并准备武力讨黎。

段祺瑞辞职后住进天津的段芝贵的宅子，唆使部分省督军通电独立，且将设立临时政府。形势剑拔弩张。到了六月中旬的一天，张勋带着十五辆小福特汽车，张车居中，前后各七辆，满载穿便衣带手枪的辫子兵来到段宅，张勋光着头，拖着一个长辫子，穿着大马褂，手持黑扇，满面风尘，和段祺瑞密谈半个小时。临行送到客厅门口，段问：你几时去北京？张答：今天下午就去。段说：好吧，你到北京看着办吧。

张勋主动率领其辫子军于六月十四日进京调停，宣布解散国会，将黎元洪赶进使馆区。七月一日，公然拥出废帝溥仪复辟，自封议政大臣兼北洋大臣、直隶总督，全国舆论大哗。

张勋并不按照段祺瑞的意志行事，而是另有怀抱，段氏一看形势走高走险，马上拉下脸来。他派亲信曾毓隽到徐州，对张氏声明："如议及复辟，段先生必尽力扑灭，勿谓言之不预也。"[1]其实呢，这话当张勋进京途中见到段祺瑞时，段氏就曾明言：你如复辟，我必打你！[2]段氏回访张勋时，又对他欲复辟帝制一事和缓指示道：……就算北方答应了，南方也决不会答应，我看这事还是慢慢来。

但张勋的进京目的是既定的，他不会顺着段祺瑞的指挥棒。

张勋利用段祺瑞，段祺瑞更要利用张勋，两者的关系，愈绞愈错综。这时候是直系的冯国璋代理大总统，他俩的矛盾也即府院的矛盾又见激化。

---

[1] 《文史资料选辑》第41辑，第23页。
[2] 见张国淦《中华民国内阁篇》。

段祺瑞此时借助日本支持，解散国会，废除约法，编练参战军，威慑其他系统的军队。同时扶植王揖唐为首的安福俱乐部，此前，部分段系议员常常聚会于北京西城安福胡同的一个四合院，议论时政，并以地名定名安福俱乐部，由是形成安福系。成员主要有梁鸿志、曾毓隽、王揖唐等官僚政客。

安福系的恶政主要是操纵国会选举，试图将段祺瑞推上总统宝座。平时对靠近的国会议员发给每月津贴三百元，投票时另有大礼。又将一些省份如山东分成几个选区，发给大笔选举费，以图包办。

黎元洪既已拒绝与复辟分子合作，逃入日本使馆避难。段祺瑞呢，早前两次放话，复辟必打！他借助全国反对复辟的声势和日本政府的财政支援，组成讨逆军誓师讨伐。

至于讨伐张勋的战斗过程，在七月初，讨伐电发出，然后就打起来了。张勋部队在东安市场连接金鱼胡同一带及东华门大街两旁，均堆积大量麻袋，设置防御工事。

蔡成勋第一师进攻张勋住宅。

七月七日至九日，发动了两个昼夜的猛攻，张勋辫子兵凭借皇城城墙的厚实坚固，奋力死守。第一师的营长杜奎请示施以炮轰，九日夜，征集石匠多人，在东华门附近皇城城墙，开凿洞口，设置小钢炮阵地，配以重机枪，十日夜晚发起总攻击。枪炮齐发，守军死伤枕藉。十二日战斗结束，两天后，段祺瑞返回北京。

段祺瑞和黎元洪的矛盾没法解决，授意段芝贵等把张大辫子张勋捧出来，叫他出面调停，默许他复辟的把戏。

张勋带着康有为秘密到天津，阴谋复辟，一面做和事佬，给黎元洪说，只有解散国会，其余的事情好商量。黎元洪先是抛出不签字、不解散国会、不怕死的"三不"主义，后来竟然无一例外地变成"三也"主义：也怕死、也解散国会、也签字。

但是代理国务总理的伍廷芳对解散国会的命令拒绝签字，认为这是非法。张大辫子下不了台，至此恼羞成怒，跑去见伍代总理，从腰里掏出刀子，向桌上一拍，愤怒地说，你怎么不识时务？

伍先生说，非法解散国会，我死也不盖印的，你知道我是个基督徒，正怕上不了天堂，你杀了我，我正好上天堂去，我感谢你。

张勋也奈何不得他，就把江朝宗捧出来，江朝宗表示他若当总理，将积极配合。于是江朝宗登台。他的第一个命令，就是解散国会。

张勋也登台了，他拥溥仪登基，自封忠勇亲王。到处悬挂龙旗。

国家大难又至，深切凸现革命不能彻底的危害，专制势力一个劲儿膨胀作祟。

段芝贵动员驻防廊坊的冯玉祥第十六混成旅打张勋。冯玉祥在廊坊布置阵地，与附近万庄的张勋部队对峙。侦察虚实后，知其兵力虚弱，遂开始攻击。前线刚一接触，张勋的部队就摧枯拉朽般败退下去。

冯玉祥到了丰台，曹锟、倪嗣冲、段芝贵的部队也陆续到达。

张勋异常倔强，对调停置之不理，于是明令讨伐。到了右安门，绑了五十把天梯，天亮时爬入城内，从午后直打到天明三点钟。张勋见大势已去，逃入荷兰使馆。

当初中山先生对于张勋挑事儿不甚措意，可能认为这班人小鱼掀不起大浪，或以为其已无民意基础。早在这年初，康有为、郑孝胥等一班遗老，就在上海散布复辟揭帖这种特殊文告。熊希龄、章太炎即将此情状向中山先生述说。

中山先生慨然答道：复辟若真的实施，则惹来的是围歼的后果，必将自取灭亡。

太炎说：未必吧！冯国璋还想把黎元洪赶下台，巴不得张勋走此险道，以便火中取栗，取而代之。他是乐观其成的啊，您难道不晓得吗？

中山先生说：不对呀。冯国璋是北洋老军，溥仪若再上位，他得封一王足矣，不致觊觎那头把交椅的。

太炎说：哪里呀！冯氏虽非野心家，但今日已是副贰，坐二望一之心自起，必非封王可以满足的。

对于太炎的分析，中山先生不以为然。

当时黎元洪的总统府侍从武官长是哈汉章，太炎也找他谈及这个观点，让他提醒黎元洪，但哈氏也不置信。这件事，中山先生看到的是北洋系军头各怀鬼胎，故觉事有转机；而太炎的思维则定焦于冯国璋一人，颇受局限。

果然，复辟的次日，声讨纷起。

……

七月三日，太炎会同唐绍仪、程璧光以及海军各将领，在上海中山先生的寓所会商应对之策。

关于建立临时政府，以中山复称临时大总统，太炎大体赞同，而唐绍仪不同意。

最后议决以军舰护送中山先生去广州。同时议决以海军为主，出师讨逆。

几天后，军舰点火启程。太炎与朱执信、陈炯明、许崇智等乘坐海琛、应瑞两舰，随驾南行。去广州的原因，系以两粤为护法根据地。

海上风浪甚大，船行三天，到达汕头。

此时，段祺瑞已代国务总理，冯国璋则在南京代理大总统。

十二日，中山先生在汕头演说，受到民众的热烈拥戴。次日，他派章太炎和朱执信、陈炯明先行一步，前往广州联络会商。

中山先生说过：现有改变，皆赖革命之所赐。所以，不能以曾经的失败而否定革命的本质和意义。孙先生及其追随者所倡导的民治、民有、民享的理想，成为中国人从此追求国家强盛和世界认同的一个宏伟目标，从另一角度视之，这或许比建立一个强权的军政府而让世人唾弃更具有深远的历史意义。

辛亥革命后，全国各省纷纷响应，各地制定地方性宪法文件，即各省约法。这些约法多根据孙中山的三民主义精神，结合西方分权原则，同时也考虑各地不同特点。后来各省派代表组织临时政府，制定《中华民国临时约法》，选举孙中山为临时大总统。《临时约法》在中国历史上第一次以根本法的形式明确提出了"主权在民"，从根底上否定了主权在君的帝王帝制。因为，革命者要带给中国的不仅仅是一场器物之变，也不仅仅是一次表面上的制度革新，而是更在于要重新塑造中国的思想和文化——这才是所有改革、改良、新政乃至革命的最高境界，而这种被称为"软实力"的价值再造，才真正堪称伟大的革命，也才能从根本上将中国引向民族复兴的康庄大道。

中山先生到了广州，下榻黄埔公园。即以此处为行辕。同住者有章太炎、陈炯明、朱执信、马伯良等。

十七日，在广州，太炎向报界详述来粤之宗旨和讨逆之计划，太炎说，今日救亡之策，就是护法，护法的前提是必先讨逆，记者以及当地耆宿前来访问者不少，多问及时局走势。太炎说，此次来粤之宗旨，是在结合西南各省，扫除妖孽，建成真正的共和国家。

当然，太炎的言谈之间，对于西南各实力派能否有此力量，或曰有否此种志向，深表怀疑。要害之处，"南北各省，讨逆之声，日震于耳鼓，几成一种普通口头语，试质之讨逆者之心理上，确能判别得顺逆二字清楚否？"

太炎总结道："余此次与孙中山来粤，即欲切实结合多数有力者，大起护法之师，扫荡群逆，凡乱法者必诛，违法者必逐，然后真正共和之国家，始得成立。"

记者仍表不解：张勋已经下台，怎的还要再起讨逆之师？

太炎摇摇头，轻叹一声道：你这话说过了！一个张勋倒下，更多的张勋以别的面目出现，不将这一群乱臣贼子廓清，无以言共和。

在此时，太炎之目标认定和操作路径都非常清晰，他之所说，警切而周详。

两三个月的时间，太炎往来于香港、广州之间，争取龙济光等实力派参加护法军。

因种种人事纠葛，派系争斗，令人憋气，太炎向中山表示欲往西南活动，中山先生劝他稍缓，以免仓促行事加深此间的失望，加以军政府需要他斡旋诸事。太炎则说，到西南后，一可争取外援，二则督促唐继尧整合西南强大基础，倾力北伐。

中山先生最终同意了，遂议决太炎以军政府特别代表身份西行。

当时，太炎任秘书长，资格和气度、学识、人望，都是足够的，但是各种琐事函电、繁缛细碎的事情，令他烦闷而大起反感，因而也是不屑的。加以胡汉民任交通总长，但以胡氏的性格和习性，却是事实上的秘书长。他分内的事要管，分外的事情，也要插手，而且总是固执地坚持他的意见，若是理论方面，那倒也罢了；可是行政诸事，一旦起来纠葛，小则影响效率，大则搁置事项。太炎和汉民，远则可以互为呼应，近处却不免扞格纠纷。这也是他西南行的一个动因。

也许任职大元帅府参军长更适合章太炎。他不是杨永泰，也不是熊式辉，更不是那个国师迷杨皙子。但既在秘书长的位置上，就得勉力而为。

这次是前往川滇黔各军阵营，与之周旋揖让，但西南大小军头缠斗方殷，谁能听得进在他们看来是迂阔的大学者的话头呢，结果只能是言之谆谆听者藐藐。西南军政大佬对之表面尊崇，这是因为太炎是名满海内的革命元勋，而且此行代表孙中山。

参军长也是幕僚长，但章太炎所任秘书长则是首席幕僚长。从资格、修养、声望及与行政首长共事渊源而言，此位置非章太炎莫属。但就行政能力、办事手腕观之，多少有些力不从心。

张勋复辟之乱后，北洋子遗毁弃约法，解散国会。九月广州国会非常会议开会，推选中山先生为中华民国海陆军大元帅，号召各省护法。

川滇黔先是响应护法政府号召，驱逐北洋吴光新军队以及川督周道刚，刘存厚和张澜分任四川督军和省长。川滇黔湘，加上两广，并不在袁世凯死后的北洋系直接控制之下，但其内部，种种纠葛及利益分化，导致其相互之间，虎扑狼咬，鸡飞狗走，形势极为板荡不安。

老川军刘存厚的背后是段祺瑞势力，而滇军罗佩金则是唐继尧的影子，黔军戴戡，他和贵州督军刘显世，则属于研究系的代理人。

罗佩金是四川督军，戴戡为省长，相互敌视。川军则有全川民众为后盾，对于宴毕仍踞席不走的客军渐渐不耐。

癸丑讨伐袁世凯，唐继尧借此推行大云南主义，触角伸向四川。早前护国军与北洋军激战于川南，战后，拒不撤军，反而增派军队进入驻防。蔡锷还曾就此专电责备，迄无良效。

罗佩金借裁军议项打击刘存厚，秘请段祺瑞给予刘氏虚位调往北京，其事不成，罗氏又寻找较为弱势的川军下手，裁撤军队。川军醒悟，多位将领团结抗命。一九一七年四月中旬，川滇各军在成都城垣酿成大战，次日滇军在皇城周围以煤油罐烧毁民房，加以机枪扫射，致令民众死枕藉，其后又将战场延伸到东西校场。到了下旬，段祺瑞任命罗、刘为将军，以省长戴戡兼四川督军，并以心腹吴光新为四川查办使，率军入川。但战事并未停止，五月初，两军撤出城外再打，打至七月初，张勋在北京复辟，任命刘存厚为四川巡抚。黔军加入战斗。不数日，为刘存厚所部围困，黔军败绩，戴戡乔装突围，在城外中弹阵亡，死时不到四十岁。到秋天，段祺瑞准备重办唐继尧，吴光新率军开进重庆，熊克武系川军开出城外。十一月初，唐继尧移驻毕节督师，川军克服川南各县。北洋内阁任张澜为四川省长。年底，滇军卷土重来，攻击重庆，熊克武回防，吴光新逃窜。

十月下旬，太炎率队出发，带着大元帅府的印信，有少璜、宇镜、吴宗慈等助手随行。宇镜即郭宇镜，他一九〇七年留学日本东京帝大政治科，民国初年任国会议员，黎元洪时期任总统府秘书，袁世凯称帝时，曾奋起声讨；曹锟贿选，因拒绝贿赂并发文申斥，险遭缉拿，此后离开北京潜至上海。少璜即平刚，贵阳青岩镇人，老同盟会员，时为大元帅府秘书。出发时，由广州、香港，取道越南，目的地昆明。直皖军头控制的北京政府，为了抑制广东军政府的扩展效应，派人专责安南总督，严防军政府人员过境，又责粤港的法国领事，拒签其护照。所以太炎出发前，护照办理，先改名字，易名为张海泉，随员每呼海泉，太炎辄闻而应声，以后每至码头站点，总能应付裕如。到了越南海防，华侨前来迎接，也得安全通过。

到了昆明，唐继尧着上将军礼服，率领伙飞军也即其禁卫军列队于郊外，场面热烈，执礼甚恭。太炎这边与唐继尧相会时，也特制两面特大的红旗，由两位年轻力壮的小伙子高举前行，作为先导，以壮行色，兼示隆重之意，一时传为美谈。

在昆期间，太炎下榻于潮州人开设的八邑会馆。每天下午，都到唐继尧军署聊天欢宴。有时臧否人物、议论时局，往往到了明月在天、虫声唧唧而不自知。

当然空闲时间也颇多，唐继尧父母的墓志、碑上楹联，即为太炎手笔，均在闲暇中草就。

云南土酒，系沿续古法，以小曲小罐发酵工艺酿造，味道甘洌醇厚，有一天饮至兴起，满座俱行酒令，随员吴宗慈和王芷塘酒量小，又多输，渐不能支，太炎先生毫不犹豫夺杯代饮。饮毕，谈及民初往事，曾纵酒痛骂袁世凯，骂至痛快处，以致忘却时间，结果耽误南行的机车。如是种种趣事，令满座大笑。这日饮酒可谓开怀，以致一发不可收拾，回舍蒙头大睡，头重不能起身，结果竟醉卧三日，此后见酒辄觉可怖。

太炎到昆后，中山先生给他拍来急电，说已在争取桂系陆荣廷合作，假如太炎与唐继尧相谈甚洽，则事大有可为。事实上，陆荣廷拒就元帅职，不数日，太炎肯定回电，说唐氏可以相信，他决心北伐，且完全赞同军政府。

其实，这和广东方面对于陆荣廷的运用一样，都是虚假的信息和表象，只是唐氏虚与委蛇而已。在太炎到昆的两三个月前，李烈钧就曾衔中山之命，持书赴滇，敦劝唐氏出师护法，兵锋北指，以讨逆贼。唐氏当时言之凿凿："决心亲率三军，长驱北上。"实则按兵不动。

到了十一月上旬，事态急转，北京政府冯国璋下令修改国会组织法，同时下令通缉孙中山。太炎在昆明立即通电反对：

"……按冯国璋行事，于倪逆称兵则养寇中立，于张勋复辟则端坐事成。罪比段氏，初无末减。近复伪设参议院，逮捕非常国会议员，戕法灭纪，出于自动，非段祺瑞所能诱胁……抑吴光新、傅良佐专属段氏部曲耶？而二人实受冯氏命令，不能以段氏私属视之。譬如两水合流，强分泾渭，理所不可……"

他对冯国璋的危害看得甚清，可谓明察秋毫之末；而对唐继尧等人的阳奉阴违，则一面出于目光遮蔽，一面也出于军政府实在无奈，只有单方面被动的依之、信之；他对于台上的冯国璋相当反感，认为他这直系的首脑和皖系的头子段祺瑞一样，毫无倚靠的可能。

隔天，中山先生拍来电报，说是程璧光和陆荣廷已有联合的趋势，重点在西南，希望太炎以其自身影响力作用于唐继尧："先生（指章）望重海内，唐必能见听。除另电请即宣布就职外，务望速为劝驾。"可见中山先生已迫切到按捺不住的心情，盖因陆、唐均扭捏作态，疏离军政府。而中山先生以为，只要唐继尧做出有所靠近的动作，则陆荣廷也就不至于疏远。几乎隔一二日就有电报，内容不外劝唐就驾。同时剀切阐明北方军阀对于西南密切注视，正千方百计挑拨离间，故当抓住其弱点，予以利诱分化，使其无暇北顾。

十二月初，章太炎电告孙中山，说是湘桂联军已攻下长沙。中山立即复电，告知内情，盖以陆荣廷所部出兵攻长沙，意在攫取湖南的控制权，一旦取得，其欲望满足，就不会再跟冯国璋计较。所以，孙先生又让太炎敦促唐继尧，把四川兵事处理好，然后贯通长江，分兵东下。如此大势在握，则川中刘存厚等等，不在话下矣。

孰料唐继尧不此之图。

吕思勉先生说，康有为、梁启超、章太炎三位，都是长于计划、短于任事的。这是其学者本色，不能看做他们的短处，运筹帷幄与决胜疆场，不能并为一谈。此乃分工之道，军事是这样，政治也何独不然？

章太炎虽非军事专门家，但其渊深的学殖，史地的脉络，纵贯于胸，长期奋斗革命，处于兵燹处处的板荡时代，他的战略观仍有可赞之处，他对历史上幕僚的定位，不仅在通常行政上的襄助，更上升到战略策定的高度，他是这样表述的：

> 史传诸体，应增即增，不必限于前例。今若重修清史，应增《幕友》《货殖》二传。前代虽有参军一职，实系军府僚属，与清代布衣参地方官之幕者不同（明代只有军幕，职掌奏启文移，无所谓刑名钱谷；至清则地方官多有之）。其始，满人出任地方官者，于例案一无所知，不得不延幕友以为辅佐；

其后，虽非满人，亦延聘幕友。浙江巡抚李卫幕中有邬先生者，雍正曾予密谕，其势焰可以想见。此文幕也。至于军幕，如明季徐文长之参胡宗宪幕，不过管书记而已。清之军幕则不然。左宗棠初亦为幕友，靳辅幕中有陈潢，皆参与帷幄，自露头角者也。至《货殖列传》，则清末富商大贾，每足以左右国家财政。列之于策，亦足以使后来者觇国政焉。①

此时太炎对唐继尧剀切阐述他的战略方针：

如今南北对峙，如不能取得湖北，则难以取均势。桂军已进驻湖南，荆襄黎天才、石星川急于独立。阁下如果非得等到底定重庆、控制成都不可，然后才挥师东下，那么恐怕费时良久，夜长梦多，中途难免出现变化，语云计划不如变化快。再说川军挟民意，于滇军衔恨久之，阁下控制四川，恐怕难度巨大。"宜分兵自贵州出湘西，取辰、沅、常、醴为根本，北与江陵相望，黎、石一起，计时湘中亦已下矣，乃与桂军会师武汉，敌人震悚，形势在我。刘存厚亦焉能倔强也！"②

这个不能不说精打细算、考虑周详。然而唐氏别有怀抱，自然也就言之谆谆听者藐藐了。其间，孙中山还不死心，仍在满怀期待地敦促唐氏出兵。无数次的专电致太炎，请其面告唐氏"望冀帅速出宜昌，趋武汉，下游响应者必群起"，甚至军政府发行的内国公债券也直接派军人护送，取道广西，运抵云南，供其筹措军费之用。

其间又有一个插曲，有一名叫赵端的人，在云南活动，说他是广东军政府派出的招抚使，行为招摇。章太炎觉得事颇离奇，心甚惴惴，当然也有些恼火，遂电询中山先生，是否已重新派出招抚使来接替他的工作？孙先生立即电复，说绝无此事。并说假如此人有招摇撞骗或逾越轨范的事项，请他直接和唐继尧商量处置，且谓滇川兵事，已委太炎和黄复生办理，在事权方面是明白的，安慰他不要多想。正在这时，湖北襄

---

① 《国学讲演录》之《史学略说》。

② 参见章太炎《自订年谱》。

阳镇守使黎天才宣告自主，率第九师全体官兵并联合第一师宣布独立，明示脱离北洋政府，孙中山遣专使慰劳（这位黎天才生于一八六五年，不是东北军的黎天才，后者生于一九〇〇年），导致北洋军震动不安。随后他被推举为湖北靖国联军总司令，带领靖国军全力投入护法战争。太炎将此信息迅报孙中山。孙中山立即复电，认为黎天才此举甚佳，此时用兵宜在中原，且不能再拖延，应即刻促使滇军顺流东下，羁控长江流域，问鼎中原，造成破竹之势。

在昆逗留半个多月，随员们直接前往重庆，太炎和唐继尧则转往贵州毕节，因其三省联军总部在此。出发那天，唐继尧以军官护卫将旗，军容颇振；谁知太炎也派人骞旗，上书大元帅府秘书长，字迹显赫，旗帜面积超过唐氏将旗三分之一，唐部副官以此汇报，唐继尧笑而不语，还让副官随太炎先生先行，照料生活；而他自己又缓行一步。

到了四川军事紧张之际，段祺瑞和冯国璋翻脸，冯氏赌气南下，到了蚌埠被倪嗣冲阻拦又回了北京。江苏督军李纯，主张接近广东军政府，遂与唐继尧电商，意欲参与护法。太炎觉得，对于北洋子遗而言，此时似可联络直系共倒皖系。于是急电唐氏，词意急切，已和先前的从容有所不同，主旨就是催促其迅速出兵，并明示不可有始无终、不可陷人于不义！唐继尧见此已无法推托、且有误会之虞，乃派人面告太炎，说是他的政治主张绝对坚定，但手段途径又有多种，所以一些既定策略未能立即照办，望加原谅，并发誓绝对不会辜负孙中山先生。一场误会算是涣然冰释。

太炎出发时，口占《发毕节赴巴留别唐元帅》赠唐继尧：

> 旷代论滇士，吾思杨一清。
> 中垣销薄蚀，东胜托干城。
> 形势稍殊昔，安危亦异情。
> 愿君恢霸略，不必讳纵横。

杨一清是明代名臣，经历成化、弘治、正德、嘉靖四朝，施政刚正而睿智，积功官至内阁首辅。当任职督理陕西马政时，力矫积弊。禁止不法商人垄断茶马交易，改由官方专管茶马贸易。后任三边总制，经略边防，吻合山川军事地理，赵藩有诗赞他"将相功名一代中，诗歌卓有杜陵风"。以杨氏比配唐继尧，可谓寄托遥深，是相当有分量的赞誉和推崇。

又有记感记游的《黑龙潭》：

> 昔践松花岸，今临黑水祠。
> 穷荒行欲匝，垂老策无奇。
> 载重看黄马，供厨致白黑。
> 五华山下宿，扶杖转支离。

松花岸乃当年太炎为袁世凯派往东北边区时所见象征性景物，黑龙潭则在昆明北郊不远处，明代始为名胜，也即汉代益州郡的黑水祠。潭水呈深碧色，相传有黑龙潜伏。周围是郁郁苍苍的千年古木。从东北的松花岸到西南的黑龙潭，空间距离遥远，但曾经都是荆榛遍野的边区。遥远的边塞之地差不多走遍了，但作为民国高级幕僚的身份，并未有多少锦囊妙计应用于实际。载重句自注：云南皆以马任重，饮食则有野味。五华山也是昆明的名胜，住在这里，支离的身体依着拐杖，事情并不顺遂，临行前，思致进入一种茫然的混沌状态。

办事不顺，对于社会人心总的概括，正如他彼时写给吴承仕的谈理学道学利病书所说"今之所患，在人格堕落，心术苟偷"。真可谓卑之无甚高论了。

在云南期间，太炎尝为唐继尧部队将领讲学。唐氏喜言姚江学，此即阳明学派。王守仁，余姚人也，讲究心即理，致良知，知行合一，本来是很高明的，但在发展过程中，也易滑向玄学。太炎从观察风土的角度，以为南中人性特殊。南中则为今天的云南、贵州和四川西南部，这一带人的性情，在太炎看来，"有主观，无客观，将帅能破敌，不能抚民；军旅能乘胜，不能善败。"他干脆告诉他们，与其研究姚江学派之学理，不如就近（时间上是就近）师法曾国藩。

十几年后，陈布雷也来到昆明，住在翠湖边上，随蒋先生游览滇池。这期间，他见到了云南人袁嘉谷——就是超越张一麔被点经济特科状元的那位。他曾任浙江提学使，与陈布雷有师生之谊。相见甚欢，袁先生给他介绍了很多滇中名宿，陈氏的感觉是，这些人的言论，"皆通达时务，洞明学术，虽规模稍狭，然较之在黔之荒寂，自不同矣。"

有主观无客观，这个判断，是否与陈布雷所说的规模稍狭相近似？

太炎离开昆明，取道曲靖，入贵州，在威宁、毕节小住，于一九一八年一月十日到达重庆。到渝首日，即往巴县邹容祠礼拜，巴县即今重庆市渝中区。当地人称邹容为邹大将军，故此处呼为大将军祠。邹容家乡亲朋故旧生活情形还好，这令太炎甚感安慰。

此时吴光新部队正试图反攻。滇军顾品珍部出没于川东川南一带。

熊克武电请唐继尧挥师东下，唐氏无动于衷。

太炎到达重庆时，西南军头的大略情形是，唐继尧为川滇黔靖国联军总司令，熊克武为四川靖国各军总司令，中山先生令其讨伐刘存厚。联军进攻成都，致使刘氏在三月份退至陕南。孙大元帅任命熊克武为四川督军，杨庶堪为省长。这是四川政权首次掌握在同盟会旧人手中。

甫至重庆，又接到中山先生的电报，孙先生说，得知太炎到达重庆，非常欣慰，而当他行经贵州威宁时，孙先生未能及时回复，是因为怕他在威宁逗留时间短暂，而且山间行路，想必极劳瘁。电文是指示太炎和熊克武、黄复生、卢师谛等人面商一切，并鼓励他们破除顾忌，提兵进取。至于川中军政人事，也让太炎和他们商量后，密复给孙。

原来在太炎经过威宁时，曾拍发长电给中山先生。电文所报有三端，一是川黔与北军交战的战况；二是川滇军政的分析，川滇两军的巨大隔阂；三是请求孙中山对太炎本人加以委任，因太炎拟在泸州设立"军政府驻川临时办事处，请公任炳麟为临时办事全权委员，任命状外加一公文。并另文声明：凡川中军政、民政、财政、外交等事，由全权委员就近承商唐帅便宜处理。"①此外，尚有其他人事任命的提议。当他抵达重庆，次日即致电中山报告川中最近战况。太炎何尝不想在实际政治中干出一番事业？事实是他在西南军头那里所得待遇是尊而不亲，史家高拜石先生说他"颇有刘伯温的思想"，正是在出使西南时节表现最为清晰。经纶天下的抱负表现至为明显。包括要求孙中山授其全权，即为明证。

此时，孙中山是最难做的，表面上，谁都遵从他，谁都从自身利益角度报告战况，各路诸侯都会选择报告的焦点，都各有理由和说辞。但对孙先生的命令和指示，各人又都是有选择的执行，或阳奉阴违予以剪切，落实起来大打折扣。

熊克武自有说辞。护法军政府成立后，中山先生先是任命了黄复生、石青阳、卢师谛等人担任军政要职。熊氏说：直到中山先生得知我被川滇黔各军推举为川军总司令，才予加委。并在致章太炎电文中慰勉有加："克武兄兵力既厚，又得人心，洵吾党难得之士，望执事励其破除顾虑，提兵进取，安国乃所以保川也。"揣摩其言辞的潜在心绪，颇多委屈。

中山先生的意思是要各省组织军队讨伐北军。但是在西南各省，各种实力军头尽兴招兵买马，以遂其私。当章太炎前往湖北时，川军内部又打得不可开交了。首先是编遣军队，熊氏将川军编为八个师旅，分别是刘湘、但懋辛、向传义、刘成勋、吕超、石青阳、颜德基、陈洪范，另有黄复生、卢师谛等。除前三者是旧川军，后几位都是新川军即同盟会旧人范畴。刘湘所部为前清十七镇的老底子，刘成勋、陈洪范是刘存厚方面转过来的。另外民党内部还分实业团和九人团派系。再后来为了盐税、造币、人事方面的卡位战，熊克武和省长杨庶堪的矛盾终于激化，各人为了自身的考虑，纵横捭阖，八方交错联络。于是滇黔联军和北方军阀乘虚而入，终于酿成一九二〇年夏季开始的大混战。

太炎紧接熊氏之后，又电劝唐继尧：您认为云南贫瘠偏远，欲得四

---

① 《四川军阀史料》第二辑，《孙中山在护法时期有关川事往来电文》，四川人民出版社。

川控制手中，但川人对您的成见很深，不宜硬来蛮上啊！而湖北就大为不同，此地物阜民丰，不减四川分毫，最为关键的是这地方的人不特对您不反感，反而非常欢迎！部队后勤全可解决，还有什么顾虑呢。随员郭宇镜甚至劝他不要重蹈吴三桂的覆辙，以吴三桂事来作讽喻，其力度可想，且谓"公宜速出，免为深山穷谷中人"，用词极端，意在以此激怒之，然唐氏竟不为所动。

吴光新反攻，石星川、黎天才败绩，但湘桂民军小有斩获。于是太炎急电湘桂联军总司令谭浩明攻打武汉。谭浩明是广西人，武昌起义后以广西巡防营营官起家。这时他驻节岳阳，对于太炎的建议，曲辩推托，说是攻击武汉容易，但无法防守。太炎就说，就算岳阳也不是易守之地，倘若攻下武汉，纵令不能进取，但还可以岳阳为屏障。否则，你想在岳阳安睡必不可得。太炎的答词，就军事战略而言，是非常高明的。

话说到这份上，谭浩明只得流露真实心声，也即其心病之所在。他说：先生您应尽快让唐公继尧总司令攻击宜昌，那我就进攻武汉！

这时岑春煊住在上海，南北挑拨，如饮狂药。他刚得了冯国璋一大笔钱，就劝谭浩明千万不要出兵武汉，并在头绪繁多的湘桂各军尽行挑拨，使之互掐。

其时吴光新以其精锐部队袭击秭归、巴东，黎天才部不敌，逃入巫山；而云南临沧人、时任靖国军第八军军长的叶荃率兵援鄂，与吴光新所部接触，实施战略撤退，部队纹丝不乱。此时太炎先生对于部队长的印象，唯一对叶荃评价较高。

对于西南最大的实力派唐继尧，太炎屡屡苦口婆心，用意良苦，然而收效甚微。

唐继尧先是扭捏迟迟不动身，等章太炎去了湖北，他却移动大驾，前往重庆。行到綦江时，川内各派将领均前往迎候，并请示意旨。唐氏故意透露北方的关系，说是新国会选举徐世昌为大总统，望西南支持，而西南军务，则由徐世昌委托他全权办理。

他到重庆前由其参谋先行布置行辕，又借停在江面的美国摩托艇供其乘坐。所有重庆码头至行辕路段一律戒严，大型仪仗队除背上新式武器外，还手持方天画戟，由重庆各界代表在总商会举行盛大欢迎会，场面壮阔。唐氏指定专人所拟欢迎词，有谓"天生我公，仗义护国，爰整义军，翦此顽匪。劳神经岁，四民安堵，拯于水火，沛沛霖雨……西南护法，公实谋主，声罪讨贼，渊渊作鼓……敦善卫良，感公之赐……愿公寿考，祝公无艺"。可谓恭维备至。

唐继尧到重庆的真实企图是抛出三省同盟计划书，诱惑熊克武任其副手，也即三省联军副总司令。

当太炎离开恩施去湘西时，唐继尧才到重庆，"熊克武迎于江岸，磬折待事，导入邸中，晨起上食，晚亦如之"，太炎在其《自订年谱》中如是写道。

而在熊克武的笔下，全然不是这样。但对于两者龃龉扞格，所谈极不融洽的关系，则太炎的判断和熊、唐两人的肚皮官司、同床异梦，倒是符合事实。

唐氏甫至重庆，当晚就邀请熊克武到其行辕商谈。唐氏早有准备，他自袖中出以资料，迫熊氏在事前拟好的三省同盟计划书上签字。举凡重庆、西昌、自贡各属二十余县，尽是川南富庶之区，皆划作滇黔联军防地。其余条款，涉及盐税、关税、烟酒等等，后更谈及四川各师编制，也是事先拟就的腹案，熊克武一见有如冷水浇背，愤激中态度转硬，谈判遂陷入僵化，此时滇军各师旅长鱼贯而入，熊氏见势态险恶，只得同意部分条款，方得脱身。

但懋辛对于唐继尧图川的企图，可说是电灯照雪——明明白白，知道甚为清楚。他曾亲见其致入川滇军的密电，谓"奉调入川之军，应将所到之处视为家乡，勿再萌回滇之念"，即是其扩张野心的明证。至于太炎以秘书长及孙中山特使身份到滇，授唐氏元帅印，唐并不就职，如此等等，但懋辛视为唐氏阴谋的明证。而章太炎针对唐继尧言之谆谆的谋略书，即贯通长江流域一番兵略意见，但懋辛认为这是章太炎深刻看透了唐氏心曲的对症之言，"唐卒不能从章言……滇军其时几控制全蜀，唐却北不逾秦岭，东不下荆襄，不听命于孙中山。恣意专横，终至孙的护法中摧，愤而谴责：南北军阀皆一丘之貉。"

章太炎来后，表面的尊隆一点不缺。但是言之谆谆，而听者藐藐，章太炎曾是同盟会的言论领袖，毕竟这些人算得是他的学生或崇拜者。

熊克武的辩解不无道理："阻挠北伐，这是个很大的罪名。唯一证据，就是我反对唐继尧的准备北伐案。问题的焦点在于，唐继尧是真北伐乎？还是假北伐之名行兼并四川之实？……"熊氏指出孙中山先生任军政府大元帅，而唐、陆二人始终不肯就职，先是消极，再后与北方相勾结，终于取消元帅制，改为总裁制，迫使中山先生下台。七总裁的广东军政府已蜕化为滇桂军阀向北方投降、讨价还价的工具。①

除了滇黔的虎视眈眈、动手动脚，四川同盟会旧人内部也形成九人团和实业团的圈子。九人团以熊克武、但懋辛为首，实业团以谢持、杨庶堪为首。这种对立的情形，又是同盟会总部矛盾影子的投射。二次革命后，中山先生怒于党人的松散，愤而改组国民党为中华革命党，因签名按手印和黄兴意见对立，黄兴乃转南洋经此出国游历。于是国民党顶层出现分裂，形成东京派和南洋派。东京派以中山先生为首，胡汉民、汪精卫、陈其美、戴季陶从之；南洋派以黄兴为领袖，李烈钧、陈炯明、李根源、方声涛从之。

熊克武后来回忆说，他回川后，很少与中山先生信使往还，"而谢持、杨庶堪长期随侍先生左右，获得先生的信任，成为党内和政府的重要人物，对于四川问题的处理，自然先生采纳他们二人的意见……"②

熊、杨都是中山先生的老部下，但后来对熊稍疏远，对杨庶堪则器重有加。章太炎到重庆后，广州大元帅府发表杨庶堪为四川省省长，杨未到前，由黄复生代理，熊克武却以川军总司令兼摄军民两政，并单方面任命但懋辛为代理省长。深秋杨庶堪到重庆就四川省长职，其后处处受到熊克武的掣肘，行政难以推行，一筹莫展。此时杨庶堪保举廖仲恺

---

① 参见《四川军阀史料》第二辑《四川护法期间内部分裂与滇唐入侵》，熊克武文。
② 《四川军阀史料》，第二辑，第 92 页。

为财政厅厅长、蒋介石为全川警务长，熊克武系的省议会副议长径电中山先生表示反对此项任命，但廖和蒋已经束装就道，行至上海，廖仲恺闻讯只得折返广州。而蒋介石则径行到达重庆，见形势扞格，乃废然而返。

从寒冬腊月到重庆，到了初夏，忽然一个日本人不远万里，来到重庆，特意找到章太炎，说是唐绍仪到了东京，为徐世昌上位寻求奥援。以此事征求太炎意见，太炎气不打一处来，说，祸乱中国的首要分子，就是这个徐世昌，我和他没完！不会让他安宁。

从广东出来算起，再到重庆，几个月的时间漠漠流逝了，事情头绪纷繁，然而目的只有很明确的一个，那就是促使西南各军，向北出击。然而尽管太炎唇焦舌敝，左右为难，那些人仍然是举棋不定，目的很近很近，实现起来却遥遥无期。

这天太炎坐在那里，满脑子的茫然无措。想到护法端绪，不外乎一种聚沙成塔的拉郎配，陆荣廷、唐继尧各有腹案，伸缩宛转，迄无人样。滇川打成难分难解的一片，较为独立的黔军也毫无运用的可能，这些军人成天说着要为戴戡报仇，性质上倾向滇军，但又不肯用靖国军名号。总之于国家民族毫无增益，只是偏远地方军头的蜗角之争，蠢蠢蠕动，如虫如蛆。中山先生虽然影响力绝高，但却没有如臂使指的军事力量，只得辗转依托各地军头，这些人从隶属关系而言不少人乃是先生的部下，然而割据一方，只做名义上的或礼貌上的拥戴，种种事实，令人气沮。

太炎想来想去，眼下和周边，实力地方军人，呈现这样的布局：

荆州一带，至恩施广大之一线，有唐克明的江陵军，唐氏光绪年间在湖北新军第八营、后升第二十镇协统，护法时期，号称靖国军第一军总司令。

蔡济民也在湖北，他是武昌起义元勋，他在偏僻的利川拉起一支小部队，号称鄂西军。军力支绌，曾再三派遣参谋往川军求援。

田应诏在湖南沅陵一带拉起队伍，号称湘西军。田氏乃凤凰县人，晚清留日在振武学校曾与蒋介石等同学，入同盟会，辛亥革命他在南京奋起相应，担任敢死队队长。一九一六年成立湘西护国军，为总司令。

这些部队名头很大，然其实力甚微，有的一个军，军长手下只有四五百人的实数。他们都是西南、中南的民军，属于小股部队，互相之间还不团结，屡有拆台之事。以之抗击北洋系，无异以卵击石。

当时西南军阀大要两面派手腕，桂系莫荣新、陆荣廷从中作梗，党人有推程璧光为粤督之议，更招桂系疑忌，璧光寄寓海珠，常微服独行，鲜有如当时军阀之前呼后拥。一九一八年的二月二十六日，程璧光步行至广州海珠码头，旋遭凶徒持枪狙击，程先生饮弹倒地。中山先生闻耗立刻赶赴现场，大恸不已，并谓程先生之死是中国革命之莫大损失。程先生殉难后，中华民国军政府明令缉凶，优予治丧，颁令行国葬荣典，后追赠海军上将，并于海珠铸立铜像，以垂不朽。

护法之役发动后，冯国璋特任傅良佐为湖南督军，率领部队南下镇压，南北再启战端。而中山先生作为中华民国军政府海陆军大元帅，也发出对段祺瑞的通缉令。通令指出："段祺瑞阴贼险狠又过于袁世凯"，"此辈阳托共和，玥行专制。"

就在饶平方面的战斗展开之际，一天傍晚闻鼓号齐鸣，阵地前有人率千余人来降，原来这是浙军的陈肇英团长阵前起义，领队来归。

整个形势原本不错，但又被易反易覆的陆荣廷反水给破坏了。他突然就勾结北方，对抗军政府，于是军政府又只得改为七总裁制，中山先生辞职离粤，岑春煊为主席总裁。

中山先生此前揭起护法旗帜时，段祺瑞向南方开刀，陆荣廷害怕北军势力侵入，乃向军政府靠拢。但这些人私心观念为上，时时打着贪婪的算盘，更作联冯（国璋）倒段（祺瑞）的政治投机，以及联直反孙，于是护法又归于失败。至此更可说明，跟首鼠两端的烂军阀，不可能有任何蜜月可言。

鸦喙铁牛，无处下口。太炎久处西南，费劲移山心力，自觉毫无建树，此时异常沮丧。他又想到他之所来，是受中山委托，此间疑难滞碍非外人可道，而中山应该明白，但孙中山的性格却是和太炎全然异趣的愈挫愈奋！太炎沮丧时，中山还劲头十足。对于处事的方法和今后的走向，此时出现明显的各执己见的苗头。尤其念及年初中山率领豫章、同安两舰，驶到广州白鹅潭，亲自向桂系陆荣廷心腹莫荣新督军署发炮轰击一事，越想越闷、越闷越想，事情便无限放大，得出的结论竟是："孙公矜躁失众，尝自乘军舰发炮攻桂军，似高贵乡公所为，知不可留。"

事情千头万绪，纷乱如麻。想了几天，太炎更加不能解脱，尤其对于中山和桂军矛盾公开化念念不已，于是"前之苦心，遂为灰烬。发意欲归乡里。"

可见在这时，处处不见效果的时分，章公已萌生去意。中山本是气急而为，太炎定性为矜躁，且以曹髦之事作比方。

曹髦乃曹丕之孙，曹操曾孙。司马师废曹芳，立曹髦为新君，他即位前是位高贵乡公。曹髦当时只二十岁，但看人眼光敏锐。于司马家族之阴谋及外露之专横屡表不满，且谓"司马昭之心，路人所知也"，这句话传之后世，乃观察人物之名言。遂带仆从数百人发起政变，着铠甲执兵器，欲击杀司马昭，事为后者侦知，予以反击，曹髦死于武士成济刀下。

太炎在重庆尝试受邀讲学，当地知识界人士求其开示、点化。他对此早已有所思考，于是慨然说道，四川文化，通儒有大名而能自成一家者，和下江不能比；但在总体上，读书人数量不少；从文化浸染程度而言，且不在下江之下。近代以还，巴蜀地盘，棒老二土匪横行，就算地方军队也受其骚扰，一般商界，更受其攻击抢掠，可以说匪患大于他省。然而，太炎又发现一个明显的特点，就是四川的土匪，无论怎样凶悍，但对于文教界，却能特别照顾。"然爱慕儒先，相戒勿劫教员，化亦美矣。"但就一般人群，却又轻佻淫佚。因此太炎就对川中知识界贤达说道，四川山重水复，自成一种区域。但从刘备到张献忠，这些割据分子，都是外来者，不是本地人，文学不能有大成，"宋世二苏，善为章奏"，并谓武功方面也缺乏经纬之才。就算苏家父子，在太炎心目中，仅仅是善于缮写章奏罢了！令人想到钱钟书《围城》中，那个董斜川，答方鸿渐问，说是"苏东坡，他还差一点！"基于此种认识，他建议当地人士研习《资治通鉴》《文献通考》《方舆纪要》这三部书。他以为，学术当切近现实，不必好高骛远。

　　十几年后，同为浙江人的陈布雷从汉口飞往重庆，住在上清寺农村。这期间他和四川军政文化界接触很多，他对四川人的感觉，"觉川人之颖慧活泼实胜于他省，而沉着质朴之士殊不多觏。模仿性甚强，亦颇思向上，然多疑善变，凡事不能从根本上致力。即军人官吏，亦均文胜于质，志大而气狭。"这种看法和意见，他也作为心得贡献于蒋介石之前。因而蒋介石初到四川，即以质朴诚信来勖勉川人，目的是劝勉川人服从军政系统。用意和太炎的讲学如出一辙，只是太炎的谈论更为深邃一些。

　　五月份，太炎打算离开重庆，就把消息放出去。行前，熊克武来请示。太炎说，你现在的当头之患，是滇军，故应拉拢黔军，拔擢善战将领，那样你的压力才会减小。这个策略就是拉一个、打一个，并不十分高明，于事无大补。当然，除了这样的出主意，太炎也以其崇高的身份，欲为川、鄂减轻压力，于是又向黔军出谋划策，建议他们出兵，兵锋指向湖南常德、醴陵，目的是对付北军，不要在西南自己打成一片！其苦心经营，达于极点。但从效果上来说，还是太炎自言"余知事不可为"。于是取道万县，前往湖北利川。这时在广州，正是军政府改为七总裁制的时候。

　　到了利川，就和驻扎在这里的蔡济民在鄂西军军部相会。此时周边川东川北广大地区，有石青阳、颜德基、陈秉坤等人的部队，但也不甚团结，内部常有摩擦，又要和滇军对垒，因此屡请章太炎以护法军政府名义来罩着他们，滇军对此衔恨不已，只因唐继尧多少还要顾及护法名义，掣肘其难以大打出手。利川蔡济民的势单力孤，就把苦恼一股脑儿地向太炎倾诉。太炎就说，你在这偏远的小县城驻扎，将老兵弱，最穷的乡民且是食不果腹，还要此地输出军饷，荆州的唐克明对你又是虎视眈眈，这样僵持下去绝非好兆。阁下虽说是辛亥元老，但现在时移世易，环境、局势都已变化，很少有人买账了。我看阁下不如联合倚靠颜德基，若他能支持千余兵力，作为前锋，攻击郧竹一带（郧县和竹溪县），此地为鄂西北的边陲，乃鄂、渝、陕三地交界，以便于借取川军势力，比待在利川僵持龟缩要主动些。

蔡济民以为太炎此策甚善，然而尚未及实施，恩施有事，于是一同抵恩施。

早在民国四年（1915）的时候，北洋系把持的北京当局设荆南道于恩施，辖恩施、建始、宣恩、来凤、咸丰、利川六县。

较章太炎来此稍早两年，恩施知事郑永禧编纂《施州考古录》，这本冷落的著作，当中常有绝妙好词，该书记载上古至清末恩施一带人文地理的衍变。偶见此书，为其幽深藻采所迷醉，最震撼的是"风琴雨管成春梦，狁鸟蛮花豁醉眸"一句。凭借大自然风云变幻的装点，复现原生态自然生命之美。把一种野逸幽深的古奥风景，鬼斧神工地予以再现，有一种"水色山光自古悲"的移情效力。太炎回上海后，曾形容他一路所经，山水风貌"中间山水狞恶者，凡三千余里"。除了云贵道中，这恩施一带的风景，乃是典型的狁鸟蛮花，瘴烟蜑雨。

唐克明自荆州战败，转移至恩施，为时尚浅。残兵败将，只得一千多人，但就这样的阵容，还比蔡济民的强大。当时恩施局势还算稳定。

前安徽都督、同盟会骨干柏文蔚，任靖国军川鄂联军前敌总指挥，先后在四川夔州、湖北恩施一带指挥作战。他得知太炎到此，立即前往拜访。这是六月中旬，端午时节。一干人正在河岸观龙舟竞渡，忽然传来紧急情报，说是吴光新部队袭击建始县，已攻下城垣。建始在鄂西南，古代属巴子国地方。唐克明欲退守利川，蔡济民痛斥之。柏文蔚留下匆匆数语，仓促离开赶往前线指挥阻击。次日战报益紧。唐克明遣人向太炎报告。这时他不但想退往利川，而是欲直接逃入四川境内。

太炎叹了一口气，说道：敌人虽然来势凶猛，但山中作战因地形关系，不能以人数多寡决定胜负，若能守住山口关隘，鹿死谁手尚未可知。再说了，就算不能守，打一仗，与敌杀伤，然后再行撤退，也还说得过去，现在千余人的部队，慌不择路地退往四川，究算甚事？再说也不能避免被川军缴械的命运。到了次日，方知北军前来袭击者，只是假装攻击，系因湖北省长何佩镕前来迎致家属，其意并不在攻城略地。这时太炎就对唐克明等人说，看到了吗？情况就是这般，假如昨天仓皇逸走，岂不让人笑话！

蔡济民的鄂西军对于柏文蔚甚为崇仰，视为靠山。现在形势初定，蔡济民就想以柏文蔚彻底取代唐克明，柏氏得知，甚感为难，跑去找到章太炎，劈头说道：他们湖北军人自己掐架，外人难以置喙，我辈外地人羁旅在此，不好介入太深。太炎深以为然。

柏文蔚做人甚为方正，他和太炎对于中山先生，都曾有过或深或浅的误会，但在太炎，并不隐忍，要么无遮拦开骂，要么大发脾气；在柏文蔚这里，他却竭力解释，以求还原真相本身。三年后，他到上海谒见孙中山，即从事情真相、人品、人格、忠奸等几个方面剖陈心迹。他对中山先生说道："蔚自忖，自随从先生至今，不服从先生之事，绝想不出来……服从以何为定义？有一种人面见先生，胁肩谄笑，绝对服从；至与先生离开，所言所行无一不违反先生之主张。再有一种人，与先生若干年不见面，又或与先生相隔几万里，或几千里，他的所言所行绝不丝毫有违背先生之处；若与先生见面，研究重要问题，绝不敢昧乎良心，以顺为正，行妾妇之道以待先生。"中山先生对于他的意见颇为接受。

在鄂西南待到八月份，太炎启程前往湘西，当时吴醒汉驻军恩施州的来凤县，他和蔡济民同为武昌起义的元勋，两人都和黎元洪友善。来凤县处于湘鄂川三省交界，向来是土司管理，清中叶后始置县。财政都靠田地里的一点庄稼，因而军饷匮乏。有时土匪来攻城，都调不出兵员还击。

太炎在来凤和吴醒汉相处十来天，然后启程前往湘西。第一站的沅陵，田应诏为军政长，手下五个总司令，每人手下只得四五百的兵力。当时冯玉祥已经攻陷常德，行使行政权力；溆浦则为周则范所辖。周氏湖南武备学堂出身，时任湘西护国军第二路总司令，他的军力较强，不大听田应诏的话。且仗恃地形险要，酣宴终日，吃酒搓麻，自得其乐。这里较湖北更说不上话，太炎换了民间土布衣服，悄然行至常德，北方军人无有识别者。从这里出发渡过洞庭湖，到了汉口，顺江而下，十月中旬回到上海。

太炎以特使身份出使西南，也只是尽一己之心力，岂能尽如人意，但求无愧我心，如此而已。所以后来他对北伐运用南方力量，反复宛转，收效甚微，可能早有预料，最后也只能是无为而治。正如年初北京要他担任国史馆馆长，他果断拒绝了。至于原因，他对国事的考虑，是这样的："近闻政府相尼，此亦不足与校计矣。鄙意今之中央，已如破甑，不须复顾，阿附当事者，诚无人格。而抗志猛争者，亦为未达时务。豺狼当道，不能尽捕，而诛之驱狼延虎，亦何益焉，待其恶熟，将必自焚。"①

有学者这样评价护法运动中，对于西南势力的运用："护法运动，从一开始就有一个致命的弱点，这就是它不是把力量的基点置于民众之中，而是放在所谓'有力者'、'西南各省'，亦即以西南各省为主的一批地方军阀身上。"②

此说似欠审慎。民众正值嗷嗷待哺之际，怎能起来反抗？如若动员成太平天国样式，生民罹于涂炭，社会的毁伤又是何等的巨大？当时社会所面临的问题，往往由这些有力者造成，那就正该找彼辈负责，也是定点解决问题的最佳方式。

事实上，孙中山先生的方略甚为高明，即如吴佩孚后来亦坦承，国民革命之必须及其正当性，是国家民族的希望。其他向革命靠拢的军头，自不用说，形势比人强嘛。至于像杨森那样，反思到了透彻磊落的地步，他在抗战前说：

"我们过去打内战，对不起国家民族，是极其耻辱的。今天的抗日战争是保土卫国，流血牺牲，这是我们军人应尽的天职，我们川军绝不能辜负父老乡亲的期望，要洒尽热血，为国争光"，可谓发自肺腑的切肤之言。而其转换的过程，乃是自护法以来，党人孜孜矻矻的努力所造成的结果。

各类大大小小的军阀需要一个消化的时空渠道，借此不难看出护法以来及国民革命推进过程，所取得的国政及人心的进步。其间，自然包括太炎出使西南、备尝艰辛的万里跋涉及其幕僚作业隐含的功用。

---

① 《中华新报》，1917 年 2 月 7 日，转自《年谱长编》。
② 姜义华《章太炎评传》第八章，百花洲文艺出版社，1995 年版。

西南之行，呕心沥血，劳精耗神，可惜言之谆谆听者藐藐，正是黄柏木做磬槌子——外头体面里头苦，回到上海，太炎痛极、愤极，却也无奈已极。

对于原先葆有极大冀望的唐继尧，失望最大，说他"外人徒见其宣布明电，慷慨自矜，而密电私议，实多不可告人之语。言和不过希恩泽，言战不过谋吓诈。里巷讼棍之所为，而可以欺大敌欤？"因而断言"西南与北方者，一丘之貉而已。"①

西南不过是这些军头的发迹之地，所有动听的名词、言论、口号，只是这班家伙遂行方镇割据的幌子，太炎对于西南诸人，印象十分恶劣。

然而，这种情形如何处置？如何补救？如何振起？太炎只有叹息，叹一声卑之无甚高论。可惊奇者，痛定思痛，他下了这样一个判断："中土果有人材能戡除祸乱者，最近当待十年以后，非今日所敢望也。"②在一种无可如何情势之下的话语，后来果然为斩截的事实所证明，十年，一点不差，如此高明的判断，端的是水银泻地般的神机妙算！十年后，北伐底定神州，割据彻底扫除，形势全盘刷新。

①② 参见《对于西南之言论》。

第十三章 在北洋子遗的漩涡中

——五四的观照——主张联省自治，拉拢陈炯明——陈逆叛变，北伐受挫——诱导直系军头，遵行联省自治——与"三孙"之恩怨——痛斥直系政变——草昧经纶，意欲出山——江浙战争与改革意见书——清酋被逐，喜心翻到——祭孙公——另一个姓孙的来了——赴湘担任主考官——孙传芳全盛时代的座上客——五省废督，襄助孙传芳——反对过激主义，再倡联省自治——投壶古礼与修复礼制

翻过年坎，到了五月初，五四运动爆发。这是一个百年荣辱的交汇点，这个运动以请愿、罢课、罢工、警民对抗等方式多面展开。学生领头，参加者包括群众、市民、工商人士等等的各阶层人士。

其时巴黎和会刚召开，和会决议，德国在山东的所有权利，尽数让与日本。中国代表种种交涉失败，中国方面要求受重创，学界尤为群情激愤。其所提要求在口号上可见一斑，诸如"拒绝在巴黎和约上签字""废除《二十一条》""宁肯玉碎，勿为瓦全""外争主权，内惩国

贼""抵制日货"……具体要求徐世昌政府惩办交通总长曹汝霖、币制局总裁陆宗舆、驻日公使章宗祥。学生游行声势浩大，当来到东单赵家胡同时，章、曹二人刚从总统府回到曹汝霖住宅。学生排闼而入，曹氏自后门溜走，章宗祥走避不及，挨了一顿痛打，随后学生放火烧毁赵家楼。军警赶至弹压，逮捕学生代表三十余人。放火行动引来社会的叫好声，社会舆论也抗议逮捕学生，北京政府颁布严禁抗议公告，大总统徐世昌下令镇压。

激昂佻达的学生一辈，诸如康白情五四前就身影跃动，五四期间更是大出风头，乃是名噪一时的学生领袖。一九一七年北大首创学生主持教授会，康白情和其他学生头目傅斯年、罗家伦、张国焘分别担任四个学院的主任。五四的前夜，北大校长找他们几位谈话，关怀指点。至全国响应，康白情率领北京学生代表团赴沪，当选为全国学生联合会主席。

对于这个声势浩大的剧烈运动，太炎并未有特别的意见和观点。不过对于章氏的挨打、曹宅的被焚等情形，太炎大抵觉得活该。他认为曹、章、陆三人都是"伪廷心膂，介以通款日本者"。

辛亥智识先进，朱执信天分高，思想力极强。当五四运动起来时，他曾写信给友人说："弟现在视察中国情形，以为非从思想上谋改革不可，故决心以此后力量全从事于思想上之革新，不欲更涉足军事界。"

戴季陶其时正在上海期间，他是大力支持五四运动，另外写了不少文章，研究和指导工人运动，这期间写的文章启蒙色彩相当浓厚，批评北洋武人政府，抨击封闭迷信式的国粹研究。他在一九一九年九月写的文章，阐明革命的目的是人类普遍的平等和幸福，是要给每个人自由发展的机会。他认为那些从事政治和投身政法运动的人不要企图以义和团式的政策来遏制世界的潮流，不要企图以欺诈的手段、焚书坑儒的政策压制人们的诉求。他也曾改变了改良主义的观点，提出了中国需要革命的主张。较著名的表现在《学潮与革命》这篇文章中。①

太炎则和他们有所不同。历史样貌和本质，总是变动不居，因革损

① 见《戴季陶集》，第1141页，华中师范大学出版社。

益，随时而易，一个伟大的民族，应有博大的胸怀接受因应这种变易；但就近代中西剧烈碰撞的社会而言，中国文化的变易，应主要着眼于政治政体文化的修理。文化的组构，千头万绪，政治文化为其中一种，章太炎眼光的阔大高迈正在于此，他们对政治文化的诉求，切中肯綮，"打蛇打七寸"，正在关节上；以此因应两千多年未有之变局。因为西洋的强大，底子乃在于别具一格的政治组织构造，这或许正是文化的尖端，修理文化，就是要修理政治体制形式，而不是像五四以后文言、白话，或者普罗文学什么的，争个没完！政体上轨道，一切对头，其他都是枝节。

太炎的心志和关注焦点都不在这里。他更多地关注当下的时事政治运作，当然也可以换句话说，他和学生殊途而同归。对于学生的被捕，他通电声明应即向当局严重交涉。

太炎坚持以为，段祺瑞不过一有勇无谋的匹夫，其罪恶皆由其背后的徐世昌造成。而徐氏罪在帝制、复辟、僭立三事。徐世昌派遣朱启钤来南方和唐绍仪谈判议和，孙中山和唐绍仪本是同乡，此时都在上海，他俩的往来，由胡汉民在中间往复传递。晚春时节曾停止和议，稍后又再开会议和。

到了一九二〇年的夏天，西南诸省的纷争尚未平息，湘军头子谭延闿又以避免卷入南北战争为借口，主张湖南自治。

徐世昌下令解散安福俱乐部，宣言召集国会，下令通缉王揖唐。靳云鹏复任国务总理，直奉两系把持政局。南方国会议员则在昆明开会，宣言撤销岑春煊总裁职务，议决军政府和国会均移设至重庆。

秋间太炎在家乡余杭小住，随即溯江而上，前往长沙。以前他竭力反对割据，此时重新打量时局，为减轻军政府压力，开始倡导自治同盟理论。且以联省自治之说与谭延闿交流，两人谈话极为投契。联省自治的意义，系以此避免"中央政府权借过重"，而联省自治则必须虚置中央政府。

深秋，太炎回到上海；蒋介石也在此时到沪，向中山先生报告陈炯明的异动。中山先生遂于十一月底，自上海返回广州，重整军政府，以广州观音山旧督署为府邸，自兼内政部长，谢持副之；以唐绍仪掌交通，陈炯明掌陆军部、程潜副之。先生对于北方政府，仍愿意重开和议，但前提是北方必须开诚布公，不能阳奉阴违。

太炎的老友谭延闿因去职，老友吴醒汉因战事颅骨受伤，都来到上海。西南各省，多已宣言自治。唐继尧为顾品珍所逐，潜往香港，四川督军熊克武也被新起来的刘湘所代替。督军改称总司令，或兼省长。到了一九二一年的晚春，广东国会开会，议决中华民国政府组织大纲，选举中山先生为非常大总统。在五月初就任，其时先生致书太炎，望他出面支持，以舆论领袖地位，联络西南，苏息民困；但太炎以为中山先生的建政有伤联省自治，故而并不领情，只是冷眼旁观，且致电陕西陈树藩，吁请其支持联省自治主张，时陈氏已处于内忧外患之中，地位岌岌可危，稍后就狼狈下台了。

但是对于浙江的卢永祥，太炎反而阻挡其实施联省自治。内因是他认卢氏程度不够，生怕他祸害联省自治一词的内涵，其心理之微妙又一至于此。

此时孙中山先生以两广初定，已在谋划由桂林取道湖南北伐。但陈炯明以为不宜出广东，太炎则以为可出广东，但不宜出湖南。

直系的第二代已然羽翼长成。北京政府任命吴佩孚为两湖巡阅使，萧耀南为湖北督军，孙传芳为长江下游总司令。十一月中旬，中山先生往桂林组织大本营，筹备北伐。但太炎以为先生周围谄媚之人太多，不欲襄助，对于北伐持保留态度。各地的军头都得益于一种混乱的局势，但也受制于这种局势，眼看他起朱楼，眼看他宴宾客，眼看他楼塌了！然而太炎似乎识别不了他们朝为红颜、暮为枯骨的实质，对中山先生态度犹疑，对于这些军头却寄予热望，殊不知他的这种热望，只宛如针尖上的泡沫，军头角力暗潮汹涌，然而泡沫也是铺天盖地。

孙中山欲北联张作霖，遂派伍朝枢前往奉天联络，其战略构想意在南北夹击吴佩孚，这是北伐战略中的一环。同时张作霖也派人前来广东接洽，孙、张的联合早在进行中，且奉张执礼甚恭。中山先生卫士马湘回忆："张作霖到张园来见先生，一连来了二十辆汽车，卫士足有百多人，戒备十分森严，张向先生表示，他决心追随先生，并说他愿为先生的卫队长。"① 会见时，马湘在室外警卫，他和张部一位上校警卫闲话，上校问中山先生的卫队有多少人，马湘告诉他，有六人，对方听成六营，极惊愕，说六个营，这么多！驻何处？马湘再说明是六人，不是六营，他更诧异，又觉得人数太少了……然陈炯明别有怀抱，倒向英国意图，且和吴佩孚眉来眼去，函电频密。

太炎此时致电陈炯明氏："吴佩孚以远交近攻之策，又派代表到粤，宜认为间谍，逮捕监禁"，且促陈氏尽快执行；殊不知陈氏正沉醉于一种阴暗的快感之中，只把太炎的嘱咐当成耳旁风，无论对方怎样热切，他只是青石板上钉钉子——不动！

在黄埔师生为主导的北伐队伍启动锋芒所指之前，十余年中有过多次流产的、半途而废的北伐。

辛亥武昌革命后首度北伐，属浅表层次的，无实力、很虚幻，一晃而过。

距正式北伐两三年前，已有两度北伐。一则留下痛切的教训，一则留下宝贵的经验。

一九二二年二月，中山先生以桂林为指挥所，实施首次北伐，惜出师不利，乃回师广东于韶关设大本营，五月，以中华民国非常大总统身份，誓师继续进行北伐。韶关为百粤之要冲、岭南之咽喉，此处便于举事运筹，进退策应也便于照应。韶关人民热情也高，筹集物资，设立军营，举行赞助北伐大会等等均出力不少。

北伐军分三路向江西进击：李烈钧、朱培德为中路从南雄出发，过梅关，进攻大余县城；许崇智、梁鸿楷、李福林为右翼，从南雄出乌迳进攻信丰、南康；黄大伟为左翼，从仁化攻击崇义、上犹。五月下旬，中山先生由韶关到南雄督师，北伐军挺进势如破竹，先后占领大余、崇义、南康、信丰、全南、龙南等县。六月，三路会师占领赣州向吉安挺进，大有席卷全江西之势。然而，在此关键时刻，陈炯明叛变了，广州

---

① 参见马湘《跟随孙中山先生十余年的回忆》。

军政府告急。中山先生急电北伐军回师广东平叛，这次北伐遂告流产。

对于这次北伐，太炎的态度明朗，不特对于战略赞成，且于战术也有独到的考虑。

起初，因陈炯明心存异志，但太炎认为当不至即刻爆发；当然也不可能长时间的蛰伏。战事的进行，他认为应要求各省调遣富于作战经验的军官，组成大本营的参谋团。另就是军械一事，尤其是子弹的储备，至关重要。因为此前各省之间往往交错作战，子弹消耗很大，现在北伐军的组成，"以所闻者，平均分配，每枪不过二百粒，欲与北方竞胜，非增至五百粒不可……今吴佩孚之善战，远过皖系，断不可狎而玩之。"① 可见他于战前的考量、献策，确乎切实可用。

同时期，对于北方的北京国民裁兵会他也有弭兵的考虑。其意见，一是要先计分额，即各省兵员，然后计算总额。二是废除巡阅使制度，以此消除各省的戒心。三是撤销驻防军，即袁世凯在辛亥稍后向南方诸省派出的驻军。四是撤销中央直辖军，因民初以来诸如解散国会等等恶例皆因所谓中央仗恃军备而为。

然而言之谆谆听者藐藐，颟顸的军人，都是表面尊崇，实则谁也不听。他的这些意见，自认为是救国良方，不特向报界发表，且有专电致吴佩孚和孙传芳。吴佩孚较为狡猾，试图以恢复旧国会来应付孙中山；而孙传芳则就太炎的这些意见，转而要求"广东孙中山、北京徐世昌……及时隐退"（孙传芳请孙、徐退位电）则孙氏野心又较吴佩孚更为迫切直接。太炎的良方，绝难办到，现实政治，民生民瘼，才下眉头又上心头。

此时在北方，曹锟、吴佩孚挟直奉战争的威势，炙手可热，直指徐世昌为非法总统，迫其辞职，进而控制北京政府。徐氏辞职后退居天津租界，以写诗作画自娱。徐氏方走，太炎喜心翻到，火速向住在天津的黎元洪去电，试图使其能迅速复位。随后因电报难以尽言，又写了密信，期望黎元洪出挽大局，分析乱世中掌权的作为。建议他南迁武汉为

① 《与孙中山书》。

首都，将孙传芳部队树为主力，调集川湘等省军队为外围；遣李烈钧防卫江西，如此即可与吴佩孚取得均势……总之不能进北京。谁知黎元洪随即通电入京就职，太炎惊得目瞪口呆。他曾反复向黎氏强调，吴佩孚兵强马壮，气焰熏天，这下黎元洪又成虚位总统了，太炎不禁长喟。其时直系赞成黎氏复位，吴佩孚意在恢复旧国会，以控制黎元洪；皖系各头面人物以及广州中山先生的军政府则表反对；奉系因首次直奉大战惨败，忙于整军经武，喘息初定，未能表示意见；太炎的意见近于直系，又有重大区分。

六月中旬，他正给柳诒徵、蔡元培写信，前者说他诋毁孔子，他进行反驳，认为柳氏等人肤浅，不知他的深意。对于后者，因蔡元培不大赞成此时北伐，他致电他的这位老朋友，说是南方诸省大多为北方军阀蹂躏，北伐是争生存之权，是为公理而战。加以北方有非法总统徐世昌，受其命令的军阀，是在分赃，当然要予以讨伐了。针对蔡元培的停战息兵之说，他反驳道："未见南人受炮火之惨，故不愿以炮火转加南人之仇耳。要之，足下一生，尽是外国人旁观中国之见！"[①] "外国人"一语，这真把蔡元培骂惨了。

本来他早已勘定陈炯明的为人是阴险毒辣，断言其人被中山先生免职，必将大肆报复。

正当他在灯下给蔡元培等人写信的时候，陈炯明的叛乱发生了。

武昌首义后，陈炯明起兵攻取惠州，嗣后胡汉民为广东都督，陈炯明副之，黄士龙为参都督。中山先生经香港北上，胡汉民随往，广东都督由陈炯明代理。及中山先生辞去临时大总统职，胡汉民复任都督，陈炯明出任广东护军使。二次革命失败后，陈氏与李烈钧、柏文蔚等在南洋另组水利促成社，当时黄兴在美，中山先生在日本，形成鼎足三分。

张爱玲小说中说，三十年前的月亮下去了，三十年前的故事还没有完。反观民国政史，尤其如此。一九九八年仲春，陈炯明之子陈定炎，

---

① 《复蔡子民书》。

在香港召开一个新书发布会，意在为他爸爸陈炯明翻案。书名《陈炯明与孙中山蒋介石的恩怨真相》。出于好奇，新书发布会有不少人参与旁听。

猫儿得意欢如虎，蜥蜴装腔胜似龙。会上，陈定炎发表了长篇演说，强调他爹在广东实施地方自治，扶助劳工，禁烟禁赌，发展经济；六一六炮击总统府事件并非陈炯明向孙中山争权，而只是政见分歧，陈氏反对孙中山北伐，只是为了"南北妥协、和平统一中国"；进而更说，炮轰总统府事件是陈部部将叶举所为，乃父不知其事，且仅以"土炮开炮三响唬之"而已；并赞其父不受贿不贪污，晚年贫病交迫，等等。一九九八年三月十一日，香港《信报》于此事报道甚详。

当时会上即有学者驳曰：其一，令尊比孙中山究竟缺少气魄，两者之间决非政见分歧那么简单。阁下为先父鸣冤，份属孝子贤孙，但令尊纵兵谋叛荼毒生灵，则有负于国人。其二，二十世纪二十年代军阀混战，绝无和平统一的可能。中山先生临终前三个月对北洋政府总理许世英怒道：我在外面要废除不平等条约，你们在北京偏偏要尊重那些不平等条约。此一怒肝病大发去世。以当年民心士气而言，北伐是势在必行。

会上更有一老翁质问陈定炎：设想有个美军师长向白宫"开炮三响唬之"，此人能逍遥法外豁免军法审判吗？并指出陈炯明的后台是英国汇丰银行。陈定炎本来扬言回答"任何尖锐问题"，此时顾左右而言他，随即招呼与会者享用茶点，并致赠礼物，即与会者每人一份川贝枇杷膏，人们便一哄而散了。

二十世纪二十年代，陈炯明任广东省长，兼粤军总司令，一九二一年四月兼护法军政府陆军部长，又兼内务部长，中山先生主张北伐，以武力统一全国，彻底肃清军阀余孽。陈炯明则受吴佩孚、赵恒惕愚弄，持相反的意见，号召"模范起信"，建设两广，连络西南。当时邓铿周旋双方之间，颇尽缓和疏解之责。一九二二年春暮，邓铿被刺于大沙头车站，伤重身死，不久，陈达生亦被刺殒命，因此双方疑忌日深，终至不可排解。一九二二年四月，因阻挠北伐，被免去本兼各职，保留陆军部长，一九二二年六月，乘孙中山先生回穗之机，发动叛乱。当时真实情形是，陈炯明下密令，于六月十五日由粤军总指挥叶举主持，在白云山调集各军师长，策划围攻总统府。同盟会员、广东海防司令陈策疾赴粤秀楼，报以局势危急，请孙先生莅舰队指挥应变，中山先生仍不相信。六月十六日凌晨，陈炯明叛军部队以四千人之众包围粤秀楼总统府，并向中山先生居所开炮轰击，中山先生在秘书、卫士保护下，化装得脱。十七日在永丰舰上发表讨陈电文。

陈炯明这个人，虽以军阀面目定位于历史录鬼簿，实则是个酸秀才、白衣秀士王伦一流人物。貌似风流儒雅，实则村俗卑鄙，才智捉襟见肘，却又时时不安于位。他一九〇九年始加入同盟会，在孙中山指导之下，成为同盟会香港支部领袖，也算得是从戎的书生。一九九九年初笔者母校中山大学出版社推出六十万字的《陈炯明文集》，多为电文和少量讲演词，观之神伤，既乏文采，又无思想，与当时军政大佬相较，说他是下驷中材，都还勉强。六一六事件发生前，据孙中山先生秘书林直勉回忆，白云山至市中心等各重要路段"亦联成一气，成最严重之作战部署，深为骇怪。"在此前三个月，陆军中将邓铿（仲元）知陈炯明生性阳奉阴违，难以信赖，乃从粤军第一师拨一个团为中山先生警卫。不料，三月二十一日，邓铿即为陈炯明部属暗杀于大沙头车站。

事发后，海军各舰队发表声明，表示海军全体只服从孙先生，北伐军总参谋长李烈钧、军长许崇智、朱培德等迅速回粤戡乱。陈氏部队败退韶关，焚杀抢掠。欧美华侨各联合会，纷纷致电国内，请北伐军回师广东，先扫妖氛，再图北伐。半年后陈氏通电下野，后蛰居香港，一九三三年病死。

大凡荣利之心，人皆有之。然观陈氏一生，每在关键处出以小人滥恶之举，心胸狭窄，不识抬举。及其愁病而死，人多拍手称快，笔者又惜其糊涂可怜。盖以天下愚而好自用、贱而好自专之流，辄至死不悟，盲人瞎马，日觅尽头之路而已。当事变发生，情状万分危殆之际，中山先生仍对秘书说，"所有忠实武装同志，悉赴前方，后方只留下陈家军及其私系队伍，不可不信任之矣。"即后来的讨陈，他也屡想停止，条件仅是陈氏的一纸悔过书！中山先生是少有的熟谙中西文化的实践家，胸怀博大，比之康、梁及五四推动者，他的智慧和爱心更为超越，人格是罕见的光明磊落。陈炯明身为备受提携的部下，不知尊崇敬爱，反而以一酸腐秀才之心眼观人应世，终取自败之道。将近八十年后，其子嗣陈定炎又在香港欲为其翻案，上演一出小小闹剧，仿佛历史长编里钻出的花脸小鬼，自贻满面羞惭，处心积虑，螳臂当车，何其不自量也！

邓铿常常说：陈竞存的思想最不坚定。可称持平之论。陈炯明自视甚高，夜郎自大，对中山先生并不忠实，至此竟别树一帜，冰冻三尺，固非一日之寒。北伐前陈炯明叛变的主要原因，固然出于变节分子的拉拢，北方军阀的引诱，双方一拍即合，还有他总想做领袖，不甘屈居人下的野心，但其支柱，则来自于他手中的部队。他在广东的势力很大，掌握的军队达十多万人。吴佩孚、赵恒惕对陈氏竭力拉拢，盖在一般军阀的心目中，陈炯明的名气反在孙先生之上，因为广东方面，中山先生的力量是虚的，陈炯明的力量是实的，孙先生只有对党员的影响力，陈氏却掌握实际的兵权。所以吴佩孚、赵恒惕都派人跟他联络，希望他赞成联省自治，阻止总理北伐计划的实施，并诡称俟全国统一后，拥护他做领袖，适投其所好。

事前，太炎认定陈炯明是个不可信的小人；事后，他又似乎看见陈氏的力量，迅即致电陈炯明，"中山暗于事机，而君又果于报仇……但中山可仇，西南邻省可背，联省自治主义果可弃否？"同时致电中山先生，希其翻然下野，前往上海居住。

下轿打轿夫，不识抬举。太炎的心理天平明显向陈氏倾斜，其自私自利的小心眼子暴露无遗。

所以中山先生在黄埔设营，将发给太炎等人的信函公开刊登在申报。里面说他已命北伐大军回师平乱。信中发出警告："前以姑息养奸，今则彼罪通天。惟有诛戮而已。望各省同志切勿失望！"

本来，当时孙、段、张三角同盟隐然成型，北伐之师拟首攻直系，皖系继之配合，奉系捣其老巢。其他失意军人如王占元、吴光新、张敬尧……愿收集旧部策应，由于陈炯明的反叛，陡然扯住了北伐军的手脚，致令措手不及。

徐世昌下台了，陈炯明叛乱了，中山先生困居上海……

　　然而在太炎看来，现状怎么又离他的愿望更遥远了呢？这真是烧的纸多，惹的鬼多。对于国会，《申报》刊出他的《大改革议》有谓："现式国会，参众两院八百余人，文义未通，仅能写票者甚众，遑论余事。论者谓中国无共和之资格，实由议员泰多，遂成滥选……由是言之，国会则藏污纳垢之薮，议员乃趋势善变之人，不可以国家大事付托……"

　　他也有他的上上三策，一是废除大总统制，以委员制代之。因大总统一职为强人所争夺，正如众狗而争一骨，必有恐怖厮杀。二是各省指定省宪，以此代替约法。三是联省自治，联邦宪法由省议会联合推选而制定，去除国会。

　　废除大总统制度，这不是给他最中意的黎元洪难堪吗？外间谣诼纷纭。太炎见此坐不住了，遂抓笔草就长文《解疑书》来释疑。首先他回顾一九一七年的护法之役，说是总的谋划就是他自己，甚至，他就是护法的始作俑者。"而中山亲党，不知鄙人善为人谋，反更以此为恨，逮及叶举作难，犹不知悔，自谓援助中山，实乃驱之入井。"很明显的自许天字第一号的大智囊，只可惜别人都不听他的，如果听了，天下早已太平无事。然而，这些话语随意性太大，中山护法是他悉心为之，却又要求中山和徐世昌同步，中山当然不答应，否则护法干吗？中山一旦不退让，太炎则就地取材，马上将眼前发生的陈炯明叛变一事怪罪到中山先生的头上。至于此时黎元洪的处境，他又卑之无甚高论了，"黄陂信人太过，遽尔就职，为之怅然。"

　　本来春暮时节中山先生在梧州，唤陈炯明前来述职及商榷军政，陈氏置之不理，故其后中山愤而解除其本兼各职。现在中山先生还在舰上，蒋介石守卫在他身旁。太炎因为一筹莫展，又给陈炯明去电，期他坚守联省自治主义不放手。谁知陈炯明别有怀抱，一个回踢，将球踢到太炎的脸上："联省自治制度，炯曾着手运动，不图以此贾祸，今竟弄到如此，至为痛心。"意思很明显，如果不是全怪你章太炎，也泰半怪你章太炎！最后来了一点虚的："我公万流仰止，务望登高一呼，俾群山皆应，庶国事可以大定。"

　　太炎一看，这边又没戏了，只好转头又去试探吴佩孚。七月下旬，遂以社会贤达、舆论领袖地位致电吴佩孚，说是段祺瑞本来有再造民国之大功，可惜贪狠好战，就被您打倒了（"群情弃之，遂为足下所覆"）；但是阁下也应汲取段氏的教训，"足下自度能永为天之骄子否？勉速戢兵，庶免自焚之悔"。

此际吴佩孚正如日中天，直皖战后，洛阳几乎成为政治中心，各派大员、幕僚、使节穿梭其间，奉系对之葆有切齿之恨，正在卧薪尝胆以期卷土重来。

自古知兵非好战，太炎先前主张革命，现在主张联省自治，并不是喜欢混乱、或制造混乱，而是看到天下一盘乱麻，要将国政从动乱中引向民主、正义秩序所做的努力。其间自有其战略思考，联省的一个目的就是要减少暴力，但是这之中要捍卫这种政治理念，某种暴力不可避免，也是不得已而为之。孙子兵法有谓"故上兵伐谋，其次伐交，其次伐兵，其下攻城。攻城之法，为不得已"就是这样的道理。但是太炎本人并不能调兵运用部队，因此必然与各个军头相周旋揖让。

一九二三年，吴佩孚五十岁，在直奉战争中击败张作霖的奉系军队，被委任为直鲁豫三省巡阅副使，驻在洛阳。康有为贺吴佩孚寿联云：

> 牧野鹰扬，百世功名才半纪；
> 洛阳虎视，八方风雨会中州。

那个气势是饱满拔节地烘托起来了，沧海横流，豪杰出世，雄才大略，鹰扬虎视，极言宇内大才，超尘拔俗的宏大气魄。正因为联语极佳，被人窥破其中阿谀奉承的机关，坊间讥刺为"傍友"，犹今之傍大款的"傍"，吊膀子式的"傍"，其惶惶奔走，寻求依傍的心理昭然若揭。

他看中了吴佩孚的赫赫武功，看中了他也是秀才出身，看中了他也有复古思想。他自居文圣，想把武圣的尊号献给吴佩孚。但吴氏对之尊而不亲，使其失望而去。

当时有实力的是曹锟，曹氏的左右，没有一个人喜欢吴佩孚，他在洛阳的计划，外边的传说与他实际的作为并不尽同。对所谓"武力统一全国"，隐然知其不可，当时醉心武力统一的并非吴佩孚本人，反而是反对他或拥护他的人，前者借此对他攻讦加罪，后者借此谋利取势。除了康有为，另有汪兆铭、张謇、章太炎、徐绍桢、张继等形形色色的知名之士，或者亲到洛阳，或者函电飞驰，目的非常明确，而收获甚少。其间如康有为、章太炎表现异乎寻常的热诚，康有为讲四维八德，发扬传统文化，以为和吴佩孚主张所吻合，期得采用。吴佩孚大概感到，横柴入灶，团结无望；勉力从之，则可能产生技术性阻绝，导致未战先输。所以他对他们表面上很尊敬，实际轻视，只是虚与委蛇而已。

太炎除了诱导吴佩孚，也对川中后起之秀刘湘予以劝慰，望他就川中混战悬崖勒马，以免贻吴佩孚、孙传芳可乘之机。

除了对有力人士频频电函联络嘱咐，希其遵行联省自治之外，整个夏天，太炎都在上海频密参与各团体集会，从理论和舆论上为联省自治鸣锣开道。秋初则在上海中华路某宅召开联省自治促进会筹备会议，起草章程草案。对于从滇川大战中解脱出来的川军各巨头，他更是频密去电嘱其"慎固封守"，巩固"自治精神"。此时黄大伟、许崇智率军在北江、清远一带与陈炯明所部往复剧战。孙中山先生则已回到上海，宣言将继续奋斗。

太炎收到北京的大总统令："晋授章太炎以勋一位"。此时老同盟会员孙岳，因受北方将帅之委托，前往上海谒见中山先生，顺道看望太炎，不料这一本属尊崇的探望之行竟惹出乱子来。孙岳一进门，太炎就没好气，待其说明来意，太炎突然爆发，当面骂孙岳是蒋干，并连续挥掌拍案，一番雷霆震怒，令孙岳莫之所措，太炎还嫌不够，竟将孙岳赶出门去。

孙岳只仿佛红白喜事一起办——哭笑不得。

孙岳是明朝兵部尚书孙承宗的后裔，曾与施从云、冯玉祥等策划滦州起义，为同盟会北方健将之一。辛亥前后，深得中山、黄兴器重，曾率部重创张勋所部清军。这次来上海身份是第十五混成旅旅长，兼大名镇守使。太炎听风就是雨，而对之大骂，只因听到坊间传言说孙岳是曹锟的马仔，事实是稍后囚禁曹锟者，就是孙岳。太炎不知内情，竟破口大骂，将其视为蒋干。蒋干者，三国人物，曹操说客，乃属成事不足败事有余之人物。

太炎不仅骂孙岳，还骂也在上海的孙洪伊。孙氏早年隶宪友会，后为进步党，与梁启超同一阵营。袁世凯谋划帝制时，他深度介入反对，曾策动冯国璋反水。段内阁时他倾向黎元洪，卸职后住在上海，与中山先生往还颇密。

太炎对他们均恨恨不已，公开发文说恨不能"击碎竖子脑袋"，说孙岳"彼其来也，实孙洪伊为之中诃"，当时，孙洪伊曾电促北伐之师回师广东打击陈炯明，以解孙中山之围，太炎看来，北伐军对陈炯明应不管不顾，直接向北攻击前进，也不必救援中山，此时骂了孙岳、孙洪伊，也骂孙中山，"今而如是，非独为中山部党羞，亦为南方民党全体羞。"①

太炎此际的无名烈火都尽向三孙——孙中山、孙岳、孙洪伊一股脑儿地倾泻。

在太炎文章刊出次日，孙岳忍无可忍，也同在《申报》刊文反驳，孙岳说，他本是携北方将帅的嘱托，前来晋见中山先生，请示解决国事之正轨，念及旧谊顺道看望章太炎，不意被其大骂出门："出此疯狂态度，殊令人不可索解。有人谓章氏向来状态，无钱则疯，有钱则不疯，余甚不愿加此刻语于章氏。惟此种态度，是否为上流人士所应有，愿多识君子，加以评判。"

孙岳声气平和，不似太炎巧言丑诋。同时上海老同盟会员也集体撰文，敲打太炎，说是太炎得到勋一位，飘飘然以国师自命，太炎骂孙岳为蒋干，民党骨干则骂太炎见利忘义，是刘歆式的人物。"以道义及感情而论，中山先生于太炎，爱护周恤，始终无间，今者中山先生艰难护法，九死一生，始得脱险来沪，即在交末，以宜慰问……何从根据谰言，构成蜚语？"……这些文章见报后，太炎似乎气消了一些，但还不甘休，又在报上撰文说，总之孙中山、北伐军等等，近期所有的一切失

① 《敬告上海民党书》，1922 年 8 月 30 日。

败，皆因没有听其良言锦绣之策，才招致失败。

此事过去了，太炎又忙于在上海各个集会中演讲宪法和自治的关系。对于自治造成的割据的担心，他是这样回答的："有谓如采联邦制，恐成割据之患，此可无虑，即使造成割据，中央亦可失去其卖国能力。"

他这番高论当然也有他的史实根据。太炎以为，汉代汉高祖、明代明太祖，称雄一世，可以驾驭群雄；到了袁世凯时代，他也是桀骜不驯的，但也对各地军头心有余而力不足；至于黎元洪、冯国璋等人，手腕和力量都又差得多了。所以他认为，最好有汉高祖那样的人来收拾乱局，若遍寻海内，"上穷碧落下黄泉，两处茫茫皆不见"，那就只好采用联省自治方式了。这样的结果，虽然不一定太好，但也绝不会太坏。太炎如此全力推动联省自治，原因概而言之，太看重目下的实力派，看不到未来的变化，而孙中山恰与之相反。前一年孙先生在桂林建立大本营，唐继尧因顾品珍反水被驱来投，孙先生大喜过望，欲予以极高地位，孰料唐氏别有怀抱，看中的是时在广西的滇军部队，因此也和陈炯明眉来眼去。

太炎和中山的施政方略大异其趣，而文化道统方面呢？在建立北伐大本营的时候，中山先生在桂林接见共产国际代表马林，马林提出改造国民党、联合工农等等建议，又问孙先生的革命性质为何种样式。中山先生明确回答说，他的思想是继承中国道统而发扬之，即尧、舜、禹、汤、文、武、周公、孔子相继不绝的道统。

除了政务的呼喊、通电，人物交际往还，对社会中等文化以上的讲学活动也未间断，应江苏省教育会的邀请，太炎在上海开坛讲授国学，时间是每周六午后讲一次。规定时间的讲学自然不免和政治活动相冲突，盛夏的一次讲学，教育会派车派人到他寓所来接，不料见到他留下的一张纸片："因实有特别要事，不克临讲。"冲突的时间并不补上，只在下期讲学时将内容压制进去。

正当太炎忙于讲学、更多的是为联省自治忧心忡忡的时候，一九二三年元旦，孙中山在上海发表《中国国民党宣言》，提出自此将为之奋斗、实施的纲领策略：一是修改不平等条约，恢复中国在国际上自由平等之地位；二是实行普选制度，废除以资产为标准之阶级选举；三是确定人民有集会、结社、言论、出版、居住、信仰之绝对自由权；四是制定工人保护法，改良农村组织，增进农人生活，确认妇女地位与男子平等；五是由国家规定土地法、使用土地法及地价税法。

这是五千年政治进化的极高境界。这个宣言发表前，中山先生召集在沪国民党骨干如胡汉民、汪精卫、廖仲恺、张继、于右任、程潜、陈独秀等多人，商讨国民党改组事宜，与会者深表赞同。且指定胡汉民为宣言起草委员，陈独秀为党务改进计划起草委员。

太炎之所关心不在这里，而在北京。元旦后，他对北京政府的用人提出具体意见，一是强烈反对程克为司法总长，一是反对作为护法罪魁的督军团诸人身居高位。

钦廉镇守使、桂军实力派沈鸿英在广东和吴佩孚遥相勾结，欲对国民党势力不利。沈鸿英系绿林出身，辛亥前后为广西同盟会负责人刘古香所识拔，此人文化程度太低，几乎是文盲。太炎看到广东这种局面，忍不住写信给李根源说，这种局面所以造成，全怪孙中山不听他的，又说孙中山左右全是小人。其实当时中山先生在上海，对于时局，主张奉系、直系、皖系、西南诸军互相提携，开诚布公，假以时日归于一致。在未统一之前，四派暂时划疆自守，但必须遵守和平之约，不得动手。然而太炎浑不顾军阀的颠顸，转怨中山，对中山所开局的五千年政治最高境界视而不见，对具体事实，诸如滇桂军私欲视为正当，真是颠倒黑白，不可理喻。甚至说，粤局乱则由他乱，乱不怕，只要实施联省自治就好！二月初，吴佩孚派军包围京汉铁路总工会在郑州的会议会场，发生剧烈冲突。太炎顾不上这些，他请李根源代他咨询何以他的勋一位之勋章已经收到，而证书为何迟迟未到？

此时，中山先生自上海往香港，再转往广州，就大元帅职。太炎有点高兴，他对李根源说老孙离开上海，走得好，免得在此碍事儿，"于大局有益无害"。

然后他的视线盯在直系。他以为，吴佩孚力行武力统一，但最大的阻碍在广东。广东不听他的，也有力量和他顶抗。吴佩孚的战略意图是先搞定西南，其中又须先搞定四川，杨森是他的最大助力，在贵州的代理人则是袁祖铭。而最大的包藏祸心者，在太炎看来就是直系，直系的政略军略，直接破坏他的联省自治主张。为了推行他的政治意图，太炎在这时也即一九二三年的春暮时节，向几乎所有各地实力派发出同一电报，认为"非联省自治不足以戢军阀之野心"，联省自治"西南各省皆以此为救国保民之唯一方法"，呼吁他们以自治名义"联拒寇仇"。这是一个大举动，收其电者，计有：

长沙赵省长、成都刘总司令、云南唐省长、贵州刘副总司令、广州徐省长、杭州卢督办张省长、福州萨省长刘上将、奉天张总司令王省长、吉林孙督军、黑龙江吴督军、高昌庙海军林少将、潮州李将军协和、成都熊锦帆先生、上海柏烈武先生、各省议会、各法团、各报馆。

电报发出后有的杳无音信，有的也致电回应，其中有吹捧的，诸如"先生洞烛几先，勤求政本，深识老谋，高山仰止。鼓吹联省自治，遂为民意所归。"几天后中山先生也给西南各省领袖去电，因人心厌兵，希其遵守和平主旨，但对直系的侵略，则望其同仇敌忾共同抗击。此电系由太炎起草，以电报拍发给中山，中山认可后发出的。

当北方曹锟、吴佩孚正借机闹事，想要搞掉张绍曾内阁的时候，太炎在五月上旬动身往杭州游览休闲。几天后他回到上海，贵州督军兼省长刘显世派遣的代表已在此恭候。该代表是易崇皋，易氏为刘显世之高参，军事心理学家。他来征询太炎对于贵州政局的意见。他带来刘显世的想法："非联省不足以自治"，太炎的主张说到彼等心坎上，自治，是有充分的统治权；联省，则有纵横捭阖的空间，借以对付北方强敌的攻击。太炎高兴极了，嘱咐易氏转告各方，望其坚固联合，捐弃小嫌，力求自卫。

西南才有些希望，北方又出事了。太炎最为推重的黎元洪，被张绍曾、曹锟合谋推翻。曹氏唆使军警、流氓、乞丐数百人包围黎氏住宅，后者无奈，被迫离京，走至邻近天津的杨村，竟为直隶省长王承斌扣押，直至交出印信并签署辞职通电后才予放行。

黎元洪到了天津，羞愤难当，通电报界请国人主持正义，太炎则密电黎氏秘书饶汉祥，请其亲转黎元洪，电函推荐李根源署理国务总理，金永炎代陆军总长，黎氏尽从其请。对于直系的霸王硬上弓，太炎没有办法，赶紧又给时在广东的中山先生去电，向他求援，望其呼吁各省抵抗直系的颠顶行为。同时通电谴责冯玉祥，指出造乱者背后是曹锟，前面是冯玉祥，故而复函斥骂徐谦，徐氏曾为北京政府司法总长，此时是岭南大学文学系主任，应冯玉祥之邀，任中俄庚款委员会主席，太炎骂道："阅兄盐电，乃劝冯氏自认狄克推多，解散满期国会，是明明认贼作主……"狄克推多就是独裁者。

至此，太炎可说是忧心如焚，而又十分沮丧。情急中又给驻扎简阳的川军头子赖心辉去电求援，请其支持熊克武，希望他们团结一致支持黎元洪；对黎元洪本人，他说："今亦不敢多陈办法，惟有两条而已。"其一就是请他和段祺瑞密切联手，外借奉天之力，远取西南之助，来对抗直系。太炎此法，不就是前一两年前中山先生的策略么？完全是原版照搬，可是当时他却期期以为不可，真是形势比人强。好在西南军头马上就有了太炎所期待的反应。刘成勋、熊克武等人致电太炎，把他好生一顿恭维，说他领袖群伦，愿意追随之，同时以四六文体通电，把直系狂骂一通。而旅沪川民自决会的倡议则盼太炎等名流向中山看齐，"孙公保育民国，中外共仰，当此时势颠危，应恭请以大元帅资格，统领全国将士直讨曹贼及附逆之吴、冯、王辈。"

太炎恨不能亲自提兵去痛打直系，臂助黎元洪；可是做不到，只能四处发表通电，阻挡曹锟上位，他以为只要抵制曹锟得法，尚有运作的空间。曹锟当然也没闲着，他忙于以巨款贿赂津沪议员；太炎则致书催请黎元洪南下到上海居住，在此重组内阁。为了突出黎元洪的地位，他还说此时的广东政府及中山先生的大元帅一职均不合法。黎元洪动心了，派他的代表金永炎来上海，宴请太炎和汪精卫等人。太炎表示，国事蜩螗，人心思治，望黎元洪早日成行。可气的是，他对于北方的直系没有办法，打又打不赢，骂又骂不倒，只好转而攻击孙中山，以打倒中山为黎元洪南下的先决条件"祈顾南方根本，非设法打倒中山，不算好汉"[1]。

---

[1] 《致李根源书第二十三》。

此时谭延闿在长沙通电就湖南省长职，此系孙中山所委任。太炎又急了，表态说这个不合法，认定属于割据，同时又连发多封信件催请黎元洪。对于湖南、四川的乱局，他哀叹这些军头不听他的劝告，以为他们都是些不聪明的家伙。这些且不管，只要黎元洪南下，就可在上海组成联省自治委员会，该会的总理人才，他属意李根源和唐绍仪，但他又说，前者畏惧人言、后者怯于任事。最好由他太炎本人来干，是最为理想的。原因他给人的信中说了"若鄙人处此，则毅然不复推辞，且于草昧经纶，亦自谓略有把握矣"。①

他以为，果真如此，那是最理想的了，他以为吴佩孚破坏联省，而广东亦然，孙中山就是广东的吴佩孚。"草昧经纶"这个词组很妙，有点自谦，满是自负，焦点是自许为一代帷幄长才。旧时幕僚、铁血革命者、现代政治人物、承前启后的朴学巨子，太炎葆有如此多种身份的综合，他自有资格，也有底气说这个话。当然，事情的发展没按他的理想路径走，但并不妨碍他抛出如此分量超重的设计。

延迟至一九二三年的仲秋，九月中旬，黎元洪姗姗来迟，抵达上海。到了寓所休息不到一小时，即出门拜访章太炎。连日来，太炎多次回访，他们为数不多的几个人，拒见生客，凑在一处，近乎密室耳语，商量如何使黎氏出面控制局势。

黎氏办事，交际费充足。《民立报》曾攻击太炎，说他见钱眼开，不无道理。他似乎一生总为窘迫的经济所困，时常感到钱不够用，黎氏在沪，与太炎往还频密，日常充足的用度所起黏合剂、润滑剂的作用不可小觑。后来孙科在天津曾受黎元洪邀宴，席间黎元洪问道："你老太爷（指孙中山）从前在上海每个月要用多少钱？"孙科回答说大概在一千元上下，黎氏则从衣袋取出一小册子翻看，并告孙科："我每个月要花五万元！"②莎士比亚剧中论金钱：光芒四射的黄金，使丑变美，使贱变贵，使老变少，使弱变强，使鸡皮黄脸婆变成美丽新娘，使满身

---

① 《致韩玉辰书》。
② 参见吴相湘《民国五十位军政人物列传》。

恶疮变成三春娇艳，冰炭为胶漆，仇敌互亲吻……看来很少有人逃得过这个魔咒。

北方曹锟霸王硬上弓，以五千元的大额款项收买议员，议会多年来迭遭打击，历年实行逆淘汰，此时的议员多为脊梁骨比香蕉还软的家伙，他们趋之若鹜，在外地的也纷纷回京领赏。近六百名"猪崽议员"选举曹锟为总统，十月上旬，曹锟通电就职。

民初议会本已受到袁世凯的重创，现在曹锟又给了致命一击。以后的议员，就看当局的出价，受贿舞弊，声名狼藉，全无原则心肝。一次苏俄大使宴会，上来大盘烤乳猪，与会者看着国会议长副议长窃窃私语，暗笑不已。有人向大使咬耳朵，他也忍俊不禁。盖"猪崽议员"已成日常生活典故矣。这些议员，好多是贿选而来，对国事的态度以其私欲为标准，其进退取决于独裁者个人，而非国民公论，怎么期望他能对民众负责呢。辜鸿铭参加北京饭店的国际性聚会，就遇到贿选的议员，乃指着这人，操英语对旁人说道："这家伙要用八百大洋买我的选票，诸位，我辜鸿铭如此之卑贱吗？"

太炎对此十分愤怒，伴着愤怒尚非贿选本身。因其早就视曹锟为罪犯，而罪犯根本不能作为候选人。故而贿选还是次要，关键是罪犯根本不能参选，所以他呼吁应褫夺其名义。随后中山先生及唐继尧、卢永祥等也对曹锟发出讨伐令。

局势不可为，黎元洪要到日本休息一段时间；他的幕僚饶汉祥迫于生计，要卖文帮补生活，他是近代以还有数的骈文巨子，太炎在其润例上欣然署名。

曹锟贿选上位对太炎的打击很大，黎元洪前往日本后，他闲下来静思民初至今十余年的政局人事，认为袁世凯最为操蛋，徐世昌悖逆不正，独有黎元洪名正义高，应有天助。

这时候，太炎的五十六岁生日也来到了。时在一九二四年的一月五日，在上海远东饭店举办寿筵，之间穿插各种游艺活动，到者有冷遹、马君武、李根源及旅沪国会议员等多人，刘成勋、唐继尧、熊克武等人则致送寿幛。生日后即与李根源结拜，太炎为兄李根源为弟。这时又发生国宪和省宪的冲突。江苏省欲以全民投票公决，太炎给江苏省省长韩国钧写信阻止，他以为如今干戈遍地，烽火处处，全民投票根本不现实；又给湖南去电，要他们坚持联省自治，万勿向吴佩孚低头。吴佩孚认为湖南省宪条文和国家宪法相抵触，因而要求取消省宪。太炎则针锋相对，以为国会非法，则国宪必然不合法。

早几年，太炎和湖南乡绅叶德辉意甚投契，也算惺惺相惜。叶氏曾以为国史馆长一职，论学问资格非章太炎莫属；现在情况变了，他倾向统一，反对湖南自治，也对吴佩孚遥相致意。太炎以其谋叛省宪，说他"甘作谯周"，谯周乃三国时期蜀汉学者，王夫之以为他是误国的恶人。

然而省宪的存废更加的风云紧急。变化悄然而至，难以觉察，不以人的意志为转移，这是政治博弈规律在现实生活中的一种冷酷反映。其时湖南省长为赵恒惕，也是辛亥著名人物，曾在黄兴手下做事，也曾为袁世凯逮捕。他对太炎较为尊重，他执意修改省宪，原因是条文互相牵扯，掣肘社会发展。他派人到沪，向太炎征求意见，太炎说，吴佩孚要拔除省宪，绝对错误；你们要修改省宪，也是不对的。如在平时修改，自是无妨，现在是在北方枪口压制下的修改，则必然导致问题丛生。太炎确乎在全方位维护联省自治，这当然是和陈炯明有本质区别的，陈氏是以省宪为幌子，割据一方以遂其独裁之志，而太炎是为了不让地方糜烂，而葆有基本的自由。

七月中旬在上海召开第三次联省自治筹备会，太炎任主席，他发言呼吁在此国家失统之际，请各省长带头加入该会。大家会员应团结起来打破蹂躏省权的势力，实施人民自决。呼吁有气无力，有些皇帝不急太监急的味道。盖以各省主政者多别有怀抱，也有难言之隐。

年来呼吁联治的主张可谓呕心沥血，然而并未看到什么实际效果，厄运又来了。秋初，江浙战争一触即发。太炎连发两文，均为江浙民众打气，告诫其不要害怕。请两省人民"勿徒自苦"，又要商民不要在军头剑拔弩张的恐吓之下，作摇尾乞怜之态。因为交战的双方，虽然"皆拥师旅自雄"，但是"异于革命党也……两方主者皆无诚心决死之人"，太炎的锐眼挑开这些军头的画皮，看出其皇帝的新衣之实质。

此前，孙中山曾下令讨伐曹锟、通缉受贿议员，并邀段祺瑞、张作霖、卢永祥一致进行，此也是反直联盟的雏形。而奉军自首次直奉战争落败后，埋头整军经武，力行军事改革，成立东三省陆军整理处、东北陆军讲武堂、扩建兵工厂等等。江浙战争爆发，奉军来势汹汹，派出六支大军分进合击，第一军军长姜登选、第三军军长张学良，主攻山海关；第二军军长李景林出锦州朝阳方向；第四军军长张作相、第五军军长吴俊升，共为预备队；第六军军长许兰洲，攻击赤峰方向。另有空军、海军由张学良、沈鸿烈指挥，密切配合。直系见此阵势大为紧张，曹锟急召吴佩孚自洛阳进京，组建讨逆军总司令部，吴氏自任总司令，以下分由王承斌、彭寿莘、王怀庆、冯玉祥、曹瑛、温树德等将领领军，在山海关、古北口、葫芦岛等地展开激烈战事。不意到了十月中旬，冯玉祥因受广东军政府、皖系的多角度影响，出其不意发动北京兵变，包围总统府，囚禁曹锟，由黄郛代理国务总理。以冯玉祥、胡景翼、孙岳领衔，通电停战，且组成国民军，转头与吴佩孚决战。同时通电，请中山先生北上主持大计。山西督军阎锡山占领石家庄，截断直军退路，吴佩孚率数千官兵由塘沽海路水路辗转南京、汉口，回到其老巢洛阳。第二次直奉战争战局至此急转直下。在南方的江浙战争系由直系的江苏督军齐燮元、福建督军孙传芳夹击浙江督军卢永祥。卢氏力不能支，逃往上海，孙传芳率兵入浙。

战事甫定，太炎发表《改革意见书》，认为曹锟本系伪主，他和吴佩孚都是自取灭亡。一个"伪"字加在曹氏的头上，这点太炎绝不原谅。如何处置局势？太炎还是坚持他的联省自治主张，"所以各省自治而上，尚须分为数国，或分为二，或分为三，或分为四、五，悉由形势便利、军民愿望而成。譬如兄弟分财，反少内讧"。

曹、吴虽在北方失败，但直系的势力依然存在于长江中下游各省。太炎和东南诸省各界人士联名发表宣言，主张自治，也不主张江南各省军头投降冯玉祥和段祺瑞，这是其明确的自治立场。以前既不能陷于曹、吴的控制，现在也不能受胜利者冯、段的操纵。中心即是要纯粹的自治，不能以投降冯、段的形式而存在。

此时冯玉祥在北京继续其"首都革命"，即修改清室优待条件，将溥仪逐出故宫。太炎得知此消息，当下喜心翻到，只仿佛捧着金饭碗当乞丐——高兴得发傻。他在第一时间致电黄郛，有谓"清酋出宫，夷为平庶，此诸君第一功也。优待条件……六年溥仪妄行复辟，则优待条件自消……"太炎且主张收回清室畿辅庄田。对于冯氏的这个做法，太炎立场非常鲜明，以为清室完全是咎由自取。随后又嫌不足，更致电冯玉祥，要求严厉处理清室诸人，不留余地。

这也是太炎和王国维之流分歧、对立的根本之所在。

太炎以为，像吴佩孚这些人，之所以会随心所欲造乱，军事实力是其根本。如果不消除这种根源，仅将曹、吴打倒，仍会有别的北洋派继之而起，除了姓名不同，实质完全一样。事实上，太炎的这种意见，早已由他的老友孙中山付诸实施。就在这一年建立的黄埔军校，已经崭露头角。改变局势，底蕴是实力，否则天天打电报，意见再好，也是徒劳。

十一月十七日中山先生因北上经过上海，到达时，数千民众自发来欢迎。先生在沪逗留将近一周，太炎前往谒见。

中山先生北上，要开国民会议，而段祺瑞要开善后会议，二者实具重大区别。

同盟会以委屈合作、忍让，甚至交易换来痛烈的认识，非以革命的武力，收拾这班鲁莽灭裂的家伙不可，否则无法还权于民。民权受阻，则民治、民有、民享的政治现代化大门，也无法靠近，而终不得入。

中山先生行经上海逗留期间，段祺瑞拍电报来催，请先生尽速北上，并表示派特使远道迎接。两天后，段氏又来电促驾，电文有谓：大旆将临，欢声雷动。胡景翼电称：公道德名世，经济匡时，万民有倒悬之忧，四海切云霓之望。

次日，段氏就决定先入北京主持一切了。又过了两天，他就由冯玉祥、张学良、吴光新、许世英等人陪同进京了。

中山先生解释他北上的目的，中心是和平统一。实行的办法，就是要召开国民会议，由全国各团体选举出代表，出席国民会议，大家商量解决国事。国民会议主议题：一是解决国内民生问题，二是打破列强侵略，废除一切不平等条约。

北上时节经停日本，他对来访者谈到，在北京和段祺瑞等谈妥大体方针后，即往欧美漫游，绝不久留北京；他表示，段祺瑞既掌执政府，他的资格很够。

中山先生在此又以一种大德服人的姿态，给足段祺瑞面子。

以武力说话，是北洋的传统，段祺瑞也不例外。太炎致电段祺瑞，要他痛改前非，将各省自治权还给各省。警告他勿向外国借款，以免受人控制。

张作霖在天津召集会议，决议由段祺瑞下令将齐燮元解职，另委卢永祥为苏皖宣抚使。江南齐、卢又呈敌对状态。

在一九二四年的十二月下旬，中山先生和许世英谈话，就说重话了，明确劝诫段氏不要损害国家利益，否则决不宽恕。盖以段祺瑞曾向列强表示，将遵守一切旧有条约、协定。中山先生对此大为反感，他就问许世英，对一个政府而言，外交的好感重要还是国民之同情重要？并一再声明他本人绝无政争思想，告诫曰，如有害国行为，则必将受到民众的强烈反对。在几天前的十二月二十四日，段氏悍然公布《善后会议条例》，都是其亲信或劣绅参加，中山先生所主张的民众团体，则完全排斥在外，军阀垄断，视民意为无物。

这时候中山先生在北京，他要召开国民会议；段祺瑞要召开善后会议。两者的代表、功能、主旨皆截然不同，性质迥异，实在无蜜月可言。

以段氏善后会议内容弊端太大，太炎也明确表示绝不参加。这几年，太炎愈努力事愈繁，愈挫折愈灰心。对台上角力的各巨头，他曾痛斥、直言、建言、献策、鼓励、反对……种种最后均趋于无用，一种微妙的心理考量和变化，使其偏向选择一个尚可倚靠的军头，这就是他逐渐趋向孙传芳的底蕴。

因奉系欲南下，齐燮元和孙传芳反对，卢永祥欲攻之。段祺瑞离间齐、孙，任命孙传芳为浙江督军。孙氏果然就范，齐燮元势单力孤，下台避往日本。奉军抵沪，齐军尽数缴械。

善后会议不断促驾，太炎屡加拒绝。此时，他又认为，皖系比曹锟、吴佩孚还要坏。"招致俄匪，明目张胆以行叛国之事，此乃曹、吴之所不为。"

所以他干脆建议这个会议不必召开，假如一定要开，其会议地点也不能在北京，而应选在武昌或岳阳。

这时候，中山先生的病象已深，太炎亲手开具医方，由但焘送至先生左右。

因在上海见面时，乃是此生他俩最后一面。对于中山先生的病容，太炎也有觉察。他在青年时期，对于医书颇用心力，中年后，见农村多有疫病流行，因而更抽暇研究医术。药方送走，他即和十来个老同盟会员组织一个辛亥俱乐部，意在光大同盟会的牺牲精神。不过他的一句补充话语，又适见其心地之狭小，他补充说，孙中山的那些铁杆追随者，是否加入该会，随他们的便，无所谓。此语不祥。这是二月底的事情。

果然，到了三月十二日，中山先生与世长辞。

武昌起义后，南北议和停战，但是后来袁氏复辟，二次革命又起。袁氏暴毙后，南北再形分裂，一直到北伐战争，此间长达十三四年，南北和议若断若续。

帝制推翻，但皇民心态严重。政局纷扰，南北构衅，盲人瞎马，乱闯而已。

中山先生数十年摩顶放踵，事倍而功不及半，遂着意埋头著述，以求启发国人。

护法失败后往上海，坐守书城，从事著述。先写《孙文学说序》，一九一九年令胡汉民创《建设》杂志，次年著《地方自治开始实施法》，并于十一月间演讲训政的意义。一九二一年完成《实业计划》。有如孔子厄于陈蔡，以道之不行，而作《春秋》。此时外有帝国主义窥视侵凌，内有南北两方军阀之武力威迫，中山先生在此大环境下领袖群伦，于戎马倥偬之暇，从容命笔完成其长篇著述。所著作的建国与治国的各种规划，民族、民权、民生的体制，总称为《三民主义》之总纲；政府组织则设立行政、立法、司法、考试、监察五院，合称为《五权宪法》。前者的主要内容是"国内各民族一律平等""公民选举国大代表和政府官吏并有权罢免不称职者"以及平均地权、节制资本、耕者有其田等等；后者则体现为"人民有权"和"政府有能"，各行其是又总体监督。这些方略，草创之际，乃是征诸历史、立足现实、参照欧美的一剂良药。可惜那时军阀横行，阻力丛生，仅止于纸上谈兵，难以收到实效。

中山先生开国民会议的主张，北京政府毫无接受的诚意，又溺于媚外的心理，怵于外力的干涉，所以更畏惧中山先生废除不平等条约运动。中山先生为了这两个主张，在北京保守低压的空气笼罩之中，严正坚持，决然奋斗，而未能成功，不久便在北京饮恨长逝。

他的遗愿，留给后来的追随者，国民革命军正讨伐陈炯明逆军于广东的东江，乃于极端哀悼悲伤之中，削平陈逆，统一广东，奠立军政时期的基础。一九二六年夏，国民革命军承继中山先生的遗志，誓师北伐。国民革命军所到之处，民族主义的运动也随之风起云涌。

中山先生逝世，当时中国最大的报纸上海《申报》评论说："中国数十年来为主义而奋斗者，中山先生一人而已。中国政界中之人格，不屈不变，始终如一者，中山先生一人而已。"近七十五万人前往当时的公祭地点北京中央公园追悼。

但是昏头昏脑的梁启超却对北京的《晨报》说，孙中山"为目的而不择手段"，因而"无从判断他的真正价值"。

而章太炎对中山先生评价甚高。

梁启超此类人，气质心胸，实难及中山先生之万一。中山先生伟大，量如沧海，陈炯明等欲叛变，其迹甚明，多人告之，先生不以为然，认为陈氏必不至于此。至炮轰观音山后，先生对其重新接纳的条件，仅仅是一纸悔过书。而陈氏犹骄悍作态，最后成为孤家寡人。

小说家曾孟朴，在他的《孽海花》中（第二十九回）曾热情洋溢地介绍孙中山先生。数笔勾勒，形象已出，说到孙先生的童年异秉，留学时所吸养的自由空气、革命思想。在他笔下，孙先生"面目英秀，辩才无碍"，是"一位眉宇轩爽，神情活泼的伟大人物"。一九二四年底，中山先生病象已深，还扶病北来。欢迎的民众，环拥如堵，几年后张恨水先生著文回忆当时情景："中山先生带着笑容，从火车上下来，就在这样民众堆里挤了出去。他因为有病，不能演说，一路之上，扔了许多传单答复民众。传单虽极简单，第一句就是'中华民国诸位主人先生'。你看他对于民众（人力车夫在内）是怎样谦逊有礼，和蔼可亲。"① 恨水先生的笔调，率真而沉郁，情绪低回不已。他又写道："而今青白旗挂遍北京了，中山先生的主义好像快要实行。但是，这莽莽乾坤，哪里去找这样春风风人、夏雨雨人的伟大人物？我伤心极了，我只有痛哭。"读到这里，笔者陡然受了感染，心恻鼻酸，不能自持。先贤炎凉尝尽，而接力春秋，却永无再传！绝世伤怀，有逾此乎？

太炎先生为近现代大哲学家，其学问如深山巨壑，其行文如狂澜汪洋；与革命结缘数十年，贡献极巨，但时常也不免老天真的顽固、迂腐、轻信。一九一二年后，袁世凯为了拉拢他，特邀进京"商谈国是"，派王赓赴沪迎接，到京后百般优待，发表为东北筹边使，太炎不知是计，踌躇满志，领了一万元开办费，即到吉林走马上任。到东北后，无人理睬，碰了一鼻子灰回到北京。一九〇九年秋，他和孙中山先生发生政治理念上的严重分歧，竟在日本华文报上著文恶攻中山，蔡元培对陶成章、章太炎的闹内讧，称"尤为无理取闹。"② 四年后中山先生致蔡元培函，谈民国政府之用人，认为康有为反对民国之旨，终难聚合，而"至于太炎君等，则不过偶于友谊小嫌，决不能与反对民国者作比例。尊隆之道，在所必讲，弟无世俗睚眦之见也"。③

中山先生待人，就是如此宽厚的不设防。他深知，如杰斐逊所说："管制的结果怎么样呢？把世人一半造成傻子，一半则成为伪君子。"

太炎在上海和唐绍仪一起担任中山先生追悼会筹备处干事员，等待

---

① 《世界晚报》，1928 年 6 月 12 日。
② 《蔡元培全集》，第一卷，第 579 页，中华书局。
③ 《孙中山全集》，第二卷，第 19 页。

北京电报到后，同日举行追悼。他向报界发表谈话："……总之，中山先生做事，抱定奋斗精神，艰苦卓绝，确为吾党健者。深愿大家竟先生未竟之功，努力救国，则追悼先生始有价值也。"

至于社会上的倡议，拟将南京城改名为中山城，太炎则期期以为不可，他的理由是国家不是一人的私产，省城名号不能以人名代替。

不管太炎的心理如何微妙，他并不知道，中山先生的去世，事实上使他失去了最为关心、呵护、护持他的兄长，而且也使他失去了他在政治身份上的最为强大的依凭。仅仅两年多以后，太炎的健康状况、在政坛的影响力，均双双下降、滑落，走向末路。当然，此时他还没有些微的预感。

中山先生去世满一个月，全国追悼，太炎撰述《祭孙公文》，通篇以四言结体，高古沉痛，他同时致送挽联，联云：

> 孙郎使天下三分，当魏德萌芽，江表岂曾忘袭许；
> 南国本吾家旧物，怨灵修浩荡，武关无故入盟秦。

他这个挽联，仍念念不忘孙、段、张三角同盟，似有杯葛之意，总之是不能释怀。对于人物事功、情态的把握，还真不如徐树铮的挽联。徐氏联云：

> 百年之政，孰与民先，曷居乎一言而兴，一言而丧；
> 十稔以还，使无公在，正不知几人称帝，几人称王。

先生去世后，陈炯明氏以一联挽之：

> 惟英雄能救人杀人，功首罪魁，留得千秋青史在；
> 与故交曾一战再战，私情公谊，全凭一寸赤心知。

千秋以来，下流、卑鄙、装蒜之人渣，莫过于此了。陈逆袭击观音山，中山先生一气之下，肝病加剧，终在两三年后宣告不治。

陈氏是朱执信的学生，而朱执信又是中山先生的学生，所以陈氏只是中山先生学生的学生；他当初也曾是先生刻意栽培的同盟会干部，然其私心自用，白衣秀士，庸陋异常，而其野心随时发酵，这真是关门养虎，虎大伤人。这副挽联，将"罪魁"二字镶嵌在青史之中，留下狠辣的伏笔，系小人精心算计，然极可笑。下联觍然赫然自居故交，简直不成话，不成体统，也不是人话，他是中山先生的学生的学生，而曰故交，犹如孙子呼祖父而曰兄长！是不忠、不孝、不义、不伦，所谓一战再战者，乃鬼鬼祟祟、谋反偷袭，他还好意思说一寸赤心，陈炯明的所谓心，不是什么心，而是《围城》里面鲍小姐所说的只是一堆肉，放久了自然变味。

太炎酷爱那不伦不类的五色旗，陈炯明亦然。他在一九三三年秋下世后，太炎给他撰述的墓志铭中写道："遗言以五色旗覆尸，示不忘民国也。"五色旗覆尸，此真不让太炎专美于前了。

对于五色旗的不离不弃，显见其性格中生冷、阴冷、寒冷，无热气、无热血、无热忱之一面。

中山先生去世的时候，蒋先生正在东江率部讨伐陈逆，不阅月，即将其主力击溃，以后第二次东征，又将东江陈逆残部彻底肃清，陈逆终告下野，自此孤家寡人，一蹶不振。

所以北伐后在北京西山祭奠中山先生，蒋总司令失声恸哭，以致扶棺不起，有谓"中正服务在军，病不能亲药饵，殁不及视殡殓。惟我父师，不可复得；戎衣雪涕，疚憾何穷。"情深于海，此属千古伤心之泪。

太炎对陈氏的推崇，"知君清操绝于时人，于广中弥不可得已……明年某月，返葬惠州。君自覆两假政府，有骁名，人莫敢近，卒落魄以死……"①实在不是偏爱陈氏个人，乃见其与孙公抵触，种种异心异质之处，仿佛可以借为臂助，而伸出橄榄枝，然而衡诸现实，实在也只是

---

① 墓志未见《太炎文录》，史家沈云龙先生借抄件转录于《民国史事与人物》，中国大百科全书出版社。

谬托知己而已，陈逆于十八层地狱之中，绝不会领他这个情。

不知是缘分还是冥冥中的安排，太炎和姓孙的颇有不解之缘。一个姓孙的走了，另一个姓孙的来了。追悼会后没几天，太炎偕他的夫人汤国梨前往杭州游春，同时拜访孙传芳。早在几个月前，吴佩孚落败，孙氏入浙，他已发生好感。此行对于明媚的湖光山色似乎兴趣不大，而对于孙传芳氏的兴趣，倒是满载而归。孙传芳早有安排，对之沿路派兵保护，当时报纸说他"晋谒孙督办"后，再游览西湖，心情大好。

要替孙传芳腾空间，必须打压段祺瑞。回到上海后，太炎之舆论武器锋利的矛头，已然对准段祺瑞，开始全力攻击。

北洋子遗打来打去，一蟹不如一蟹，段氏上台后，太炎指摘他"毁法乱常，遂成习惯"。乱世到处纠葛，按倒葫芦瓢又起来，五卅惨案发生后，太炎心情沉重，当上海大学生代表访问他时，他说，惨案发生后，举国悲愤、民气激昂，足见民族精神未死。有民众为后盾，交涉当不致失败。随后他和唐绍仪联名通电，指责段祺瑞，斥其毁法丧权，如果还要做人，必须保证实施约法，取消一切伪法伪令，否则，万目睽睽，天理不可欺。

这些话在段氏只当耳旁风。

中山先生逝世后，段祺瑞以脚疾不能穿鞋为借口，拒绝到场公祭，激起公愤。

段祺瑞到了临时执政期间，还试图集权，《中华民国临时政府制》乃将总统、总理职权合二为一，规定临时执政兼有二者之权力。

国会议员中的大部分参加了贿选，故而公开宣布临时执政不受国会的监督。

这个，实在是比皇帝还要拽的了。

可是，军阀不只他一个，老资格的或新起来的张作霖、冯玉祥、吴佩孚在那里虎视眈眈，他又不得不看他们的脸色。

其所发布《外崇国信宣言》，也就借国家的名义，信用和信誉的面子，来替他拉拢外国势力，也就是说以往的条约一概遵行，但须承认临时政府。

执政府是一个鸡肋政府，在奉、直、国民军的夹缝下生存，东北、两广、西南、东南它都不能控制。

除了对段祺瑞的攻击，对于整个乱局，以及未来中国之路的选择，太炎也有明确的考虑。他以为，政体一事，既不能尽仿西欧，也不能强效苏俄。长久而言，仍非三民主义不足以建国，"吾党三民主义与共产主义，绝不相侔，不可以不辨……欲救国必自国民革命始，国民革命必自拥护三民主义始。"[①]

稍后，他写信给李根源，喟然长叹，"于恢复法统一节，果有如何计划？吾辈在此，只如药中甘草，调和群味；但如辛苦过甚，则非甘草所能调。"太炎念念不忘恢复法统，然而喊哑嗓子，瞪破眼睛，还是"无人识，登临意"。

这里，他将自己喻为甘草，既有自许的意思，也有出于无奈的意味。是以此后他倒向孙传芳，或曰寄意孙传芳，也葆有这样的背景。

忙着呼吁恢复临时约法，喊声虽大，寂寞也随之加重。

这时湖南省省长赵恒惕邀他到长沙任主考官，他也得以沿途联络，顺便舒散郁闷。

湖南出于澄清吏治、昌明内政的考虑，需选拔大批知事（县长），太炎获邀担任主考官，亦称考选委员长。行前，上海辛亥同志俱乐部同仁设宴欢送，所讨论的是当下的政治局势，对于考试一事，倒并未怎么议论。

长沙方面极为重视此事，早早派代表到上海来接。因途中经过湖北，省长萧耀南也派员到沪，商洽在湖北境内的接待事宜。

萧耀南系吴佩孚拔擢升至高位的，但前不久吴佩孚落败经过武汉，准备在此喘息，以便卷土重来，谁知萧耀南生怕他在此扎根，强硬暗示不欢迎，吴氏只得黯然而走。稍后胡景翼进占河南，时吴氏已下野，只得离开河南，前往湖北寻找容身之地，而萧耀南还怕因此而引火烧身，

---

① 《申报》，1925 年 5 月 22 日。

遂阻吴入境，竟然拆毁铁路，逼停吴氏专车。最后达成协议，一是吴氏可住黄州，二是其卫队不能超过两营。吴氏在一九二五年初春移驻岳州，曾经炙手可热势绝伦的孚威上将军，此时狼狈达于极点。

太炎于九月十九日出发，沿路安排是，乘坐江新轮，往武汉，到汉后改由萧耀南派专车相送，经岳州时会晤吴佩孚，然后再到长沙。

到了汉口，萧耀南首先去太炎下榻处看望。次日，太炎偕同陈时、黄侃等渡江回访萧耀南。萧氏盛筵招待，据说并未谈及敏感的时局。

逗留两天后，乘坐萧耀南派出的专车，前往长沙。车至岳州（岳阳）经停，吴佩孚亲到站台迎迓。太炎在此并未过夜，而是登上停在洞庭湖畔的吴佩孚兵舰，作三小时之密谈，所谈甚洽，话题由《易经》延及人生、命数等等，但似未涉及现实政治。几个月前太炎还在指天画地地痛骂吴、曹，此时却相谈甚欢，这个首先是太炎对于局势的判断有所转变。

车至长沙，赵恒惕率省府文武官员、新闻记者多人，亲到站台迎迓，军警鸣炮致敬，仪式极为隆重。

二十五日午后到长沙，次日即主持第一轮的甄别考试。太炎所出题目策论分试，论题为"论宰相必起于州部"；策题为"问区田防旱，自汉迄清行之有效，今尚适用否？"

到了次日，晨光熹微，钟鸣五点，先放礼炮九响，点名后又放巨炮三响，报名应考者四百五十人，实到四百三十人。即此可见湘中文风颇盛，士人乐于投考。主考委员长章太炎所出题目以油印形式分发，考场外有军警值守，赵恒惕亲到场内巡视数周。下午六时本轮考试才结束。

此轮考试甄选出一百六十二人。由太炎揭榜。第二轮考试，所出题目为:《联省实行，制定国宪，对于国会制度，应采两院制乎？抑采一院制乎？》等，其余还有关于地方施治的策论题。此轮考毕，入围六十人，又以口试方式进行复试，最后录取也即录用三十人。一直到十月四日才最后结束。

太炎这次担任主考，其间也颇有考闱逸事，在后来类似考试的考生中传为笑谈或为美谈，据说有一陈姓考生，对题旨不甚了然，未能有所发挥，自知不能录取，乃在文尾戏书对联一则："'国体共和，我不敢作宰相；区田防旱，君其问诸农夫。'章太炎阅后批云：'此人虽无百里之才，可作秘书任用'。赵炎公（赵恒惕）当即照办。"①即此不难窥见太炎的学识度量以及识拔力之一斑。

考试事宜鸣锣收兵，太炎有了闲暇，又应邀去各处演讲。其中在省议会演讲，对方赞他，当北方军头武力恫吓时，"幸赖先生发皇正论，呵护不遑……"太炎则恭维他们"联省自治，贵省首先实施，省府地位益巩固，较之前此风雨飘摇时代迥然不同……"但对于整个时局，他又非常失望，临时约法等被废除，衍成一种非驴非马之局，张作霖、冯玉祥等等各自在背后指挥北京政治，成何体统？及此可见就是非法政府。在他眼中，湖南省政是表率，跟其他仅仅挂牌联省自治者有着天壤之别。不过湖南人听他的声音颇吃力，当地报上以花絮写道："太炎演讲，口操余杭土音，咽啾难辨，有相顾错愕，不知所云，而亦鼓掌以表欢迎之忱者。"

随后又到晨光学校演讲，其中谈到国学的地位，他强调说："国文之下，包括历史、论理、哲学三种，历史为祖孙相传之信物，凡伟大人物，皆由参考历史得来。参考历史，如打棋谱，善弈者必善打棋谱，否则虽解弈理，终非能手。"

湖南事毕，太炎着急赶回上海。就在这个时候，浙奉战争拉开战幕。孙传芳先发制人，以秋操演习为名，发动袭击，兵分五路攻击上海、宜兴等地，自称浙闽苏皖赣五省联军总司令。两天即占领上海，在江苏的杨宇霆放弃南京北窜，姜登选放弃蚌埠，奉军自多处退至徐州集中。

屋漏更遭连夜雨，奉系内部现在又出事了。

起初，第二次直奉战争奉系大胜，但其内部也因此大起变化。杨宇霆盘踞江苏，姜登选掌握安徽，郭松龄在大战中功劳极大，却未获这种类似封疆大吏的待遇，愤懑几形于色。浙奉战争前，郭松龄作为奉军代表前往日本观操，意外获知张作霖拟以"落实二十一条"为条件，商由

① 向诚《湘粤两省县长考试亲历记》，见《传记文学》杂志总第290号。

日方供给奉军军火，遂在激愤中联络韩复榘、冯玉祥，试图联合反奉。

现在，吴佩孚看到了极大运作的空间，动身抵达武汉，太炎正好经过此地，欣然会面，其结果，他公开向报界说，扬子江流域，应该给直系掌管经营。至于段祺瑞，还是当他的临时执政好了。这番言论的出笼，背景是赵恒惕亲晤吴佩孚，劝他主张联省自治。

吴氏到武汉未几，就任十四省讨贼联军总司令，通电讨伐张作霖，电文有谓"乃者张作霖贪天之功，不自戢兵，既盗直隶，旋攫山东，更为豕蛇，洊食苏皖……"

太炎离开武汉回上海前，再次会晤吴佩孚，仍着力强调联省自治，同时要他阻击赤色风潮的发展，建议他恢复约法以支撑国会。吴氏对其主张，佯作应诺。同时就请太炎担任他的总参议，更好是就此留下，帮他延揽人才，共同组织护法政府。太炎略作思考，坚辞不就，但愿以国民资格襄赞其军务。

十月底太炎回到上海，在利源码头登岸，等候的记者各界人士多达七十余人。记者一路问询，问题大抵有：此次反奉的阵容？吴佩孚卷土重来，其旨趣如何？是否组织政府？反奉派的理由和底蕴？等等。太炎说，吴佩孚和孙传芳早有约定，但在河南的岳维峻似乎态度并不明朗，还要等等看。岳维峻长期追随胡景翼，胡在当年四月去世，由其接任国民军第二军军长兼河南督办，但岳氏和陕西孙岳、湖北萧耀南以及孙传芳都是在旁边支持吴佩孚的。

战争的间歇，太炎于十月底在上海国民大学演讲，题目是《我们最后的责任》。说到他以前要激烈的推翻清廷，同时也大力倡导研究国学。他说，这两件事，看似距离很远，其实就是一回事。清廷早已推翻，现在则首要是反对赤色运动，即俄国在中国的势力。他们借了华丽的外衣，来做其旗帜，无非是以俄人压迫中华民族。"凡是借外人势力来压迫中华民族的，我们应当反对他，这便是我们最后的责任。"[1]

回到上海又是演讲、聚会，太炎想休息几天，就应李根源之邀前

---

[1] 《醒狮周报》，第58号，1925年11月出版，据《年谱长编》转引。

往苏州小憩。但是坊间报章，传言纷纭，都认为他是去和孙传芳晤面去了。返回上海，记者不依不饶，一再追问，太炎说，真是好笑，孙传芳在南京，我去的是苏州，怎么见面？记者又问时局的走向，太炎侃侃而谈，他说，北方冯玉祥、张作霖之间已达成短暂平衡，但冯玉祥"素善取巧"，他要记者传话，请吴佩孚当心，别给冯玉祥耍了。当然，自上次落败后，现在吴氏的军队要集中，有相当难度，但蒋百里在他身边，军事上会有办法的，政治上就不一定了，政治是吴景濂在帮忙，这个误事的人，只会越帮越忙。至于孙传芳，他的部队撤回南方，是为了防止广东蒋介石新生力量侵入福建。太炎认为，孙传芳应将蚌埠一带的防卫交给皖系负责，从而集中主力，以南京为中心向四周辐射。

吴佩孚任十四省讨贼联军总司令时，蒋百里勉为其难，正式成为他的参谋长。

这时他的本钱已经输光。汉口挂帅，部队多拼凑，这些烂队伍震于他昔日的威名，投到他的旗下，目的在于搭伙求财，打硬仗则看风使舵。所谓十四省居然还包括孙传芳的五省，另将西南地区的杂牌部队也拿来充数，所以，吴氏此时大半是个空头元帅。

驻扎武汉回光返照时节，董显光带着曾朴的公子曾虚白造访吴佩孚，那是曾虚白首次访问风云人物，印象极深。"吴玉帅虽然穿着军服，可看上去不像一个军人。说话时摸着一撇小胡子，倒像一个三家村的教书先生。他本来是一位山东秀才，喜欢交文士，经常一杯在手，赋赋诗，挥挥毫，自命潇洒。可是，他一杯在手喝得过分的时候，却会放言高论、目空一切，暴露他自视之高永远执持己见不肯苟同刚愎狷傲自命不凡的弱点。"他不特有刚愎个性，更有奇谈怪论，他对这两位记者说，西方文化都去自咱中国，何以见得呢？吴佩孚说，中国史书不是记载老子骑青牛出函谷关往西走吗？他到哪里去了？实际上，老子他老人家是到了欧洲。证据又是什么呢？你看西方文字那样弯弯曲曲，岂不是照着老子所骑青牛撒的尿描下来的么。这一番话可把两位不速之客吓得不轻。[1]

---

[1] 参见曾虚白《一代人豪吴佩孚》。

　　吴氏依然夜郎自大，蒋百里告诉他不可四面树敌，他当成耳旁风。谈到讨贼军所认定的贼，忽而是这个，忽而是那个，最终落到冯玉祥头上，蒋百里不由得暗暗发起急来。最后拍发明码电报辞职，吴氏认为这是大不敬。

　　军阀之间一会儿大张挞伐，不欢而散，一会儿呼朋唤友，异常亲热，与市井小儿之乍啼乍笑竟无区别。吴氏一意孤行，这时，广东、奉张、孙传芳、冯玉祥都要打他或孤立他了。

　　蒋百里，当一九〇六年，他二十六岁时在赵尔巽处当督使公所总参议，不久往德国留学。一九一二年从德国回来后，又任浙江都督蒋尊簋的参谋长。他致力于国防现代化建设，蔡锷死前在日本见其军演为立体战，海空军交织，大受刺激，托付百里继续他的事业，他是近现代罕见的参谋专才，但是在吴佩孚这样的主官面前，他无法发挥，也只能智术有时而穷。吴佩孚在近代史上虽然横绝一时，但他毕竟是旧派人物，他的幕僚亦然。

　　这个时期，是孙传芳的全盛时代，而吴佩孚事实上已是强弩之末，他大体上是在虚张声势。外间的传言，说章太炎会晤孙氏，也不是空穴来风，他之倾向于孙，报界早已看出，因而即有此种猜测。

　　无论孙传芳、吴佩孚怎样的煊赫声威，怎样的折冲樽俎，他们在太炎的眼中，仍然只是一方诸侯，若需总领国事大局，在他的心里，还是那个都有些"古老"了的黎元洪。所以在十一月初，他致电孙、吴，要求他俩公开通电迎奉黎元洪"南来正位"，他说，黎元洪的任期本来就没满，现在迎候他，也是全国人心之所系。

　　差不多在奉军退出徐州之际，郭松龄召集所部腹心，改称国民军，与国民军和直系配合共倒张作霖。

　　北洋军阀派系支离庞杂，各个大小军阀部队编练体制各自为政，相互隶属关系游离多边。主官似乎大有可为，料不到乖戾成性，又踢又咬，极不合群，平日颐指气使，一意孤行，相处不洽，甚且反目成仇，终于搞得凶终隙末。

他们成天使枪弄炮，镇日敏感到"你还没动，我就要打"的悸动程度，对其自身的邪恶鲁莽，却一贯奉行装聋卖傻，不肯面对。

郭松龄的倒戈，先是和冯玉祥结盟，然后是军队改编，并拟回师打沈阳，讨伐张作霖。郭松龄则以张学良的名义控制他们，他谎称要清君侧，推出张汉卿，然后从山海关直入锦州，到了新民屯，对面就是张汉卿带着军队来抗拒他们，这些官兵陡然蒙了，想到张氏父子待其不薄，为何要拿枪打他们？可见郭氏倒戈之初就已埋下败因。他与冯玉祥联手，但冯氏却又在关键时候不配合他的计划，使郭氏身死家灭。郭氏当然不会忘记最重要的电报战。因此请来饶汉祥。此时饶汉祥正和黎元洪闲居天津，百无聊赖，于是慨然入幕。不过这是他幕僚生涯中最危险的一次。首先连发三通电报，一是宣布杨宇霆的罪状，要求立即罢免他，一是请"老帅"下野，"少帅"接位。郭军溃败，饶脱逃。这时候的饶汉祥，真个是"姥姥不疼舅舅不爱"，落魄得紧。

饶汉祥代郭松龄讨伐张作霖，其作可称大开大阖，混茫而来，全文近两千字，文章前半篇幅采破局之体，摒四六交替之原则，纯用四言撑起，诸如："名为增饷，实则罚俸。年丰母馁，岁暖儿寒，战骨已枯，恤金尚格。膺宗殄绝，嫠妇流离……死无义名，生有显戮……强募人夫，兼括驴马，僵尸盈道，槁草载途。桀以逋逃，骚扰剽掠，宵忧盗难，昼惧官刑，哀我穷阎，宁有噍类……"

遣词造句先是如高山坠石，猛不可挡，复如长绳系日，膂力无穷。先是数落老帅的不是，形势的不得不变，以下则是威吓、劝慰、蒙骗、求告、呵斥等等，奇奇怪怪地汇于一炉。

数落张氏罪状，扰民、窃财、纵兵等等。其中颇有朗朗成诵的名句，譬如"建国以来，雄才何限，一败不振，屡试皆然。""人方改弦，我犹蹈辙。微论人才既寡，地势复偏，强控长鞭，终成末弩。且天方厌祸，民又苦兵"。

然后才说出郭松龄的无奈之举，此时再次穿插民间的危困，以及张作霖的种种不是。继而顺势抬出张学良来，说他英年踔厉，识量宏深云云，言下之意，张作霖要是识相，就应当迅速下野，灌园抱瓮，从此优游岁月，远离军政。最后是代郭松龄表决心：

"先轸直言，早抱归元之志；鬻拳兵谏，讵辞刖足之刑。钧座幸勿轻信谗言，重诬义士也。"

郭松龄倒戈，与饶汉祥同时出山以为幕僚的，还有林长民。他俩是一对新旧书生，当形势危急，出路渺茫，饶汉祥就懒得理人，人有问之，他总答以"遗精病重"，不胜依依的样子；林长民则愁眉苦脸，但还竭力做出矜持的神情。

林长民也是倾心苏、张之术的才智不凡之士，他自负才华，亟求有以表现，袁世凯称帝时，他的地位不低。

张勋复辟之后，冯国璋继任总统，段祺瑞为国务总理，他即入其阁，当了几个月时间的司法总长。其时梁启超掌财政，他掌司法。

到了二十年代中期，他在政坛已很落魄。忽一日，他赴日本公使的宴会，座中有金拱北，也有几个上下其手的政客。林长民到时，有位来客暗地里对金拱北说："像宗孟（即林长民）这样一把瘦骨，满脸死灰色，真活该干掉了事。"林氏知道后，惊吓不小。

随后入郭松龄之幕，也是不甘寂寞，还想寻求实力来做依傍，做一番事业。而郭氏看重他政治修养和对日外交的才略，立马倒屣相迎，事成以后的腹稿也予交代：郭主军，林主政。林氏由是心动。

郭军先是一路顺风，势如破竹，后来日本势力介入，形势逆转。在战云诡异流变的前线，林氏的前景已很不妙。全线溃退的次日，郭松龄夫妇已先行逃逸，林长民一干人也坐了板车上路。"车过山坳，前面枪声四起，四人仓皇下车。宗孟披着狐皮大氅，仆人挟着他走入沟壑里，觉得不安全，主仆二人蜷伏蛇行，想爬到低处避匿，为了狐氅累赘，想把它脱去，头微仰，恰好弹如雨至，不幸头颅中弹，只剩了半截，那仆人往前一拉，也追随主人于地下了。"①死事是那样的惨切。

林长民的长女林徽因和徐志摩交善。据说徐氏对林先生之死颇为慨叹，以为他那样的声望才学，就是写书卖字也不虚此生，偏偏鬼抓一

① 高拜石《新编古春风楼琐记》，第三卷。

般，跟郭松龄搅在一起，还带太太陪了同车，一直开到前方去送命，前后半个月，活生生的一个人剩了一堆白骨，死得没啥意义，真是胡为乎来哉！

浙奉战争初告结束，太炎和褚辅成、虞洽卿等联名发起五省废督运动，此举实在是为了替孙传芳腾空间。孙传芳的五省联军总司令此时落到实处，相当于当年曾国藩总提四省军务，他比曾氏还阔气一些，孙氏自此进入其军政生涯的黄金时代。据地一吼，山石震裂；依木长啸，威服百兽，他正做着这样的梦寐。

太炎苦口婆心地劝说吴、孙，要他们推举黎元洪复位，并非他个人的想法，还在稍早郭松龄倒戈时，访问太炎的社会贤达络绎不绝，以致门庭若市，他们的目的都是要太炎出面，拥护黎元洪，使其尽早出山。因为这些人士，对于太炎在孙传芳面前的影响力，很有信心。

这班社会活跃人士尚未以此为满足，他们更怂恿太炎牵头，组织五省协会，遂在一品香餐馆举行餐会，太炎备受推崇，发言最多，他以为，此时政治文化界应打击安福系分子，以五省人民之力，建议五省兴革之事。苏浙闽皖赣五省，文化、工商、经济素为极其发达之区，此时的五省兴革建议，颇似清末东南自保运动，只是所依托者，为新起的孙传芳而已。假如黎元洪勉强出山，必受制于冯玉祥等人，还是和拘囚无异，这是太炎最为担心的。他对冯玉祥的人品素来极其反感。认为他极端的诡诈伪善，"若非聪察之士，鲜不坠其术中。既知段祺瑞为卖国，而冯之延外患又过之……倒行逆施，冯氏左右任使之人，素多濡染赤化，而军实大半运之于俄国……近在北京观战者，且谓冯军部内，现有赤俄……革命者以汉族排摈异类，赤化者以异族宰制中华，其不可同年而语明矣。"①

这是太炎对于时局的历史性判断，伟岸而有高瞻远瞩之明锐。这也是他在军头之间比较，进而较坚定偏向孙传芳的原因之所在。

---

① 《章太炎复罗运炎书》。

太炎两度为事实上的幕僚，均与姓孙的结缘。军政府时代是孙中山；北伐前是孙传芳。这两度竭智出力的结局，都是黯然以归，但这最后一次，更加速其心情、健康状况的急剧滑落。

他的终极愿景无法达成，所以黯然；但其情形，总比当年杜甫入川为幕僚的悲辛光景好得多，"比至夔，客于柏中丞、严明府之间。如九尺丈夫，俯首居小屋下，思一吐气而不可得"，陆游写到这里，几乎要哭出声来！"予读其诗至'小臣议论绝，老病客殊方'之句，未尝不流涕也！"①虽然所要致力的最终目的都未达到，但杜甫为环境所规限，而屈伸不得的悲辛酸涩在太炎那里却是没有的。陆游衡定杜甫的处境，所设譬喻，警醒有如冷水浇背，同为幕僚，杜甫是所处环境小、事务小、面对的人事小，天涯流落之感强烈；太炎却是场景大、脾气大、影响大、规模大、声音大，无一不大。他指东打西，绝无流落之感。

太炎和孙传芳的互动，越来越密集而亲切。一九二六年初春太炎的五十八岁生日，孙氏和江苏省长陈陶遗同送寿诗一轴，寿联一副，大餐券一百席，白兰地一箱，孙氏专派代表出席祝贺，各界人士前来祝寿者众多，极一时之盛。

生日过了，依然忘不了未决之事，那就是黎元洪尚未复位。所以除了向军头再三致意，也向报界公开谈话。他以为黎元洪的下野，证明国家纲纪堕废，政府为骄横之军头把持，约法被弃若敝屣。然而，约法应为国人所共守，"军阀、议员，亦中华国民之一"，民众当守，军阀也不得例外。

报界也有一些技术性的疑问，譬如，记者问，黎元洪若不能在北京复位怎么办？太炎说，很简单：让其所任命的国务总理在京，而黎元洪本人可以在南方摄政。在他看来，这似乎不是个问题。但是记者又担心黎元洪能否收拾局面？太炎则以为若军头过分干政，则与割据无异，国人当鸣鼓而讨之。

这种骄横的军头，现在在他眼中，并非吴佩孚、孙传芳，而是冯玉

---

① 陆游《东屯高斋记》。

祥。对于此人，太炎已忍无可忍，于是直接给冯氏手下诸大将，如张之江、鹿钟麟、宋哲元、李鸣钟等人去电，这些人见他声讨冯玉祥，曾致电说，先生学问道德，薄海同钦，望发言论不要混淆是非，实际是想请他手下留情。太炎不吃这套，说是冯玉祥的下野，就是你们这班人上下其手所造成。"诸君果有悔祸之心，即应将冯、俄密约从速取消。其赤俄所派军人党人前来参预军事者，立即驱逐。"

太炎对于徐树铮印象较差，此时徐氏正因其在各军头间的纵横捭阖，而引来杀身之祸。

一九二四年秋天徐树铮因政争难以立足而出国，次年底甫回国，即在廊坊被刺身死。这是陆建章的小孩陆承武和冯玉祥策划，叫鹿钟麟和张之江执行的。一代北洋怪杰，就这样死在虎狼兵的乱枪之下。他那霹雳般的手段，狐狸般的嗅觉，却因疏忽大意而归结为零。

他死了，南通状元张謇曾挽之以联云：

　　　语谶无端，听大江东去歌残，忽然感流不尽英雄血；
　　　边才正亟，叹蒲海西顾事大，从何处更得此龙虎人。

康有为更称道说："其雄略足以横一世，其霸气足以隘九州；其才兼乎文武，其识通于新旧……"

恭维推崇备至，捧场达于极点。

他的遇害，除了私仇积淀的原因在内，变幻多端的情形徐树铮自己似也未料及。当时冯玉祥已经禁锢曹锟，瓦解直系。冯氏又将其所属部队改编为国民军，而自任西北边防督办，和奉军的分界就在廊坊，当时他即将和张作霖发生军事冲突。虽然各路军阀名义上还想拥戴段祺瑞，但段氏已经息影津门，无兵无权。冯氏又操纵着北京的治安大权，所以段祺瑞落得个左右为难。另外徐树铮出使海外，对冯玉祥与俄国人的密切交际极为反感，那些人甘言蜜语想在他身上动脑筋，他曾予以断然拒绝。这就涉及意识形态，当然更种下丧身的恶因。薛观澜先生记述徐树铮与段祺瑞密室谈话，充满火药味，徐树铮郑重警切告段氏说，他在莫斯科时节，"备悉冯焕章与某某勾结情事，此獠不去，则吾国军队，迟早要受他默化潜移，彼若得行其志，则中国全部赤化，洪水一至，不可收拾矣！我们与冯势不两立，乃必然之事，南方孙馨远（孙传芳）与北方杨邻葛（杨宇霆），必为我们后盾，而南通张季直亦因焕章亲共，义愤填膺，请公以非常人，做非常之事，明令讨赤，以安人心，今日之事我为政，焕章现如强弩之末，其势不能穿鲁缟。"①当时是一九二五年的深冬，在北京吉兆胡同执政府段祺瑞的办公室内，谈话者，仅段、徐、薛（观澜）三人。

对幕僚而言，欺诈、诈术、心机，固然可能愈用愈巧，但陷阱或失算，往往也就在运用自如的得意忘形的疏忽之中。

袁世凯可说是死在筹安会之手，段祺瑞败在安福系诸人之前。民初人亲见之。

象有齿以焚其身，有才无德者，更百般吸附枭雄当作靠山，以求一逞。如徐树铮者，他的遭际像韩信，而他的智略则较张良有所不如。所以，他也就"象有齿以焚其身了"。

二月底，孙传芳邀请太炎和冯自由等人到南京议事。到达后孙氏在总司令部设宴为客人洗尘，次日孙传芳即亲到太炎下榻的旅馆拜谒。太炎很感慨，他说通常一省之督军已不好做，而孙传芳为五省联军总司令，权限较诸督军增加五倍，希望孙氏好自为之，为民众造福。孙氏当面慷慨应承。

目前孙传芳在江南尚能控制局势，在北方却又乱作一团。豫鄂战争，皖系投向直系的靳云鹗因盘踞在两省边境，兼任孙传芳所率五省联军第一军军长，收容原直军残军编成三个师，击破了驻开封的岳维峻所率国民军第二军。此后，靳云鹗被任命为河南省省长。

靳云鹗主张联冯讨奉，吴佩孚则要联奉讨冯，两人龃龉日深。稍后，吴氏免去靳云鹗本兼各职，调任陕西军务督理。段祺瑞则下令讨伐

---

① 薛观澜《我印象中的徐树铮》。

吴佩孚，而对张作霖置之不问。此时孙传芳未受影响，而冯玉祥势力受到极大打击。

孙传芳处境舒泰，太炎对之不甚操心，对于吴佩孚所受挤压，倒挺体贴。因吴氏客居湖北，军费开销很大，太炎建议湖北省省长萧耀南把几年来上千万的积资拿出来给吴佩孚当军费，免得吴佩孚又向民间征掠。萧氏本来对太炎执礼甚恭，如今见此情形，真是哭笑不得。湘军第四师师长唐生智起兵进逼长沙，赵恒惕情知难敌，为了避免湖南再起内战，他自己向省议会提出辞呈。太炎对此非常气愤，认为是种种不逞之徒逼迫所致，"一兴谣诼，遂至人心惶怖，省长倦勤"，要求全省军民和省议会"膺惩赤化"。

先前当郭松龄又倒戈时，国民军占领天津，奉、直军联合，宣布和执政府断绝关系，段祺瑞无所适从。一九二六年三月十八日，三一八惨案爆发。北京大学生在天安门游行，执政府卫队实弹平射，死亡四十七人，伤一百三十二人，失踪四十人。

段祺瑞的女儿说是国务总理贾德耀下令开枪的。卫队参谋长楚溪春则说是士兵没有听清楚命令，下级军官传达有误，把鸣枪吓阻听成实弹射击。楚氏回忆，当时段祺瑞说："楚参谋长，你去告诉卫队旅官兵，我不但不惩罚他们，我还要赏他们呢，这是一群土匪学生。"[1]

社会各界和海外侨界纷纷谴责段祺瑞政府。

这时，奉军、直鲁联军、吴佩孚军、阎锡山晋军，联合进攻国民军，国民军放弃天津，固守北京。国民军名义上的大元帅企图做奉直军的内应，暗中联系张宗昌、张作霖，不料风声走漏，冯玉祥下面的鹿钟麟包围段公馆。国民军退却后，奉、直军都不买段的账。吴佩孚并逮捕皖系政客。四月二十日，段祺瑞便通电下野了。

这些北洋子遗倒而不死，死而不僵，甚至会死而复生、死灰复燃。所有的努力似乎都化为泡影，如此反复错杂、板荡紊乱的战局，变着花样地继续，太炎对此真有点莫名所以了。这些强人忽然就会风乍起，搅

---

[1] 《文史资料选辑》第三卷，第56页。

乱一池春水。尚未有个定局的时候，更为棘手的事项又跃到眼前。四月份，太炎参与组织"反赤救国大联合"任理事，通电反对赤化。这个大联合初次开会的时候，推举他为主席，他所领衔的通电，有谓："赤祸日炽，汉奸公行，以改革经济为虚名，而招致外患为事实……抵御之者，大不乏人，反赤之声，洋洋盈耳……吾国一线生机，端赖有此……"稍后该会开第一次干事会，太炎仍任主席，其宣言草案有谓："自莫斯科第三国际产生以来，过激主义者，假共产革命之名，行对外侵略之策……既见摒于欧，复不容于美，遂悉其凶焰，转而东向，我国适当其冲，勾结野心之军阀，煽惑无识之青年，授以利器，济以金钱，于是暴徒附和，盲众争趋……过激主义者，欲以赤化亡中国，实开千古未有之创例，其毒隐伏于内，其为害难知。昔蒙古、满洲人以武力入主中国，用我礼乐制度，犹宰割数百年，今过激主义者，以赤化侵略中国，吾人如不思抵御，恐沦于万劫不复矣……"①

太炎的隐痛和忧患漠漠，实与年初的国民党二次全会有关。这个会上，西山会议派备受打击。

会中，左派势力占据上风，以人数论占三分之一强。跨党人员谭平山为中央执行委员、常务委员，并担任中央组织部部长兼秘书长等要职，地位尚在蒋介石之上。中山先生的三民主义乏人问津。蒋介石重点提出的北伐建议，遭到了苏俄顾问及左翼的反对，左派更在广州市区散传单，贴标语，反对北伐，有计划散布主张北伐的蒋介石为新军阀。湖南各级农民协会号称有五百余万人，协会不仅形同各级政府，有权有枪，而且自设公堂刑狱，动辄批判斗争，随意逮捕杀人。李立三的父亲即为农民协会所枪决，而北伐军中许多出身于小地主的湖南籍中、下级军官和士兵，其家人未能逃出者，亦多被批判、斗争、关押或捕杀，财产被没收。

在工农革命史上，类似这种左倾的错误，刘少奇曾有回顾和批评，他说："实际工作中又发生了许多'左倾'观点及各种'左倾'现象，

---

① 《申报》，1926 年 4 月 16 日《反赤大联合干事会记》。

例如普遍地提高成分，侵犯中农，贫农团的孤立主义与唯成分论及乱打、乱杀、乱捕、乱封门及土地分配中的绝对平均主义等，到处发生……'左倾'错误是目前的主要危险。"①

而在三月中下旬，中山舰事件发生。事件发生的前一日，省港罢工委员会被军事当局派兵包围，苏俄顾问鲍罗廷的公馆附近也是军警密布，马路上也到处布满步哨，情形诡异。时汪精卫为国民政府主席，兼军事委员会主席，平日对政治颇多负责。三月二十日之后，汪忽称病不出，未几即赴法国。此即三月二十日事变之一结果也。据蒋介石氏当时呈报军事委员会述该时情形一节如下：

> 本月十八日酉刻，忽有海军局所辖中山兵舰，驶抵黄埔中央军事政治学校，向教育长邓演达声称，系奉校长命令，调遣该舰，特来守候等语。其时本校长因公在省，得此项报告，深以为异，因事前并无调遣该舰之命令，中间亦无传达之误，而该舰露械升火，亘一昼夜，停泊校前，及十九日晚又深夜开回省城，无故升火达旦，中正防其扰乱政府之举，为党国计，不得不施行迅速之处置，一面令派海军学校副校长欧阳格暂行权理舰队事宜，并将该代理局长李之龙扣留严讯，一面派出军队于广州附近，紧急戒严，以防不测……

当时随李之龙而被捕者还有多人。事变后左翼受到前所未有的打击，蒋介石有所让步，撤退包围省港罢工委员会及鲍公馆之兵士，并交还工人纠察队之械，广州形势，始渐回复常态。而左翼也撤走第一军中所有党代表。中山舰事件后，蒋介石提出整理党务案，收回了一部分党权，并决定北伐。

蒋本人在早几年访苏回国后，曾写有一份考察报告，对苏联政策表示担忧："从我的观察和与苏共领导人会谈，我注意到苏联存在激烈

---

① 《刘少奇年谱》下卷，第139页，中央文献出版社。

斗争，我确信苏联的政治体制是一种恐怖暴政，与国民党的政治理念从根本上不相容，这些是我在中国永远也无法想象的。"蒋介石说："苏联人缺乏诚意，苏联的政策是沙皇主义的别名而已。寻求吞并中国东北领土，并苏维埃化国家。他们不相信我们国民党能与他们永远合作获得成功。"一九二四年一月当蒋面见孙中山时再度表示了他的担忧。孙说："别让你自己被怀疑和担忧陷入困境。"

太炎所谓过激主义者，当然也有其适合的土壤。早在第一次世界大战期间，中国站在协约国一边，反抗侵略主义，占有道义高地。殊不料巴黎和会后，中国仍为列强宰割之对象，备受欺凌，此为饱含爱国心之国人强烈不满，自然会追究到军阀政府之祸国殃民，于是，反军阀、反列强的势头由发酵而渐至喷涌。这个势头，在军阀的百端压制之下，自然会衍变为太炎所说的过激主义。而且衍变的过程，也会变形、走形，有其渗透性的负面影响，太炎应是以此为忧。

这种形势下，太炎也真可说是呕心沥血，卑之无甚高论，又提出先实行联省自治，待其有一定成效和规模，再来进行中央政府的建置。对于目前的中央政府设置，因段祺瑞避走天津，还得让黎元洪复位，使之补足任期。

到四月底，反赤救国大联合会正式成立，太炎任主席，宣言全文刊于《申报》。文中要旨，乃为指斥苏俄，言其以一种业已证明失败的政略，输出于中华，"以遂其蚕食鲸吞之狡谋焉"，而过激派与之一拍即合，后患无穷。

同一天致电苏俄驻华大使加拉罕，言其莅华以来，侵害中东铁路，一意宣传赤化，违背中俄协定……致令群情激愤，故而太炎在通电中令其辞职回国，以免辱命。对于北京政局，太炎有专电致颜惠庆，警告其勿与曹锟偷梁换柱、上下其手。此系以其崇高舆论领袖地位阻挡曹锟再做冯妇。

在南方，孙传芳于五月初就任淞沪督办，驻跸上海。章太炎、杜月笙、蒋百器、张啸林等士绅名流，轮番酬酢其间，欢宴扳谈，太炎乐观其成。然而在北方颜惠庆果然出面摄政，为曹锟代言，太炎气愤已极，拍发千言长电，再致颜惠庆，予以痛斥。

太炎的社会活动频繁，六月份既先受聘任国民大学校长，还兼任国文系授课，同时又受聘上海法政大学校长职。

北伐战争已经发动，太炎和孙传芳的合作也达到顶峰，从此后即驾驷骦而下长坂，大走其下坡路也。

一九〇〇年代初，章先生已经是叱咤风云的文论名师，而孙传芳只是十多岁的小孩子，殊不料二十年代后期，孙氏青云直上之际，太炎竟孜孜矻矻，为其捧场，虽然对方尊其为师，真不知所为何来。

民国肇建，袁世凯以禄位诱之，先授热河都统，旋返，袁氏阳为厚遇，实则以软禁羁縻之。太炎曾跳脚大骂，部院秘书竞观稀奇。帝制告成，太炎知祸将来，佯狂避之。尝于冬日赴宴，宾主未入席，已据案大嚼，俟客入座，他已食毕扬长而去，世间又纷传他为疯子。太炎为晚清学术巨子，朴学第一，文章古茂第一，同时亦为同盟会政论第一。其行事风格，动辄走极端，爱则加诸膝，恶则坠诸渊，尝与孙中山数离数合，其间蔡元培愤之，以为当谴责，中山思再三，以为"尊隆之道，在所必讲"。

孙传芳最得势之际，曾放豪言：秋高马肥，正好作战消遣！好像运筹帷幄、天下独大的样子，可是在当他被赶出南京又想反扑的时候，却又通电发布文告说，"敌至赣边，犹迟缓进，兵临城下，尚尔言和"，又显出他骨子里的犹豫和徘徊。

孙传芳尝以联帅自封，贵极一时，他的机构很多，除了三个厅、十大处以外，还有各类高参：军事、文学、政治、经济等等，其中像蒋百里、章太炎都被聘请，月薪高至二三千元。当时的总参谋长是刘宗纪，精通军事，熟悉多国语言，足智多谋。另外是秘书长陈季侃，他是前清的举人，文章写得很好，他对孙传芳献计献策很多。当时的东南五省是全国的财富汇聚之地，孙传芳依托于此，大肆笼络人才。他对蒋百里和章太炎特别尊崇，企图以他们的战略头脑、文章学术为己所用。

丁文江是以客卿和幕僚的身份参预孙传芳的行政系统，当时孙已经是五省联军总司令，丁先生之长才不在军事战略上，是以不可能有什么建树。但是在社会行政方面，则确为一时之选。丁文江正式的名义，是淞沪商埠总办。孙传芳希望留名青史流芳百世，他说，"吴佩孚喜欢讲《易经》，我喜欢讲兵法，亦喜考古。"他在南京举办了两次投壶尊孔雅集。一是联络感情，二是以礼贤下士的招牌发现幕僚和参谋人才，其中确有不少人上书献计献策的，怀揣所谓锦囊妙计，远道而来者也所在多有。

太炎桀骜不驯，同时在看人说话一方面，却又心细若发。一九二六年，章太炎反对北伐，也对张作霖、吴佩孚、冯玉祥深表不满。

他唯对孙传芳尚加青眼。八月九日，他答应孙传芳的邀请，担任南京修订礼制会会长。孙传芳力促复古，举行投壶古礼，由太炎主持，仪式当日未赶到。太炎依托实力人物，来推行他的思想主张，无可厚非，复古代之礼，在技术上也是可用的，其中包含古时合理的社会生活习俗，属民俗文化范畴，并非纯粹帝王专制那一套。

投壶新仪，孙传芳的出发点，是以"吾国以礼乐为文化之精神，今欲发扬文化，非以修明礼乐不可"。礼乐的范畴极广，因此为社会选择可通行接受者，就是投壶一事。投壶是有道德之竞争，在《礼经》《左传》均记载甚详。投壶仪式的大宾，本由太炎担任，因他迟到，临时改请姚子让担任。

冯玉祥认为北洋中后期，实属黑暗中的极其的黑暗，一切关系极为混乱。张勋复辟时带着康有为，作为外围幕僚和镇山之宝。

成则为殿堂金銮国师，败则为村校国文老师，成为中国文人满腔苦涩的千古情愁。

一九二一年间，直系吴佩孚笼络于右任，拟给予总统府每月千元的高等顾问衔头及一等文虎章以为笼络。

于右任说，钱我见过，什么文虎章，你妻侄小舅子都给，狗也给，猫也给，我看得不值半文钱。[①] 拒不受。

---

① 事见冯玉祥《我的生活》，第 311 页。

章太炎为这事专门修书一封讽骂于右任,于氏深觉不爽。

投壶大礼之次日,太炎赶到南京。应孙传芳、陈陶遗之请,就任"修订礼制会会长"。成立大会在军署大礼堂,太炎为会长席,居中独坐;西侧为主席、职员席;东侧为来宾席、会员席。阶下陈列古乐器十数种,诸如箜篌、陶埙、瑟、笛子、箫、编磬、编钟、琴等等。先由主席孙传芳致辞,略云:

> 我国固有文明,敷流最广且甚久远者,厥惟礼乐教化,而教化之成,本于礼乐。礼乐实为我国固有文明之中心……如此次举行投壶典礼,看似迂阔,实则君子礼让之争,足以感人心而易末俗。此次惠然肯来之诸儒师,于古今礼制,均夙有心得,甚望集思广益,蔚成美制,由江浙而推行于全国。

然后是会长章太炎起立致辞:

> 我国古昔,甚尊视礼制,自君主政体革命后,知识界即摒而不谈……今日之学校,既置礼教于不讲,而强权者黩武相竞,又迄未得睹统一之效……古制在今日,多有窒碍难行者……卑之无甚高论,将来议有端绪,著为典章,务使一般社会览而易知,知而易行。使国民知我国尚有此礼制,为四通八达之大路,则礼制终有观成之日。

致辞结束时,太炎强调,礼制的复兴,其作用在于,一是民间易于遵行,二是可以涤尽帝国主义之影响。其所讲述论说持平,而亦富于远见。七八年后鲁迅写了杂文《趋时和复古》大肆讥讽:"晦气也夹屁股跟到……孙传芳大帅也来请太炎先生投壶了。原是拉车前进的好身手,腿肚大,臂膊也粗,这回还是请他拉,拉还是拉,然而是拉车屁股向后,这里只好用古文,'呜呼哀哉,尚飨'了。"这可说是丝毫不着边际。

因此一九二七年初夏以后,上海一些民间团体以纪念五四为契机,通过决议，呈请国民政府遄缉学阀，即有章太炎、张君劢、黄炎培等十余人，稍后更列章太炎为第一学阀，皆因其出于利禄而与军阀发生不清不楚的暧昧瓜葛。

他和孙传芳交往最密之际，周作人写了《谢本师》，登在《语丝》杂志上，略谓："我在东京新小川町《民报》社听章太炎师讲学，已经是十八年前的事了……《民报》时代的先生的文章我都读过无遗，先生讲书时像弥勒佛似的趺坐的姿势，微笑的脸，常带诙谐的口调，我至今也还都记得……可以称作我的师者，实在只有先生一人……

"讨赤军兴，先生又猛烈地做起政治的活动来了……先生现在似乎已将四十余年来所主张的光复大义抛诸脑后了。我相信我的师不当这样，这样也就不是我的师。先生昔日曾作《谢本师》一文，对于俞曲园先生表示脱离，不意我现今亦不得不谢先生，殊非始料所及。此后先生有何言论，本已与我无复相关，惟本临别赠言之义，敢进忠告，以尽寸心：先生老矣，来日无多，愿善自爱惜令名。"

连嘲带讽，加以软中带硬那种决绝的割断，真令太炎有些始料未及。太炎得知此事，直说：岂有此理，岂有此理！

第十四章

胜利声中的伤怀憾恨

——北伐：为自由而战——誓师北伐，向北洋余孽全面摊牌——赓续北进，全面扫荡——肃清长江下游，孙传芳覆灭——二度北伐，太炎光芒急剧黯淡——对国民革命的成见——鸿沟的产生

早在一九二四年初秋第二次北伐之际，中山先生仍然选择韶关大本营。一九二四年冬的北伐，已属决战阶段。九月二十二日，中山先生巡视南雄、始兴。南雄县长召集工商学各界人士开会，为北伐军筹款。九月底召开韶关各界赞助北伐大会，参加团体就近三十个，达四千余人。声势既大、影响复深，中山先生在此，发表演说，题为《北伐的目的》。再次在韶关誓师，以谭延闿为总司令，程潜、樊钟秀等部为主力，谭延闿率领万余人部队出梅关向江西进发。前锋与驻守赣南的杨池生、杨如轩部遭遇，其后因顾虑敌方夹击，北伐军在一片慌乱中退回南雄。加以军饷紧缺，士兵无心恋战，谭延闿只好向南雄商界筹款发饷过春节。不久谭部改编，第二次北伐又告失败。

中山先生指明北伐的意图："国民革命之目的，在造成独立自由之国家，……北伐之目的不仅在推倒军阀，尤在推倒军阀所赖以生存之帝国主义。"①

最后收拾残局，也是收拾全局的北伐开始了，时在一九二六年五月，是为黄埔军校成立两周年。中山先生创办军校之目的，在于组织革命军，继续先烈的生命，以牺牲的决心，然后，统一广东，统一中国，完成国民革命的责任。

五月五日蒋介石就任总司令，二十一日开会制订作战计划。随即向北洋余孽全面摊牌。

北伐前的两三个月，蒋先生慨叹其身处的环境，单枪匹马，前狼后虎，孤孽颠危，令人不知何以自处。但是"总理与诸先烈在天有灵，其必怜而呵护之，不使我陷于绝境乎"②。

蒋先生对军校学生训话，认为，总理所创的三民主义，是以民生为历史的中心……希望各同学人人学总理，继续总理的事业，实行三民主义，尤要学中山先生的思想魄力、气度胆量。

一九二六年春夏，时局并不太平，歧出也所在多有。当时汪精卫首鼠两端，设法出以掣肘，又有中山舰事件，而西山会议派的搅局，更是横生枝节……

蒋先生多次强调整军北伐，以革命形势，非速定出兵北伐大计不可，当时形势是奉军占领京津，日本在华势力加固；英国帮助吴佩孚在湖北、河南势力渗透，英帝国政客且逼使盘踞江浙的孙传芳和北方的吴佩孚联手；美国则欲联合孙传芳以牵制日本，法国又害怕苏俄势力深入，又欲联英联日，助云南唐继尧以阻挡广东革命军的北伐，再不挥师北指，各地军阀经济益加强固，联网勾搭成型，到时形格势禁，就更难办了。

北伐前的动员，旨在使革命军人明了北洋余孽的不可救药。当时中

① 《年谱长编》，第 2057 页。
② 《孙中山年谱汇编》，1926 年 3 月 5 日。

国祸乱的根本，在于各大军阀分别与各帝国主义相勾结。

中山先生的入京宣言谈到，推翻清政府，为的是求中国人的自由平等。但在北洋军阀统治下，各不平等条约还在继续、深化。

这也是北伐的起因，也是在继续辛亥革命的未竟事业。

一九二四年十一月中旬，中山先生行经上海期间，就吴佩孚组织护宪法军政府与记者谈话，他说吴佩孚的举动，属于恋位贪利的军阀应有的反应，且有帝国主义的影子在后操控，吴氏无知妄为，荼毒民众，结果免不了失败。

袁世凯解散国会；段祺瑞几次三番解散、打压国会；曹锟以巨款贿买国会议员选票；张勋控制国会……创下民国前期最为恶劣的政治顽症，于民主共和，则属不断退步，毫无进步的可能性，更无进步的事实，国会的作用，其独立性是一个硬性指标，它的作用被钳制，它的功能被虚掷，它的命运被扼杀，这就是民治、民有、民享的反面。

打掉国会就是消灭规则，造成一个没有游戏规则的状态，一切由军头恶棍的好恶来行事。袁世凯、段祺瑞、冯国璋、曹锟、吴佩孚、张作霖、孙传芳……胖瘦高矮、模样各个不同；深沉乖张、狡狯愚痴、性格有异，甚易区别，而其帝王思想，则层出不穷，专制余孽，旋灭旋生。在如此一个老大帝国，转型的难度可想而知，北伐，乃是对大大小小专制者的一个总的清算。

如此这般，很显然，辛亥革命的目的就还没有达到，切要的指标远未完成。因此，中山先生说，他致力于国民革命四十年，这差不多四十余年的工夫，就是辛亥革命的过程。辛亥革命实际上已经延伸到北伐时节。

所以，北伐的宣言中就说：

"以言农人，则血汗所获，尽供兵匪之掠夺，预征特捐，有加无已，终年辛苦，不得一饱"，"壮年多被俘虏，男为牛马，女被奸淫，其或能逃出虎口，幸保余生，亦不过皇皇如丧家之狗，不操下贱之业，即作他乡鬼而已"，"学者每以匪患兵灾，断绝资斧，而无以进其学业；加以百业凋敝，虽属聪明才智之士，难免彷徨失业之忧"，"青年学生多成饿殍……且为野心军阀驱而置诸死地，大好热血，不用以靖国难、救人民，乃徒以受军阀豢养之故，反用以屠杀人民，为军阀争功名、求富贵”，总之，灾害深于水火，困苦甚于倒悬。

统一政府不成立，则外祸益烈，内乱益甚，中国人民之困苦，亦将如水益深，如火益热，中国人民将无噍类矣。

"中国人民一切困苦之总原因，在帝国主义之侵略及其工具卖国军阀之暴虐。"北伐的任务和目的是："剿灭卖国军阀之势力"，"建立一（个）人民的统一政府。"

呼吁全国民众顾念人生的生存，以其同情之心，来赞助北伐之师，将军阀势力予以彻底剿灭，从而进国民革命于成功之境。

《北伐宣言》一九二六年七月六日由国民政府发表，宣言极其沉痛，道及中国困苦不堪的现状和成因，就农业、工商业等行业悲惨境况切入，民众生存境况沦于阿鼻地狱。军阀为了一己的势力，不惜和帝国主义做出将民族命运置诸死地的交易，动辄发起战争，惨祸无穷无尽。

北伐的目的，在为正义而战，使中国在国际获得应有之地位，同时也是为自由而战，为了这一终极目的，从循序渐进的角度来说，是先要将广东建设成为模范省，担负起革命大本营的任务。至于北伐意义的简洁概括，蒋先生说："昔先大元帅昭示吾人以'北伐之目的不仅在推倒军阀，而在推倒军阀所赖以生存之帝国主义，不仅推倒曹、吴，而在使无继曹、吴而起之人'，今吴佩孚造乱作恶，已至贯盈，本党为革命计，政府为自卫计，皆不得不出师讨贼。"

七月一日，蒋先生以军事委员会主席名义颁布北伐动员令，计划首先集中兵力于湖南，稳固据点，进而拿下武汉。四日，国民党中央执行委员会发布出师北伐宣言，号召全国各界赞助北伐。随后，任命李济深为总参谋长，钮永建为总参议。

九日，蒋先生就职国民革命军总司令并誓师北伐。同日在广州举行誓师典礼，于东校场举行就任国民革命军总司令暨北伐誓师典礼，参加军民约五万人。

此前，经过了平定商团叛乱和东征，讨伐陈炯明，广东根据地渐形统一，在一九二五年六月中旬，将大元帅府改组为国民政府，将军事建制正式改为国民革命军，随后又成立了军事委员会。一年后，蒋介石取代汪精卫担任军事委员会主席。

到了一九二六年五月，国民革命军决定出师北伐，当时主要军阀部队有直系吴佩孚，得到英国的支持，吴佩孚系统，在第二次直奉之战后，其军力趋于瓦解，他又经过三四年的悄然培植，但其战力较先前不可同日而语。此时他号称十四省联军，实际只有两湖及河南为其嫡系部队。因在两湖地区盘踞，对北伐军威胁最大，其总兵力二十五万，但有不少在南口和国民军作战受到牵制。

另一个是奉系的张作霖，以日本为靠山。奉系张作霖，得到直系逆子冯玉祥的帮助，以安国军大元帅代行中央职能，以东北为老家，淹有华北，实力强盛。总兵力约五十万。

东南的孙传芳，得到英美的支持。孙氏号称五省联军总司令，占领全国最富庶的东南之地，他的战力较此时的吴佩孚为优，骎骎有领导全国军阀的企图。总兵力约为二十万。

其余各省军阀，多为大军阀的附庸，以求得自保、割据一方为满足。

革命军的优势在于训练扎实、纪律严明、士饱马腾，但毕竟军阀部队数倍于我，因此在战略上必采用各个击破之方针。吴佩孚自许为武圣关羽、岳飞，口口声声团结御侮，反对内战，然而正是此公，积极率部参加直皖、直奉之战，造成曹锟贿选，又复启动讨奉、讨冯战端，导致兵连祸结，所作所为，完全与其言论相违背。腐化颠顶，丧权辱国，全国各阶层民众无不切齿痛恨。吴佩孚素抱武力征服中国的野心，对西南革命基地，具严重威胁，故此确定为第一打击目标。

吴部素称兵力雄厚，但布防相当分散，且相当一部分将领系易反易覆的小人。此为打击吴佩孚的最佳时机。

北伐时国民革命军总有八个军，大约有十万人，北伐军战斗序列是：总司令蒋介石，总参谋长李济深，总参谋次长白崇禧，总政治部主任邓演达，前敌总指挥唐生智。

第一军：军长何应钦，党代表缪斌，参谋长蒋伯诚；总预备队指挥部：指挥官王柏龄。第一师：师长王柏龄，副师长王俊，参谋长郭俊。第二师：师长刘峙，党代表缪斌，参谋长胡树森。第三师：师长谭曙卿，副师长顾祝同。第一四师：师长裴轶，参谋长吴文献。第二十师：师长钱大钧。

第二军：军长谭延闿，党代表汪兆铭，副军长鲁涤平。第四师：师长张辉瓒。第五师：师长谭道源。第六师：师长戴岳。

第三军：军长朱培德。第七师：师长王钧。第八师：师长朱世贵。第九师：师长朱培德（兼）。

第四军：军长李济深，副军长陈可钰，参谋长邓演存。第十师：师长陈铭枢，副师长蒋光鼐，参谋长朱绍良。第十一师：师长陈济棠。第十二师：师长张发奎，副师长朱晖日，参谋长吴奇伟。第十三师：师长徐景唐。独立团：团长叶挺。

第五军：军长李福林，党代表李朗如，参谋长刘敏。第十五师：师长李群。第十六师：师长练炳章。

第六军：军长程潜，参谋长唐蟒。第十七师：师长欧阳驹。第十八师：师长胡谦。第十九师：师长杨源俊。

第七军：军长李宗仁，党代表黄绍竑，参谋长胡宗铎。全军共编九个旅，旅长分别为：夏威、李明瑞、刘日福、黄旭初、伍廷飏、韦云淞、胡宗铎、钟祖培、吕焕炎。

第八军：军长唐生智，党代表刘文岛，参谋长张翼鹏。第二师：师长何键。第四师：师长刘兴。教导：师长唐生智（兼），副师长周斓。鄂军第一师：师长夏斗寅，参谋长万耀煌。

北伐军首先兵指湖南。进攻长沙的时候，吴佩孚正身处南口争夺战，陷于南北两线作战，所以说北伐时机较佳，当时他想联络孙传芳从东向西打，但后者按兵不动，坐观成败。八月中旬蒋介石亲抵长沙，发表讨吴宣言，其中说这一战的关系不仅决定军阀命运之存亡，即中国国家民族之能否恢复其自由独立，胥卜于此。

一九二六年七月五日，前敌总指挥唐生智统御第四、七、八各军北上，指向湖南省省会长沙。

吴佩孚部队在长沙以南的涟水布防迎战，不过北伐军轻易地突破了这一道防线，七月上旬，连克湘乡、湘潭，十一日迅速攻占长沙。吴佩孚所部湘军总司令叶开鑫率部北遁。

八月初吴佩孚在南口取得大胜，而在湖南战场，北伐军也在此时开始总攻。

蒋总统以总司令身分进驻长沙，是在八月十二日深夜三时左右，虽然是在拂晓之前，但还是大获人民支持，五万群众精神抖擞地夹道欢迎。

蒋总司令的镇定，乃是一个很有象征意义的北伐镜头。

长沙会议后，蒋先生于八月十四日召集在长沙的部队阅兵，第七、八两军受阅部队约两万五千人。天朗气清，又是战胜之师，军容极盛。

蒋总司令一行均骑骏马缓缓前行，蒋先生的坐骑是一匹高大的枣红色战马，他"进入主帅位置，听取各单位报告检阅人数，三军主帅，春秋正富，马上英姿，更显得器宇轩昂，威仪万千"[1]。

李宗仁又于围攻武昌之际回忆道，正当前线战况最激烈时，蒋总司令忽然约李宗仁一道赴城郭参观，李宗仁以为蒋先生未尝做过下级军官，没有亲上前线一尝炮火轰击的机会，深恐其在枪林弹雨下感到畏葸胆怯，谁知他二人走到城边，"战火正烈，流弹在我们左右簌簌横飞，我默察蒋先生极为镇定，态度从容，颇具主帅风度，很使我佩服。"

北伐军赓续北进，势如破竹，十九日，夺得平江；二十二日，拿下岳阳，差不多是已经控制了湖南全省。

北伐军肃清湖南后，以能战之军戍守湘赣边区，监视孙传芳，以保证攻鄂部队的侧背安全。不过，在越过省境，进入湖北省时，则遭遇到顽强抵抗。

---

① 《李宗仁回忆录》，第二十三章，第361页。

武汉守城的优势，周边地区古为云梦大泽，水泊密布，长江、汉水绕其间，影响大部队攻击行动。武汉三镇，夹长江、汉水之汇流点，鼎足而立，武昌城垣坚固，尤其难攻，城内之山梁，谓之蛇山，可俯瞰周边，易于遏制来攻之敌。

北伐军战略指导为：四军、一军第二师、七军的第二路，担任武昌之围攻。八军先遣队，担任汉口、汉阳之攻略。并遮断敌人京汉铁路后方，截击敌之增援。一军除留少量部队戍守岳阳，其余为总预备队。七军之第一路在鄂城、樊口方面，掩护主攻部队的右侧安全。

武汉战场，当中涵盖三大战，即汀泗桥、贺胜桥以及武昌围城之战，所以这方面的战事较他处更为激烈。九月初，吴佩孚调集南口、河南部分军队，南下加强武汉防卫。另有军舰十余艘投入巡弋，随时可以投入战斗。

汀泗桥争夺战。国民革命军为统一全国而迈出第一步，旌旆北向的第一个目标，是收复湖南，进而乘势攻取湖北省要冲武昌、汉口、汉阳。武汉地区，雄踞长江中游，早在中华民国奠基的辛亥革命时代，就是首义之地；自古以来，为兵家之所必争。

吴佩孚所部在武昌之南约八十公里的汀泗桥严阵以待。汀泗桥，虽则只是位于粤汉铁路线的一个小站，但却为武汉三镇的重要屏障，东边紧傍山势；南、西、北三面为长江支流及湖泽所环绕；仅在西南方架设有铁路长桥，为通向外面的唯一孔道。如果阻滞于这一个隘口，则无法自南面进迫武汉。

吴佩孚调来陈德麟、刘玉春所部劲旅约两万人开入汀泗桥阵地，试图在此背水一战，扭转危局。八月下旬，他在武昌与汀泗桥之间的贺胜桥设立前线司令部，吴佩孚本人亲临指挥，一场硬战和血战于焉爆发。

北伐军开局不凡，在吴佩孚立足未稳之际，汀泗桥就已经一度被第四军攻下。

吴佩孚莽汉有莽劲，必然盲进，他岂肯认输？竟颟顸的枪决九位败退的旅长、团长、营长等部属示众；命令全军誓必夺回汀泗桥，并以大刀队在前线官兵背后压阵督战，凡退却者，就地斩决。死亡威迫之下的吴氏部队，在八月底实施疯狂反扑，北伐军不得已放弃阵地后撤。

北伐军稍退即回师，二十八日，汀泗桥一度为革命军所得，转瞬又被吴军拿下。在此殊死拉锯中，北伐军预备队第一军加入作战，才稳住汀泗桥局面，这是在二十九日。蒋先生乘火车经过汀泗桥，目之所及，但见死尸累累，惨烈战争的遗迹，还未曾收拾。这是和吴佩孚之战的第一个高峰。次日，革命军攻下贺胜桥，有因退却而被其所属长官手刃死亡的吴军百余人仆倒在桥边。

九月一日，吴佩孚部退守其最后的据点：武昌。他在这里洪山的丘陵地带筑有炮台，构成坚强要塞；吴佩孚更增派两师人，加强防务，摆开死守武昌的阵势。

蒋纬国《北伐战史》第二部写道，初期进攻不利，"攻城各部队，以团为单位，编组奋勇队，为攻城突击部队，九月三日凌晨行动，第七军方面，行动较迟缓，黎明时始进入预定位置，致部队运动暴露于敌人炮火之下，未能接近城垣，第十师攻至城墙下，天色已明，受敌人炮火压制，伤亡甚重，第二师突击队攻抵城墙下，攀登城墙时，遭敌炮火猛烈射击，且因云梯过短，不及攀至城巅，死伤累累……"

八月二十三日，蒋先生在长沙召开军事会议，决定分四路进攻汀泗桥，二十七日半夜，从长沙启程，下午到达浦圻，次日电贺陈可钰、陈铭枢、张发奎等攻克汀泗桥。九月初，任命李宗仁为武昌攻城总指挥。三日正午，北伐军进围武昌城，趁夜色掩护发动攻击，敢死队多次要攀垣入城，但都被敌方重炮及机关枪所遏阻，无法逼近。当天晚间，蒋先生乘车抵达武昌附近的涂家湾，拟发动第二波攻击。四日，召集紧急军事会议，部署攻城，限四十八小时攻克武昌，并训斥刘峙说："尔等如再不争气，何以立世见人。"虽然下了死命令，次日猛攻至中午，毫无进展，伤亡颇大，伸展左右两翼再度发动总攻，但仍然未能将云梯靠到城墙，致又告失败。不得已暂停攻击，重新研拟作战计划。

汉阳则在经过十六小时的激战之后，于六日下午攻下；七日，汉口也被克服，武汉三镇中的两镇业已归于掌握。

敌军主帅吴佩孚，更向北逃遁到河南信阳方面。

此时，武昌城虽已陷于孤立情势之下，但刘玉春的城防部队继续顽强抵抗；北伐军为对城内居民的生命加以保护，不能为攻城而不择目标地发炮轰击，于是，乃留下第四军所属两个师及部分炮兵，继续围困武昌，封锁其出入，以徐谋攻略，其余部队则抽调他处作战。

吴佩孚于湖北失败之后，退守河南，沿豫鄂边境设防，准备反攻，以靳云鹗为前敌总指挥，驻守信阳一带，以田维勤为中军，驻军平汉在线，以魏益三为右军，庞炳勋为左军，相互呼应，贺国光与王维城居后策应，在确山、驻马店一带，贺国光为第一预备队，王维城为第二预备队。

此时靳云鹗打着骑墙的主意，私下暗通国民革命军，借口粮饷不敷，徘徊不前，贺国光这期间与之见面，因贺先生同情革命，故亦同情靳云鹗。

幕僚眼中的吴佩孚如何呢？曾任吴佩孚讨逆军总参议的白坚武日记写道："吴使长于用兵，短于施政，地位既高，谀言日至，往往拒谏饰非，前路茫茫，殊可虑也。"（一九二二年十一月八日）

贺国光回忆北伐之役，说是此时北伐军到了豫鄂边境，张发奎与唐生智驻军武胜关。吴佩孚迎拒北伐军，坐镇郑州，寇英杰亦在郑州，寇部贾万兴在开封，合共十余万人。如此军容，吴军应有可为，然是时形势大改，诸将徘徊，南北受敌。张作霖借讨赤之口号，欲渡黄河南下，寇英杰与张氏久已暗通声气，对待吴氏，却是貌合神离，北边一河之隔难保安全。

奉军在郑州渡河，寇之心腹何景亭在开封开城降敌，吴之大势已去，及高汝桐战死，吴佩孚之时代完全过去，吴氏最后仅一旅人退入湖北西面，奉军虽然占领河南中心地区在先，张发奎部到来，与冯玉祥联合夹击，奉军北走，北伐军完成河南之光复战争。

吴佩孚虽然失败，其最后对革命军甚表同情。某次，吴氏比较北伐军与奉军之侵犯河南，曾经说他和蒋介石有共同的心曲，而对奉军则绝无好感，他说："奉军自称讨赤，借口占地盘而已。"

武昌方面，革命军采取封锁措施，对敌军的水路交通、通信予以切断，对于武昌城内的商人，也明白宣示禁止供给敌军粮食及金钱等接济，如有违反，按军法处置。同时，并由飞机飞临武昌城上空，投下"打倒吴佩孚""废除不平等条约""劝告敌军投降"等标语，实施心理瓦解，以打击其士气，及策动民心背离吴军。另一方面，打至九月底，革命军再次对武昌总攻，仍然功亏一篑，于是下令黄埔军校工兵队，加强坑道工兵作业，准备实施城垣爆破攻击。此期间敌人困窘已极，从城门钻洞逃窜者极夥。

武昌围城，一围几十天，城内敌军，在北伐军倾力打击之下，渐告不支，十月十日凌晨，北伐军突入武昌城，与吴佩孚所部发生巷战，其后多个城门被突破，各部队协力扫荡吴军，俘获敌指挥官陈嘉谟、刘玉春。至清早，城内敌军全部肃清。极为巧合，冥冥中有如天助的是，这一天，恰为武昌起义的十五周年纪念日。

国民革命军出师北伐的初期战略，大略脉络是打倒吴佩孚，联络孙传芳，不理张作霖。

最主要的敌人，聚焦吴佩孚；至于孙传芳，则以上兵伐谋，冀其置身事外。战事刚展开，孙传芳期待北伐军和吴佩孚部互作消耗，梦想坐获渔利，故而袖手旁观。在翻云覆雨、互相疑忌的军阀之间，总认为和自己处于竞争关系的对方越是受到打击，便越对己方有利。

蒋总司令对如此态度的孙传芳，曾在八月中旬自长沙拍发电报，冀其归顺革命阵营，"兄（孙传芳）以苏、浙、皖、赣、闽五省之治安自任，若能顺应革命潮流，以保五省人民之幸福，中正必请于政府，承认兄为五省之总司令。"

孙传芳置之不理，当两湖底定后，孙传芳慌了，乃转而激励吴佩孚，促请其加强应战；同时，复以保境安民为借口，策动自己地盘的江、浙二省发起自治运动，想汇合民间力量来阻止北伐军东进。

八月底，派其第三方面军总司令卢香亭为援赣总司令，调军进驻江西，与北伐军对抗。

两湖战场取得决定性胜利，使得孙传芳受到直接威胁。孙氏遂调集十四五万大军集中于江西，复与奉张、鲁张（宗昌）联络，并与张宗昌结为把兄弟，达成苏鲁和平协议。

当北伐军攻取萍乡、袁州一带并攻近南昌时，孙传芳威胁不可再进，不料约好的张宗昌未能到达，于是他又要求和缓修好，北伐军当然不受他的骗，还是积极地进攻。以二、三军攻赣西，一军攻修水一带。一军、六军一师在南昌失败，损失甚巨。当时因交通阻塞，指挥不统一，待三军到高安，一师业已退却。北伐军以二军、二师归鲁涤平指挥，向南浔铁路进攻，孙传芳之主力军即在此。

北伐军终于和孙传芳兵戎相见，第二、三、六各军所部趋向江西。九月初，趁其立足未稳，先发制人，攻下萍乡开始，很快地控制了赣南地区；十九日，第六军的部队进入省会南昌城。国民革命军原先简称党军，故当地民众集合道旁，连称"党军可爱！"

北伐军之克复南昌，是受到城内民众，尤其是学生们的协力。他们自动自发地破坏敌军设施，帮助革命军进攻。

孙传芳纠合他在九江的部队，倾全力向南昌反扑。当时，担任城防的北伐军，仅有万把人，众寡悬殊，乃不得不在九月下旬暂时退出。

此时恰值武昌战事初定，蒋总司令为督导作战，特由武昌折返，在经过长沙前往江西的途中，听说南昌又趋危急，乃在十月初驻节于南昌附近的高安，亲自指挥再度进攻。

十月中旬，将原来担负围攻武昌任务的第一军第二师及第四军部队调来江西，试图包围南昌，但因孙军炮火乱射，革命军为不得不谋尽量减少民间的损害，因而一时撤开对南昌的包围，变更作战计划，迂回敌军后方，切断其补给线。此一行动，发生了很大功效。北洋军阀的指挥方式多依托火车，来往传达命令敏捷便利，但黄埔军校此时已增无线电科，蒋总司令布置好后，即下总攻击令，第七军于十一月初占领德安，冲破敌人后方阵线，一方面北攻九江，南攻涂家埠。十一月五日，攻克敌军后方据点九江；七日，南昌复归革命军掌握。

九江战事得手，孙传芳、卢香亭无奈只好逃回南京。北伐军于是进攻涂家埠，然后直下南昌，生擒敌人军长三人，旅长、团长无算，缴械约两万余。这是一场大战，孙传芳势力退出江西，遂致江浙动摇。

经过这次战役，孙传芳的精锐部队差不多全被歼灭，他本人逃往南京，江西省乃继两湖之后也纳入了国民政府的管辖之下。

打至这个地步，北洋军阀开始紧张起来，遂有全体动员的迹象。逃到南京的孙传芳，亲往天津，求助于张作霖。

张作霖在十二月初组织安国军，设总司令部于天津自任总司令，以孙传芳和张宗昌为副总司令，并且和败退河南的吴佩孚也有所联系，形成北洋军阀扇形反攻态势。

因在九江败北，孙传芳实力大减，他与张宗昌的结盟，又引发张作霖的嫉妒，狼心盘算、狼眼觊觎着江浙富庶之地。孙传芳因主力崩溃，所以决定请鲁军南下，意图使奉军和革命军开打，自己好退守浙江，蓄养实力，预备卷土重来。这时候他们聚在天津召开一个天津会议，奉军想要占领江苏，苏皖内部陈仪、周凤歧早有拒奉的决心，陈调元倒向北伐军，吴佩孚很不赞成他们的算盘，自己要另搞一套。

福建方面，何应钦所指挥的东路军，沿海岸快速进击，扫荡孙传芳系的福建督办周荫人所部，于十二月中旬进驻福州，周荫人逃亡浙江。北伐第二军一部自江西迁回福建中北部，解决了投降的叛军李生春师。原来此公系周荫人的主力之一，见风使舵投降北伐军，其后看到北伐军装备训练，均逊于他们，心生蔑视而有悔意，又想谋叛。指挥部发觉其意图后，遂在行军途中，分别将其在延平、建瓯、埔城等地，予以缴械。由于事先准备周到，并能乘其不意，故敉平叛军的行动进行得非常顺利。

蒋总司令乃于一九二七年的一月初，在南昌研订作战计划，将北伐军区分为东路军、中央军、西路军三路挺进，以谋肃清长江下游的敌军。东路军由何应钦担任总指挥，以杭州和上海为目标；中央军由蒋总司令亲任总指挥，下辖由程潜率领的江右军和李宗仁率领的江左军，指向南京；西路军由唐生智任总指挥，与在陕西的冯玉祥部队联络，俟机进攻河南。

一月下旬，以东路军发动攻势为开端，各军分别攻击前进。

东路军在迅速攻下杭州之后，于三月间迫近上海。东路军折返浙江、皖南境内，在这一带，沿途民众多奉茶水、摆香案、放鞭炮，欢迎革命军，真所谓箪食壶浆，以迎王师。中旬，敌淞沪海军舰队司令杨树庄向北伐军投诚，就任国民革命军海军总司令，所属各舰艇都升起青天白日旗，响应北伐军作战。下旬，上海、松江、苏州、无锡均落入党军之手。孙传芳残部及直鲁军的一部分全被消灭。中央军的进攻，也非常顺利，所部则于三月下旬到达南京。

到了会师南京的前一日，军次金坛，积极准备翌日对南京之攻城战，北伐军军官暗想此役非同小可，金陵金城汤池，天下闻名，当年曾国荃围攻南京太平天国时，是倾十万之师、穷三年之力方达攻克目的，这次将不知牺牲多少人，费多少日，才打得下来。殊不知天下事，常有出诸意料之外者。第二天即闻程潜的第六军，已捷足先登，第二军一部为防止另一敌军之偷渡反攻，奉命开赴江边，负警戒之责。其后渡江北进，在滁县醉翁亭西南约三十华里的蔡家墓附近展开攻击战斗。

国民革命军于一九二七年五月沿津浦铁路北上，津浦铁路纵贯华中、华北，是中国最重要的一条干线铁路。张宗昌、孙传芳两部约二十万军队布防于此。五月中旬北伐军发动攻击，第二、三两路军分别渡江成功，第二路于十九日占领津浦铁路在线的张八岭，第三路于二十一日克服蚌埠；第一路也于十五日开上火线，二十三日拿下扬州。

第三路赓续北上，指向徐州。而张宗昌的部队军纪废弛，一面不断抢劫，一面北向逃遁，沿途居民多拿起武器袭击张军。国民革命军则于六月二日兵不血刃，进入徐州。

到了一九二七年八月，又取得龙潭战役的大胜。

八月间，孙传芳作最后挣扎，集中全力渡江反扑。北伐军由上海铁运西进，第九军协力第一、第七两军夹击，展开了历史上有名的龙潭之役。双方反复冲杀，战况十分激烈者二、三日。刘玉章回忆道："当敌退我追，因追击太猛，到相当距离时后顾发现无人，只有掌旗兵跟我。奇怪者，此时以情势紧张，自己腿部负了伤，竟未察觉，经掌旗兵发现血流如注后，始自行裹扎了之。"

那时，孙传芳所部居然又打了强心针似的，节节向南推进，直逼南京。八月下旬，他的三个师居然以夜雾为掩护，由长江北岸望江亭、划子口、大河口三处，强渡长江，占领了南京龙潭火车站，切断沪宁交通，形势顿显危急。

北伐军迅做反应，即由何应钦率第一军、白崇禧率第七军从南京、镇江东西两方夹击孙传芳部，据白崇禧说，长江天险，孙部能安然偷渡，这与海军之暧昧态度有关。白氏带上政治部主任潘宜之以一排宪兵上通济舰督战，炮击渡河敌兵，其他军舰见通济舰已表明态度，纷纷向敌方开炮。海军参战后，阻止孙部之后援，敌军炮兵因见我舰队开炮，彼亦炮击我兵舰，适有英舰经过江中忽被炮击，英舰不知是何方发炮，为泄愤计，乃猛烈地炮击黄龙山，敌军阵地多半被毁，第七军就此乘势冲上黄龙山。打至八月底，刘峙、卫立煌率部占领水泥厂。是役，双方死亡很重，肃清残敌，清理战场，当时敌我两方都是尸体遍地，骸骨盈野。

白崇禧在这里碰见何应钦，两人相见，亲切逾常，一则因为内心激动无比，二则大家预料战争必定胜利，心情愉快万分。"我与何将军虽然在数日内未完全联系，但是两人攻击敌人之部署，恰巧是腹背夹攻。所以后来何将军每谈到龙潭之役，认为完全是精神协同，才能获得胜利。"

战役开始之前，孙传芳部做了周密的演练，利用密布如网之运河支流，操演船舶和水战，不过在败退后，他本人固然逃回江北，其部属几全被俘虏。

龙潭之战期间的形势，孙传芳做了仔细研判，他利用了最有利之时机：蒋先生下野，唐生智有二心，革命军徐州受挫。他选择大河口、划子口等地渡江也是最有利之地点。划子口对岸便是栖霞山、乌龙山炮台。占领该等山地，一则可以掩护登陆之部队，二则可以威胁南京。南京一旦被占，革命军之政治力量将被瓦解。

龙潭之役，孙传芳既得绝好之机会，何以会失败呢？孙之失败不是指挥错误，也不是战斗力不强，白崇禧以为：主要原因有三：一是参加龙潭之役之革命军以一、七两军为主。一、七两军都是国民革命军之主力，对三民主义有信仰，有信仰便有力量；二是白崇禧本人由沪回宁，在无锡指挥第一路军，与何将军无形中造成夹攻之形势；三是孙部渡江后，渡口被革命军所抄袭，后援不继，加以海军态度明朗，孙部之补给可说完全断绝。反之，沪宁之间补给方便。双方经六昼夜之苦战，有无补给自然成为决定胜负之重要因素。

另一方面，第一、二两路军差不多控制了江苏全省，孙传芳逃亡青岛。此时，在南京定都之后的国民政府基础巩固，已经掌握了苏、皖、浙、闽、粤、桂、黔、川各省的领导权。

二度北伐前后，也是太炎和他的当年同僚渐行渐远的分际。

此时他的落寞清冷似又增进一层。孤寂中，和李根源联系问候多了起来，大约处境相同，又密切关注老友动向，且一举一动，也在牵动他的神经。

李根源是老同盟会员，先前在日为云南留日学生同乡会会长，武昌首义，他积极相应，成立大汉军政府，任军政总长兼参议院院长，继任云南陆军第二师师长。北伐时期，他已退出政坛，着意考察江南地理，撰述《吴郡西山访古记》，是为其后担任《吴县志》总纂之基础。此时冯玉祥为国民革命军第二集团军总司令，宁汉分裂后，依附蒋介石，率部参加第二期的北伐。早前曾派大批干员赴苏，邀李根源到其军中坐镇，以图张大声势。太炎得知此情，情绪起伏无法平静，乃致书力劝。他先说坊间传闻李根源将前往倚靠冯玉祥，接着就说万万使不得，又说冯氏"反复狙诈，业为千夫所指"。冯氏乃民国史上有名的倒戈将军，此时头角峥嵘，却也颇为时人侧目。章太炎说他是吕布、刘牢之类人物，必无成功之理，故再三劝阻李根源，万万不可明珠暗投，否则就是"金石之声，反与瓦砾同败"。[1] 言下之意，要李根源严防死守。

章太炎乃以同盟会为中心的国民革命先锋，而此时与早前的同僚形

---

[1] 《致李根源书》。

同陌路。

北伐军于一九二六年七月誓师后，直指湘鄂，摧枯拉朽，很快打垮了吴佩孚；接着又取得赣、闽、浙、皖、苏的胜利，孙传芳溃不成军。大势所趋，北伐奉张，已是指日可待。阎锡山看到这一形势，乃于一九二七年六月上旬就任国民革命军北方总司令，悬挂青天白日旗。国民党中央政治会议追认这一职务，并于六月底推阎锡山为该会委员。七月上旬，国民政府军事委员会又任阎为委员。中旬，阎锡山指挥晋军出兵石家庄。九月底阎锡山誓师讨奉，在京汉、京绥沿线与奉军激战。北伐一度受挫，奉军乘势大战晋军，傅作义部被围涿州，雁北地区被奉军占领，山西处境危殆。阎锡山指挥晋绥军牵制了相当一部分奉军，对北伐全局来说在战略上具有重要意义。

蒋总司令下野未及半年，于一九二八年初复出后，以继续北伐统一全国为目标，规劝雄踞山西的阎锡山。一九二八年春，国民政府任命阎锡山为国民革命军第三集团军总司令，三月上旬国民党中央政治会议任命阎为太原政治分会主席，两天后又任命阎为山西省省政府主席。当月，蒋先生统率北伐军对奉军展开全面进攻，第三集团军转守为攻，收复大同，占领保定，并向京津进军。此时第二集团军冯玉祥部虽然人多势众，但国民政府还是任命阎锡山为京津（后称平津）卫戍总司令，并让第三集团军部队先行入京，天津亦和平接收。至此，阎锡山在北伐中掌握了晋冀察绥四省和平津两特别市的军政大权。

最后的北伐，导致张学良易帜。

阎锡山说："国民革命军到了汉口、南京之后，当时北洋军阀首领已由段祺瑞、徐世昌、冯国璋、曹锟而易为张作霖，当时张作霖认成晋军是一个民军势力，意欲乘国民革命军未到北平前，消灭晋军。我察知此意，乃争取主动，五路出兵，攻取北京，因有一路迟滞，致功亏一篑，复撤回山西，固守雁门，奉军进攻八月之久，未能得逞，山西得保安全。此为我与北洋军阀奋斗的一段简略的话。"[①]

[①] 《阎锡山先生答客问的自述》，见《传记文学》杂志总第186号。

现在所要进行的北伐，也是统一全国的最后的北伐。

北伐军总司令蒋介石自去年初秋下野以来，再度执掌兵柄。那一段时间，北伐也还在勉强进行。何应钦所统御的第一路军，再度攻克徐州，向山东省境内挺进，和盘踞此地的张宗昌对峙。

二月中旬，重新编组的国民革命军战斗序列是：

北伐军总司令

蒋中正

参谋总长

何应钦

第一集团军总司令 蒋中正（兼），辖十八个军，二十九万人。

第二集团军总司令 冯玉祥，辖二十五个军，三十一万人。

第三集团军总司令 阎锡山，辖十一个军，十五万人。

海军总司令 杨树庄，辖四个舰队。

稍后，李宗仁被任命为第四集团军总司令，辖十六个军、九个独立师。

此时，张作霖盘踞北京自称大元帅，统辖由孙传芳、张宗昌、张学良、杨宇霆等所指挥的七个方面军，拥有兵力百万。

第二期北伐时，张作霖开府北京，先是奉军针对阎锡山、冯玉祥两方作战，战区在晋鲁豫，双方各陈兵五六十万，战线长达二千余里，奉方纠集七个方面军，分别以孙传芳、张宗昌、张学良、杨宇霆、张作相、吴俊升、褚玉璞等人率领，对晋军和国民军作战。等到北伐军上来了，蒋总司令和白崇禧亲自指挥，以三个集团军的重兵从京汉、津浦线推进，一路进攻保定、沧州，一路进攻许昌、正定，山西军则向石家庄推进，成扇形包围，奉军战线遂越缩越小，不久沧州、保定失守，孙、张诸人回到北京，奉方见大势已去，不敢恋战，实施总退却，引师出关。

随后，北伐军分途沿津浦铁路、京汉铁路、正太铁路挺进。

第一集团军行动迅速，十日，便攻克了山东省南端的台儿庄。相继又占领临城、临沂，势如破竹，指向作战目标——济南，继续攻击前进。

但这时的敌人又加入了凶残的日本。日本蓄意侵略，军阀存心卖国，他们对北伐造成极大的阻碍。华北一带是日本人觊觎已久的地区。上一年革命军北上进击时，日本就曾出兵到达济南。现在，他们又派遣陆战队赴青岛，开进济南。并于城中心架设工事，搭建战斗堡垒。北伐军的压力，顿显沉重。但是为了国民革命，成败利钝，只有硬干到底了。

所幸老百姓久旱望云霓。济南城家家都挂出青天白日旗，欢迎革命军。

北伐领导人伤心地写道："战地见将士之死伤，已为之惊魂；而今复见人民之饥容、孩提之饿毙，更不胜悲悯。"

第一集团军于五月十三日占领平原；第二集团军进至到德州；由山西方面出击的第三集团军，则于击破娘子关之后，进入河北省，拿下了石家庄与正定；第四集团军也挥师北上，加入进攻。

此时，京、津地区，已经在指顾之间，只须等各军配合行动，并力攻向北京。

日军蛮横狰狞，加紧了蓄意挑衅。在北伐军打击之下，张作霖已失威势，他号称百万的部队，锐减到四十万人，就在这时，日本伸出魔爪，迫张作霖签订密约，内容是有关五路权利给予日本……日本田中内阁的意图，是要从张作霖的手里夺取各种利权之后，把东北自中国割离，使之成为日本的殖民地。为了达到这个目的，最迅捷的道路，就是利用张作霖在东北所培植的权势，使之成为傀儡，为其控制东北。

在发动总攻击之前，北伐总司令部为视察战况而于五月中旬由徐州前往郑州，继之，更于五月底抵达石家庄。

日本人拿出他们极其野蛮凶残的杀手锏，在六月上旬，用一百多公斤的炸药，将张作霖炸毙。爆炸后，情形惨极：只有车轮与车床尚可见原形，车厢则四散纷飞，接在后面的餐车与卧车也都被爆炸燃烧成为废铁。

张作霖的长子张学良在一片惶恐之中，化装为炊事兵，由北京出发，秘密返回奉天。

张学良模仿他父亲的签名，发表捏造的命令，着他代理职务，急调嫡系部队返回奉天。在天津一带河北省境依赖奉军支持的直鲁军，趋于总崩溃的惨境。张宗昌、褚玉璞急忙向国民革命军第三集团军总司令阎锡山乞降，但被拒绝；走投无路的张宗昌乃胁迫各国领事"大军绝食，难以保障各国侨民安全。"

六月四日国民政府任命阎锡山为京津卫戍总司令，负责维持治安。两天后，他率领之第三集团军的先遣部队，开往京郊，而留驻北京的奉军鲍毓麟部也在当天清晨撤出，市内各处飘挂青天白日旗。

北京终于在和平方式下得以光复。

六月八日国民革命军正式入城，入城路线的彰仪门大街一带，清晨就站满民众，手持青天白日国旗，来表欢迎。几天后，阎锡山偕同第四集团军前敌总指挥白崇禧由保定来京，而本在天津顽抗的张宗昌残部，也终于向革命军投诚。至此，京津地区悉归革命军掌握。

六月十二日，国民政府发表《对内宣言》。其要点为，励行法治、澄清吏治、肃清盗匪、免除军阀所课征之苛税、裁减兵额安置士兵就业等项。同时号召各部官吏、部队指挥官、各省市政府整改紊乱制度，着手建设三民主义新中国。十五日，继之发表《对外宣言》，表明北伐完成后的外交政策"不平等条约所加于中国之诸种束缚，尚未解除……今后另订新约，务以完全平等与互相尊重主权为宗旨。"

随即，直隶省改称河北省，北京更名北平。

当北伐军向华北平原推进之际，黎元洪病逝了。因这个人的亡故，又牵动太炎的神经，他对国民革命的成见更深了。

他又给李根源写信，说是如今早不是五色旗时代，现在宣言以党治国的人，都是背叛民国的贼人，北伐军领导人以及辅佐他的同盟会元老，其罪状和袁世凯大致相等，反而徐世昌、段祺瑞、曹锟，还要好一些。他生怕李根源也投到此阵营中贡献绵薄，不禁直白劝道："愿守身如玉，除五色旗下之中华民国，更无可与。"①

五色旗原为晚清海军官旗，辛亥战争爆发，一些独立省份以之应急。民国肇建，乃采用为五色共和旗，含有五族共和之意，北伐后为青天白日旗所取代。太炎对于五色旗的感情，不知是念旧，抑或故意？总之他认为易帜为失足，为可叹可惜。抗战前后，伪满、华北和南京的维新伪政权（除汪伪）均以五色旗为代表旗帜。太炎身后有知，不知作何感想？

爱则加诸膝，恶则坠诸渊，太炎先生此时的脾气更大了，而李根源乃是他此时倾诉心声的首要对象。他在黎元洪去世后的第二天，就迫不及待地给李根源写信，哀痛逾常，"地坼天崩，哀感何极！唯中华民国业已沦亡，公在亦徒取辱。任运而去，未始非幸。想老弟悲悼之情，更逾余子。"

北伐系为自由而战，向北洋余孽全面摊牌，底定神州大局，在太炎心中，反而说民国业已沦亡，此一不可解；再则黎元洪之死，谓之天崩地裂，此二不可解。黎元洪去世后，太炎所作《大总统黎公碑》"公丰肉舒行身短，望之如千金翁。而自有纯德，不由勉中，爱国恳至，不诛于强大，度越并时数公远甚……""炳麟数尝侍公，识言行，其事或隐，即遍询故参佐，故以实录刻石，不敢诬。"

对于黎氏的军略、德操恭维备至，遣词极讲究，以"舒"为"丰"解套，以"千金翁"为短小之"短"字展缓，文心之细、细于毫发；十数字之间，峰回路转，寓意至为吉祥。另又以"侍"字许之，可见其自低身段，谦恭已极，几乎让人不敢相信是他章太炎的口吻，搜寻其毕生文电，似只在替孙中山出使西南的偶尔一两通文电中才能找到些许类似文字。

黎元洪虽非恶人，却也只是一个才具平平的旧军人，他和蔡锷、吴

---

① 《致李根源书》。

禄贞都难以相提并论。中部同盟会渗透长江流域后，文学会与共进会活动频密，黎元洪得知部队不稳，曾大发雷霆，着手安排卧底，侦知秘密结社等情况，但是一则效果不佳，一则他本人也很矛盾，又对左右嘱咐说此事万不可声张，恐清廷闻之，自身难保。

武昌起义首日，黎明时分，黎元洪来了，他能到来，实由马荣、杨启发等共同苦口婆心的敦促。原来马荣他们巡查到黎的住宅时，看到有贩夫走卒抬着皮箱往外蹑踪而走，鬼鬼祟祟的，怀疑是盗贼行窃，于是就趋前盘问，那些人回答说系奉黎统领之命搬走，于是他们就去见黎元洪，恳请再三，黎氏才扭捏出见。他说，我带兵十几年了，我对你们也算不薄，为什么要使我难堪呢？这些下层军官就说，我们并无恶意，而是要请您出来主持大事。黎元洪说，革命党人才济济，要我干什么？原来他看见形势不对，就想携带金银财宝逃之夭夭。于是马荣就说，形势危急，你要依从我们呢，就活下去；否则就是一个死！请长官自己选择！黎元洪又说，哎呀，那你们要我怎么办呢？这些人就说要他到楚望台。这时候，他说，那里不是吴兆麟在指挥嘛，他的军事深厚，还要我干吗？他还想抵赖推托，众人不管这套，推的推，拉的拉，就把他带来了。这时，督署也被攻下，瑞澂、张彪、铁忠均已仓皇出逃。总督署及第八镇司令部遂为义军所攻克。

起义军下层官兵，对于黎元洪无甚好感，至少也是恨铁不成钢。而章太炎在民国元年初见黎氏，竟颇为投契。遭袁世凯戏弄，更把希望寄托在黎氏身上，好感又增一层。黎氏曾书"东南朴学"相赠，章太炎学术本不待黎氏表彰而为世所见重，但他对此竟视若秘宝，悬诸座右，每见得色。

几天后太炎又给李根源写信，说是为黎元洪设奠，"不欲掺杂党国人物。"祭文推崇备至"杵臼千驷，伯夷采薇。董史有作，荣名谁归。"说是感情朴素可以，说是念头糊涂似也无不可。

这段时间太炎很少公开露面，报纸上曾见他为近现代书家袁缶鸣作广告，表示袁先生的书法廉而美。袁先生擅长隶书，带有浓郁的汉隶味道。盛夏的《申报》，广告栏推销美国药品，以他的照片作招徕，点明

"中国国学大师章太炎"。仲秋时节他又给李根源写信，说他整个一年中，辄以作诗消遣，或作篆书，此外更无他事。

他的这番夫子自道，并不真实。在此寂寞时分，红尘事少，而思绪却格外的繁忙，想象力尤显发达，对于往事的追忆往往放大来看。说片面还不够，有的近于俗语所谓发神经，以致钻入牛角尖而不自知。十一月下旬，招商局轮船公司股东代表蒋尊簋设宴招待报界友好，特邀太炎参加。蒋氏为老同盟会员，辛亥前，具有编练新军的深切经验。首义后，出掌广东都督府军事部。此时他虽挂有北伐军总司令部高等顾问的头衔，实已淡出政界，而致力于道路、交通的建设。他是太炎的好友，因与蒋百里齐名，章太炎名之曰"浙江二蒋"。蒋氏小他十余岁，在这次会上，他老辈的架子还是端得起的。本来他给李根源的信中说，这一年他研习理学家治心之术，兼习禅定，颇有心得，愤怒之心得以涣然冰释。"而遇事发露，仍不能绝。"情形甚为真实。这种聚会本属联谊性质，不知太炎的哪根神经被触动，他忽然即席对中山先生破口大骂起来。而此时，他曾经追随的革命先知中山先生，业已逝去三年有半。

太炎骂道：

> 孙中山之三民主义，东抄西袭，初以推倒满清为民族主义；改专制政体为共和政体曰民权主义；以平均地权为民生主义。迨后乃欲以联合平等待我之民族，更倡以党治国，及挑起劳资斗争。故孙中山后来的三民主义，乃联外主义、党治主义、民不聊生主义。今日中国之民不堪命，蒋介石、冯玉祥尚非最大罪魁，祸首实属孙中山。①

在中山先生故去数年后，仍不能释怀，肆口诋毁，观其深心，泰半乃属意气用事，并有相当程度上的妒忌心理而使然。祸首之说，情绪化极为严重。这样公开的言论不免引人反感，国民党上海市三区党务指导

---

① 《申报》，1928年11月22日。

委员会以其"图谋危害政府",议决通缉章太炎。说他先前跟随总理奔走革命,不无微功,以自身思想之落后,遂与孙先生思想方略,拉开距离,产生鸿沟,遂于中山先生远瞰世界潮流之奋进,内鉴民智之企发,这样的宏远精进,实无法理解。该议案在上海特别市党务指导会得以通过,乃训令军警机关通缉。

民元前后,中山先生对于太炎的乱闹,一笑了之。无论他怎样撒泼,中山先生都指示部属,对章公"尊隆之道,在所必讲"。所以,今次的通缉,实在也只是当局表明一种态度。虽说是通缉,其实并未有怎么大不了的麻烦,党部方面表达态度即算了事。事实上太炎仍然活得自由自在,并未真被通缉。

太炎的奇怪态度,似与稍早前的北伐军高层祭奠中山先生不无关系。想当年《民报》时代,太炎何等的风光,大笔挥洒、撒豆成兵,洪才河泻,纵横捭阖,极具横扫一切的征服感,且为青年知识界顶礼膜拜之偶像,学力山高海深、荣耀光芒万丈。然而在民元以后,逐渐从革命的中心徐徐淡出,滑落之势,庶几和苏东坡所说"骏马下注千丈坡"近似;这跟他黑白分明的烈性脾气不无关系。看看北伐高层的祭文,不难揣度章老的醋意。

北伐全盘底定,北伐军以及国民政府高层,最重要之事务,就是要前往北平郊外香山碧云寺,拜谒国父中山先生灵寝。七月六日上午八时许,蒋总司令偕同襄祭冯玉祥、阎锡山、李宗仁、李济深、李烈钧、戴季陶、蒋作宾、白崇禧、鹿钟麟、商震、徐永昌等三十余人列集灵堂,祭典开始,奏哀乐、主祭者献花,行三鞠躬礼;继之,由商震代读祭文,读毕,开棺瞻仰,及见先生遗容,此刻的心情,聚焦于中山先生期望完成的统一全国宏愿之实现,告慰于他的灵前。

商震代读的祭文为陈布雷手笔,即《克复北平祭告总理文》,全文精警痛切,既令人肝肠寸断,也促人奋力前瞻:

维中华民国十七年七月六日,国民革命军既奠北平,弟子蒋中正,谨诣香山碧云寺,致祭我总理孙先生之灵曰:溯自我总理之溘逝，于今已三年余矣。中正昔侍总理，亲承提命之殷，寄以非常之任，教诲谆谆，所以期望于中正者，原在造成革命之武力，铲除革命之障碍，以早脱人民于水火。乃荏苒岁时，迄于今日，始得克复旧都，展谒遗体，俯首灵堂，不自知百感之纷集也。方总理哀耗抵粤之时，正中正铲除陈逆，驻军兴宁之日。追忆总理"政纲精神不在领袖"之遗言，不啻对我同志永诀之暗示。中正服务在军，病不能亲药饵，殁不及视殡殓。惟我父师，不可复得，戎衣雪涕，疚憾何穷。自兹以还，唯以继志述事，痛自策勉，恪遵全部之遗教，益为革命而戮力。三年之间，本党基础濒于危亡者，先后五次；革命势力，几于覆败者，凡十五次；而军事危机，尚不与焉。每当艰危困厄之来，中正唯一秉遗教，追随先进，勉图靖献，盘根错节，更历已多。洎乎本年中央第四次全会，方克安渡艰难，重现团结。回忆曩时，同志在纷歧离析之中，主义遘晦冥否塞之会，若非总理有灼然昭垂之遗教，将不知何术以复归于共同。至若横逆之纷然而来，毁谤之无端而集，若非总理有成败不计，与各用所长之宝训，亦几不能力排艰难，奋斗以迄于今日。兹当肃祭灵前，怀过去则抚创而思痛，念未来则临冰而知危，所欲复告于总理者，万绪千端，更仆难尽，已往不追，固不欲琐琐陈述，以渎灵聪。而来日大难，辄敢以微愿所寄，奉祈昭鉴。谨籀其概，为我总理陈之：

……

中正海隅下士，未尝问学。得闻大义，追随革命，胥出我总理教诲裁成之所赐。窃见总理遗教，崇高博大，论其精意，实古昔圣贤所未发，中外宏哲所未规。语甚平易，实天理人情之结晶，野老村妇所共解，奚止具兴顽振懦之功，实亦为生命建树之本。今当建国伊始，而总理已长辞人世，不复能躬亲指导。千钧之责任，寄于后死之同志，唯有戮力同心，勉为绍继。以总理之精神，团结本党之精神；以总理之思想，统一全国之思想。革命之基本既立，人民之解放可期。中正自许身党国，久已矢之死靡他之决心。初不意百战余生，尚能留此微躯，诣总理之灵堂，而致其瞻礼。今后有生之日，即为奋斗之年，竭其全力，济以忠贞，成败利钝，未遑计也。灵爽匪遥，唯昭鉴愚诚而默相之！

冯玉祥在其回忆录最后一章状写当时情形。祭灵那天，"蒋先生谒见总理遗容，哭得不能抬头，大家都不免百感交集，空气又是悲壮，又是严肃。蒋先生哭了很久，还不停止，我走上去如劝孝子一般，劝了多时，他始休泪。"

七月六日蒋先生日记是这样的：

"读毕祭文，为之俯伏恸哭者久之。全堂亦无不泪下。回含青舍，谓夫人曰：方祭告总理时，闻哀乐之声一作，虽欲强抑悲怀，仍泪满襟肬，体力几不支矣！及瞻仰遗容，哀痛更不能自胜，呜呼！悲哉！三年有半之岁月，中正所受之冤屈谗谤，直不知何自而可声诉也。言次，不禁又泪下如雨。"含青舍，即涵青舍。月初蒋先生到北京，和宋美龄住在西山碧云寺的涵青舍，以尽孝子守灵之仪。想到先师的伟烈，阽危板荡中的愈挫愈奋，以及他的劳碌、困顿、奔波，先是在灵寝大放悲声，回舍后又不禁潸然泪下，缅怀先烈的高风，不禁悲从中来，益感责任的重大。

这可以说是薄海腾欢的日子，民众在饱受艰难备尝痛苦之余，应该庆祝鼓舞的日子。想念中山先生，告慰民国开国导师在天之灵，也可以告慰抗清烈士之灵和国民革命先烈之灵。两三代国人经历四十余年来无比的痛苦和牺牲，始结成今日光荣的果实。

此时，自中山先生在檀香山组织兴中会、致力国民革命以来，已经过去了三十四年的岁月。

七月初，在北平举行了裁兵会议。此时，继承其父余荫的张学良，就任东三省保安总司令，东北实权大体在握。经环境催化、内心思索，他对三民主义深表敬意，对于归顺国府也有积极表现。他派出的代表显示出诚心诚意归顺的态度。

中山先生自革命以来，迭仆迭起，虽能推翻清政府，建立民主共和国，却不幸为利欲熏心的袁世凯所破坏，以后又经过讨袁、护法诸役，与袁世凯的孑遗做诸般较量，始终未能竟其全功，主要的缺失在于没有一支革命的军队，黄埔军校之前，所借重的军阀，多系投机军人，对革命的真谛毫无感知，更谈不到信仰。故要建立革命武装，养成基本干部，必须建立军校作为输出的源头。

辛亥革命虽然颠覆清廷，但是实际的状况，只是表现为民族解放主义，为情势所迫，政权不得已被新的专制分子所攫取。袁世凯死后，分蘖出无数的徒子徒孙，暴戾恣睢，自为刀俎，以人民为鱼肉，民权的基本精神，盘剥得一干二净。军阀从其利益出发，与帝国主义深相勾结，致使中国内乱，纠纷不已，为祸酷烈。连年兵燹，民不聊生。民众不仅被剥夺政治上的生命，即经济上的基本权益也剥夺殆尽。国民革命运动，折损于辛亥武昌起义之后，继之以讨袁、护法……直至北伐终于完成辛亥革命的诉求。

辛亥革命完成，开启崭新时代。中山先生综合中国传统文化之仁爱、民族、民本、均富、大同之思想，以及欧美学说与制度之菁华，实施直接民权之民主政治，采取均富之民声政策，不仅合乎中国民众之需要，且顺乎世界潮流。此前数月，对革命的理论和方法，认定中山先生的建国大纲为最高原则，二届四中全会的宣言写道："总理中山先生所创造之三民主义，实为综合中国民族之历史的文化精神，与现在世界之科学的学术经验而成之革命的最高指导原则。此一原则，不特足以指示中国之国民革命之理论与行动；全世界一切人类欲求得普遍而永久之和平进展，其政治的、社会的组织，国家与人民之行动，绝不能背离此原则。"

这是坚定而伟岸的认定。由此切入，进入北伐后的黄金十年的岁月。

中山先生的思想，以民治民有民享为内核，系融汇世界各种主义，加以精研取其之所长，而又深契我国文化道统之精神，再三斟酌创造而成，故对外可以多方面因应，对内足以增长自信而自立自强，不依赖任何帝国主义，而自成一独立思想体系，用以增强中国之自信与共信最为适当。

这种精神价值，本来正是太炎为之追求奋斗的初衷，现在他竟因此而心灰意冷，触望抱怨，甚至可说兔死狐悲，原因仅仅是他所看好的人事依托变异流失了。这恰如纳兰词所说"等闲变却故人心，却道故人心易变"。

第十五章 大师之间的敌视和蔑视

——学术对阵，人生对立——甲骨文真伪的公案——清朝遗老和民国遗老——吕思勉痛下针砭——何谓独立之精神

太炎以为文德一说，发自王充，杨愔《文德论》依葫芦画瓢，而到了章学诚，直是窃取。事见太炎《国故论衡文学总略》。

但钱钟书先生全不认可太炎的这个说法。钱先生以为，杨愔主文士平日之修身，章学诚主文士操觚时之居心，则章学诚对于古人多有发明多有超越。钱钟书说："暗室不欺，守贞不字之文，则学诚所谓有'德'也。王充笼统，杨愔粗疏，岂可与此并日而语哉？章炳麟徒欲荣古虐近，未识貌同心异，遽斥曰'窃'，如痴儿了断公事，诬良为盗矣。"①

可见大师论文，未加审慎，大而化之、想当然的情况，在太炎身上也是不免。

这只是他特强的个性在学术的技术层面的反映。

---

① 《管锥编》，第四卷。

但在重大学术的认知上，情况又大不同了。

王国维是孙诒让之后甲骨文研究划时代的集大成者，他的殷周金文、汉晋竹简也具有拓荒的意义。

但是章太炎不吃这一套。

他于辛亥前写就的《理惑论》谈到甲骨文，尝谓"国土可鬻，何有文字，而一二贤儒，信以为质，斯亦通人之弊……假令灼龟以卜，理兆错迎，衅裂自见，则误以为文字，然非所论于二千年之旧藏也。夫骸骨入土，未有千年不坏，积岁少久，故当化为灰尘，龟甲蠡蛓，其质同耳。"他这根据的是物质必会朽坏的常识，然而却未注意到事情每有例外。

到了一九三五年盛夏，他已在苏州讲学，他给金祖同写了四封信，仍持异议，"文字源流，除《说文》外不可妄求，甲骨文真伪且勿论，但问其文字之不可识者，谁实识之？非罗振玉乎？其字既于《说文》碑版经史字书无徵，振玉何以能独识之乎？非特甲骨文为然，钟鼎彝器真者固十有六七，但其文字之不可识者，又谁实识之？"

另一封信又写道："考古之士，往往失之好奇，今人之信龟甲文，无异昔人之信峋嵝碑也……往古之事，坟籍而外，更得器物以相比核，其便于考证者自多，然器之真伪，非竿遮核实，则往往为作赝者所欺。前人所谓李斯狗枷，相如犊鼻，好奇无识者尚或信之。近世精于鉴赏者，推阮芸台、吴清卿，然其受人欺绐，酿为嘲笑之事甚多，况今人之识，又下于阮、吴甚远耶？器果真，犹苦于文字难知也；文果可知，汉碑、汉器存于今世者尚多，然岂裨补汉世史事者几何？君子为学，固当识其大者，其小者一二条之得失，不足以为损益也。足下果有心为学，当先知此。"

他不信甲骨文，自有其理由。虽然不大站得住脚。晚年仍坚持之，理由就是《说文》都不认得，罗振玉如何认得？这当然是太炎的局限，然而他表露其局限都如此大气，视彼等如无物。

明明是太炎自己错了，他还那么大声，那么理直气壮，而且持续很长时间，而且显得他似乎也有道理。当然，太炎对于疑古派的怀疑，也确有根据，不完全是脾性使然。

吕思勉先生说："人多以为古书之久经行世者，必多窜乱、伪造，其新发现者必真；书籍或不可信，实物则不可疑……其言似极有理……而古物及新发现的书籍，亦尽多伪品……又如近代所谓甲骨文，其中伪物亦极多，此等材料，取用不可不极谨慎。"①

而太炎针对的不仅是甲骨文，更缘于史学界一种挟洋自重、又仅得皮毛的不良之风。他的矛头始终对准此类不良之风，未尝稍戢。一九三五年的秋天孙思昉到苏州看望他。谈到顾颉刚等人，太炎很不客气，就说对于此类后进，当示以正轨，不能"教猱升木，如涂涂附"，"今则以今文疑群经，以赝器雠正史，以甲骨黜许书，以臆说诬诸子，甚至以大禹为非人类，以尧舜为无其人，怪诞如此，莫可究诘……绝学丧文，将使人忘其种姓，其祸烈于秦皇焚书矣。好奇之弊，可胜慨哉！"

他的理由是这样充足，那些人的毛病仅出于好奇，越走越偏。他是在大处把握，他觉得阁下大处出了问题，小善他也打包忽略了。

虽说他错了，但也错得那样有气概，睥睨当世，目无余子，可见他在学界震慑力之一斑。他致金氏书信发布后，郭沫若评曰"……甲骨文真伪为主题，所见已较往年大有改进……此先生为学之进境也。"

王国维当一九二七年的六月二日，独自前往颐和园昆明湖，投水自戕。他在遗书中说"五十之年，只欠一死，经此世变，义无再辱"，此事在文教界及整个社会，引发极大震动。避往天津的废帝溥仪下诏封其为忠悫公。

然而章太炎对此毫无反应，全然是置若罔闻，公然的一副事不关己高高挂起的样子。

原来当三年多前，清华筹办国学研究院，校长曹云祥欲请胡适之掌门。胡适推荐梁任公、王静安、章太炎这三位。其后吴宓出掌研究院，欲聘章太炎，太炎坚拒之。

---

① 《吕思勉自述》，第314页，《读旧史入手的方法》，安徽文艺出版社。

最后定聘王国维、梁启超、陈寅恪、李济、赵元任为导师，五星魁聚，极一时之盛。当初王国维也不欲就聘，胡适又去拜会废帝溥仪，由溥仪劝驾，王国维乃奉诏就聘。一九二四年底，溥仪被逐出宫，王国维镇日忧伤惶恐，辄欲自戕，家人密切监视乃免。

从清华研究院筹办，到次年二月实施，其间看不到章太炎与其有任何交集。王国维以研究甲骨文的新史学名世，而太炎对此极为反感，以为系作伪。对于梁启超，他们之间曾经又打又骂，太炎也长期藐视之，可以说他对研究院的人与事，皆视作无聊。加以那段时间他忙于联省自治筹备会，往南京讲学、推荐中学国学书目、就江浙战争发表弭兵宣言、对于直奉战争冯玉祥倒戈发表国是主张……可以说忙到焦头烂额。故而在其履历中看不到丝毫对于国学研究院的意见。且在研究院筹办的一九二四年秋，公开发出《为溥仪出宫致冯玉祥电》："念自六年复辟以后，优待条件，当然消灭。此次修改，仍留余地，一二遗臣，何得复争私见？……"同时又有致王正廷电，"清酋出宫，夷为平庶，此诸君第一功也"。

差不多在王国维去世半年后，太炎在致李根源的信中，无限直白地自称民国遗老："老夫自仲夏还，居同孚路赁寓，终日宴坐，兼治宋明儒学……蔡子民辈近欲我往金陵参预教育，张静江求其为父作墓表，皆拒绝之，非尚意气，盖以为拔五色旗，立青天白日旗，即是背叛中华民国……一夺一与，情所不安，宁作民国遗老耳。"

王国维一九二七年投水自尽，国人念之惜之而又疑之。此前的一九二四年，他有《筹建皇室博物馆奏折》："窃自辛亥以后，人民涂炭，邦域分崩，救民之望非皇上莫属，而非置宫廷于万全之地无以安圣躬，非置圣躬于万全之地无以救天下……近者颇有人主张游历之说，臣深知其不妥……且皇上一出国门，则宗庙宫室，民国不待占而自占，位号不待削而自削，宫中重器拱手而让之民国，未有所得而全尽失，是使皇上有去之日而无归之年也……"①以下还有千余字，都是替皇帝考虑的。最后说明系秘密之奏，希望领他的忠贞之情。

①《王国维年谱长编》，第401页。

就算希特勒也很注意保存文化遗产，包括掠夺他国的文物也是为了德意志民族的欣赏，而王国维却要将历朝的遗珍拱手让之异族，让给皇太极、多尔衮的子孙，且垂泪以告，生怕遗落在国人手里，何以他要孜孜矻矻、冥顽不化走到这样的地步呢？史可法、瞿式耜们肝脑涂地对之毫无记忆，安龙小城十八先生沥沥鲜血对之毫无促动，只能说，其身虽已是民国身，其心则犹是大清心。

高级知识分子这样不堪，那么，只能礼失而求诸野。

所以，孙中山先生早就看清了，民族复兴的种子，往往要到草泽江湖的帮会里头去钩沉探求、刮垢磨光。

所以，王国维死了，章太炎仅是不理不睬，而没有大呼拿酒来开怀庆祝，这算是很给他面子，很客气的了！

王国维对于西方的看法："西人以权利为天赋，以富强为国是，以竞争为当然，以进取为能事；是故挟其奇技淫巧，以肆其豪强兼并，更无知止知足之心，浸成不夺不餍之势。"①

如此见识，和郑观应、林则徐差得天远地远，和章太炎自然也形成鸿沟。洛克说："专制是一种对谁都没有好处的制度，支配者因享有绝对的权力而使其品质恶化，被奴役者由于过度的被凌辱而暗藏杀机。"生活在如此不堪的专制环境中，难怪国人要发出如此惨烈无助的绝叫。中国与西方的距离越来越大，根子就是政体的建制完全呈背道而驰的方向拉开。

"五十之年，只欠一死，经此世变，义无再辱。"已经是名句，但这个账目算到谁的头上呢？爱皇帝爱到变态的地步，没有皇帝就活不成了，一部分中国汉人知识分子的心理，不可理喻，至此已极。知识分子自应对社会有所批判，包括自杀的方式。民国肇建，确也问题多多。但也要看批评的立足点，用力的方向，观其心理，对民治民有民享的社会，是完全隔膜的。

---

① 《上逊帝溥仪书》，转自钱基博《现代中国文学史》。

　　不知他是否记起了清初大屠杀的血光之灾，章太炎倒是血脉贲张地痛斥，他们两个，好像南北的两极。而章太炎虽然也乱闹，但他的目标非常清楚，他的批判锋芒指向中国社会的现状，即清廷专制的率兽食人的野蛮统治。"为天下之大害者，君而已矣"，他承继了黄宗羲等先贤的看法，更予以谩骂痛斥。他不但指出新的溃疡，也掀开了去之不远的被清廷征服的旧伤口。清军入关时，顾炎武不说亡社稷和亡国而说亡国和亡天下，着眼点不仅在政权的沦亡，更忧虑文化的澌灭坠毁，从此人群沦为"禽兽"，因而痛入骨髓。

　　王国维似乎不知，正是长期的帝王专制，才造成社会长期压抑后的动荡、短视、浅薄、庸俗、低劣的思想趣味、奸猾无信的恶劣品质，正义感、责任感、做人良知与爱心泯灭到可怕的地步。

　　结果呢，王国维搞成了"我思故我不在"，他这一心疼皇帝的动作，也竟然使他"两次踏进同一条河流"。愁眉苦脸，把生活搞成连串痛苦的累积，实在也是自己给自己套上枷锁，成为恶制度的祭品。王氏的死虽然在于时局的悲观，和盲动肆虐的刺激，但他寻找的寄托却是帝王，而不是辛亥党人那些他的同龄人，因这一旁逸斜出，遂滑向不可收拾的死胡同。

　　吕思勉以为，在历史的转型期，过于纯粹的书斋学者不大为人所知，大众所注目者，大概是那些和社会、政经关系密切的。在近代学术史上，最特殊的有三人，就是康有为、梁启超、章太炎。

　　康有为，他是"可称为最大的空想派社会学家，而且具有宗教家的性质……梁任公，是多血多泪的人，其效力还是以感情方面为大。章太炎的感情，也是极激越的，然和康、梁比较起来，则其头脑要冷静些。"

　　梁任公的善变，确实是古今所罕见的。

　　至于章太炎的侃侃直节，非常明显。太炎最看不惯取巧立名的浮华之人。"最提倡甲骨文的人，就是伪造甲骨文的人。他在《国故论衡》之中亦与以揭发，更使人见得自命亡清忠臣遗老之流，没有一个是端人正士……背叛民族，觍颜事仇之人，其言行岂尚有可信之处?!"①

<hr>

① 《吕思勉自述》，安徽文艺出版社，第 337 页。

这是吕先生所下的一个非常沉重的针砭，王国维就在这当中，反而康有为都比他强。吕先生以为，康氏参与复辟之际，已经重度精神错乱，即俗称的生理上的神经病，乃是病理问题，尚非人格问题。

当一九二四年，冯玉祥将废帝溥仪驱赶出宫时，王国维就曾寻死觅活，邀约了几个遗老，要去跳河自戕殉情。他后来真死了，废帝溥仪赐谥号为忠悫，事后，罗振玉邀集中日名流、学者，在日租界日本花园里为忠悫公设灵公祭，宣传王国维的"完节"和"恩遇之隆，为振古所未有"。这种谄媚和雌伏，可能是清廷长期精神施虐的结果，也可能是自身基因的变异所致。

难道顾炎武、黄宗羲、王夫之、史可法、张苍水……只是章太炎的精神和种族的祖先，而不是他王国维的祖先？

赵元任对修建王国维纪念亭，不出一钱，文教界或以为怪事，实则，赵元任饱受西方思想熏陶，对王国维愚忠，不以为然，认为没有值得纪念之处。实亦别有怀抱，并非一毛不拔。

王国维、章太炎，年相若、道相似（学术概念范畴而言），且为浙中同乡。然而两人从生到死，竟素无往还。一个要推翻清廷，一个要护卫清廷；他俩的心理悬殊，他们之间的差异，大过死人和活人的区分，大过人与兽的区分，一个是前清遗老，一个是同盟会原始派的民国遗老，他们之间所有的只是敌视和蔑视。

陈寅恪《王国维先生纪念碑》许之以"独立之精神，自由之思想"。这个传诵后世的名句，用在王国维身上，是个瞎话和笑话，自由思想、独立人格和王氏毫不沾边；但是用在章太炎身上，那就恰如其分了，可谓形容到位，妥帖周详。唯大英雄能本色，是真名士自风流。自由与独立，在太炎身上，发挥得淋漓尽致。

第十六章 磅礴气节与史学心魂

——六经皆史——治历史关乎天下兴亡——史学为民族心魂之寄托——如何研修历史——史学的涵盖，蔑视梁启超

太炎在革命初期的民族革命中，对于革命思想的启导以及革命情绪的鼓舞，所做出的贡献，几乎与孙中山齐名；同时他又是一位划时代的学术巨擘，当他参加革命的时候，他不仅在音韵和小学的成就上已超过了所有的前辈；即以经史、辞章、义理任何一项而论，他也无不卓然足以成家，他真不愧为当时学术上的一个第一流人物。以一个学术上的第一流人物，而绝意仕进，毅然决然来参加民族革命运动，这不要说在中国近代革命史和学术史要算第一人；即在整个中国历史上来说，也洵属罕见。

自太炎的著述言论来说：其千流万派，浩瀚无涯，固然使后之览者为之惊怖、震骇而至景仰无极。其实，他学术思想的波澜起伏、曲折萦回，均可归宿到史学心魂这个节点上来把握。

与其说太炎是经学大师，这固然没错，但不如说他就是承前启后的一代史学泰斗，更为真实、准确、妥帖。史学乃民族心魂的具体体现和

寄托，离开史学而空言民族心魂将徒具皮囊，而无实质。这是太炎晚年万法归宗，再三强调的。

一九二一年刊行的《太炎学说》以为，我国古学，论其大者，不过是经、史、小学、诸子几种。所以，就技术或研究的角度而言：

关于小学。他的针对一般中等文化的学术提领，并不是想象中那么高深或高不可攀，相反，很有趣味，易识门径。

小学，文字学，通常以为非有教师指导不能为功，其实不然。太炎说：

"近来应用的字，已达了在三千以上的数目，专从形体上去求，实太繁琐，应该从音韵上去学。文字原是言语的符号……凡声相近的，义也相近。譬如'天，颠也'。人身最高部是颠，天也是最高部，所以音义也相近。这样去讲求，就能得着系统，得了系统就可以免去繁琐。"

关于诸子："我从前倾倒佛法，鄙薄孔子、老、庄，后来觉得这个见解错误，佛、孔、老、庄所讲的虽都是心，但是孔子、老、庄所讲的，究竟不如佛的不切人事。"

"孔子可以佩服，宋儒不可佩服了吗？这却不然……程、朱、陆、王互相争轧，其实各有各的用处。阳明学说，言而即行，适用于兵。朱子一派，自然浅薄，但是当当地方官、做做绅士，却很有用。"

关于经学："清代治经，分古文、今文两派，不如从前的难得系统。古文是历史，今文是议论。古文家治经，于当时典章制度很明白的确。今文家治理，往往不合古代的典章制度……古文家将经当历史看，能够以治史的法子来治经，就没有纷乱的弊病，经就可以治了。这是治经的途径。"

关于史学："我们读史，应知大体。全史三千多卷，现在要人全读，是不可能的事，《资治通鉴》和《通典》《通考》，却合起来，不过六七百卷，可以读完的。不过这个里面，也有许多不可以读的，如五行、天文等类，用处很少；至于兵制、官制、食货、地理等重要门类，应该熟读详考。"

中等程度如何修习历史学？这个要求和路径并不神秘，也并不怎样的繁难。太炎的建议也是以文化方式开启人生通衢。在袁世凯将要覆灭的时候，他给他的三女儿回信谈怎样自修史学，认为《资治通鉴》是一道坎，也是一个制高点。"果熟读《资治通鉴》，在今日即可称第一等学人，何必泛览也！"甚至对大女儿的自杀，也认为和读书不到位有关系："汝姊之死，固由穷困，假令稍有学业，则身作教习，夫可自谋生计，何至抑郁而死也，此事须常识之。"[1]

治历史关涉天下兴亡，国脉民命的荣衰。

史学为民族心魂之寄托，明代史创伤累累，也正是民族的创伤。一九二四年七月二日，《申报》刊载他对日本文化调查专员的答复，意谓研究一国文化，当以历史学最为重要。中国历史，历代尚多真本。唯明代之史，则因有清一代之删改，已多脱落。日本与中国毗邻，历史真本流入甚多，望以此种材料供给中国，极表欢迎。

对于易学、佛学、儒学，太炎先生前后观点或有歧异，改易，唯对于史学，则前后一贯。他推崇章学诚之卓识，认定六经皆史。及龚自珍"六经为周史宗子"的说法，认为史之体例本于经，如《春秋》《尚书》即后世史书的本纪、列传，礼经、乐书即后世史书中的志，易为哲学史精华，诗亦多记事。黑格尔说中国古代撰史最夥，别的国家则有传说而无史。[2] 但我们现在也将传说视为史，即使是史，其中也有想象、虚构的成分。概而言之，文学和史学研究，都是对历史的解释。章学诚说"六经皆史"，文学又何独不然。

太炎对于史学的强调，鲁迅《又是古已有之》一文予以婉讽："太炎先生忽然在教育改进社年会的讲坛上'劝治史学'以'保存国性'，真是慨乎言之。但他漏举了一条益处，就是一治史学，就可以知道许多'古已有之'的事。"

鲁迅对于历史的讥讽，他看到的负面太多，而于当时社会的急需则有所忽略。殊不知太炎的心曲在于：《国粹学报》社者，本以存亡继绝为宗，然笃守旧说，弗能使光辉日新，则览者不无思倦，略有学术者，自谓已知之矣。其思想卓绝、不循故常者，又不克使之就范，此盖吾党所深忧也。弟近所与学子讨论者，以音韵训诂为基，以周、秦诸子为

---

[1] 《致三女书》。
[2] 参见《管锥编》，第251页。

极，外亦兼讲释典。"①船山学术为民族光复之原动力，也即历史之记忆。载于《华国月刊》的《复湖南船山学社书》中说："船山学术，为汉族光复之原，近代倡议诸公，皆闻风而起者。水原木本，端在于斯。曾涤笙文学政事，虽有可称，然为胡清效力，毕竟为汉族罪人。闻辛亥光复时，曾祠即已废置，此乃人心之公。后值袁氏得志，阿附清孽，曾祠复得发还，此正湘中污点，宜亟与粪除者也。"

一九〇二年，太炎从日本回来后，又写信给在日本的梁启超，就中国通史，谈及研修历史的主旨："酷暑无事，日读各种社会学书，平日有修中国通史之志，至此新材旧料，融合无间，兴会勃发……窃以今日作史，若专为一代，非独难发新理，而事实亦无由详细调查，唯通史上下千古，不必以褒贬人物、胪叙事状为贵。所重专在典志，则心理、社会、宗教诸学，一切可以熔铸入之。典志有新理新说，自与通考、会要等书，徒为八面锋策论者异趣……所贵乎通史者，固有二方面：一方以发明社会政治进化衰微之原理为主，则于典志见之；一方以鼓舞民气、启导方来为主，则亦必于纪传见之。四千年中……故于君相文儒之属，悉为作表，其纪传则但取利害关系有影响于今日社会者为撰数篇……修通史者，渔仲以前，梁有吴均，观其污造《西京杂记》，则通史之芜秽可知也。言古史者，近有马骕，其考证不及乾嘉诸公，而识断亦伧陋，惟逾于苏辙耳。"

一九二五年太炎和吴承仕信函讨论《尚书》今古文。吴氏以为，古今《尚书》原本皆古文，传习皆今字。太炎以为，其说大体是对的。

太炎说："鄙意昔人传注，本与经文别行，古文家每传一经，计有三部，与近世集钟鼎款识者相类。其原本古文经师摹写者，则犹彼之摹写款识也；其以今字移书者，则犹彼之书作今隶也，其自为传注，则犹彼之释文也……追论原始，则古今文皆是古文，据汉世所传授者，则古文家皆摹写原文，而今文家直移书今字，实有不得强同者矣。至同一古文经典，而诸家文字或异，此乃其训读之殊，非其原文之异。"②

①　1909 年秋致《国粹学报》社书。
②　《章太炎书札》。

即此可见，一切皆是技术性问题所造成的差异。

而后世古文家、今文家的壁垒森严，并非仅仅由于这种技术性的差异直接发展而来，内在本质是因其性格、阵营、政治观点、甚至人生欲求所造成的"派性"，转而在今古经文的阐说方面寻求打仗的依据、证据、数据和根据，然后虽然不免进退失据，还要拼命占据，多方盘踞，最终各开各的单据，各打各的收据，形成学术和营垒的藩镇割据。

太炎的《救学弊论》提出五种弊病：一曰尚文辞而忽略事实。二曰因疏漏而疑伪造。三曰详远古而略近代。四曰审边塞而遗内治。五曰重文学而轻政事。

第二条是对迷恋西学的胡适之之流的讥刺。他提出耳学和眼学的区别，要青年人重视眼学，摈弃耳学。这是就史学研究而发，他发现，研究的意义和目的出了偏差，方法成问题，判断有谬误。

晚晴一代革命家，同时也是时代前列的大知识分子，深具历史意识，天然涵盖着史学的复兴、民族意识的复活。史学的激励、磨荡，灌注着前人生存的血泪、血汗、血影，令其各各不惜奋身一搏，流血五步，敢以颈血溅诸侯，史学自身的指向意识、综合意义，产生出对于现实的映照、对于未来的参照、对于现实人生的返照，从而形成了历史即过去、现在即当下、未来即对于国运的期许、域外即欧风美雨文化政体横向的参照。

史学的涵盖，是革命的依凭，是鞭策和促动。是一鞭一血痕的鞭策，是力量勃发不息的促动。

太炎对于述史具有极高的自负，他在一九二四年为《华国月刊》撰稿，考索晚明史，以为《清实录》《开国方略》记述清人谱系，多有疏漏荒率之处。"乃笔其事，为《清建国别记》一篇，逆知清史馆人，必不能考核至此。而鄙意犹以旁证过少，更欲得他书详之。"

挖掘撰述清人历史，太炎极为自负，他有自负的资格和条件。该书单行本发行时，出版广告说"实考证清史者必读之书"。

史学的意义其精蕴在于民族、历史、文物、精神之传承。

《民报》第十四号《答铁铮》："故仆以为民族主义如稼穑然，要以史籍所载人物、制度、地理、风俗之类为之灌溉，则蔚然以兴矣。不然，徒知主义之可贵，而不知民族之可爱，吾恐其渐就萎黄也。"

在《民报》所发时评"余因念中国无孔子、左丘明、太史公辈，则自共和以迄二世，其年历亦且暗昧不可究观，今者学术多废坠，独历史尚稍完具，令士民不骛太古，以期独立。印度则阙是，故国民自觉稍晚。"

太炎以崇高而磅礴的民族气节，植入史学中心，加以他的取精用宏，卓然成家，对中国史学研究的弊病往往鞭辟入里。与章氏国学讲习会相配套的《制言》半月刊，刊载太炎的发刊词，谈到国学的衰颓，有谓："一曰，毗陵之学反对古文传记也；二曰，南海康氏之徒以史书为账簿也；三曰，新学之徒以一切旧籍为不足观也。有是三者，祸几于秦皇焚书矣。"

搁下如此重话，是看到史学凌夷，有激使然。

章太炎晚年在苏州，最后评价梁启超：

> 文求其工，则代不数人，人不数篇，大非易事。但求入
> 史，斯可矣。若梁启超辈，有一字入史耶？

这与其说是对梁的低评，毋宁说是对于史学的要求极高。

休怪太炎如此对于梁氏盖棺定论，如此蔑视轻忽。梁启超的历史观实在不成个样子。

梁氏说，中国民族不武，试观其两千年来的历史，与他族接触，辄溃败败北，备受辱没，乃是中国历史的最大污点。他推崇俾斯麦的理念："天下所可恃者非公法，黑铁而已，赤血而已"，又说俄罗斯，漠北苦寒，富于野蛮意志，其性质最适宜于军队。古代斯巴达以弹丸之国，而能雄霸希腊，因其身体强劲、生活军事化。梁氏以为这些国度以其尚武精神而能掌握盛衰的主动。中国人武力脆弱、体力低下，遇到游牧民族就只好一触即溃，遇到现代白种人就更是闻风丧胆。"中国以文弱闻于天下，柔懦之病，深于膏肓，乃至强悍性成、驰突无前之蛮族，及其同化于我，亦且传染此病，筋弛力脆，尽失其强悍之本性。"

试以辛弃疾为例，不难见出梁氏的肤浅。

辛弃疾文名盛极，其余皆为所掩。实则他是不折不扣的军事思想家、战略家、行动家。在战术方面善出奇计，善出奇兵予以奇袭，他制造的行动总是干净利落发挥战斗效能。奇袭的成功，其间包含他一系列的战力培育、征兵、训练编程、意志灌输、单兵战力、协同作战、进击速度、基地建设，他都举重若轻予以导成。

辛弃疾在四十岁的壮年，到了湖南，任湖南安抚使，稍有独当一面的事权，他就开始编练军队，招募农家精壮子弟，成立步马组合的飞虎军。史称"军成，雄镇一方，为江上诸军之冠"。他在湖南编练的飞虎队，所用战马，专门从广西边地辗转购来，这种千挑万选之良种边马，剽悍耐战；步兵精锐两千人，骑兵五百人，协同依托作战，平时注重实战训练，预设实战推演，强调快速作战。不久便建成一支极为罕见的攻击型基干部队。他在各种人事纠纷中左推右挡，尽量将掣肘化解到最低，辛苦经营将此部队保持了很长时期。

辛弃疾的意思是，建立数支来去迅猛的特种部队，避免大兵团作战一旦败绩就不可收拾的局面。而且，即使对方以大型野战部队进攻，也可利用多支战力强劲的特种部队将其分割、截击，再予以击溃，或逐次消灭。他的军事变革思想，包括战争指导思想、作战样式、武器装备、编制体制等，皆饶有新意，新军事变革意味着对旧作战方式的完全抛弃，这和民国中期的军事格局，颇有神似的地方。

辛弃疾的兵学实践在其办理马政一事上最能见出他的良苦用心。

苏洵批评宋代政治弊端，深中肯綮："政出于他人，而惧其害己；事不出于己，而忌其成功。"[①] 这也是辛弃疾所处的时代悲剧所在。

宋时兵制，吕思勉先生说，兵力逐渐腐败，宋代初起，兵力为二十余万，太宗末年，增至六十六万，至仁宗时，西夏兵起，乃增至一百二十五万！真是可怖。

这只是毫无意义的数量的增加，兵不知将，将不知兵，训练毫无，

---

① 《上富丞相书》。

指挥稀烂。带兵之人，渴盼兵力增加，乃是为了克扣军饷以自肥，役使兵员以图利。为了供养这些不中用的兵，国家赋敛之重，达至极点。宋代南渡之初，情形是军旅寡弱，包括较为强大的御前五军，如岳飞的同僚刘光世，其人死后，在部队瞬间即叛降伪齐。

宋代还有制约国家梁栋的，那就是外患之下的结党营私。起初的动机无论好坏，是否纯粹，到后来都变成意气与权力的竞逐。大家宁可误国，也不肯牺牲自己的意见与脸面，当然更不肯放松自己的私利。

专制扭曲人性，戕害人性，也对国运实施事实上的破坏。并非中国无人，而是结构性弊端，佛也救不得。

辛弃疾没有更大的天地供他洪波涌起，譬如他的养训军马策略，就毁于一旦。

训练特种攻击部队正是辛弃疾对北宋军政弊端的反拨。北宋军事训练极不得宜，到宋仁宗时代，征召农民训练为兵，保甲制度实施后，禁令苛刻，训练时间与农忙冲突，而不去调整，武器又须民间自行购置，种种弊端，农民大为反感，有自己锥刺眼睛致盲者、有自断其臂膀者，有自毁肌肤者，目的皆为逃避兵役。而王安石等辈不知此，仍梗着脖子说："自生民以来，兵农合一。"就寻常道理来看，他的话没错；问题是这些民兵，保卫自己几里左右的家园尚可，如是大型野战或特战，那就只有丢盔弃甲了。

辛弃疾的特种骑兵观念和实践，即是要建立一种快速反应部队，一者可以随时用于进攻和防御，一者具有威慑力，也便于调动；另外，也可视需要在重型和轻型部队之间转换，有利于补给的迅速获取。

在政治不上轨道的框架内，根本谈不上什么武或不武的问题，甚至跟天时地利也都扯不上关系；在一个贾似道、魏忠贤、阮大铖、慈禧太后肆虐的框架中，再多的陆秀夫、史可法、袁崇焕、瞿式耜、李定国、谭嗣同都等于零。

梁启超应该知道，当清人薙发令下达之际，向如羔羊之人民业已变为猛虎，然而种种恢复中兴的曙光，节节毁坏于长期专制造成的私心自用的恶果。

梁氏谈中国历史的污点，追溯原因，全不中的，这是梁启超对历史考量的一场随心所欲的媚俗整容，若说梁氏仅是水平问题，某些人则在损毁中国历史的文化生态。清人统治将近三百年，至晚清时节，部分学者因"斯德哥尔摩综合征"反而已经习非成是，向专制臣服、帮闲、帮忙乃至帮凶，浑然不觉其野蛮丑陋。一失足成千古恨，再回头已百年身！所以太炎要满怀孤愤地垂涕以道。

章太炎则以为中国的朽坏，全属专制政治的恶劣结果，所以他在《排满平议》尝指出，汉族的暴君酷吏，一样是恶劣政治的导成者，一样是要打倒的。"徐锡麟以间谍官于安庆，适安徽巡抚为恩铭，故弹丸注于满人之腹。令汉人为巡抚，可得曲为赦宥耶？"太炎直指专制与人性恶的互为因果，"虽然人性之贪狠无厌，背违正义，更万亿年而不可变也。"这是太炎的意思，可见中国的朽坏和身体强壮与否毫无干系，义和团的战士被捕后的照片，今日斑斑可见，那些人在酷刑和饥饿之下尚可见其膀大腰圆，孔武有力，不得谓之不武，然而其作为和结局怎么样呢？还是得像太炎所说，要以革命造成共和，要把权力紧紧看住，国事人事才不会摧枯拉朽、治丝益棼。

第十七章　抗战心结与苍凉晚境

——北伐后的选择——渐入颓唐之境地——孙传芳铩羽后的山穷水尽——九一八惨痛的一幕——书斋难以安坐——颓唐中的振起——紧急通电——愤而北上，厉言抗战——爱国心与切要之学——文化抗战，三老宣言——史地源流与民族正义——读经与抗战善策——国学讲习会的隆盛——龙钟讲学，殊觉可爱——忧患余生，永远的告别——硬度超常的最后遗言："设有异族入主中原，世世子孙毋食其官禄！"

北伐后大知识分子的选择，不难见出章太炎、胡适之、王国维等辈的异质。值此剧变时分，各人也发生对于世事巨变的本能反应。

章太炎、梁启超、王国维、陈寅恪，后三人是清华研究院导师，所谓开一代风气的。对于清廷，王国维、梁启超是臣子；而章太炎是反对派；对于北洋系，王、梁辈认为他们尚属清廷的子遗；而章太炎以为他们到底是汉族。但对于国民革命军，这些人的态度就五味杂陈了。一九二七年初，梁启超认为，时局变迁极可忧，北军阀末日已到，不成问题了。梁启超惶惑焦虑："半月以来，京津已入恐慌时代，亲友们颇有劝我避地日本者，但我极不欲往，因国势如此，见外人极难为情也。"[1]"现在战事正在酣畅中，胜负如何，十日后当见分晓，但无论何方胜，前途都不会有光明。"[2]他对于左倾的盲动深所忧虑，多处信函、谈话皆述及之。

章太炎陷入一种欲为大幕僚而不得的尴尬境地。一九二七年初，"吾今所行，亦负谤议，要之自抚素心，可质天地……但苦主兵者不能尽听吾言，乃令丁零群丑，轶荡中原。"

被列入学阀名单之首遭通缉，心情更倾向佛学，实际操作近于迷信。他夸奖蔡北仑研究相学，"吉凶祸福，所言皆能实验，无一空谈。"

太炎反对北伐，是因为他还有梦，还有期待。北伐后，这个梦全盘破灭了。要想再自欺欺人进入梦境，大、小环境都不允许了，于是身心尽入颓唐之境地。

北伐初起时，太炎即通电反对出兵。以为北伐军奉洋人为主子，自甘为奴隶，"蒋中正得政，尊事赤俄……冯、蒋二酋，同为俄属，冯渐受创，蒋更恣肆……兵之成败，实朝气暮气之分使然。昔卢循必待刘裕而后灭，洪、杨必待曾国藩而后破……蒋中正为赤俄之顺民……非有洪、杨正大之义，亦尚卢循所不屑为也。"这是因为他和孙传芳过于靠近，所造成的短视，他直接跳出反对北伐，反对他以前的同志、同僚。此项通电文气倦怠漏泄，逻辑混乱，指摘不实，足观其心智趋于老疲，已将民气抛诸一旁置之不问了。北伐军即将问鼎中原之际，他又撰有《民国五豪赞》，将孙中山、袁世凯、黎元洪、黄兴、蔡锷列为人杰。其文有赞有弹。不过将此五人共置一处，多少有些标准混乱，拟于不伦，等于说世界诸豪，而将孔子、华盛顿、基督、拿破仑、希特勒，甚至尼禄置放一处，而均以豪杰许之。

而当孙传芳感到危险迫近时，已方寸大乱，竟在《申报》刊登通告，

---

[1] 《梁启超年谱长编》，第 1145 页，1927 年 6 月。

[2] 《梁启超年谱长编》，第 1157 页，1927 年 10 月。

对于知识分子之批评时政视为大逆不道，逮捕蔡元培、董康、褚辅成、沈钧儒等人，且威胁将格杀不论。此时正值太炎六十岁生日，有《自述诗》云："蹉跎今六十，斯世孰为徒？学佛无乾慧，储书不愈愚。握中余玉虎，楼上对香炉。见说兴亡事，拿舟望五湖。"他不自觉又陷入自己孜孜矻矻所挖掘的陷阱，文字端绪，蒙络郁积深切的人生挫败感。陶诗"一生复能几，倏如流电惊"（《饮酒组诗》），王右军名文《兰亭集序》谓："情随事迁，感慨系之，向之所欣，俯仰之间，已为陈迹……况修短随化、终期于尽，古人云，死生亦大矣，岂不痛哉。"古人即当欢宴之时，也常有悲感涌袭来，太炎的哀叹溢于言表，同样念及山川人世，反复流连，有不胜其哀者。

北伐后期，太炎作为舆论领袖地位的色彩黯然消退，社会上尤其是教育界的兼职，业已悉数辞退，报章上发言露面的次数为之剧减。北洋孑遗原本大多是他革命的对象，但他却随他们的衰微而消减其影响力。无可奈何、或者不知不觉与其昔日的敌人共进退，实际上，因种种原因，诸如大局和小环境、个人、团体等等的处境所支配，太炎是或远或近，和北洋的一、二代，走在同一道途。如藓附木，木倒而苔藓也随之枯萎。

现实中的失落，必在宗教幻想中求安慰，时间、环境，加速了这种催化作用。辛亥前，他的宗教观偏向增进信心，现在则倾向以佛教的大施主义救人救世。

北伐前两三年，太炎和孙传芳折冲樽俎的日子里，人生意志相当充沛光鲜，他屡以舆论领袖身份表达政见，更是出尽风头，在斗志、指挥欲、擘画才干、革命资格等等的激发之下，精神极为健旺，笔下也仿佛保养极佳的轴承，在无疲倦的运转。"把吴钩看了，栏干拍遍"，却不是"无人会登临意"，反而是颇有顾盼自雄的意味。比他前些年出使大西南，那尊而不亲的处境强过百倍。

到了孙传芳铩羽，顿时山穷水尽，青山不再，水已绝流。不但精神颓丧，无以安顿，甚至身体的健康也随心情的黯淡而大走下坡路了。

孙传芳确有许多无法原谅的致命缺陷。即使没有北伐，或者北伐晚来，太炎与之相处，结果也不一定美妙。北伐期间，蒋介石检阅被俘军官编成的军官团，因其爱将金佛庄被孙传芳杀害一事，大加控诉，并对孙氏冥顽的人格予以痛斥：

"孙传芳受了外国一千万金钱收买，来打我们革命军，并且任意残杀同胞，像这样的军阀，如果再承认他是上官，容许他压迫，姓金的各位的人格就算是没有了……我可以说一件事给你们听：我们这里有一个姓金的团长到浙江去，经过南京，被孙传芳捉住了，马上枪毙。当时我得到金团长被捕的消息，我想孙传芳一定不敢枪毙他的，因为他的部下在我们这里的很多，如果孙传芳还能想到他的部下，爱惜他的部下，他一定拿金团长来同我们来交换他的部下，这我是一定答应的……哪晓得他拿到我们的金团长，就马上枪毙，他不管他的部下在这里有几多！……这种上官是绝对没有部下的，完全是为自己个人的威福……"①

太炎所活跃的土壤消失，失落感来自不再有发言权，相与折冲樽俎的人或彻底蛰伏，或退出政军两界，其心绪的悲凉寂寞可想。

他寄予厚望的孙传芳，其耀眼光芒陡然黯淡，很快消融为零。孙氏早年毕业于北洋陆军速成学堂步兵科，一九〇四年入日本士官学校六期，一九〇九年归国在北洋政府所辖陆军近畿第二镇任教官。一九一七年升任第二十一混成旅旅长，后逐渐坐大，至一九二五年，控制了苏、皖、赣、浙、闽五省，成立五省联军，任总司令。其后更联络奉、鲁等北方军阀，与北伐军作战二年，一九二八年在北伐军强大攻势下全军覆没，三十年代初避居英租界，猛虎处深山，百兽震恐，及其在槛阱之中，也不免摇尾乞怜了；殊不知还有更大的厄运在等着他。

孙传芳之死于暗杀，胎因于一九二五年秋与奉、鲁作战时，捕杀山东军帮办、七旬老人施从滨。军阀无常性，杀人如儿戏，冤魂不可胜数。当是时施从滨身着中将军服，还以为对方可以网开一面，谁料捕到即杀，其后更悬头城门示众。

施从滨的长女施剑翘是位烈性女子，其父死后痛不欲生，即发誓筹

---

① 《蒋介石年谱》，第858页，中国第二历史档案馆编。

措复仇事宜。在长达十年的过程中，苦心筹备，先做手术矫正自己的小脚，然后设法购得枪弹，再往天津侦察，随时揣摩孙传芳照片，详其形容。起先她想混入孙公馆击杀之，未果。一九三五年秋，孙传芳常在天津草厂庵清修禅院参禅听经，恰为也来诵经的施剑翘侦知，她即托人介绍加入居士林当了居士。一九三五年十一月十三日下午，众居士冒雨陆续在佛堂入座。孙传芳（时年五十一岁）坐在说法高僧身边不远处，其间施剑翘两次移动座位，引起响动，但旁人以为她是为了听讲清楚，无人在意。这样她已将座位移到了孙氏背后，就在这样的清寂境况之中，施女士拔出枪来，向孙氏后脑连射两弹，向后背射一弹，三声枪响，孙氏已脑浆外溢，当即如枯树倒地毙命。施剑翘随即自首。次日新闻纸上所刊其《告国人书》简明道出为父报仇之心志，并向居士林居士、道长致歉，以其血溅佛堂之故。

其后孙氏家属及其北洋故旧敦请律师具呈地方法院，请求严惩刺客。但国府大员如冯玉祥、于右任、宋哲元、李烈钧等联名上书国府主席林森，请求赦免施剑翘。次年十月，国民政府颁令特予赦免。解放后，施剑翘曾任北京市政协特邀委员，一九七九年辞世。

孙传芳自己引为自得的名言是"秋高马肥，正好作战消遣"，可见其性格之一斑。看似抱负极大，气魄极雄浑，其实相当落伍。孙氏毙命后，太炎撰写了《恪威上将军总浙闽苏皖赣五省军务孙君墓志铭》，这时太炎本人也接近生命的最后时光。墓志中说"……总五省军务，吴、楚间皆仰以为伯主，而广东势亦转张。尝遣使求亲和，亦不知君雅素也……师不整，竟以此败……乃还天津，以奉佛自晦……女休发于凶明，信直道之在躬兮，虽横尸何足以云云。"此文写得有气无力，疲泄不振，全不类太炎手笔，文末还把施剑翘贬抑一通。

到了一九三〇年代的初期，太炎的朋友、熟人，无论是北洋军政大员，还是学术同道，抑或对立阵营的敌人，这些年陆续有人故去。从邹容开始，黄兴、陶成章、陈其美、袁世凯、孙中山、胡景翼、张作霖、王国维、梁启超、马伯通、谭延闿、蒋尊簋、袁观澜、黎元洪、赵铁桥、田桐、孙岳……稍后又有岑春煊、廖平、陈炯明等人。然而逝者尽管逝去，世事较诸前些年，仍不见消停。政坛早已不见太炎的通电、谈话之类了。局势、人际关系，急速变化，于是，谈方志、谈文、谈艺、谈因果报应、谈时文与台阁体、谈国学等等的时间又多了起来。

以前他的生活，孙传芳是很照顾的，太炎视为理所当然，而怡然受之。现在有点麻烦，还得操持老本行，卖文补贴日常用度。为上海及其周边的江浙大户豪族撰写墓志铭，乃其卖文之主要方式。有的还登在报上，如《葛母邓太夫人墓表》即刊于《申报》。太炎所撰墓志、寿序，润笔不菲，一般由其门生、亲属出面受馈，通常一篇文章润格在两千元左右。润格兑现，有时也非现金，也有拿极品香烟等佳品做等价置换的，太炎烟瘾极大，故也乐于接受。在无可奈何的时间消磨之下，他已悄然变成一个文化个体户，但其间还含有很深的情感选择，与康有为之类行为迥异，某人开纱厂，有巨资，出价万元请太炎表彰其祖上风光，太炎因讨厌其为人，毅然拒之。他的这一类文章，烈妇、良媛多为之表颂。至于像杜月笙这样的江湖豪杰，此时也正如日中天。太炎也为之撰写《高桥杜氏祠堂记》，有谓"杜之先出帝尧。夏时有刘累，及周封于杜，为杜伯……自寒微起为任侠，以讨妖寇，有安集上海功，江南北豪杰皆宗之。始就高桥祠堂祀其父祖以上，同堂异室之制，近世虽至尊犹然。故诸子庶不立别庙，独为一堂，以昭穆叙群主，盖通制然也。凡祠堂为址八亩，其墉地以诗设塾及图五馆，所以流世泽帅后昆也。余处上海，久与镛习识。祠成而镛请之为记。夫祠堂者，上以具岁时之享……惟立德立功立言，宜追视杜氏之先，立德莫如大司空林，立功莫如当阳侯预，立言莫如岐公佑，其取法非远也。镛既以讨贼有功，其当益崇明德，为后世程法。"可谓推崇备至，而且历史上有些名气的杜姓文化人、学者，一时尽成杜月笙之祖先，令人啼笑皆非。

到了九月中旬，意料不到的大事发生了。这就是九一八惨痛的一幕。

一九三一年的九月十八日夜，日本人自己炸毁了一段南满铁路，随即借口护路，突袭沈阳北大营。东北军王以哲所部率部撤走，当夜沈阳失守。次日，所有军政机关均被日军装甲部队占领，除北大营某团被迫还击外，其余军队、航空、兵工厂及帅府机关守卫一律被缴械，而空军司令张焕相且遵循外交手续向日军办理移交，成为军界一大笑话。日人继续疯狂进攻，二十日北入吉林省城，同日，长春、营口、铁岭、安东、抚顺、延吉等重要城市均被占去；到十一月中旬即攻陷黑龙江省城，两个月后即将东三省大部占领。日本人轻易地在两个月间占了东三省大部分，年底又向锦州进逼。

一九二〇年代末期，张学良归顺南京国民政府后，一九三一年春在北平设行营，任军事委员会大本营陆海空副总司令，这使得日本人很感麻烦，嫉恨交加中终于制造出震惊世界的事端来。

锦州撤退第二天早上，北方新闻界记者云集，他们询问张学良的幕僚长戢翼翘，"听说锦州已撤退了？"戢答："没有，还坚守着。"刚应付完记者，东北边防军参谋长荣臻（荣翁生）已打电报来，要他派人去办兵站，关外东北军已向关内撤退。他形容那时的情形，真如晴天霹雳，完全不知所措了。于是他对张学良说："糟糕，今天新闻记者问我锦州退了，我说'没有'。怎么不先告诉我一声？这叫我如何向记者交代！前方作战军事情况，怎么参谋长不知道？完了，我不能再帮你忙了，我要休息！"说完就要辞去参谋长一职，张学良挽留他，他说："可以找荣臻当。"最后他再向张学良说："我不干了，荣臻已带兵退到滦州了，他回来当你的参谋长。要打，咱们出关干！要不打，将来要受国人责备，你要身败名裂。"

亲历事变者的东北军陆军独立第七旅第六二〇团团长王铁汉，被誉为打响抗战第一枪的人。他说十八日夜枪炮声大作，他马上叫接六二一团电话，已无人接听，复问第六一九团张团长也不在营。至十一时将过，才得知第六一九、第六二一两团已分别向东山嘴子撤退。他在未奉到命令之前，不能自由行动，只有就营房及已有的简单工事，做战斗准备。到十二时，接到旅长由城内来电话指示："不抵抗，等候交涉。"此后即失去联络。他事后回忆，当时认为"等候"不等于"挨打"，敌人向他所在团营房进攻时，他决心还击。这时，荣臻电话指示他说："那么，你就撤出营房，否则，你要负一切责任。"说完电话也告中断。正在准备撤退的时候，敌人步兵四百余，已向其第二营开始攻击，王铁汉立即下令还击，毙伤敌人四十余名。就在敌人攻击顿挫之际，忍痛撤出北大营，这是十九日凌晨五时。该团士兵伤亡十九人。次日，日本关东军司令本庄繁公布"日军死伤一百二十余名"，乃是为了扩大事端的反宣传。

到了一九三三年热河一失，张学良引咎辞职，三月中旬南京政府准其辞职，派何应钦为军委会北平分会委员长，四月初张学良出国去了。

太炎震惊之余，过了好些天，才在致友人信中予以痛斥。因国民政府将要惩办张学良，吴稚晖且将张氏骂为卖国奴。太炎对此甚赞赏，他原来和吴稚晖过节深郁，现在陡增一层好感，觉得他很不错，"此公平日甚多荒谬，今能作此惊人之鸣，不可以人废言也……以今日外患之发端言之，蒋（介石）固有罪，究非如粤方之创意卖国者，譬之蒋为秦桧，粤则石敬瑭也……吾之于人，心无适莫，平日恶蒋殊甚，及外患猝起，则谓蒋之视粤，情罪犹有轻重。"①

当时太炎是气愤至极点。但他以为，如他亲自出面，劝蒋介石出兵，与日本硬干，蒋先生必不见听。然而世事白云苍狗，北洋派几个看得上眼的，或者鞠躬下台，或者黯然谢幕了。他感到深深的寂寞，现在台面上的在他眼中似乎不值一文。知人论世，如欲得其正面褒扬，十不一二。

九一八之后，东北全境沦陷。太炎在他的书斋里再也坐不住了！一九三二年的初春，他和熊希龄、马相伯等人联合发出通电，且组织中华民国国难救济会。通电发给国府诸要人：国民政府林主席、孙院长、何部长、奉化蒋先生、上海汪先生，以及散处各地的军政巨头冯玉祥、李宗仁、阎锡山、白崇禧、张学良、胡汉民诸先生。希望他们在此万分危急之际，勿再闲散雍容，仿佛无事休闲一般。"事至今日，诸公倘犹认救国全责，可由一党负之，则请诸公捐助一切，立集首都，负起国防责任。联合全民总动员，收复失地，以延国命。"同署者尚有左舜

① 《章太炎书札，与孙思昉论时事》。

生、张耀曾、温宗尧、黄炎培、张一麐、章士钊、李根源、沈钧儒、朱庆澜、赵恒惕、赵凤昌等近百位社会名流。

恰如民初《留东外史》等书所描绘，晚清民初的留日学生，不论其自身来自怎样的政治窳败之国度，其人对于日本态度，对其文化，乃是一种俯视；对其国民，乃是一种低看。总之全无一九三〇年以后某些军政大员畏日如虎的情态。

太炎正是这样，他在颓唐中忽地振起，这一方通电，乃是北伐后他对执政的南京政府第一道紧急呼吁。不到一周，他又联合一些名流，再发通电，请拯救辽西。文电中引明末惨痛历史为当局警醒，故而迫切陈词。

到了一九三二年的一月底，日军悍然进攻上海。

日寇为了扩大侵略制造事端，利用特务、浪人在上海社会上挑起骚乱，日军屡屡出面干涉，随后直接向上海增兵。一月底，大肆轰炸闸北，国府拟定对应方略："……退让至不能忍受之防线时，即与之决战，虽至战败而亡，亦所不惜。"部署十九路军守上海，精锐之八十七、八十八两师卫戍南京，第一线由军政部长何应钦和参谋总长朱培德共同指挥。

二月初，吴淞展开激战，战事胶着。日军大幅增兵，国军八十八、八十七师调往前线，远在内地的第一师、第七师兼程驰往增援。二月下旬，又调遣更多中央军赶至上海外围，准备协同十九路军。此时日军进攻力量已经超过三个师团，且有海空军参战。

八十八、八十七两师新组的第五军与十九路军一样，牺牲很大，国府为了虚置日军兵舰，意欲将日军引到苏州、常熟一带决战，一则减少上海城市的毁伤，一则使日舰无用武之地，于是将大量增援主力控制在常州，但此后日军没有再往苏、常方向继续攻击。

三月初，十九路军作战略后撤，日军终止战斗，双方呈对峙状态。

太炎对此的反应，以为民初至今，军头勇于内耗，怯于外战，如今十九路军一反常态，挺身犯难，与强寇激斗，极为可贵，此亦可使各地军头引为镜鉴。当激战正酣之际，左舜生去太炎的上海寓所看望他，请他手书一句古话赠给十九路军的名将翁照垣。太炎慨然允诺。

翁照垣时任十九路军一五六旅旅长，当时正在前线，率部以拼死的精神，重创日军，其所部为淞沪抗战一支能征惯战的劲旅。

次日，左舜生前往取件。但见太炎出示手札一通，不是一句话，而是一篇文，长逾千余言，亲笔以楷书誊录于宣纸之上，左先生大喜过望，当即持往中华印刷所，制成珂罗版，印制三百份，分寄全国各大报馆。此文内容多奖誉翁旅长及前线官兵，于是该部队之声名更大噪于海内。此文即《书十九路军御日本事》，其中有谓"照垣时往来闸北、吴淞间，令军士皆堑而处，出即散布，炮不能中，俟其近，乃以机关枪扫射之，弹无虚发。军人又多善跳荡，时超出敌军后，或在左右；敌不意我军四面至，不尽歼即缴械……炳麟曰：自民国初元至今，将帅勇于内争，怯于御外，民间兵至，如避寇仇。今十九路军赫然与强敌争命，民之爱之，固其所也……"言为心声，太炎以这支部队当前杀敌致果的民族正义感，对照清末民初军头的不堪，更加地感慨深深。

到了二月底，太炎忍无可忍，愤而北上。携家眷一道，在上海乘坐四川轮，至青岛，再转济南、天津，终而抵达北平。《大公报》记者赶往他下榻的北平花园饭店采访他，太炎很是高兴，欣然起身，殷勤邀记者入座，乃因对于时局，他有太多的心声要吐露，他有许多话要通过记者之笔来传播。他以为，当务之急，政府必须充实国防力量，团结国人，万勿再予人一盘散沙之感，"对日本侵略，惟有一战！"他的态度就是决战、决战，没有半点的犹豫迟疑。

这次他准备在北平逗留较长的时间，裨使他以在野的革命老辈之身份督促当局，他也分头访问了张学良、吴佩孚，忠告他们对于抵抗日本，要态度坚决，切勿模棱两可。

这一次的访谈，太炎发出的呼声特别高亢，可说是他近年委顿生涯中的鼓气一喊、负气一呼、凝气一鸣，此后其精神的倦怠，则似驾骓骝而下长坂也。

他觉得有必要把他的文化历史观念贯注到抗战的实践中去，于是在燕京大学作了一场演讲，题为《今日切要之学》。

"明代的知识分子，知今而不通古；清代呢，通古而不知今。所以明人治事的本领胜过清人，因为明人还能致用，清代虽要致用而亦不可能。因为他考大体的人少了，考证枝叶的多罢了。"

简洁概括两个朝代智识者的特性，以为当下的镜鉴。在当下，就是要学以致用，要投入抗战的洪流。他又说道："一国的历史正像一国的家谱。其中所载尽是以往的事实，这事实即历史，若一国的历史没有了，就可知道这一民族的爱国心亦一定衰了。因为事实是综错的、繁复的，无一定规律的，而历史乃是归纳这里种种事实，分类记载，使阅者得知国家强弱的原因，战争胜败的远因近因，民族盛衰的变迁，这都是人类处世所不可须臾离的。假使明了历史的演进，根据他以致用，这是无往不利的了。"

太炎在北平期间，日寇竟在东北扶植溥仪复辟，制造傀儡政权伪满洲国，年号大同。太炎惊讶万分，痛心疾首，他参与领导推翻的清廷孑遗，此时竟敢在日寇的卵翼之下，悍然"复国"，太炎赓即致电国联之中方代表顾维钧，措辞相当严厉，"日人无赖，唆使伪满洲政府拒绝足下出关，且以种种危词恫吓……仆谓服务外交者，非徒以彼辩论坛砧，亦当稍存节概。洪皓、左懋第或囚或杀，未尝有悔……见危受命，义如是也……"左懋第是晚明的民族英雄，此时以之激励顾氏，恰在关节点上。尽管顾氏一己难以旋转乾坤，但太炎给他指出的方向极为明确。

在北平逗留时间整整一个季度，其间讲学、通电、发言，以种种方式厉言抗战，有时苦口婆心，有时垂涕以道，甚至还在张学良出国前往访之，代东南民众要求他出兵抗敌。其中思以讲学方式整顿人心，结果是恓恓惶惶，效果不彰，太炎深觉当世无可为，只得在五月底废然南返。

一九三○年代的初段，形势较之北洋时代混沌搏杀的情形更为迷乱、严重。盖因日本已大张其侵略之毒喙，在华夏大地肆虐。中国的抗战，通常谓之八年抗战，实则应是十四年抗战，才是事实。

东北为中国大陆之屏障，物阜民丰，日本垂涎已久。日本吞并中国东北的野心，在九一八之前已经表露无遗。九一八事变看似突发，实则蓄谋已久。日人对我东北三省竟起吞并的野心，可以推溯到清末的甲午海战。到了一九〇六年，日本成立南满铁道株式会社（简称满铁），名为商业机构，而实际上执行其全面的特务情报搜集及殖民政策，从事于军事政治的积极布置，完全无所顾忌了。其后遍筑铁道，并在铁路沿线包办了工矿事业，大事殖民，不到十年，而日人移殖南满竟有五六十万之众。

日人在华失踪事件，在中国屡见不鲜，这是强邻压境惯用的讹诈伎俩。

一九三四年，日本阴谋制造事端，日本政府为驻华大使馆副领事"藏本"失踪事件，向中国政府提出了杀气腾腾的照会。此人名叫藏本英明，未按日本军部意旨去死，被搜索出来露面世人面前，舆论大哗，终于在押送回国途中，被日本当局沉溺于大洋海底。日本侵略者强加给金陵古城一场浩劫，并未因"藏本"事件解决而幸免，只不过是推迟时段爆发罢了。

一九三七年的七七事变的直接导火线，就是日军在演习后，忽然宣告失踪了一个士兵，然后为了搜寻那失踪的士兵，宣布戒严。

同样，九一八的导火线，也是由于一个日兵"中村"的失踪引发。其挑起事端的手段极为卑鄙拙劣，技术上也不高明，借口士兵失踪，接下来的逻辑就是：我的人失踪了，肯定是你干的，所以我必须打你。此前的八月间，日本参谋本部间谍中村丽太郎（大佐）带了两名中方向导深入兴安区，意在侦察东北军的兵工厂，不意暴露行踪，向导迅速跑掉，而中村却被捕了。八月下旬，日本声称中村被中方杀害，需由关东军负责调查。九一八事变终于爆发了。

九一八事变，中国东北三省沦陷。守土有责但怯于抗敌的东北军退至关内。

当时中国由晚清的大乱进入民国不久，经过连年的兵燹，国力贫弱，中华子孙不堪受辱，但又心有余而力不足，只得仰仗当时的国际联盟的"公断"。

国联诞生于第一次世界大战后，可以看做是联合国的前身，其会员国在五、六十个上下，总部设在日内瓦。中国于一九二〇年加入国际联盟。美国倾注心血甚多，却因各种压力而退出，于是国联成为英法控制下维护《凡尔赛条约》的工具。国联处事软弱，在穷凶极恶的日本军阀面前完全无能为力。

九一八事变后，国联派出以英国外交家李顿为团长的调查团来华斡旋，历时一年，却无法裁断……日本一意孤行，直至退出国联，在侵略的道路上越走越远。国联议决："请日军速撤。"可是日本人一方面在上海挑衅引起战争，一方面在东北制造傀儡政府，扶植伪满洲国，并变本加厉向热河进逼。南京政府到此时始知国联之不可恃，遂调整政策为"一面抵抗，一面交涉"。李顿调查团终于无功而返。

一九三三年二月，日军向我热河及长城沿线进犯。九一八之后，七七全面抗战之前，这里已是最前线。蒋介石为全国激烈的抗战舆论所激，派出劲旅北上抗日。

参加长城抗战的精锐部队，由十七军军长徐廷瑶统率，辖第二师黄杰、第二十五师关麟征、第八十三师刘戡等部。

最先是二十五师，三月上旬抵达古北口外阵地，与在此地的东北军换防。三月九日师长关麟征和副师长杜聿明前往阵地，沿途见东北军车辆人员狼狈向南奔逃，道路壅塞不堪。接防一天后即开始大打。日军第三旅团和第八师团向中国军队发起全线进攻，整日都有日机临空投弹，战斗异常激烈，以致关麟征被击中负伤倒地，暂由杜聿明代理师长。随后日军加强重炮轰击，我军死伤惨重。但阵地屹立不动。十二日由第二师替换二十五师，该师的作战训练较二十五师稍逊一筹，但他们一本爱国热忱，进入阵地后就和日军激战三昼夜，全师伤亡达四千以上，但也造成日军两千余人的伤亡。此后，日军在将近四十天的时间里，暂未发起大型作战。

到了这年的初夏，日军又和中国军队展开石匣血战，日军采用空炮立体辅助，向我军疯狂进攻，当日军飞机俯冲时，其炮兵即向我阵地排炮轰击，然后步兵跟在坦克车后面跟进，可怜中国军队，空军少，炮兵弱，坦克未见，主要依靠步枪、轻重机枪、迫击炮，中国健儿本着不怕死的精神，以血肉当长城，硬是和日军装备精良的第八师团拼死血战。

长城抗战，宋哲元表现英勇，太炎颇为赞许。左舜生去看望他，见他正面对地图喃喃自语，见左氏进来，太炎就说，长城竟然有这么多的口子？连问几遍。左氏感到奇怪，他以为太炎先生饱读军事地理，却如此发问，颇令人不解，但细想也释然，他是为战事的紧张而凝神聚焦，思绪早已通过地图飞至前线，以致不能自已。

不久，《塘沽停战协定》①签署，战事暂告一个段落。

中山先生手创的黄埔军校，其优秀学子，经十数年的历练，已成长为挺拔有为的新式军官，此时正率部在前线浴血奋战。太炎先生以其革命元老的身份，与日军展开纸上作战。他联合当时已经九十四岁高龄的马相伯先生，联合撰文，对于日军之宣传"热河为满洲国之一部分"，予以痛驳。他们以大学者身份抗战，自以古来历史说明问题，"论古来历史，汉时已有辽东（即今锦州）、玄菟二郡；明时亦设辽东都指挥司，驻沈阳。是其地为中国内地，非同番属……东三省汉人凡二千余万，满洲人不过百余万。若论民族自决，东三省当属汉人，不当属满洲人……东三省属中国无疑。日本攻东三省，实明知取非其有，故遁其词曰自卫；又不可，乃文其罪而造满洲国。人民不服而有义勇军，非明明伪造耶？！"②这是就史地源流，伸张民族正义，同时也矫正国际社会的视听。

太炎先生所言人民义勇军的自卫，乃是指九一八事变后不久，东北各处涌出多种抗日团体。松花江以北日军遭遇装备窳陋的马占山、丁超、李杜等几个旅的抵抗。接着组织义勇军军力较佳的为吉林王德林，他组织了抗日救国军，自任司令，孔宪荣为其副司合，在吉林打出旗帜，招兵买马，直属有十七个支队，武器除旧有短枪外，还夺得日人的野炮与轻重机枪，声势顿振……还有毕业于东北大学文学系的青年将领

---

① 《何梅协定》的前身。
② 《申报》，1933年2月10日，《马相伯章太炎联合宣言》。

苗可秀，他本是一位学者，具有军事天才，毅然在东北拉起队伍，纵横驰骋，剽悍异常，屡予日军重创，直到一九三五年，日军辗转将其所部包围，苗可秀壮烈牺牲。

太炎心情的聚焦，全在抗战一事，故而春天在苏州成立的国学会，他虽列名，并撰缘起，但完全顾不上参与活动指导。太炎的抗战，正如罗久芳《我的父亲罗家伦》一文所说："在抗战期间，父亲曾说过这样一句话：'我们抗战，是武力对武力，教育对教育，大学对大学，中央大学所对着的是日本东京帝国大学。'可见父亲的气魄和民族责任感。"太炎的抗战，与此出于同一机杼。

从前，孙中山先生和老同盟会会员马伯援谈话，谈及国际间援助中国革命的事。中山先生从前曾多次亡命日本，也得到日本友人的热情襄助，但总的说来，日本国民性有其致命弱点。中山先生说："日本小气，只是口惠而实不至。"中山先生对日本认识可谓深切至极，这个评价是有十足分量的。

张恨水先生的朋友曾抄了一些日本俳句给他看，恨水先生承认其中不乏境界甚佳者。但他强调，"惟日本文字之构造，颇觉不顺目，此等片段描写，中国亦原有之，即《幽梦影》之类也。"

小气的习性往往流变为偏狭、固执，而敌视己身之外的一切事物。当年日军侵略中国，除变态到丧失人性地烧杀奸淫之外，又大肆掠夺民间财物，图书古籍、文物细软，固在必抢；即使家具木器、衣类饰物，亦其所欲。两千多年来中国祖先开诚布公，对落后的日本教导提携，令其脱野蛮而臻开化，可是它仗着半世纪工业的领先，竟忘恩负义，在中国狼奔豕突，悍然欲灭亡我国家，奴役我人民，这与其国民性的偏执狭隘，是有血缘关系的。

小气加之毫无道理，所以日本的假造历史，在太炎这样的大学者指斥之下，噤声不得，只有凶蛮地加紧军事推进。

子规夜半犹啼血，不信东风唤不回。

太炎先生也同样地加紧了他的气魄宏越的纸上抗战。他在无锡国专讲述《国学的统宗》，强调"今欲改良社会，不宜单讲理学，坐而言，要在起而能行"。其实这是中山先生早就指出的"知易行难"。当此大敌入侵，太炎又强调气节"社会腐败，至今而极，救之之道，首须崇尚气节"。外族强敌当前，强调气节乃是民族精神之象征。

至于史学对于国脉民命的重要性，他更是条分缕析地加以讨论，"不读史书，则无从爱其国家。即如吾人今日，欲知中华民国之疆域，东西南北究以何为界，便非读史不可。有史而不读，是国家之根本先拔矣。"具体到史学的修为，治史者最基本的当看二十四史，然而太炎很是郁闷，因有一类新式学人，如胡适之流，放着正史不看，而去强调考古，在细枝末节上吹毛求疵，对此太炎斥之为魔道。此种魔道对于史学是一种莫大的伤害。

太炎把史学的精神说得很明白，也强调到极端，是对全国青年的谆谆告诫，同时也是对于青年军官的告诫。他以为在传统的史书中，凝聚着充量的头脑、血汗、智慧，太炎以为此中尽有国族生命的涵盖，因而作为史学家空谈疑古毫无正面价值，以当下而言，史学的精神必须深契到抗战的背景之中。

另一次讲述理学的时代性，强调要选择理学之可以补偏救弊者来大加提倡。其要点，一是要挽救堕废的国防事业；二是要唤回已趋荡然的礼法。

在太炎的青年和盛年时期，是不停息的革命、抗清，方式是纵笔扫荡；在他的暮年、晚年，是愤激跃起的抗战、抗战，方式是讲学论史。

四月初，他和马相伯、沈恩孚联合发表《三老宣言》，其中沈氏比太炎大几岁，他曾任上海议会议长，此时在野，最老的是马先生。三老以为，国联已指明日本侵略行径是违背盟约的非法行为，但是国联态度虽然极其明朗，但日本侵略者不管不顾。因而国人必须奋起自立自助自救，首要是军事抵抗，同时"更应动员全民族积极收复失地，根本消灭伪国，是为国联决议之精神，亦即为世界正义之所在。"

僵似冬蚕，却绝非噤若寒蝉。揣其意，学行、学问、学术，其底蕴与指向，跟抗战中心精神息息相关而非脱节，历史事实及其所包含的精神，为世界正义所关注。

日军继侵入热河后，又向察哈尔进逼，即在北平市中，也有两千五百多日军驻扎。五月底，冯玉祥终于在张家口宣誓就任抗日同盟军总司令。太炎早前对冯氏讨厌不置，现在这些全都抛诸脑后，当即联合马相伯致电张垣，对冯氏慰勉有加。表彰其争取民族独立自由的精神，望他代表全国有血气者的心声，奋起抗敌。且表示，他们虽在人生暮年，一息尚存，必然跟随之而为后盾，一意前进。此间寄托了极大的希望，前些年对冯氏的痛斥此时均按下不表，现在愿以老骥伏枥之躯追随呐喊。稍后他又再电冯玉祥、宋哲元，嘱咐他们千万枪口不得向内，而应杀敌致果，以成大业。文电的措辞，对于冯玉祥是安慰、对于宋哲元则是激励。

对于抗战，太炎态度严正，竭力呼喊，全心督促，出于他的是非选择的本能，与当时活跃报界的罗隆基之流葆有本质的区分。罗隆基上世纪五十年代写有办报回忆录，在上世纪三十年代初期，还在天津办《益世报》，他突然就主张对日作战。其文《枪口对外，不可对内》哄传一时。他的观点就和当时的《独立评论》那一批知识分子不同。全不考虑策略和转圜的余地，盖当时军队和武器等硬件都极端落后，而地方割据的情形，使中枢难以利用全国资源，仓促应战，实自取灭亡。但罗氏这一类人全然不管不顾，口号震天价响，目的乃是火中取栗。所谓真风告逝，大伪斯兴，几乎渗透人身成了国民性了。但是，军事的进展，虽有理路可寻，有时却就连老毛奇这样的人都不敢下肯定的断语。或以为苏德不会妥协，可是互不侵犯协定成立了；或以为日本不敢摸老虎的屁股，珍珠港偷袭了，太平洋战争爆发了。所以，硬撑着要当赛诸葛，却往往在最紧要的关头判断豁了边儿，错得不成样子。萨孟武先生《中年时代》，回忆国民参政会那一节，说到参政员的与会情形，不少人有上乘表现，但也有可笑的，他以为最讨厌的就是那所谓的六君子："罗隆基本来只想在考试院内做一科长，因为目的不达，就在上海创办《新月杂志》，以攻击国民党为事，终而成名。"

太炎的情绪，是不折不扣的愤怒，太炎的呼喊，是如假包换的流露。自然和别有用心者渊然分际。民族忧患深重的年代，他的学术风调，即如先生自言"读史之志，本为忧患而作。顷世学校授课，于史最疏。学者讳其伧陋，转作妄谈……"可见他的倡导读史以及史学的普及、研究，乃是忧患余生之所促成。正如钱钟书所说："《谈艺录》一卷，虽赏析之作，而实忧患之书也。"太炎认为当时学校授课，于史学最为疏漏，完全不能与时代需求吻合，反而相当脱节，所以他再三强调，"经者古史，史即新经……自汉以后，秉国政者，无不参用经史，以致治平。至王安石乃自以为湛深经学，不好读史，且复劫持人以不必读史，目《春秋》为断烂朝报，其流弊卒至京、惇之误国，然当时理学家亦以为王者致治不须读史……不顾国性民情而但为蝝蠃之祝，其不蹈王安石之覆辙者鲜矣。"

王安石当年搞青苗法，随之备见梗阻，最后面目全非。宋时集权盛旺，冗官冗费膨胀，国家财政负担增加，《欧阳修文集》卷五十九说是"财不足用于上，而下已弊。兵不足威于外，而敢骄于内"，也痛心疾首之言，当彼之时，制度日益丛杂，王安石当然要想办法。他是在神宗任上得遂其政的。神宗当时欲克服燕云，恢复先主之业。这些都要先充实府库，而欲财政之丰，提倡生产，乃是根本。

青苗法是新政六种之一项。让农民估计将来粮食余数之量，由官家贷款，谷物收成后还。先已局部实施过，后推向全国。

民国经济学家朱伯康论说这一段史实，他说："资本由常平仓、广惠仓之钱谷充之。放款期分夏、秋二季……归款时期，在收成之际，若遇荒则展至下期，手续则由人民自由申请为原则。利率以领取时规定之斗斛为度，若改还钱，取息十分，不得过三十分。在乡村之放款全为信用放款，十户为一保，即可请领；在坊郭，则五家以上为一保，须以自己物业为抵押。此法行之十六年，流弊丛生。韩琦、范镇、欧阳修、司马光、苏轼……皆反对之。"[1]

其噎塞不通之患，大要在于，下层人员执行不善，例如提举官（管

[1] 《中国经济史纲》，商务印书馆，1946年初版。

理员），以遍撒为功，不问贫富，均摊配之；贫者到手用去，无力缴还，吏督之急，则逃散四方。还有散给之时，为多得，又请客设倡，不会来事的甚至只有自杀，地方豪强则于此时贱卖田宅，大搞兼并；他们转手之后，贷款已无异于可怕之高利贷，而这一切在相当于立法的背景下强制推行，为富不仁者，更借王氏之名而行凌虐掳掠之实，积弊已深，高人束手……

蔡京以贪渎闻名，为六贼之首；章惇，恢复王安石新法，权倾朝野。螟蛉有子，蜾蠃负之，是指陶醉于虚假的胜利，或虚幻的假象……

就部队而言，史学的灌注，可导致军人素质的雅化。近代自林则徐起，及其后之曾、左、彭、胡、李，功名彪炳史册，为文人领兵之典型，此皆书生从戎的结果，不但于提高军队素质有益，即于收束世道人心方面，也大有效果。在人文精神向隅、草莽寡头称雄的时代，文化（文史哲学）的增益，不特于政文的经纬有益，就是兵学一道，也是一番"立基"的功夫；因为人文的修养，对把握人类尊严、人类平等及人类和平极处的根源，实有得其圜中以应用无穷的功效。

对于当政者而言，史学里面所饱含的民族精神、前贤智慧，更是国家、民族深植内心的一种软实力，对漆黑一团的现实社会，也颇有照明之效果。

太炎当此之际鼎力倡导读史，可谓眼光高远，用心良苦。

太炎对于段祺瑞，向来比较轻蔑。到了一九三四年的晚春，意外地给他作了一篇《段合肥公七十寿序》，毫不掩饰他的推崇、甚至恭维。他的态度转变之大，深层原因也是抗战大背景使然。

一九二〇年发生了直皖战争，皖系大败，大势已去。战后，段祺瑞手下的徐树铮、李思浩、段芝贵等人都被列为祸首，段在北京待不下去了，于是搬到天津，算是下野。一九二四年段祺瑞执政，虽非巨恶，但是讲排场，修公馆，用私人，搞权谋，还是专制那一套，格局必然流于狭小。遇到错综的矛盾，最后仍然诉诸武力，恶果还是转至民间来承受，跟一个共和体制下的现代政府距离遥远。第二次直奉战争后，张作霖、冯玉祥、段祺瑞邀请孙中山北上主持国家大计。可是当中山先生到后，段祺瑞已经当上临时执政了。

汪精卫随中山先生前来，他就来段公馆和段见面。有一次段氏和汪精卫见面，不知为了什么事情，两人话不投机，愈说愈拧，段祺瑞很不痛快，两人很生了一回气。

一九二八年北伐胜利，蒋介石到了北京，通过吴忠信、段宏纲，给段氏带去两万元生活费，以后三四年间还多次送过巨款。

蒋介石多次要求段祺瑞南下。一九三三年一月，政学系的钱永铭持蒋介石亲笔信到津，要段祺瑞南下颐养，"俾得随时就商国事"，段祺瑞说若对国事有益，可以随时就到。遂于一九三三年一月下旬，乘坐津浦线特快加挂车，由段宏纲、吴光新、魏宗瀚三人陪同南下。二十二日抵达南京，不少将官奉蒋先生之命，戎装肃立在浦口车站迎接。次日由蒋介石、孙科、何应钦陪同，往谒中山陵。其后段祺瑞移住上海原陈调元公馆。

蒋先生对这些北洋老辈照顾周到，为的就是避免他们倒向日军。段氏在此，曾托人严厉警告他在北平的下属，勿与日寇勾结；上海报界采访，他慨然答道："日本横暴行为，已到情不能感、理不可喻之地步。我国唯有上下一心一德努力自救。语云：'求人不如求己'，全国积极准备，合力应付，则虽有十日本，何足畏哉？"

太炎最为讨厌的徐世昌，在抗战期间表现也甚可称道。到了一九三八年，日本侵华军板垣师团长和大特务土肥原求见，徐氏托病辞谢。日本人找到居间人金梁等往见，说来拜见老师：日本请您出任华北领袖，待部署就绪，即请宣统到京正大位，老师不要失却此千载难逢的机会。此时，徐世昌中国读书人的脾气和性格出来了，他以年老多病精力已衰作为推托。金梁进一步相威胁，我来不为别的，是为了您的晚年，请老师有以自见。徐世昌一下火了，愤然说：你太浑！金梁反唇相讥：老师才浑呢！徐氏怃然落泪，长叹道：想不到我这把年纪，还碰到这一场！说罢拂袖上楼。

这些年和太炎交集频密的大佬军头，这时多已彻底蛰伏，但是日本人不放过他们。段祺瑞、徐世昌等已没有问题，吴佩孚还在北平，日寇暗中已在打他的主意。为了抢救他们，上海民众团体代表数人前往北京拜谒，到了什锦花园吴佩孚的府邸，说明来意，吴氏眼珠一瞪，说，敌人在北方，我去南方干什么？

说话间还气哼哼的。代表们就说，到了南方，可备随时请教。

又说，现在战争已由平面发展为立体战争，战争准备不是短期可以完成。政府对您……

吴佩孚很不耐烦，截住对方的话头说："平面、立体什么？老百姓如果真心拥护我，给我办好粮草，我自有把握，只要我一修法，那些劳什子飞机大炮，全不管用。怕些什么？"[①]

这些代表见他暮气已深，且对于义和团那一套如此着迷，知道多谈无益，只好说些客气话，赶紧走人，而吴佩孚连声说好，当即就端茶送客了。

国民政府为了阻止前朝政要、失意军人投向日本卵翼，作了照顾、移居、警告，甚至暗杀种种工作。仅军统北平站、天津站的几个年轻人，就在此一时期刺杀过张敬尧、殷汝耕、王克敏等人。

其中张敬尧因与日人勾搭，且参与伪满事务，将成事实，国府决定制裁。由甫建立的军统华北区北平站陈恭澍、白世维等几个军校书生执行。因初建站，一切因陋就简，还远远不是后期军统飞扬跋扈为谁雄的格局，执行时所用手枪，都是向郑介民私人借的。

打掉张敬尧后，新闻纸上连篇累牍予以报道。太炎很关心这件暗杀案，专作绝句一首以咏其事，诗曰：

金丸一夜起交民，射杀湘东旧领军。

试问长陵双石马，可知传法有沙门？

刚收笔，左舜生来看他来了，太炎又约略看一遍诗稿，援笔将"试问"改成"为问"，左舜生拜读数过，见该诗用字浅白而意思朦胧，乃斗胆请问太炎先生第四句何解？及其与第三句的承转关系？盖以首句、

① 《古春风楼琐记》第一卷，第204页。

次句均概括其事，系实指，是说几位年轻人经过辗转侦查，终于在北平东交民巷六国饭店一房间内，面对面将张敬尧击杀。张氏曾任湖南督军，民众备受其惨操，此时他试图按日军意旨，在北平发动暴乱，火中取栗，建立伪政权。白世维乃一翩翩书生，从未杀过人，此时为国家民族大义，四目相对，连开三枪，面对面将其击杀，然后和陈恭澍等人从容撤走。太炎笑了，他的回答，颇出乎左先生意料之外，他说："古人作诗亦往往有在可解与不可解之间者，何必深问？"①如是一阵哈哈，大有"识得琴中趣，何劳弦上声"的意味，左氏也只好随之报以一笑。

那段时间，左舜生是太炎府上的常客。一九三〇年代初期，左舜生常到太炎府上拜访、攀谈，一次他注意到太炎哲嗣的异于常儿之处。那天他进门后先是享用汤国梨女士奉上的茶点，这时他看见一个七八岁的小儿，秀气活泼，令人一见之下，心生喜欢。那天他留在太炎先生家中晚膳，这个小儿忽然主动问太炎："商务印书馆的百衲本二十四史还没有出齐吗？"太炎笑着点点头，说是的。左舜生则对其早慧惊讶不能自已。一九五〇年代初期，他在台湾著文回忆太炎先生，尚对此儿不能忘情，"今此君殆三十许人也，惜余不能举其姓名。"②

太炎和汤国梨结婚后，又养育了两个男孩。长子章导，生于一九一七年，次子章奇，生于一九二四年。左舜生先生不能举其姓名的这个小孩，应是章奇无疑，当时正好七岁。生在这样的家庭，受到不同寻常的熏染，是毫无疑问的。

此时的一切都在围绕抗战、抗敌展开，段祺瑞被国府接到南方，就是不给日军可乘之机。所以太炎的撰述寿序，实出于由衷之言，其焦点就是赞其不向日寇低头的气节。他在序中写道："公于日本，初亦主亲善，然不肯蹙地以媚之也。及三省陷，东人觎国者数以好言铦公，公力折之……终之必以正色相遇者，体国之义也。"甚至他还在序中期望段

① 左舜生《春风燕子楼》，第 275 页。
② 《我所见晚年的章太炎》。

祺瑞再度出山，坐镇提调北方抗战诸军，"炳麟为中国祝，故不得不以是祝公。"

不妙的是，太炎的身体每况愈下；他的呼喊，似于大局并无大补。时局更加地复杂了，渐渐地言之谆谆，听者藐藐。只好叹一句归去来兮，胡不归。到了这年的秋天，他就从上海移居到苏州去了。他下决心搬家，似因某种预感，大有倦飞知还的意思，先前那种绝云气、负青天的意态，彻底蛰伏了。这是他生命中最后一年多的时间了。两年前以李根源为主事的国学会，他虽撰述缘起，但也顾不上它的活动，此时他再度考量，终觉与该会旨趣不同，因而就在苏州另起炉灶，亲自发起成立了章氏国学讲习会。旨趣不同，加之对于时间、政局的失望，连带到学术上的分歧，以及对学术的某种低水平的阐述无法容纳，因而下决心自树旗帜。

廖平的弟子李源澄与之谈论春秋公羊。李氏信中写道："《礼》与《春秋》，如车依辅。《礼》如法令之条文，《春秋》如管理之判词。"

对此议论，太炎看后大皱眉头，他以为，李氏的看法虽无大谬，但显然不准确、不深刻，也即不到位。"盖《春秋》者，以拨乱反正为职志，周道既衰微，桓文起而匡之，则四夷交侵，中国微矣。故就其时制以尽国史之务，记其行事得失，以为法戒之原。"

这是他到苏州后，有时间静下来阐述学术观点的一封信。此时北方处于一种大战前的虚假平静中。西南因刘湘之请，蒋先生派出二百余人的中央军政参谋团入川，借"剿共"之机试图使川康军政中央化。

太炎给李氏的答词表明他一贯的看法，所谓拨乱反正，恰也深异警醒。孔子删定六经，其中《易经》，孔子称"假我数年，五十以学《易》，可以无大过矣。"至于《春秋》，孟子称"孔子成《春秋》而乱臣贼子惧。"

钱钟书《管锥编》释汤武革命，钱先生引《韩非子》云："汤、武人臣而弑其主，刑其尸，而天下誉之，此天下所以不治者也……人主虽不肖，臣不敢侵也……孔子本未知孝悌忠顺之道者也……忠臣不危其君，孝子不非其亲。"是以钱先生说"黄生虽儒，而持论同法家之韩非"。[①]

---

① 《史记会注考证》。

汤，即商汤、成汤。公元前一六〇〇年，他率领同盟部族，也即商部族及各路诸侯兴兵讨伐夏桀的残暴统治，以正义的暴力手段，起来推翻垂死腐朽的夏王朝，建立全新社会秩序。战前他召开誓师大会，发表了讨伐夏桀的檄文，这就是流传于今的名文《汤誓》。

这就涉及革命的本意。革除欺压人民暴虐政权的命，以武力的手段变革广大人民群众被奴役的命运。革命就是彻底地、根本地变更专制制度，古人云，汤武革命，顺天应人，讲的就是这个意思。

讲究仁义，信奉温、良、恭、俭、让的圣人孔子，更是用天地四时变化，比喻革命的道理："天地革而四时成；汤武革命，顺乎天而应乎人：革之时大矣哉。""革命"一词，出于我国最古老的著作之一《易经》。孔子铁嘴钢牙作《彖辞》，用"水火相息""二女同居"来形象地说明"革"卦的变革之意。水火不相容，必生变化。二女同居，志向各异，同极相斥，终将生变。

"汤武革命"指的就是商汤灭夏桀、周武王灭殷纣。《正义》解释孔子的汤武革命："天地之道，阴阳升降，温暑凉寒迭相变革，然后四时之序皆有成也。""夏桀、殷纣，凶狂无度，天既震怒，人亦叛主；殷汤、周武，聪明睿智，上顺天命，下应人心，放桀鸣条，诛纣牧野，革其王命，改其恶俗，故曰'汤武革命，顺乎天而应乎人'……汤、武干戈，极其损益，故取相变甚者，以明人革也。"孔子赞成用武力去推翻暴政，建立起仁义公正的政权。

所以太炎论述《春秋》的精神所在，高屋建瓴，大处着眼，自与李源澄辈势成泾渭。

不数日，他觉得意犹未尽，又给李氏写信，说李氏把《春秋》当成经而不是史，把《左传》当成死的档案，"足下重微言，轻事实"属于一种门户之见。

正当太炎讨论经学跟彼辈指点江山的时候，蒋先生在军务倥偬之际，仍对他挂念殷殷。三月底，蒋先生派监察院副院长丁惟汾前往太炎的苏州寓所探望。丁先生是丁肇中的祖父，同盟会元老，也是音韵学家，早与太炎相识。丁先生此次来苏，首先关心太炎严重的鼻窦炎症有无好转，见他炎症加重，致送万金为治病费用。太炎很是感激，表示心领中央问疾之意，乃将该笔费用留作国学讲习会的讲学基金。同来者还有太炎的弟子黄侃，丁、黄等在苏逗留三四天，遍游苏州名园，宾主尽欢。太炎这年已是六十八岁的高龄，在此羁旅寂寞的时分，有他老友代表中央前来探视，自是满心喜悦。

太炎到苏州将近半年，乃以讲习会名义举办星期讲演会，听者甚众。讲演稿通常由《大公报》之类大报刊载。他的演讲大力提倡读经。他的态度很明白严正："居今而言读经，鲜不遭浅人之侮，然余敢正告国人曰：于今读经，有千利而无一弊也。"

读经，在太炎先生的思想中，是包容在读史这个大概念里面的。他将读史提升到发扬祖德、巩固国本的高度。"经籍之应入史类而尤重要者，厥惟《春秋》。"

此时的北平军分会执行南京政府"一面抗日一面交涉"的国策。何应钦与冈村宁次折冲樽俎，力求改变华北局势，而日军本其蚕食鲸吞的势头，阴谋策划华北五省自治。六月上旬，迫于军事上的严峻态势，何应钦于万般无奈之下接受华北驻屯军司令梅津美治郎诸多蛮横要求，包括取消河北省的一切国民党党部；撤退河北境内的国军部队；解散北平军分会政训处及军统各区、站；取缔一切反日团体及抗日活动等等。两个月后以打字函的形式承认日方的要求，此即所谓《何梅协定》。

与此同时，太炎公开回复张季鸾的《问政书》尝谓，中国以后应该永远保存的国粹，就是史书，因民族主义在此；为救亡起见，政府和民间，都立以提倡民族主义为首要。他提出多种整顿军旅的办法，以为如此做去，"胜败固尚难知，而必可以一战。视今日之手足不随者，必相去万万矣。"

提倡读史、读经，远不是一些文人讥讽的迂腐守旧，它是太炎高明可行的抗战善策，为国脉民命之存续，吁请当局可以一战，这并非迂阔之言，它所涉及的是精神战力，是民族独立自由的最终依凭。而且看似大而无当的东西，事实上可以渗透到战备、战略甚至战术之中，切实关乎思想、战斗意志、训练与指挥艺术等等。诚如蒋纬国说，做幕僚必须知命善运，及早知命，明确知命并及时善运，产生作业与行动的思维，所谓思维哲理就是孔子所说物有本末，事有始终。由果思考因，行动哲理则是有始有终。他说，其实很多道理在古书里面都已提及，"但是我发现很多高级将领既不念古书，也不念新书，一直思想僵化。"[①]

总之，读史，研史，涵盖着一个民族存亡绝续的正义性、合理性、凝聚力，如此这般，均深植于民族历史的岩层。这是太炎竭力倡导、强调读史的心衷。

到苏州后，先是举办星期演讲，面向社会。大概半年多后，才正式招生。所以这个招生授课的历史仅一年不到。

九十六岁老人马相伯欣然为他招生授课撰文倡导，有谓"值风雨如晦之秋，究乾坤演进之道……启坛授业，嘉会为群，网络百家，钻研六艺，纲纪礼本"，悬鹄甚高，自然也是合于事实，目的是要研究固有文化、造就国学人才。

国学讲习会的发起人有朱希祖、钱玄同、黄侃、汪东、吴承仕、马裕藻、潘承弼等。赞助人有段祺瑞、宋哲元、马相伯、吴佩孚、李根源、冯玉祥、陈陶遗、黄炎培、蒋维乔等。招生讲学的基金，就是先前蒋先生托丁惟汾送来的那一大笔钱。招生不设地域限制，以东南为多，而边远省区也有前来求学者。讲学会地址在苏州城内锦帆路五十号，所有讲堂、宿舍、食堂一应俱全。

锦帆路连接玄妙观，观前建筑群在北伐后已划拨为体育场、市立公园、县立图书馆，在这附近，又有一所水泥钢筋的洋房，和四进的中式房屋，这就是太炎的讲习会之所在。洋房那一边的标牌是"制言半月刊"，中式这边的是"章氏国学讲习会"。

中式房屋的房间很多，除了太炎的寓所，还有一间传统布置的办公室。

办公室内一张柚木方桌居中，进门面对的壁上挂着两张照片，一张

① 《蒋纬国口述自传》，第319页。

是熊成基烈士遗像，另一张是段祺瑞在上海七秩大庆图，图中尚有杜月笙等名人。室中除方桌外，还有两张办公桌，客人通常围坐方桌四周谈话。

苏州讲学时代，当年的记者根据传言说他一支接一支所吸香烟是三五牌，据当时访问者亲眼所见，实际为大长城牌。除此之外，上海流行的美丽牌以及堪称极品的白金龙牌香烟，均为他的至爱。太炎烟瘾很大，至讲学期间，更是烟不离口。他抽的香烟多由有力人士致送，李根源更是长期供给他大长城名牌香烟。虽说烟瘾甚大，但他的抽烟更像一种道具，往往因为思考深入以致走神的缘故，香烟点燃未及三分之二，即行随手抛弃，有时甚至烟尾未湿，那是点燃后根本就忘在一边了。

高拜石先生记太炎讲学的情形，香烟从不离手，"烟云缭绕，幻觉中就像年久失祀的一尊神像，更好似一棵老冬青树，颤然摇曳在西风残照里。有一疯人，自称钱曾祺博士，致书云：'太炎长老：君龙钟讲学，发音如犀牛，殊觉可爱！'太炎阅之苦笑不已，亦无奈何也！"①描述穷形尽相，滑稽突梯，而境界全出，如此绝妙好词，真可谓神来之笔。大有"风入寒松声自古，水归沧海意皆深"的气象，此番情景，设若画师绘之，甚或直接摄影下来，就是一帧绝佳的浑然天成的艺术作品。即便这种时候，仍可窥见他松柏之姿、隆寒不凋的那样一种老底子。

对于文学的意见，还是一贯的，从前他对曹聚仁表达过的，现在还是这样的意见，无韵谓之文，有韵谓之诗，太炎以为这是一个原则："中国自古无无韵之诗"，即诗而无韵，那是不存在的；所以对那时坊间的新诗认为可笑至极，以为另造一个新名词可矣，不必把新诗叫做诗。甚至"不妨称之为俳句，或叫做燕语"。②

讲授国学，也颇多趣语，一则调节气氛，一则从别致的角度说明问

---

① 《古春风楼琐记》第一卷，第276页。
② 参见《答曹聚仁论白话诗》。

题。他谈新诗：

> 今之新诗，连韵亦不用，未免太简，以既为诗，当然贵美丽，既主朴素，何不竟为散文？日本和尚有娶妻者，或告之曰：既娶矣，何必犹号曰和尚？直名凡俗可耳。今之好为无韵新诗，亦可即此语告知。古之白话，直书于书者，如《尚书》"莫丽陈教则肆肆不违"，此因其口吃而叠语之。如《汉书》"臣期期以为不可"，举直书白话者也。今之曲尽其力，以描摹白话，真不知白话之应用者矣。

太炎讲学多有对于文学的精妙见解，及灵感触发式之印象式妙悟，然也有不甚妥帖之议论，如谓元稹高于杜甫："张九龄、陈子昂、李太白等三人之诗，为复古者，陈诗与古绝似，几不能辨为齐、梁以下之时之诗……李律诗极少，气极高，复古之诗，至李而达极端矣。元稹之诗，比杜工部高，而排比者，与汉代之赋相近。杜诗佶屈聱牙，多不可解。盖古之才力厚，后之才力薄。"这是一代文豪的一家之言，但判断孟浪之处也显而易见。

太炎除了讲学，也参与近处的社会活动，八月底，苏州举行祀孔典礼，纪念孔子诞辰，在孔庙大成殿行典礼，主祭者为县长、陪祭者为建设、教育、公安、土地四位局长，参加者逾千人之夥，由太炎先生演说纪念孔子的意义。

前来求学者，不特有边远省区学子，就从年龄结构而言，也让人惊叹。学员中最小者十七八岁，这属平常也正常；而最年迈者，竟有七十三岁高龄之学员。这一百多名学员，分属十九个省区。主讲自然是太炎先生自己，其余各科目由他的门生朱希祖、潘重规、金毓黻、汪柏年、汪东、孙世扬、潘承弼等等分任讲师。固定课程之外，尚自会外聘请文史专家作临时专题演讲。太炎先生永远都是新闻人物，从学生的构成可见一斑。他们自然都对国学有着深入研究的兴趣，此外，对太炎本人也葆有好奇、拜倒、崇仰等等的心结，国学是一种底色，但有相当程度是冲着章太炎这个符号而来。

太炎先生的授课，分为四大系统，即经学、史学、子学、文学四大宗，也可以经史子集四字概括。此外，《尚书》的讲述单列。

鲁迅曾在致曹聚仁的信中说过，太炎先生对于问学的弟子，从来绝无倨傲的态度，相反，他和这些学子以朋友相处，蔼若春风。驻会的学生文化程度颇高，都在大专以上，有的是中学国文教员，有的是大学讲师。太炎在苏讲学，社会人群、新闻界、新老朋友熟人都是密切关注的。他的老朋友也是老对头吴稚晖先生甚至不无醋意地写道："从十三年（按即一九二四年）到今，我是在党里走动，人家看了好像得意。他不愿意投青天白日的旗帜之下，好像失意……今后他也鼎鼎大名的在苏州讲学了。党里的报纸也盛赞他的读经主张了。说不定他也要投青天白日旗的下面来，做什么国史馆总裁了。"这既有他俩陈年的过节，也更有太炎巨大的声名投射所致。

这种鼎鼎大名，也引发了社会上中青年知识分子对于太炎个人风采的想象，钱钟书说过大意这样的话，假使你吃了个鸡蛋，觉得不错，何必要认识那个下蛋的母鸡呢？但是中青年知识分子不管这套，他们管不住火勃的好奇心，一定要认识这只下蛋的母鸡。

四个年轻人，当时旅居苏州，以周黎庵为首，提议拜访章太炎。他们中两个是中学国文教员，一个是在家自修国学的。一天早上他们结伴来到锦帆路讲习会门前，整肃衣冠，望门投刺，门房倒也不刁难，只说章先生在用饭，让他们稍候。少顷，有人将他们让进中式房的办公室。趁着等候的时间，他们看见洋房那边已准备开讲，但见生徒云集，长袍马褂，大有洙泗气象。学生所持书本，大都是《尔雅》《公羊》《尚书》这一类，线装木版的居多，只有一本《尔雅》是商务版洋装的，略嫌美中不足；抬眼望过去，可以见到壁上还挂着学生的作业成绩，大概是准备给人参观的，但他们不便过去仔细欣赏。

即将见到太炎先生，这几个年轻人倒颇不寂寞。他们小声议论，一个说，大家要做出风雅的样子，不要让章老讨厌。一个说，我等说话最好不要涉及三代以下的东西，要竭力动员腹笥所藏。过了一会儿来了一个秘书身份的人，问他章老怎样，他很冷漠地说，饭还不曾用好。俄顷，他又说，章老年纪大了，多说话便要喘气，意思似要送客。几个人中有一个四川人，他早预料到这一套，就和这人大扯什么黄季刚、钱玄同、《华国》杂志等等，表示很有货色，不是来胡搅蛮缠的。香黎庵又说："我们专诚（原文如此）远来，特为一瞻章先生风采颜色，即使能够给我们五分钟时间也够了。"那人不好再拒，转身入内了。

不久，太炎先生悄无声息地走进门来，几个人赶紧起身还礼。最初的印象，他们觉得与报纸上的照相不同，面对活生生的崇拜对象，觉得他脑袋出奇的大，心中感叹，不知里面藏了多少"国故"。那天太炎穿着蓝缎棉袍，太炎坐定，立马有随从送来一罐香烟，取出一根替他点上，然后即退下。不料太炎又叫他进来，略作吩咐，那人转身又拿了一只白瓷痰盂进来。太炎有些冷淡，抽了半支烟，这才问几人职业、姓名。他们各人自报家门，且强调说都是治国学的，并表露其崇仰之心。太炎听到年轻人谈国学，脸色转佳。

几位青年中的四川人，直率地问章老的年龄，其他几位暗呼糟糕，多没礼貌啊，谁知太炎毫不在乎地答道：六十八。那颤巍巍的余杭国语，听来像是一种示威，听了不能不肃然起敬的意思。当年轻人谈起廖平，太炎顿时来了精神——

"就像是对章投下了一枚炸弹，突然间章兴奋起来，他定一定神想：你们居然也知道廖平！他的态度，顿时回复当年战士的姿态，谈锋立刻锐利起来：廖平，是的，他那时也在成都……不错……我想起来了，康有为……这家伙，他著了一本书……还没有出版……他忽然写一封长信给廖平……要把廖平的一本书，毁版——把版子劈了。后来康的书出版了，原来康就是抄廖平的。你想康……康的心狠不狠。竟然要把廖平的版劈，劈了——毁尸灭迹！"

其实这件事的细节这些年轻人毫无所知，但他们都不约而同地应一声：原来如此！

几位年轻人应对的工夫，已被太炎认为登堂入室，可以与之接谈的了，于是他的谈锋更健："康、梁！康，这不必谈；梁，梁后来变了节，他，他的佛学倒不坏，但是究竟是个变节的人……"

几个年轻人又向他请教对于胡适的看法，他满不在乎地把半截香烟向痰盂里一掷，伸出一只颤巍巍的手去拿第二支，"哈哈"，他笑了起来。"哲学，胡适之也配谈么？康、梁多少有些根，胡适之，他连根都没有！"

在太炎的眼中，自郐以下似乎不屑多谈的意思，他对于胡适之的批评，在《制言》半月刊中说过："其间有说老庄理墨辨者，大抵口耳剽窃不得其本，盖昔人之治诸子，皆先明群经史传，而后为之，今即异是，皮之不存，毛将焉附耶？"他又这样地说了一遍。

谈话时断时续，但这些年轻人感到一种深厚氛围的包裹，正是"文章真处性情见，谈笑深时风雨来"。

有一位问起辜鸿铭。

"汤生，英文，他好，国学他根本不……"

"他谈起哲学，里面也用两个新名词，'具体化'和'抽象化'。照他的意思，以为恐怕我们听不懂他的理论，才破格用这两个'化'词，多少是含有轻视成分在里面。一会儿谈起尊孔：'孔子，尊尊也不妨，他的东西，关于做人方面——就是实际方面，绝对是不错的。譬如，举一个例，孝悌忠信，这个，这个有人能改吗？'……"

谈了这些话，太炎气喘得厉害，旁边的秘书三次皱眉向几个青年暗示，原来只说谈几分钟，现在已是中午一点过，差不多两个小时了，而章老谈话间已抽了好些香烟了。这几位只好起身告辞，出门前，又请求合影，章老略作踌躇，也答应了。于是就围着柚木桌子照了一张。

三十年后的一九六五年，周黎庵把他们的这次拜访写成《忆昔专访章太炎》，发表在鼎鼎有名的香港《春秋》杂志上（总第六卷第五期）。

周氏大有感叹："我们很欣幸，能够见一见章大师，他有个性，他肯自重，说话不吞吞吐吐，要骂就骂，毫不客气。康（有为）梁（启超）辜（鸿铭）廖（平）已作古人，章亦垂垂老去，以后要再在这古国内见这样的人物，恐怕不大会有了吧？"

社会上的年轻人为更富于刺激的说辞所煽惑，他们的兴趣聚焦点别有所在，不大顾得上他这一套古气盎然的理论了。有一天几个弟子宴请老师，席间多喝了几杯，太炎突然问道，豫才现在好吗？豫才就是鲁迅。有人回答："他在上海，被一般人视作左倾分子。"太炎皱皱眉，说道："他一向研究俄国文学，这误会一定从俄国文学而起的。"

所以就连他的讲章，也由先前的绚烂峥嵘的气象、天马行空的纵放，一变而为有些枯瘦干涸了。

所以他寂寞地问道，豫才还好吗？问得寂寞，答得也寂寞。庞大的寂寞暮色四合般淹没过来，真有些"夕阳明灭乱山中，落叶寒泉听不穷"的味道。

晚年在苏州的讲学，较之《民报》时代，规模宏大、条件优越。但是太炎本心深处，一种隔代的、断代的感觉，恐怕还是不免的。

《民报》时代的讲学，虽然漂泊异域，有种种不便和限制，可是那时的愿景非常明晰。那时的学生中且有太炎本人甚为许可的几张王牌，坊间曾戏套太平天国高层结构，谓之章门五王：汪东《寄庵谈荟》有谓："先生晚年居吴，余寒暑假归，必侍侧。一日戏言：余门下当赐四王，问其人，曰……"即：黄侃为天王，汪东为东王，吴承仕为北王，钱玄同为翼王，后又补朱希祖为西王，共为五王。

此时汪东还在南京中央大学执教，他是江苏吴县人，一九六三年夏，因胃癌病故于苏州。

吴承仕，安徽歙县人，治经大家，与黄侃有"北吴南黄"两大师之誉。一九三九年秋间逝于北平。

钱玄同，太炎被目为章疯子，而钱氏竟有"二疯子"的诨号，可见其性格之一斑。他是浙江吴兴人。新文化运动期间极为活跃，曾主张废除汉字，长期在北京师范大学任教。一九三九年初春逝于北平。

黄侃，湖北蕲春人，乾嘉以来小学的集大成者，任教于中央大学、金陵大学，一九三五年初冬逝于南京。

朱希祖，浙江海盐人，一九三二年任广州中山大学教授兼文史研究所所长，南明史权威。抗战军兴，朱希祖强调文化人当"藉历史以说明国家之绵延，鼓励民族之复兴"，随之内迁重庆，在章门弟子中，他对史学的拓展最为耀眼，一九四四年盛夏以劳瘁过度而逝于重庆。

章门师徒三代，力量极为强劲。不过因他本人是一座难以逾越的高峰，就算黄侃、吴承仕这些第二代的中心人物，也不免掩盖在他的光辉之下；到了第三代，其光芒就更为黯淡了。刘博平是第三代的代表，他是黄侃的学生，一九三〇年代在武汉大学当中文系主任。那时朱东润先生也在系里任教，朱先生的讲义、论文特意用文言写成，多少有些和刘博平赌气的成分。刘先生虽然学术能力逊其师一筹，但章门弟子的架势还拿得蛮高。他在中文系全体教师会上声言："白话算什么文学！"①一些老师视为奇谈怪论。如朱东润的文言写作，纯粹是为了让章门弟子不要小瞧也人。不过刘先生的言论颇可代表章门弟子的一种脾气。

太炎忧患余生，不特功业旨向与政治斗争渐行渐远，也即由践行革命转入学问总结；就是气度襟抱，也由使酒骂座，变异为慈祥恺悌了。仿佛一肚皮的不合时宜，为之悄然隐退，外表的样子，也和传统的老师宿儒更加接近了。功业转型，外貌也随之由凛然高古变为蔼然可亲了。然于此间也可略窥，讲学讲坛之设立，实在也只是为了消磨这不平静的岁月。

他的致友人书谈到这个转变："少年气盛，立说好异前人。由今观之，多穿凿失本意，大抵十得五耳。假我数年，或可无大过。"前贤的进德修业，足堪范式，一至于此。

时局并不走向他的理想愿景，反而与之相悖。胡适对他这一段的生涯，有所描述："炳麟好像知道他的死后，不会有继起之人。因此，他对弟子们寄予的期望是非常殷切的。据说：他晚年在苏州讲学时期尤其如此。他好像一个想拉住西坠太阳的勇士！然而，夕阳无限好，只是近黄昏。落日的再升起，要到明天了！而明天，则是属于下一代的。任何挣扎，都已不能改变了！"

深惋、怅触，带着无限的感慨。

太炎对于时事已相当的懒心淡肠，但是这年底北平爆发了一二九学

---

① 见《朱东润自传》。

生运动，平津卫戍司令宋哲元加以弹压，其《告学生书》有谓"少数纯洁学生，皆受共党分子所欺骗煽动……"云云，太炎却坐不住了，他马上致电宋哲元——宋氏也是他的国学讲习会赞助人，强调值此强寇压境危机深重之际，必须善待学生，"纵有加入共党者，但问今之主张如何，何论其平素？……"宋哲元不敢怠慢，马上恭敬回电，"哲元为维持治安计，仅予以和平之劝导"，并明确表示"兹重以先生之嘱，自当遵办也"。

到了一九三六年的春天，太炎对于身体状况的下滑已有不祥之预感，料将不起，遂撑起病躯发文征求武昌起义诸公事迹，借此挖掘隐没的遗事，由他亲手撰写成文，以期发潜德之幽光，彰显不朽之盛业。

除了征求旧友、先烈事迹，以传诸后人，还有他不能忘怀的，早年，他因了顾炎武、王夫之著述的催化，决意反清，现在即将走到生命的尽头，他又再提顾、王。《与人论读经书》谈到顾炎武矫正明代空谈心性之病："故以车中默诵自课而外，有读经会之设。夜闻张稷若诵《仪礼》，寨裳奉手，唯恐不及。稷若亦卒成大儒。盖宁人所以启清儒户牖者，《音学五书》《日知录》为最著。然握其枢者，读经会也。非是，皮之不存而毛焉所附乎？……近代经学荒废，自中学以下，未尝通《论语》《孝经》……然所宜诵者，非独经也，《四史》《通鉴》及前人别集之属。"

《书曾刻〈船山遗书〉后》则谓："王而农著书，一意以攘胡为本。曾国藩为清爪牙，踣洪氏以致中兴，遽刻其遗书，何也？衡湘间士大夫以为国藩悔过之举，余终不敢信。最后有为国藩解者曰：夫国藩与秀全，其志一而已矣。秀全急于攘满洲者，国藩缓于攘满洲者。自湘淮军兴，而驻防之威堕，满洲人亦不获执兵柄，虽有塔齐布、多隆阿辈伏匿其间，则固已为汉帅役属矣。自尔五十年，虏权日衰。李鸿章、刘坤一、张之洞之伦，时抗大命，乔然以桓文自居。巡防军衰，而后陆军继之，其卒徒皆汉种也。于是武昌倡义，尽四月而清命斩，夫其端实国藩始。刻王氏遗书者，固以自道其志，非所谓悔过者也。

"余谓国藩初起抗洪氏时，独以拒祆教、保桑梓为言。或云檄文宜称大举义旗以申天讨者，国藩不肯用。然则种族之辨，夫固心知之矣。洪氏纲纪不具，又诪于异教之说，士大夫虽欲为之谋不可得。国藩之屈而之彼，势也。及金陵已下，戏下则有惰归之气。而左李诸子新起，其精锐乃逾于旧，虽欲乘胜仆清，物有相制者矣。独有提挈湘淮，以成百足之势，清之可覆与否，非所睹也。然其魁柄已移，所谓制人不制于人，其计亦或如论者所言。观其刻王氏书，无所删削，独于胡虏丑名，为方空以避之。其不欲厚诬昔贤，亦彰彰矣。虽然，论国藩者，如《公羊》之贤祭仲，汉史之与平勃，可也。自君子观之，既怀阴贼以覆人国，又姑假其威以就功名，斯亦谲之甚矣。狄梁公为武氏相，卒复唐祀，其姑犹以事女主为诮。国藩之志，乃不如一老妇人哉？"

这是他一贯民族思想的再总结、再辩证；也是对于危机四伏的现实社会的再叮嘱。借此以发潜德之幽光，对于颠倒之是非、成王败寇之说，均以史笔予以纠谬。他之一再强调史学为当下最切要之学，于此也依然可见他伟岸的远识。

气喘加严重鼻炎，到六月初，太炎已经难以撑持，但他仍然坚持授课。近半年内，《尚书》已讲完，正准备新开《说文部首》，不料到了六月十四日，他就溘然长逝，与这个令他挂念不已、痛惜不已的世界永远告别了。

当天中央社发出电讯，以后陆续几天，报上都是关于太炎去世的消息。国府发给三千元治丧费用，监察院副院长丁惟汾迅由南京赶至苏州，牵头成立治丧事务处，下列总务、文书、布置、会计、招待等五股，分由丁惟汾、李根源、孙鹰若、钱景甫等数十人负责，张继、段祺瑞等均表示当前来吊唁……军政要人发来唁电者，计有：蒋介石、林森、居正、于右任、陈果夫、李烈钧、冯自由、邵元冲、蒋作宾、吴佩孚、李璜、孔祥熙、段祺瑞、杨虎、唐绍仪等等。

太炎一生为先他而去者写过众多的墓志、挽联，他在谢世前最后一副挽联是写给同一年去世的胡汉民的，这位他在《民报》时代的老同事老袍泽，他写道："君真是介甫后身，举世谁知新法便；我但学茂弘弹指，九原应笑老儒迁。"而他自己的墓志铭，则是他的大弟子汪东所作：其中说："夫立德者不必有功，勤事者未皇绩学，兼备三者，繄惟先生。故能识综九流，勋媲微管，金声玉振，终始之为成，霆气流形，不言而成化。可谓出乎其类，拔乎其萃者也。"

太炎虽有预感，但不知病魔的脚步这样急切，不稍停顿，所以他一直在备课思考，他太太汤国梨劝他休息，他说"饭可不食，书仍要讲"。

也因此，太炎未能留下正式遗嘱，但行将不起的最后时刻，留下两句话，硬度超常、锵地有声："设有异族入主中原，世世子孙毋食其官禄！"不涉半句私产如何等语，他耿耿不忘的，唯有牺牲到底、抗战到底的意念，正如陆游诗谓"八十将军能灭虏，白头吾欲事功名"，时穷节乃见，信不诬也！他的最重要遗产，就是他为之奋斗一生、倡导一生的民族精神、民族气节、民族生命！

他之代遗嘱的这两句话，因对抗战前景不看好而极度担忧，所谓异族，即指倭寇，他要使子孙后代用自身的方式抗战，永不低头、永不屈服。因这一次和历史上所有的异族入侵情形迥异，中国若亡于日本，其文化传统必连根拔起，万劫不复。太炎意在保卫中华道统，因而预先做囓雪咽旃，或成仁取义的准备，大节绝坚、岁寒不渝的志节，历历见诸字里行间。

鲁迅以为，太炎"先生的业迹，留在革命史上的，实在比学术史上还要大"，作为近代学术领袖，太炎盖非常鳞凡介品类之俦。他在学术方面超尘拔俗的创造力，真可谓八世之后，莫之与京。然而真正使之山岳争高、穷壤齐久的，还是其至死靡它的民族气节，天下尊仰之如泰山大河，日月所不能磨而竭也。

九一八之后，太炎在颓唐惘然中挺身跃起，为抗战呼喊、督促。到他谢世前一年，又在愤激的呐喊中委顿下去，一九三五年的盛夏他致友人信，"平津事状如此，不过二年，金陵王气亦收耳！当局尚禁人议论外交，挑拨恶感，何哉？岂谓南宋诸公为之未工，而欲后来居上耶？事败后，宦囊者不过向欧美一溜，吾辈蜜人，坐作亡国奴矣。迩来讲学，仍自竭力，非曰好为迂阔，自靖自献，舍此莫由。吾辈本无权借，幸勿以陆秀夫见诮也。"

这是他观察时局的痛彻肺腑之言，也是他最后奋力挣扎的一次跃起。可见其心境的种种复杂、悲凉，种种伤怀、不甘！战云密布，而国事的迷乱，政治的不上轨道，战事前景的极不乐观，恨铁不成钢，种种恶劣的情绪，成为摧残他身心的辣手，原来年轻时曾犯羊癫疯，病因在于对科举的极不耐烦；后来的太炎先生，却是一个关汉卿所谓"一个蒸不烂、煮不热、锤不扁、炒不爆响当当的一粒铜豌豆"，杨绛《干校六记》的感叹"最耐磨的还是人的血肉之躯"，用在太炎身上，也甚合体。就在移居苏州的一年多前，左舜生先生常与太炎见面，所得印象，尚认为太炎"步履康强，精神饱满，吾人平日想象中之老师宿儒，先生正其典型人物也"①，也即并无走向健康末路的衰疲之象。可以说，直接将太炎先生打倒的并不是他的生理病症，就算晚年严重的鼻炎，也非不治之症，直接击倒他的，乃是对于抗战前景的担心。晚年的全部精神焦点均凝注于抗战一事，就算是他设坛讲学于民间，在他看来，也是出于不得已，属于万般无奈的选择；最理想的，他应该以革命老辈的资格，在抗战的司令台，殚精竭虑，决事献替。然而，老眼观世明睿如镜，却与越来越边缘的处境形成强烈的反差，信末提出勿以陆秀夫见诮，显见其忧心忡忡、食不甘味之所在。这种巨大的心理压力，直接将小恙催化成大病，直接导致了他的健康状况的急速下滑。

太炎在去世的十天前，致书蒋介石（《章太炎书札答某书》），仍聚焦于抗战。稍早蒋先生致函太炎，请其出面"以共信济艰之义，劝诱国人"。而太炎的复函，大抵可看做他的绝笔，而其焦点，乃就抗战局势，一一进策，种种御侮大计，洵属痛切之言。个中就各派别势力的处置均有具体而微的指陈建议。

外侮已至，国家存亡，间不容发。太炎不能释怀甚至不能瞑目的事体，就是抗战！抗战！在他辞世后差不多一年的样子，七七抗战爆发，揭开中国全面抗战的序幕；紧接着的八一四空战、淞沪会战、南京保卫战……其后是以空间换取时间，直到太平洋战争爆发，中美联合作

① 左舜生《春风燕子楼》，第273页。

战，直至中缅大反攻……八年间，国民政府发动大型会战二十二次，重要战斗一千一百次，小型战斗二万八千余次，陆军阵亡、负伤、失踪三百二十余万人，空军阵亡四千三百余人，毁机二千四百余架，海军舰艇拼杀殆尽。其中捐躯沙场的将官即达二百余位之夥①……牺牲之大，在各民族抗敌御侮的历史中均属极度惨烈。

太炎驾鹤西去九周年，到了一九四五年九月九日上午九时九分，中国战区日军投降签字仪式在南京黄埔路陆军总司令部前进指挥所举行。"战争期间，中国军民伤亡三千五百多万人。"②岁月艰难，十四年的苦斗，赢得长期卫国战争的惨胜。正如中山先生在黄埔军校开学时所说"今天开办这个军官学校，独一无二的希望，就是创造革命军，来挽救中国的危亡"。至此，全国失地，为之重光；全国民众，为之重生；百年不平等条约，为之解除。祖宗之积耻尽雪，大汉之声威远扬。

尤值一提者，抗战期间，为保存国脉，教育机构和知识分子悉数向大西南内迁，实施了文教中心的战略大转移。太炎去世后，讲习会一仍其旧，教学质量且在深化提高。并在正式班之外，又增设预备班，前者契入专题的研究和讲授，后者讲授通论等基础教学。即预备班之教学深度，也已超过一般大学之文科。继之抗战军兴，日寇进攻苏州，讲习会师生四散流离，而其进入大后方者，多成为文教界之骨干力量，孜孜矻矻，在大文化抗战的范畴间，贡献绵薄。烽火连天，而中国文化、教育事业，太炎先生无限牵挂的史学的灌注，亦非但没有断裂、澌灭，反而创造了意外的繁荣局面，前方战火纷飞，弹痕遍地；后方琴瑟伴奏，弦颂声声。尤其是太炎念念不忘的史学精神，在民国后期，指向深层开掘民族历史文化精神和制度演进的主旨，史家辈出，也可说是太炎精神的传人，史学灵魂对于抗战的指导，就是以坚忍不拔之民族精神，作长期之奋斗，以戡暴力，而伸正义。这些史家所展示其担当的，在乱离的时代，并不在于焦急奔走与言辞的鼓荡，他们以一种坚毅冷静的智慧去回

---

① 参见黎东方《细说抗战》。
② 见《人民日报》，2005 年 9 月 13 日。

应时代，也据此治疗因变局而造成的浮嚣浇漓的时代病症。对此，太炎先生九泉有知，或可欣然莞尔、愁怀稍安。

老兵永不死，他只是悄然隐去。

二〇一二年冬至二〇一四年秋，写于琼州浮沤堂。

附录一　章太炎年表

1868 年

生于浙江余杭东乡的仓前，山川朗秀、水路纵横，差不多和黄公望《富春山居图》所描绘的相契合，堪称浙中福地，居民外来者、迁徙至此者实繁有徒。元末文学名家宋濂论浙中山水，尝谓："洵天地间秀绝之区也，产于是者，族每繁衍而悠长，高智远略之士多由他郡徙居之，若大羽之乔林，巨鳞之沧海。"约略可以说明地理因素对于文化学术的决定性掌控作用。

1874 至 1880 年　七岁至十三岁

家多藏书，恣意浏览。父祖辈召集一班子弟，晨夕诵读，于明清遗事，初晓大旨。

章太炎绝高的敏悟力、感知力，培养了对于苦难的感知的深度。

1883 年　十六岁

以犯眩晕症俗称羊癫疯，避开科举。其实该病早露端倪，科举盛行时，不习举业，根源在接受了他父辈的做人的独立性。明末知识分子、军政精英的抵抗运动逐次衰微了，他们所遗下的宝贝里面最重要的即是反抗的火种，年轻的章太炎，即是这火种中燃烧极为旺盛的一个，他将燃起先贤预置的熊熊烈焰。

1884 年　十七岁

在深山乔木间读书，下决心废制义不为。读书的次序，已由幼年的训诂、少年时代的经书，发展到此时的史传和诸子百家。

1885 年至 1891 年　十八岁至二十四岁

父亲去世，太炎亲以深衣装殓慈父，深衣为汉人古服，与清人服装大异。

前往杭州，从俞樾问学，在俞先生主持的诂经精舍受业。

1892 年　二十五岁

纳妾王氏。并未有妻，却称纳妾，实为一大怪事。似乎在冥冥中，为后来的汤国梨留下名正言顺的地位。

1893 年　二十六岁

这时章太炎对于战国诸子文字音训的考订，已积累厚厚的两大册，以札记体行文，从训诂到经义再到史地、历法、典章制度……以方法论而言，乃是乾嘉以来治学的正路。

纳妾的次年，大女儿出生了，后来还有两个女儿，这三个女孩的名字都起得古怪，这里面，渗透着他在诂经精舍课艺作业的投影。这些课艺乃是对经籍文字的诠释，工程量相当庞大。

1894 年　二十七岁

夏曾佑劝读佛典。

1895 年至 1897 年　二十八岁至三十岁

甲午战败，次年暮春签订《马关条约》。内忧外患一时俱来，民情震恐，康有为恰值在京应试，遂联合各省举人发动公车上书，康氏筹建强学会。太炎开始集中浏览东洋西洋书籍，强学会得到张之洞的支持，康有为是以财务垫定为经、名人要人担纲为纬，南北两处开设，即北京强学会及上海强学会。太炎崴近加入上海强学会。

康有为的政治主张，隐藏在其《新学伪经考》中。当时，该弓已出版五年，悬挂公羊派的旗号，宣扬托古改制思想。太炎与俞樾议论之，俞樾断言，康、章将呈冰炭水火之势。

太炎所致力在春秋左传。他的《春秋左传读》即是驳难今文经学派刘逢禄的。太炎的古文经学，自有其立场背景，就算郑康成他也不尽赞同，他的老师俞樾，对于公羊春秋，并不否定。但他以为"经即古文，孔子即史家宗主。汉世齐学，杂以燕、齐方士怪迂之谈，乃阴阳家之变。"

任职时务报。梁启超等昌言孔教，太炎反感。矛盾很快激化，根子当然在学术思想的歧异。发生打架事件。

因阅西报，得知孙中山在伦敦蒙难。

回到杭州，加入《经世报》团队。

1898 年　三十一岁

至武昌谒见张之洞，名士和名臣之间应有的一段佳话，但在章、张之间并没有出现。

太炎在八月初返回上海，接掌《昌言报》笔政。

戊戌政变发生，帝党与后党发生攻防剧战。慈禧反扑，康、梁出亡。

太炎被通缉，避往台湾，大感寂寞，居停半年，转赴日本。

1899 年 1903 年　三十二岁至三十六岁

在日本因梁启超之介，结识孙中山，谈论排满，一见如故。章太炎眼中的孙中山和其他志士眼中的孙中山，呈现不同的观感。

结识唐才常，张园国会革命宗旨的辩论。

革命派与改良派分际的最早历史文献《正仇满论》出炉。

前往苏州东吴大学任教。谢本师，与俞樾脱离。

因避难再度赴日。与马君武、秦力山、冯自由等发起支那亡国二百四十二年纪念会。

回上海，任职广智书局。

《訄书》1899 年冬在苏州交付刻版，这年太炎正好三十二岁，次年在苏州出版，封面题签为梁启超，那时他们之间还有改良的共同心曲。1906 年再版，内容大幅增删，封面的题签也改成邹容手迹。

在上海爱国学社，与蔡元培、吴稚晖等同事。张园集会：与张园旳不解之缘。与邹容亦师亦友，亲密无间。著作双璧，邹容《革命军》、章太炎《驳康有为论革命书》均由大同书局出版。具旦程碑意义的《驳康有为论革命书》问世。"载湉小丑，未辨菽麦，铤而走险……"《苏报》鼎力推介。

清廷出手打击。导火线就是《苏报》的评介和邹、章的文章。

苏报案发，太炎坐侯逮捕。

1903 至 1906 年　三十六岁至三十九岁

被捕与审判，上海道台袁树勋率领精兵五百人欲劫持章太炎等人。

多次提讯，审讯中的反击。狱中答记者："自十六七岁时读蒋氏《东华录》《明季稗史》，见夫扬州、嘉定、戴名世、曾静之事，仇满之念固已勃然在胸。"革命意志已坚不可摧。

惨淡的黑牢，罚做苦工，以拳头回击狱卒。

光复会成立，光复会的精神领袖。

邹容一病不起，旋即毙命，结束了他短促而闪亮的一生。

终于出狱，中山先生派员迎接。

1906年至1911年　三十九岁至四十四岁

今文经学与古文经学缠斗方殷，太炎对于病灶的指认与药方开具，从版本差异到性格分野，今文经学和古文经学的操作路径。

前往日本接替胡汉民掌理民报。

同盟会主持为太炎召开欢迎会：呼吸英雄的气息。中山先生主盟，章太炎加入同盟会。

自由的象征：笔杆子的强劲挑战，《无神论》、《革命之道德》、《俱分进化论》、《国学讲习会序》、《逐满歌》……笔扫千军，重言保皇派，名望激增。

参与制定《同盟会宣言》。民报周年纪念：《民报一周年纪念会祝辞》，民报历史上的极盛景象，也是太炎演说效果的顶峰。

讨伐清廷的纲领性文件《讨满洲檄》：道尽不惜杀头坐牢、不惜肝脑涂地之心理背景和底蕴。

揭穿保皇派的乌龙，保皇派求饶。龙蛇起陆，杀机与佛性。将《新民丛报》打到灰头土脸，关门大吉，其力量的雄健、内力的磅礴可想而知。

介入同盟会旗帜之争，隔阂起于细故。金钱冲突，矛盾增大，与孙、黄的纠葛，人事一团乱麻，矛盾渐起，终于爆发至一发不可收拾，且从此留下无可弥缝的裂痕，终其一生，都未能真正愈合。

跌入困顿的日子，民报夭折，东京讲学。

纸上作战的狂风巨浪。孙、黄的真枪实弹，太炎的纸上作战，所兴起的狂风巨浪，到处渗透，无远弗届，终于将清廷巨厦的梁栋拉扯、摇晃到摇摇欲坠。

司盟会的分裂，章太炎、陶成章与孙中山、黄兴的翻脸。

暴风雨将至，武昌首义爆发。太炎怪论：革命军起，革命党消？太炎发表建政书。

康、梁修好的试探。

1911 至 1913 年　四十四岁至四十六岁

共和之来，民气复苏，代表投票选总统。中山先生就职宣言。

陶成章、陈其美以命相搏：后同盟会时代的人事悲剧。

临时政府的窘迫。太炎的怨恨离心。

1913 年至 1916 年　四十六岁至四十九岁

疏远同袍，靠近北洋。北上组党，靠近黎元洪，试探袁世凯。

千里持节临边：任职东三省筹边使，经济与实业之拓展计划。

捧袁与助黎。盛大的婚礼。

宋教仁被刺，二次革命的到来。

走向陷阱，软禁的生涯，一生最大厄运的开始。

出逃被阻，大闹总统府。国士与独裁的辩证。

软禁转场，筹安会的拉拢，太炎反讽还击。再次出逃失利。

袁世凯暴毙，太炎重获自由。

1917 年至 1919 年　五十岁至五十二岁

张勋复辟，各省护法。南下广州，就任大元帅府秘书长。阐述护法之宗旨。

间关万里，秘书长领队西行。唐继尧虚与委蛇，章太炎折冲樽俎。

在滇讲学，深化幕僚作业。

与孙中山函电交驰，拟定因应策略。

移节重庆，在西南军头的迷乱中辗转调节。谋略打折，护法中摧。

对巴蜀文化的衡定，川、鄂兵事的苦心经营，经湘西辗转回沪．呕心沥血，痛定思痛。

1920 年至 1926 年 五十三岁至五十九岁

支持声援学生，对五四运动的观照。

主张联省自治，拉拢陈炯明，陈逆叛变，北伐受挫。

诱导直系军头，遵行联省自治。1923 年的春暮时节，向几乎所有各地实力派发出同一电报，认为"非联省自治不足以戢军阀之野心"，联省自治"西南各省皆以此为救国保民之唯一方法"，呼吁他们以自治名义"联拒寇仇"。

与"三孙"（孙中山、孙岳、孙洪伊）之恩怨。

痛斥直系政变，草昧经纶，意欲出山。在上海召开第三次联省自治筹备会，太炎任主席。

直奉战争和江浙战争——太炎发表改革意见书。清酋被逐，喜心翻到。

中山先生去世：祭孙公。另一个姓孙的来了，孙传芳全盛时代的座上客。

赴湘担任县长考选主考官。五省废督，襄助孙传芳，反对过激主义，再倡联省自治。

投壶古礼与修复礼制。谢本师在太炎身上重演。

1927 至 1931 年 六十岁至六十四岁

北伐战争的起因和太炎的反感。

北伐：为自由而战，誓师北伐，向北洋余孽全面摊牌。赓续北进，全面扫荡，肃清长江下游，孙传芳覆灭。

二度北伐，太炎光芒急剧黯淡，对国民革命的成见，鸿沟的产生——同盟会时代的革命急先锋，此时与早前的同像形同陌路。

因黎元洪去世，太炎下结论"中华民国业已沦亡"……

因王国维去世，可窥太炎与之学术对阵，人生对立，甲骨文真伪的公案——清朝遗老和民国遗老，吕思勉痛下针砭。何谓独立之精神。

强调治史：六经皆史，治历史关乎天下兴亡；史学为民族心魂之寄托。如何研修历史，史学的涵盖，痛贬梁启超。

1931 年至 1936 年　六十四岁至六十九岁

北伐后的选择：渐入颓唐之境地，孙传芳铩羽后的山穷水尽。健康也随心情的黯淡而大走下坡路。墓志铭与祠堂记，帮补生活。

九一八惨痛的一幕，书斋难以安坐，太炎在颓唐中的振起——紧急通电：呼吁与痛斥。愤而北上，厉言抗战——爱国心与切要之学——文化抗战，三老宣言。

孙传芳被刺，太炎撰写《恪威上将军总浙闽苏皖赣五省军务孙君墓志铭》。

淞沪抗战爆发，撰文千余言表彰十九路军。以这支部队当前杀敌致果的民族正义感，对照清末民初军头的不堪，更加的感慨深深。

史地源流与民族正义，读经与抗战善策，强调"若一国的历史没有了，就可知道这一民族的爱国心亦一定衰了"，再三说明战争之胜败近因远因与此有关。史学的精神必须深契到抗战的背景之中。

军统刺杀汉奸，太炎诗咏其事。

从上海移居到苏州：国学讲习会的隆盛——龙钟讲学，殊觉可爱。国府派大员馈金慰问。

公开回复张季鸾的《问政书》尝谓，中国以后应该永远保存的国粹，就是史书，因民族主义在此；为救亡起见，政府和民间，都立以提倡民族主义为首要。他提出多种整顿军旅的办法，以为如此做去，"胜败固尚难知，而必可以一战"。

忧患余生，永远的告别——硬度超常的最后遗言："设有异族入主中原，世世子孙毋食其官禄！"

附录二　参考文献

1.《訄书（初刻本　重订本）》：章太炎著，钱锺书主编，三联书店。

2.《章太炎的白话文》：章太炎著，辽宁教育出版社。

3.《章太炎政论选集》：章太炎著，汤志钧编，中华书局。

4.《民国五十位军政人物列传》：吴相湘著，中国工人出版社。

5.《孙中山年谱长编》：陈锡祺著，中华书局。

6.《梁启超年谱长编》：丁文江、赵丰田编，上海人民出版社。

7.《我史》：康有为著，人民大学出版社。

8.《三十三年之梦》：宫崎滔天著，广西师大出版社。

9.《革命逸史》：冯自由著，泰山出版社影印本。

10.《管锥编》：钱锺书著，中华书局。

11.《经学通论》：皮锡瑞著，中华书局。

12.《吕思勉自述》：吕思勉编，安徽文艺出版社。

13.《中国近代史》：陈恭禄著，中国工人出版社。

14.《辛亥革命（全八册）》：中国史学会主编，上海书店出版社。

15.《苏报案研究》：王敏著，上海人民出版社。

16.《四川军阀史料》：四川省文史研究馆编，巴蜀书社。

17.《吴稚晖先生文存》：周青云编，上海医学书局。

18.《中国史学史》：金毓黻著，商务印书馆，民国丛书影印版。

19.《记章太炎先生》：沈延国著，永祥印书馆。

20.《近代中国史》：郭廷以著，商务印书馆，民国丛书影印版。

21.《国史旧闻》：陈登原著，中华书局。

22.《中华民国开国前革命史》：冯自由著，广西师大出版社。

23.《蔡元培年谱长编》：高平叔著，人民教育出版社。

24.《洪宪惨史》：王建中著，上海书店出版社。

25.《倒计时（晚清迷局中生死较量）》：伍立杨著，辽宁教育出版社。

26.《中国1911》：伍立杨著，春风文艺出版社。

27.《烽火智囊》：伍立杨著，辽宁教育出版社。

28.《白坚武日记》：白坚武著，杜春和、耿来金整理，江苏古籍出版社。

29.《陈炯明叛国史》：鲁直之等著，中华书局。

30.《蒋介石年谱》：中国第二历史档案馆编，中国档案出版社。

31.《黄兴集》：湖南省社会科学院编，中华书局。

32.《王国维年谱长编》：袁英光、刘寅生编者，天津人民出版社。

第一辑已出版书目	1	《逍遥游——庄子传》	王充闾 著
	2	《书圣之道——王羲之传》	王兆军 著
	3	《千秋词主——李煜传》	郭启宏 著
	4	《草泽英雄梦——施耐庵传》	浦玉生 著
	5	《戏看人间——李渔传》	杜书瀛 著
	6	《心同山河——顾炎武传》	陈 益 著
	7	《孤独的绝唱——八大山人传》	陈世旭 著
	8	《泣血红楼——曹雪芹传》	周汝昌 著
	9	《旷代大儒——纪晓岚传》	何香久 著
	10	《烂漫饮冰子——梁启超传》	徐 刚 著
第二辑已出版书目	11	《忠魂正气——颜真卿传》	权海帆 著
	12	《花红别样——杨万里传》	聂 冷 著
	13	《感天动地——关汉卿传》	乔忠延 著
	14	《西风瘦马——马致远传》	陈计中 著
	15	《此心光明——王阳明传》	杨东标 著
	16	《梦回汉唐——李梦阳传》	泥马度 著
	17	《天崩地解——黄宗羲传》	李洁非 著
	18	《幻由人生——蒲松龄传》	马瑞芳 著
	19	《儒林怪杰——吴敬梓传》	刘兆林 著
	20	《史志巨擘——章学诚传》	王作光 著

第三辑出版书目

图书在版编目（CIP）数据

潜龙在渊：章太炎传 / 伍立杨 著. -- 北京：作家出版
社，2015.1

（中国历史文化名人传丛书）

ISBN 978-7-5063-7794-2

Ⅰ.①潜… Ⅱ.①伍… Ⅲ.①章太炎（1869～1936）-
传记 Ⅳ.①B259.25

中国版本图书馆CIP数据核字（2015）第014744号

潜龙在渊——章太炎传

作　　者：	伍立杨
责任编辑：	那　耘
书籍设计：	刘晓翔＋韩湛宁
责任印制：	李卫东　李大庆
出版发行：	作家出版社

社　　址：北京农展馆南里10号　　　　邮　　编：100125

电话传真：86-10-65930756（出版发行部）

　　　　　86-10-65004079（总编室）

　　　　　86-10-65015116（邮购部）

E-mail:zuojia@zuojia.net.cn

http://www.haozuojia.com（作家在线）

印　　刷：	北京汇林印务有限公司
成品尺寸：	152×230
字　　数：	343千
印　　张：	24.75
版　　次：	2015年2月第1版
印　　次：	2015年2月第1次印刷

ISBN 978-7-5063-7794-2

定　　价：39.00元